DAS ZIVILGESETZBUCH VON GRIECHENLAND

MATERIALIEN ZUM AUSLÄNDISCHEN UND INTERNATIONALEN PRIVATRECHT

HERAUSGEGEBEN VOM

MAX-PLANCK-INSTITUT FÜR AUSLÄNDISCHES UND INTERNATIONALES PRIVATRECHT

Direktor: Professor Dr. Hans Dölle

1951

Im gemeinsamen Verlag von

WALTER DE GRUYTER & CO. BERLIN

J. C. B. MOHR (PAUL SIEBECK) TÜBINGEN

DAS ZIVILGESETZBUCH VON GRIECHENLAND

(1940)

mit dem Einführungsgesetz

Übersetzt und eingeleitet
von
DR. DEMETRIUS GOGOS
Rechtsanwalt und Dozent
an der Universität München

1951

Im gemeinsamen Verlag von
WALTER DE GRUYTER & CO. BERLIN
J. C. B. MOHR (PAUL SIEBECK) TÜBINGEN

Dem Verfasser des endgültigen Entwurfes

des Zivilgesetzbuches von Griechenland

Herrn Prof. Dr. Georg Balis

in Dankbarkeit und Verehrung

Einleitung

Der durch die Eroberung Konstantinopels von den Türken im Jahre 1453 herbeigeführte Fall des byzantinischen Reiches hat nicht zugleich den Untergang des Griechentums und das Ende der griechischen Kultur zur Folge gehabt. Der Eroberer ließ den Griechen eine ziemlich weitgehende Selbstverwaltung, an deren Spitze der Patriarch von Konstantinopel und die ihm unterstellte Geistlichkeit standen. Die Griechen durften während der ganzen Zeit bis zu ihrer Befreiung vom türkischen Joch (1821) weiterhin ihre Rechtsbeziehungen untereinander im großen und ganzen nach den Rechtsvorschriften der byzantinischen Kaiser regeln und diese durch Gewohnheitsrecht ihren jeweiligen Bedürfnissen anpassen. Die Entscheidung über Rechtsstreitigkeiten zwischen Griechen lag grundsätzlich in den Händen der griechischen Kirche, der unter anderem auch die große Aufgabe zufiel, bei den Griechen das nationale Gefühl immer lebendig zu halten und sie für den Befreiungskampf vorzubereiten.

Gleich nach Beginn des Kampfes um Befreiung vom türkischen Joch im Jahre 1821 wurde jedoch die Bedeutung erkannt, welche die Kodifizierung des Bürgerlichen Rechts für Griechenland haben müßte. Schon die Verfassung des kontinentalen Ostgriechenland von Salona vom Jahre 1821 bestimmte, daß eine Kommission zur Ausarbeitung eines Zivilgesetzbuches bestellt werden sollte. Den gleichen Beschluß faßte auch die erste Nationalversammlung von Epidauros im Jahre 1822. In der Verordnung vom 23. Februar/7. März 1835 „über das Zivilgesetz", die Gesetzeskraft besaß und als formelles Einführungsgesetz des römisch-byzantinischen Privatrechts im neuen Griechenland galt, steht ausdrücklich, daß eine zivilrechtliche Kodifikation schon angeordnet worden sei. Seit dem Erlaß dieser Verordnung wurden in Griechenland wiederholt Kommissionen zur Ausarbeitung eines ZGB. bestellt. Eine von ihnen bereitete einen vollständigen Entwurf vor, der als Entwurf vom Jahre 1874 bekannt ist. Dieser Entwurf hat jedoch nie Gesetzeskraft erlangt.

Im Jahre 1930 wurde von der Regierung *Venizelos* auf Grund eines Gesetzes vom gleichen Jahre „über Zusammensetzung von Kommissionen zur Ausarbeitung eines Zivilgesetzbuches und seines Einführungsgesetzes" eine Redaktionskommission zur Ausarbeitung eines Entwurfes des griechischen ZGB. eingesetzt, die aus fünf Mitgliedern bestand, und zwar aus den Universitätsprofessoren *Konstantin Demerdzis* als Vorsitzendem, *Georg Balis*, *Georg Maridakis* und *Konstantin Triantaphyllopulos* sowie aus dem Rechtsanwalt *Peter Thiweos*. Jedes Mitglied der Redaktionskommission übernahm die Bearbeitung eines Teils des Ganzen, und zwar Prof. *Maridakis* den Allgemeinen Teil, den er in einen Allgemeinen Teil und in das Personenrecht unterteilte, Prof. *Triantaphyllopulos* das Recht der Schuldverhältnisse, Rechtsanwalt *Thiweos* das Sachenrecht, Prof. *Demerdzis* das Familienrecht und Prof. *Balis* das Erbrecht. Ein Plan der Redaktionskommission wurde den Verhandlungen einer Revisionskommission zugrunde gelegt. Mit den Beschlüssen dieser Revisionskommission als Ausgangspunkt fertigte ein jedes Mitglied der Redaktionskommission einen Vorentwurf seines Teils nebst Begründung an. Nach Bearbeitung dieser Vorentwürfe stellte die Redaktionskommission die endgültigen Teilentwürfe fertig, die samt den Materialien als einzelne Bände in folgender Reihenfolge vom Justizministerium veröffentlicht wurden: Familienrecht (1933), Recht der Schuldverhältnisse (1935), Personenrecht (1936), Allgemeiner Teil (1936), Sachenrecht (1936) und Erbrecht (1936). Dadurch sollte den Fachkreisen die Möglichkeit zur Kritik gegeben werden. Vor der Ausarbeitung des endgültigen Entwurfes des ZGB. durch die Redaktionskommission auf Grund der Teilentwürfe war die Beratung dieser Teilentwürfe durch eine Revisionskommission vorgesehen. Die Regierung *Metaxas* hat, um die Fertigstellung des endgültigen Gesamtentwurfes zu beschleunigen, von der Beratung der Teilentwürfe durch eine Revisionskommission sowie von ihrer Bearbeitung durch die Redaktionskommission abgesehen und statt dessen Prof. *Balis*, Mitglied der Redaktionskommission, im Dezember 1938 mit der Ausarbeitung des endgültigen Entwurfes des ZGB. „unter Berücksichtigung der religiösen Überlieferungen, der moralischen Traditionen, der zeitgenössischen sozialen und wirtschaftlichen Tendenzen der Nation und durch Harmonisierung der endgültigen Teilentwürfe der Redaktionskommission vom sprachlichen und gesetzestechnischen Standpunkt aus“ beauftragt. Prof. *Balis* hat weitgehend den Teilentwurf des Familienrechts und in geringerem Maße den des Personenrechts, des Allgemeinen Teils, des Rechts der Schuldverhältnisse und des Sachenrechts geändert. Fast unverändert ließ er den Teilentwurf des Erbrechts.

Der von Prof. *Balis* angefertigte endgültige Entwurf des griechischen ZGB., den sein Verfasser am 17. Dezember 1939 dem Ministerpräsidenten *J. Metaxas* und dem Justizminister *A. Tambakopulos* einreichte, wurde am 15. März 1940 von der Regierung *Metaxas* als Zivilgesetzbuch von Griechenland unter der Gesetzesnummer 2250 verkündet (Regierungsblatt des Königreichs Griechenland [RegBl.] 1940 I, S. 589 ff.) und sollte nebst dem am 30. Januar 1941 erlassenen Einführungsgesetz zum ZGB. (RegBl. 1941 I, S. 146 ff.) am 1. Juli 1941 in Kraft treten. Durch die Notverordnung vom 13. Mai 1941 (RegBl. 1941 I, S. 804) wurde aber sein Inkrafttreten wegen der Kriegsereignisse auf unbestimmte Zeit verschoben. In Griechenland ist das Zivilgesetzbuch und sein Einführungsgesetz durch die Verordnung mit Gesetzeskraft vom 7./10. Mai 1946 „über Wiederherstellung des Zivilgesetzbuches und seines Einführungsgesetzes" (RegBl. 1946 I, S. 761) rückwirkend vom 23. Februar 1946 an von der Regierung *Tsaldaris* in Kraft gesetzt worden, und zwar unverändert in der von Prof. *Balis* formulierten Fassung.

Das Gesetzbuch muß, obwohl sein endgültiger Verfasser Prof. *Balis* ist, als Werk aller oben erwähnten fünf Mitglieder der Redaktionskommission gelten.

Das ZGB. von Griechenland besteht aus 2035 Artikeln. Es ist, dem System des deutschen BGB. folgend, in fünf Bücher gegliedert: den Allgemeinen Teil (1—286), in dem auch das Personenrecht enthalten ist, das Recht der Schuldverhältnisse (287—946), das Sachenrecht (947—1345), das Familienrecht (1346 bis 1709) und das Erbrecht (1710—2035). Das Einführungsgesetz besteht aus 127 Artikeln. Art. 1—102 sind den Übergangsvorschriften gewidmet. Die Art. 103—127 enthalten materielles und prozessuales Recht. Dem griechischen ZGB. hat in Bezug auf den Inhalt und die Formulierung der einzelnen Artikel zum großen Teil das deutsche BGB. als Vorbild gedient, und zwar insoweit, als dieses römisches Recht kodifiziert hat. Diese Tatsache darf jedoch nicht als Rezeption deutschen Rechtes in Griechenland betrachtet werden. Sie ist vielmehr darauf zurückzuführen, daß beide Gesetzbücher im wesentlichen auf denselben römischrechtlichen Grundlagen fußen, die in Griechenland über vierzehnhundert Jahre als formell eingeführtes Recht gegolten haben. Neben dem deutschen Recht hat das französische Zivilrecht auf das griechische ZGB. eingewirkt. Auch Einflüsse des schweizerischen Zivilgesetzbuches sind vereinzelt spürbar.

Das griechische ZGB. enthält abstrakt formulierte Rechtssätze. Der Stil, in dem es formuliert ist, ist klar und leichtverständlich. In dieser Richtung nähert es sich dem schweizerischen Zivilgesetzbuch. Es ist auch dem Laien zugänglich und darf deshalb darauf rechnen, volkstümlich zu werden. Der griechische Gesetzgeber hat die zahlreichen Verweisungen des deutschen BGB. vermieden, ohne damit den Inhalt des griechischen ZGB. zu beeinträchtigen. Vom gesetzestechnischen Standpunkt aus betrachtet, bedeutet daher das griechische ZGB. dem deutschen BGB. gegenüber einen Fortschritt. Es wird in der Geschichte der Kodifikationen des Bürgerlichen Rechts eine eigene Stellung einnehmen.

Die geistige Grundhaltung der Kodifikation wird durch liberal-demokratisches Gedankengut bestimmt. Sie geht vom Standpunkt der Gleichheit aller Menschen aus. Fremdenrechtlich sind die Ausländer den Inländern grundsätzlich gleichgestellt.

Ein charakteristisches Kennzeichen des ZGB. von Griechenland ist vor allem sein sozialer Charakter. Es beruht zwar auf Vertragsfreiheit und Privatautonomie. Einer unbeschränkten Willensherrschaft des Gläubigers sind jedoch Grenzen gesetzt. Der Schuldner darf nicht Opfer des Schuldverhältnisses werden. Im

Falle eines Rechtsmißbrauchs kann er sich an den Richter wenden und Schutz gegen den Gläubiger verlangen. Im Falle der Änderung der Geschäftsgrundlage kann der Richter gestaltend eingreifen. Auf diese Weise bekommt der griechische Richter eine maßgebende Stellung im Rechtsleben. Seine Aufgabe wird es sein, das griechische ZGB. unter Anpassung an die jeweiligen Lebensbedürfnisse immer jung zu halten. Als Vorbild kann ihm in dieser Richtung die Rechtsprechung der französischen Cour de Cassation dienen, deren rechtsgestaltende Tätigkeit unübertroffen ist.

Bei der Übersetzung des griechischen ZGB. wurde versucht, den griechischen Text wörtlich wiederzugeben. Dabei wurde auch an der Reihenfolge der Worte und an der Interpunktion dieses Textes festgehalten, soweit dies stilistisch möglich war. Nur dort habe ich von einer wörtlichen Übersetzung abgesehen, wo durch eine solche der Sinn des griechischen Textes nicht wiedergegeben werden konnte.

Besonders dankbar bin ich dem Direktor des Max-Planck-Instituts für ausländisches und internationales Privatrecht, Herrn Prof. Dr. *Hans Dölle*, für die Aufnahme der Übersetzung des griechischen ZGB. in die Veröffentlichungen des Max-Planck-Instituts und dem griechischen Konsul a. D. in Wiesbaden, Herrn *Alexander J. Kaloudis*, der den Druck des Werkes ermöglicht hat. Einen ganz besonderen Dank schulde ich auch Herrn *Hans Georg Siebeck* (Verlag J. C. B. Mohr [Paul Siebeck]) und dessen Mitarbeiter, Herrn Dr. *Walter Mallman*, die von Anfang an den Plan der Veröffentlichung der Übersetzung des griechischen ZGB. in jeder Beziehung unterstützt haben.

Demetrius Gogos

München, Weihnachten 1951

Zivilgesetzbuch

Erstes Buch

Allgemeiner Teil

Erstes Kapitel

Die Rechtsnormen im allgemeinen

Art. 1. Die Rechtsnormen sind in den Gesetzen und Gewohnheiten enthalten. *Rechtsquellen*

2. Das Gesetz trifft Bestimmungen für die Zukunft, hat keine rückwirkende Kraft und gilt, solange nicht eine andere Rechtsnorm es ausdrücklich oder stillschweigend aufhebt. *Rückwirkende Kraft des Gesetzes*

3. Die Anwendung von Normen der öffentlichen Ordnung kann nicht durch den Privatwillen ausgeschlossen werden. *Normen der öffentlichen Ordnung*

Zweites Kapitel

Internationales Privatrecht

4. Der Ausländer genießt die gleichen bürgerlichen Rechte wie der Inländer. *Stellung der Ausländer*

5. Die Rechtsfähigkeit einer natürlichen Person richtet sich nach dem Heimatrecht. *Rechtsfähigkeit*

6. Die Verschollenheit richtet sich nach dem Heimatrecht. *Verschollenheit*

Ein inländisches Gericht kann einen Ausländer für verschollen erklären, wenn er vor der Verschollenheit seinen Wohnsitz oder Aufenthalt im Inland hatte oder im Inland Vermögen besitzt.

7. Die Geschäftsfähigkeit richtet sich nach dem Heimatrecht. *Geschäftsfähigkeit*

8. Die Entmündigung richtet sich nach dem Heimatrecht. *Entmündigung*

Ein inländisches Gericht kann einen Ausländer entmündigen, wenn er seinen Wohnsitz im Inland hat. Hat er lediglich seinen Aufenthalt oder Vermögen im Inland, so können nur vorläufige Maßnahmen getroffen werden.

Geschäftsfähigkeit des Ausländers im Inland

9. Nimmt ein Ausländer im Inland ein Rechtsgeschäft vor, für das er nach seinem Heimatrecht geschäftsunfähig ist, so gilt er für dieses Rechtsgeschäft insoweit als geschäftsfähig, als er nach inländischem Recht geschäftsfähig sein würde. Auf familien- und erbrechtliche Rechtsgeschäfte sowie auf dingliche Rechtsgeschäfte über Grundstücke, die im Ausland liegen, findet diese Vorschrift keine Anwendung.

Juristische Person

10. Die Rechts- und Geschäftsfähigkeit einer juristischen Person richtet sich nach dem Recht ihres Sitzes.

Form des Rechtsgeschäfts

11. Ein Rechtsgeschäft ist formgültig, wenn es dem für seinen Inhalt maßgebenden Recht oder dem Recht am Orte seiner Vornahme oder dem Heimatrecht aller Beteiligten entspricht.

12. Die Form eines dinglichen Rechtsgeschäfts bestimmt sich nach dem Recht des Ortes, an dem die Sache gelegen ist.

Materielle Voraussetzungen der Ehe

13. Die materiellen Voraussetzungen der Ehe richten sich nach dem Heimatrecht eines jeden der Eheschließenden.

Persönliche Rechtsbeziehungen der Ehegatten

14. Die persönlichen Rechtsbeziehungen der Ehegatten zueinander richten sich nach ihrem letzten gemeinsamen Heimatrecht während der Ehe und in Ermangelung eines solchen nach dem Heimatrecht des Ehemannes zur Zeit der Eheschließung.

Güterrechtliche Beziehungen der Ehegatten

15. Die güterrechtlichen Beziehungen der Ehegatten zueinander richten sich nach dem Heimatrecht des Ehemannes zur Zeit der Eheschließung.

Ehescheidung

16. Die Ehescheidung und die Trennung von Tisch und Bett richten sich nach dem letzten gemeinsamen Heimatrecht der Ehegatten zwischen Eheschließung und Klageerhebung. In Ermangelung eines solchen findet das Heimatrecht des Ehemannes zur Zeit der Eheschließung Anwendung.

Eheliche Abstammung

17. Die eheliche Abstammung eines Kindes richtet sich nach dem Heimatrecht des Ehemannes der Mutter zur Zeit der Geburt des Kindes. Wird das Kind nach Auflösung der Ehe geboren, so richtet sich die eheliche Abstammung nach dem Heimatrecht des Ehemannes der Mutter zur Zeit der Auflösung der Ehe.

Rechtsbeziehungen zwischen Eltern und Kind

18. Die Rechtsbeziehungen zwischen Eltern und Kind richten sich nach dem letzten gemeinsamen Heimatrecht von Vater und Kind und in Ermangelung eines solchen nach dem Heimatrecht des Vaters zur Zeit der Geburt des Kindes. Ist der Vater gestorben, so werden diese Rechtsverhältnisse nach dem letzten für Mutter und Kind nach dem Tode des Vaters gemeinsamen Heimatrecht und in Ermangelung eines solchen nach dem Heimatrecht der Mutter beim Tode des Vaters beurteilt.

Uneheliches Kind

19. Die Rechtsbeziehungen zwischen einem unehelichen Kinde und seiner Mutter richten sich nach ihrem letzten gemeinsamen Heimatrecht und in Ermangelung eines solchen nach dem Heimatrecht der Mutter zur Zeit der Geburt des Kindes.

20. Die Rechtsbeziehungen zwischen einem unehelichen Kinde und seinem Erzeuger richten sich nach dem Heimatrecht des Erzeugers zur Zeit der Geburt des Kindes.

21. Die Rechtsbeziehungen zwischen der Mutter eines unehelichen Kindes und dessen Erzeuger richten sich nach dem Heimatrecht der Mutter zur Zeit der Geburt des Kindes.

Legitimation

22. Die Legitimation richtet sich nach dem Heimatrecht des Vaters zur Zeit der Legitimation oder, wenn er vor der Legitimation gestorben ist, zur Zeit seines Todes.

Annahme an Kindesstatt

23. Die materiellen Voraussetzungen der Annahme an Kindesstatt richten sich nach dem Heimatrecht eines jeden der Beteiligten.

Die Rechtsbeziehungen zwischen Annehmendem und Wahlkind richten sich nach ihrem letzten gemeinsamen Heimatrecht während der Dauer des Annahmeverhältnisses. In Ermangelung eines solchen findet das Heimatrecht des Annehmenden zur Zeit der Annahme Anwendung.

Fürsorge

24. Die Vormundschaft sowie jede andere Art der Fürsorge richten sich nach dem Heimatrecht.

Ein inländisches Gericht kann für einen Ausländer einen Vormund bestellen oder eine andere Art der Fürsorge anordnen, wenn er seinen Wohnsitz im Inland hat. Hat er lediglich seinen Aufenthalt oder Vermögen im Inland, so können nur vorläufige Maßnahmen getroffen werden.

Schuldverhältnisse aus Vertrag

25. Die Schuldverhältnisse aus einem Vertrage richten sich nach dem Recht, dem sich die Vertragschließenden unterworfen haben. In Ermangelung eines solchen findet das Recht Anwendung, das dem Vertrag unter Berücksichtigung aller besonderen Umstände am angemessensten ist.

Schuldverhältnisse aus unerlaubter Handlung

26. Die Schuldverhältnisse aus unerlaubter Handlung richten sich nach dem Recht des Staates, in dessen Gebiet die unerlaubte Handlung begangen wurde.

Besitz, dingliche Rechte

27. Der Besitz und die dinglichen Rechte an beweglichen und unbeweglichen Sachen richten sich nach dem Recht des Staates, in dem die Sachen liegen.

Erbrechtliche Beziehungen

28. Die erbrechtlichen Beziehungen richten sich nach dem Heimatrecht des Erblassers zur Zeit seines Todes.

Erwerb und Verlust der Staatsangehörigkeit

29. Erwerb und Verlust der Angehörigkeit einer Person zu einem Staat richten sich nach dem Recht dieses Staates.

Staatenlosigkeit

30. Hat eine Person keine Staatsangehörigkeit, so findet als Heimatrecht das Recht des Wohnsitzes und in Ermangelung eines Wohnsitzes das Recht des Aufenthaltsortes Anwendung.

Mehrfache Staatsangehörigkeit

31. Hat eine Person inländische und ausländische Staatsangehörigkeit, so findet als Heimatrecht das inländische Recht Anwendung.

Hat eine Person mehrfache ausländische Staatsangehörigkeit, so findet das Recht des Staates Anwendung, mit dem sie enger verbunden ist.

Rückverweisung

32. In dem anzuwendenden fremden Recht sind die Bestimmungen des Internationalen Privatrechts des fremden Staates nicht enthalten.

Vorbehalt der öffentlichen Ordnung

33. Die Bestimmung eines fremden Rechtes wird nicht angewandt, wenn ihre Anwendung den guten Sitten oder allgemein der öffentlichen Ordnung widerspricht.

Drittes Kapitel

Natürliche Person

Rechtsfähigkeit

34. Jeder Mensch hat die Fähigkeit, Subjekt von Rechten und Verbindlichkeiten zu sein.

Beginn und Ende der Person

35. Eine Person beginnt mit dem Zeitpunkt zu existieren, in dem sie lebend geboren wurde, und endet mit ihrem Tode.

36. Der Erzeugte gilt in Ansehung der ihm anfallenden Rechte als geboren, wenn er lebend geboren wird.

Beweis des Todes

37. Wer zur Ausübung eines Rechtes sich darauf beruft, daß eine Person lebe oder gestorben sei oder zu einer bestimmten Zeit lebte oder eine andere Person überlebt habe, hat hierfür den Beweis zu erbringen.

38. Sind mehrere Personen gestorben und kann nicht bewiesen werden, daß die eine die andere überlebt habe, so wird vermutet, daß alle gleichzeitig gestorben sind.

39. Der Tod einer Person, deren Leiche nicht gefunden wurde, wird als erwiesen angesehen, sofern diese Person unter Umständen verschwunden ist, die ihren Tod als sicher erscheinen lassen.

Verschollenheit

40. Ist der Tod einer Person höchst wahrscheinlich, weil sie in Lebensgefahr geraten, verschwunden oder seit langem, ohne daß Nachrichten über sie eingegangen sind, abwesend ist, so erklärt sie das Gericht auf Antrag eines jeden, der aus ihrem Tode Rechte ableitet, für verschollen.

41. Die Verschollenheitserklärung kann nicht vor dem Ablauf von mindestens einem Jahre seit dem Eintritt der Gefahr, und wenn die Gefahr eine fortdauernde war, von ihrem letzten Zeitpunkt an oder nicht vor dem Ablauf von mindestens fünf Jahren seit der letzten Nachricht verlangt werden.

Zuständiges Gericht

42. Über den Antrag auf Verschollenheitserklärung wird vom Gericht des letzten Wohnsitzes oder Aufenthalts des Verschollenen im Inland und in Ermangelung eines solchen vom Gericht der Hauptstadt des Staates entschieden.

43. Wird der Antrag für begründet erachtet, so wird die Veröffentlichung eines Auszuges aus dem Antrag durch die Presse angeordnet und die Art der Veröffentlichung bestimmt.

Der Auszug enthält: 1. den Vornamen, den Familiennamen, den Beruf und den Wohnsitz des Antragstellers und des Verschollenen; 2. die Aufforderung an den Verschollenen oder an jeden anderen, Auskunft über Leben oder Tod des Verschollenen innerhalb einer bestimmten Frist zu geben. Die Frist kann nicht kürzer als ein Jahr sein, vom Zeitpunkt der letzten Veröffentlichung an.

44. Nach dem Ablauf der in der Veröffentlichung bestimmten Frist entscheidet das Gericht über den Antrag, wobei es, auch von Amts wegen, jeden Beweis sowie die eidliche Vernehmung des Antragstellers anordnen kann.

Werden die Angaben des Verschollenheitsantrags als erwiesen erachtet, so spricht die Entscheidung die Verschollenheit aus und setzt den Zeitpunkt ihres Beginnes fest; die gerichtlichen Kosten und Gebühren werden dem Vermögen des Verschollenen auferlegt.

Abweisung des Verschollenheitsantrages

45. Meldet sich der Verschollene während des Verschollenheitsprozesses, oder laufen über ihn Nachrichten ein, oder wird sein Tod nachgewiesen, so wird der Verschollenheitsantrag abgewiesen.

Aufhebung der Verschollenheit

46. Auf Antrag desjenigen, der ein rechtliches Interesse daran hat, kann das Gericht den Verschollenheitszustand aufheben oder den Zeitpunkt seines Beginnes ändern. Zum Prozeß wird auch der Antragsteller der Verschollenheitserklärung oder, wenn er gestorben ist oder seinen Wohnsitz im Ausland hat oder sein Aufenthalt unbekannt ist, der Staatsanwalt geladen.

Veröffentlichung der Entscheidung

47. Die Entscheidung, welche die Verschollenheit ausspricht, sowie diejenige, welche den Verschollenheitszustand aufhebt oder den Zeitpunkt des Beginnes der Verschollenheit ändert, wird nach Eintritt ihrer Rechtskraft gemäß der Vorschrift des Art. 43 Abs. 1 veröffentlicht und gilt von der Veröffentlichung an gegenüber jedermann. In Bezug auf die in der Entscheidung festgestellte Tatsache wird eine standesamtliche Akte angelegt oder ein entsprechender Vermerk in einer solchen angebracht.

Wirkungen der Verschollenheitserklärung

48. Von der Veröffentlichung der rechtskräftigen Entscheidung an, welche die Verschollenheit ausspricht, können, sofern im Gesetz nicht anders bestimmt ist, alle aus dem Tode des Verschollenen abgeleiteten Rechte geltend gemacht werden, wie wenn der Tod bewiesen wäre.

Die Wirkungen der Verschollenheitserklärung beginnen mit dem in der Entscheidung festgesetzten Zeitpunkt des Beginnes der Verschollenheit.

49. Die am Nachlaß des Verschollenen beteiligten Erben und Vermächtnisnehmer sind zur Sicherheitsleistung für die eventuelle Rückgabe des Vermögens an Berechtigte mit besseren Rechten oder an den Verschollenen verpflichtet. Zur Sicherheitsleistung können auch diejenigen verpflichtet werden, welche irgendein anderes, aus dem Tode des Verschollenen abgeleitetes Recht geltend machen. Die Sicherheitsleistung wird nach dem Ablauf von zehn Jahren aufgehoben, nachdem das Vermögen den Erben oder den Vermächtnisnehmern übergeben oder ein anderes Recht geltend gemacht wurde.

50. Kehrt der Verschollene zurück oder werden Dritten bessere Rechte zuerkannt, so sind diejenigen, welche ein aus der Verschollenheitserklärung abgeleitetes Recht geltend gemacht haben, zur Herausgabe des Empfangenen verpflichtet. Auf die Erbschaft finden die Vorschriften über die Erbschaftsklage Anwendung.

Wohnsitz

51. Der Wohnsitz einer Person befindet sich an dem Orte, an dem sie sich hauptsächlich und ständig niedergelassen hat.

Niemand kann an mehreren Orten zugleich seinen Wohnsitz haben.

Für Angelegenheiten, die sich auf die Ausübung des Handels beziehen, gilt als besonderer Wohnsitz einer Person der Ort, an dem sie Handel treibt.

52. Der Wohnsitz bleibt bis zum Erwerb eines neuen Wohnsitzes bestehen.

53. Ist der letzte Wohnsitz einer Person nicht nachweisbar, so gilt als Wohnsitz der Aufenthaltsort.

Gesetzlicher Wohnsitz

54. Wer auf Lebenszeit ein öffentliches Amt bekleidet, hat als Wohnsitz den Ort seiner Amtsführung.

55. Der Wohnsitz des Ehemannes gilt als Wohnsitz der Ehefrau. Ist die Ehefrau berechtigt, getrennt zu leben, so kann sie einen selbständigen Wohnsitz haben.

56. Der nicht emanzipierte Minderjährige teilt den Wohnsitz seines Vaters oder Vormundes.

Der Entmündigte teilt den Wohnsitz des Vormundes.

Das minderjährige uneheliche Kind teilt den Wohnsitz seiner Mutter, auch wenn es anerkannt worden ist.

Recht auf die eigene Persönlichkeit

57. Wer in seiner Persönlichkeit widerrechtlich beeinträchtigt wird, ist berechtigt, die Beseitigung der Beeinträchtigung und außerdem ihre Unterlassung für die Zukunft zu verlangen. Wenn die Beeinträchtigung die Persönlichkeit eines Verstorbenen betrifft, haben das Recht dazu der Ehegatte, die Abkömmlinge, die Aszendenten, die Geschwister und die testamentarischen Erben.

Ein weiterer Anspruch auf Schadenersatz nach den Vorschriften über unerlaubte Handlungen ist nicht ausgeschlossen.

Recht auf den Namen

58. Wird das Recht zum Gebrauch eines bestimmten Namens dem Berechtigten von einem anderen bestritten oder macht jemand widerrechtlich von einem bestimmten Namen Gebrauch, so kann der Berechtigte oder jeder, der dadurch beeinträchtigt wird, die Beseitigung der Beeinträchtigung und außerdem ihre Unterlassung für die

Zukunft verlangen. Ein weiterer Anspruch auf Schadenersatz nach den Vorschriften über unerlaubte Handlungen ist nicht ausgeschlossen.

Wiedergutmachung immateriellen Schadens

59. Das Gericht kann in den Fällen der zwei vorangehenden Artikel durch seine Entscheidung auf Antrag des Verletzten und unter Berücksichtigung der Art der Beeinträchtigung den Schuldigen auch zur Wiedergutmachung des immateriellen Schadens des Verletzten verurteilen. Dieser besteht in der Zahlung einer Geldsumme, in einer Veröffentlichung oder auch in allem, was den Umständen nach geboten erscheint.

Recht auf die Geistesschöpfungen

60. Wer in dem ausschließlichen Rechte auf seine Geistesschöpfungen widerrechtlich beeinträchtigt wird, ist berechtigt, nach den Bestimmungen des Gesetzes die Beseitigung der Beeinträchtigung und außerdem ihre Unterlassung für die Zukunft zu verlangen. Ein weiterer Anspruch auf Schadenersatz nach den Vorschriften über unerlaubte Handlungen ist nicht ausgeschlossen.

Viertes Kapitel

Juristische Personen

Juristische Personen im allgemeinen

61. Eine Personenvereinigung zur Verfolgung eines bestimmten Zweckes sowie ein Vermögen, welches als Ganzes zur Verwirklichung eines bestimmten Zweckes bestimmt wurde, können unter Beachtung der im Gesetze vorgeschriebenen Bedingungen Persönlichkeit erlangen (juristische Person).

Umfang der Rechts- und Geschäftsfähigkeit

62. Die Rechts- und Geschäftsfähigkeit der juristischen Person erstreckt sich nicht auf Rechtsverhältnisse, die Eigenschaften einer natürlichen Person voraussetzen.

Urkunde über die Gründung

63. Der Gründungsakt, die Satzung oder die Verfassung der juristischen Person sind schriftlich niederzulegen.

Sitz

64. Der Sitz der juristischen Person befindet sich, wenn der Gründungsakt oder die Satzung es nicht anders bestimmen, an dem Orte, wo ihre Verwaltung geführt wird.

Vorstand

65. Die juristische Person wird von einer oder mehreren Personen verwaltet. Bei einem Vorstand mit mehreren Mitgliedern werden die Beschlüsse, wenn im Gründungsakt oder in der Satzung nicht ein anderes bestimmt ist, mit absoluter Mehrheit der Anwesenden gefaßt.

66. Ein Mitglied des Vorstandes ist nicht stimmberechtigt, wenn der Beschluß die Vornahme eines Rechtsgeschäfts oder den Beginn oder die Beendigung eines Prozesses zwischen der juristischen Person einerseits und dem Mitgliede andererseits oder seinem Ehegatten oder einem Blutsverwandten bis zum dritten Grade einschließlich betrifft.

Befugnisse des Vorstandes

67. Wer die Verwaltung innehat, besorgt die Angelegenheiten der juristischen Person und vertritt sie gerichtlich und außergerichtlich. Substitution ist, sofern der Gründungsakt oder die Satzung nicht ein anderes bestimmt, verboten.

68. Der Umfang der Befugnisse desjenigen, welcher die Verwaltung hat, wird aus dem Gründungsakt oder der Satzung bestimmt; diese Bestimmung gilt auch Dritten gegenüber. Durch den Gründungsakt oder die Satzung können bestimmte Angelegenheiten einer besonderen Person zugewiesen werden. Die Befugnisse dieser Person erstrecken sich im Zweifel auch auf alle einschlägigen Handlungen.

Im übrigen finden die Vorschriften über Vertretung und Auftrag entsprechende Anwendung.

Fehlen von Vorstandsmitgliedern

69. Fehlen die zur Verwaltung der juristischen Person erforderlichen Personen oder verstoßen ihre Interessen gegen die der juristischen Person, so bestellt der Landgerichtspräsident auf Antrag desjenigen, der ein rechtliches Interesse daran hat, eine vorläufige Verwaltung.

Rechtsgeschäfte einer juristischen Person

70. Rechtsgeschäfte, welche von dem die juristische Person verwaltenden Organ innerhalb der Grenzen seiner Befugnisse vorgenommen werden, verpflichten die juristische Person.

Haftung der juristischen Person

71. Die juristische Person haftet für die Handlungen und Unterlassungen der Organe, die sie vertreten, sofern die Handlung oder die Unterlassung bei der Ausführung der ihnen übertragenen Pflichten stattgefunden hat und eine Verpflichtung zum Schadenersatz begründet. Außerdem haftet als Gesamtschuldner auch die schuldige Person.

Liquidation

72. Die juristische Person befindet sich mit der Auflösung kraft Gesetzes in Liquidation. Sie gilt bis zum Ende der Liquidation und für deren Bedürfnisse als bestehend.

73. Die Liquidation erfolgt, sofern im Gesetz oder im Gründungsakt oder in der Satzung nicht ein anderes bestimmt ist oder sofern vom zuständigen Organ nicht ein anderes beschlossen wurde, durch diejenigen, welche die Verwaltung der juristischen Person innehaben. In Ermangelung solcher Personen werden ein oder mehrere Liquidatoren vom Präsidenten des Landgerichts bestellt.

74. Der Liquidator hat die Stellung eines die juristische Person Verwaltenden. Seine Befugnisse erstrecken sich nur so weit, als für die Bedürfnisse der Liquidation erforderlich ist.

75. Der Liquidator haftet den Gläubigern der juristischen Person gegenüber für Schadenersatz hinsichtlich jeder schuldhaften Verletzung seiner Pflichten. Mehrere Liquidatoren haften als Gesamtschuldner.

76. Die Liquidation erfolgt nach Maßgabe der Vorschriften über gerichtliche Liquidation einer Erbschaft, die entsprechende Anwendung finden.

Schicksal des Vermögens nach der Auflösung

77. Das Vermögen der aufgelösten juristischen Person fällt, sofern im Gesetz oder im Gründungsakt oder in der Satzung nicht ein anderes bestimmt oder sofern vom zuständigen Organ nicht ein anderes beschlossen wurde, dem Fiskus zu. Dieser ist verpflichtet, mit diesem Vermögen den Zweck der juristischen Person zu erfüllen.

Verein

78. Eine Personenvereinigung, deren Zweck nicht auf Gewinn gerichtet ist, erlangt Persönlichkeit durch die Eintragung in das öffentliche Register (Verein), welches dazu beim Landgericht ihres Sitzes geführt wird. Zur Gründung eines Vereins sind mindestens zwanzig Personen erforderlich.

Antrag auf Eintragung eines Vereins

79. Zur Eintragung des Vereins in das Register wird dem Landgericht ein Antrag der Gründer oder des Vorstandes des Vereins eingereicht. Dem Antrag sind der Gründungsakt, die Namen der Vorstandsmitglieder und die mit Datum versehene und von den Mitgliedern unterschriebene Satzung beizufügen.

Satzung des Vereins

80. Die Satzung muß bestimmen, sonst wäre Nichtigkeit die Folge: 1. den Zweck, den Namen und den Sitz des Vereins; 2. die Bedingungen für den Eintritt, Austritt und Ausschluß der Mitglieder sowie ihre Rechte und Pflichten; 3. die Einkünfte des Vereins; 4. die Art der gerichtlichen und außergerichtlichen Vertretung des Vereins; 5. die Organe des Vorstandes des Vereins sowie die Bedingungen seiner Zusammensetzung, seiner Tätigkeit und der Entlassung seiner Organe; 6. die Bedingungen, unter denen die Mitgliederversammlung einberufen wird, tagt und beschließt; 7. die Bedingungen der Änderung der Satzung; 8. die Bedingungen der Auflösung des Vereins.

Entscheidung über die Eintragung des Vereins

81. Das Landgericht nimmt, sofern die gesetzlichen Bedingungen vorliegen, den Antrag an und ordnet an: 1. die Veröffentlichung eines Auszuges aus der Satzung durch die Presse, der ihre wesentlichen Punkte enthält; 2. die Eintragung des Vereins in das Vereinsregister. Diese Eintragung enthält den Namen und den Sitz des Vereins, das Datum der Satzung, die Mitglieder des Vorstandes und die Bestimmungen, welche dessen Befugnisse einschränken.

Die Satzung wird vom Präsidenten des Landgerichts bestätigt und beim Gericht hinterlegt.

82. Gegen die Entscheidung des Landgerichts ist nur Berufung zulässig. Das Berufungsrecht gegen die Entscheidung, welche den Antrag abweist, hat nur der Antragsteller und gegen die Entscheidung, welche den Antrag annimmt, nur die Aufsichtsbehörde.

Zeitpunkt der Entstehung des Vereins

83. Der Verein erlangt Persönlichkeit mit der Eintragung in das dazu geführte Register. Die Eintragung erfolgt alsbald nach dem Eintritt der Rechtskraft der Entscheidung, die sie anordnet.

Eintragung einer Änderung der Satzung

84. Jede Änderung der Satzung gilt nur nach ihrer Eintragung in das Register nach den Vorschriften der Art. 79, 81 und 82.

Eintragung der Auflösung eines Vereins

85. Die Auflösung des Vereins, gleichgültig wie sie erfolgt, sowie die Namen der Liquidatoren werden im Vereinsregister am Rande der Eintragung vermerkt. Der Vermerk erfolgt auf Antrag des Vereinsvorstandes oder der Behörde, welche die Auflösung veranlaßt hat.

Eintritt neuer Mitglieder

86. Sofern die Satzung nicht ein anderes bestimmt, ist der Eintritt neuer Mitglieder stets zugelassen.

Austritt von Mitgliedern

87. Die Mitglieder sind berechtigt, aus dem Verein auszutreten. Der Austritt muß mindestens drei Monate vor dem Ende des Geschäftsjahres bekanntgemacht werden und gilt für den Schluß des Geschäftsjahres.

Ausschluß von Mitgliedern

88. Der Ausschluß von Mitgliedern ist zugelassen: 1. in den Fällen, in denen es die Satzung vorsieht; 2. wenn ein wichtiger Grund vorliegt und darüber die Versammlung beschließt.

Das ausgeschlossene Mitglied ist berechtigt, innerhalb von zwei Monaten, nachdem ihm der Ausschließungsbeschluß bekanntgemacht wurde, bei dem Präsidenten des Landgerichts Rekurs einzulegen, wenn der Ausschluß gegen die Bedingungen der Satzung stattgefunden hat oder wenn keine wichtigen Gründe dazu vorlagen.

Gleichmäßige Behandlung

89. Alle Mitglieder des Vereins haben gleiche Rechte. Sonderrechte können nur mit Zustimmung aller Mitglieder erteilt oder entzogen werden.

Rechte und Pflichten ausgeschiedener Mitglieder

90. Ausgeschiedene Mitglieder des Vereins haben keinen Anspruch auf das Vereinsvermögen.

Zur Leistung ihres Beitrages sind sie nur für die Dauer der Zeit verpflichtet, in der sie Mitglieder waren.

Unübertragbarkeit der Mitgliedschaft

91. Sofern die Satzung nicht ein anderes bestimmt, ist die Mitgliedschaft nicht übertragbar, nicht vererblich, und es kann ein Mitglied seine mitgliedschaftlichen Rechte nicht durch einen anderen ausüben lassen.

Vorstand des Vereins

92. Der Vorstand des Vereins wird, sofern die Satzung nicht ein anderes bestimmt, aus Vereinsmitgliedern gebildet.

Mitgliederversammlung

93. Die Mitgliederversammlung bildet das oberste Organ des Vereins und entscheidet über jede Angelegenheit des Vereins, die nicht zur Zuständigkeit eines anderen Organs gehört. Die Versammlung, sofern die Satzung nicht ein anderes bestimmt, bestellt insbesondere die Vorstandsmitglieder, beschließt über Eintritt oder Ausschluß eines Mitgliedes, Genehmigung der Bilanz, Änderung des Zweckes des Vereins, Satzungsänderung und über Auflösung des Vereins.

Aufgaben der Versammlung

94. Die Versammlung hat die Aufsicht und die Kontrolle über die Vorstandsorgane und ist berechtigt, sie jederzeit abzuberufen, unbeschadet ihres Anspruchs auf die vereinbarte Vergütung. Das Recht der Versammlung zur Abberufung kann nicht durch die Satzung beschränkt werden, sofern die Abberufung der Organe aus wichtigen Gründen geboten ist, insbesondere wegen grober Verletzung ihrer Pflichten oder Unfähigkeit zur ordnungsmäßigen Geschäftsführung.

Einberufung

95. Die Versammlung wird vom Vorstand einberufen in den Fällen, in denen es die Satzung bestimmt, oder jedesmal, wenn es das Interesse des Vereins erfordert.

96. Die Versammlung wird einberufen, wenn es die von der Satzung bestimmte Mitgliederzahl verlangt. In Ermangelung einer solchen Bestimmung kann der fünfte Teil der Mitglieder durch schriftlichen Antrag, der die zu behandelnden Fragen angibt, die Einberufung verlangen.

Wird dem Verlangen nicht entsprochen, so kann der Präsident des Landgerichts die Antragsteller zur Einberufung der Versammlung ermächtigen und über die Führung des Vorsitzes in der Versammlung Bestimmungen treffen.

Beschlußfassung der Versammlung

97. Die Beschlüsse der Versammlung werden mit absoluter Mehrheit der anwesenden Mitglieder gefaßt. Ein Beschluß über eine in der Einladung nicht angegebene Frage ist nichtig.

Der Beschluß kann auch ohne Versammlung der Mitglieder gefaßt werden, wenn alle Mitglieder ihre Zustimmung zu einem Antrag schriftlich erklären.

98. Ein Mitglied ist nicht stimmberechtigt, wenn der Beschluß die Vornahme eines Rechtsgeschäfts oder den Beginn oder die Beendigung eines Prozesses zwischen dem Verein einerseits und dem Mitgliede andererseits, oder seinem Ehegatten, oder einem Blutsverwandten bis zum dritten Grade einschließlich betrifft.

99. Zur Beschlußfassung über eine Satzungsänderung oder die Auflösung des Vereins ist die Anwesenheit von mindestens der Hälfte der Mitglieder und die Mehrheit von drei Vierteln der Anwesenden erforderlich.

100. Zur Beschlußfassung über Änderung des Zweckes des Vereins ist die Zustimmung aller Mitglieder erforderlich. Die Zustimmung der Abwesenden kann schriftlich abgegeben werden.

Nichtigkeit eines Versammlungsbeschlusses

101. Ein Versammlungsbeschluß, der gegen das Gesetz oder die Satzung verstößt, ist nichtig. Die Nichtigkeit wird vom Gericht auf Klage eines Mitgliedes, das nicht zugestimmt hat, oder eines jeden, der ein rechtliches Interesse daran hat, ausgesprochen. Die Klage ist nach Ablauf von sechs Monaten seit dem Versammlungsbeschluß ausgeschlossen. Die Entscheidung, welche die Nichtigkeit ausspricht, gilt für und gegen jedermann.

102. Der Präsident des Landgerichts kann auf Antrag des Vorstandes des Vereins oder eines seiner Mitglieder oder des Staatsanwalts die Durchführung eines nichtigen Beschlusses aussetzen.

Auflösung eines Vereins

103. Der Verein kann jederzeit durch Beschluß der Mitgliederversammlung aufgelöst werden.

104. Der Verein wird in den Fällen aufgelöst, die in der Satzung bestimmt sind.

Der Verein wird aufgelöst, wenn seine Mitgliederzahl unter zehn sinkt.

105. Der Verein kann durch Entscheidung des Landgerichts auf Antrag des Vereinsvorstandes oder des fünften Teils der Mitglieder oder der Aufsichtsbehörde aufgelöst werden: 1. wenn wegen Herabsinkens der Zahl der Mitglieder oder aus anderen Gründen die Vorstandsbestellung nicht möglich ist oder das Weiterbestehen des Vereins der Satzung gemäß überhaupt unmöglich wird; 2. wenn der Zweck des Vereins erreicht wurde oder wenn sich aus langer Untätigkeit ergibt, daß er seinen Zweck aufgegeben hat; 3. wenn der Verein einen von dem in der Satzung bestimmten abweichenden Zweck verfolgt, oder wenn der Zweck oder die Tätigkeit des Vereins widerrechtlich oder unsittlich geworden ist oder gegen die öffentliche Ordnung verstößt.

Gegen die Entscheidung des Landgerichts ist nur Berufung zulässig.

Vermögen eines aufgelösten Vereins

106. Das Vermögen des aufgelösten Vereins kann in keinem Falle unter die Mitglieder verteilt werden.

Vereinigungen, die keine Vereine sind

107. Auf eine zur Verfolgung eines bestimmten Zweckes gegründete Personenvereinigung, die keinen Verein bildet, finden, wenn nicht ein anderes bestimmt ist, die Vorschriften über die Gesellschaft Anwendung. Wird diese Vereinigung in einen Verein umgewandelt, so erfolgt die Übertragung des Vermögens auf ihn nach den allgemeinen Vorschriften.

Stiftung

108. Wurde durch Stiftungsgeschäft Vermögen zur Durchführung eines bestimmten Zweckes bestimmt, so erlangt die Stiftung Persönlichkeit durch die ihre Gründung genehmigende königliche Verordnung.

Stiftungsgeschäft

109. Das Stiftungsgeschäft erfolgt entweder durch Rechtsgeschäft unter Lebenden oder durch letztwillige Verfügung. Für das Rechtsgeschäft unter Lebenden ist die notarielle Beurkundung erforderlich.

Inhalt desselben

110. Im Stiftungsgeschäft müssen der Zweck der Stiftung, das zugesicherte Vermögen und ihre Verfassung angegeben werden.

Die Verfassung kann auch durch die Verordnung, welche die Stiftung genehmigt, bestimmt oder ergänzt oder geändert werden, wobei der Wille des Stifters zu wahren ist. Die Ergänzung oder Änderung kann unter denselben Bedingungen auch durch spätere Verordnung, vorbehaltlich der Vorschrift des Art. 119, erfolgen.

Widerruf des Stiftungsgeschäftes

111. Auf Antrag des Stifters kann das Gericht den Widerruf des Stiftungsgeschäfts erlauben: 1. wegen nachfolgender Armut des Stifters; 2. wegen wichtiger Gründe, die den Widerruf rechtfertigen.

Nach dem Erlaß der Verordnung ist ein Antrag auf Widerruf unzulässig.

Genehmigung einer Stiftung

112. Die Genehmigung der Stiftung wird durch die dazu zuständige Behörde von Amts wegen veranlaßt.

Verpflichtungen des Stifters

113. Der Stifter ist mit der Entstehung der Stiftung verpflichtet, das von ihm zugesicherte Vermögen der Stiftung zu übertragen.

Rechte, die durch bloße Abtretung übertragen werden, gehen in Ermangelung eines gegenteiligen Willens des Stifters ohne weiteres mit der Entstehung der Stiftung auf diese über.

Entstehung nach dem Tode des Stifters

114. Ist eine Stiftung nach dem Tod des Stifters entstanden, so gilt sie in Bezug auf das ihr zugesicherte Vermögen als zur Zeit des Todes des Stifters bestehend.

Rechte der Gläubiger und der pflichtteilsberechtigten Erben

115. Die Entstehung der Stiftung ist gegenüber den Gläubigern und den pflichtteilsberechtigten Erben des Stifters der Anfechtung nach den Vorschriften über Schenkungen ausgesetzt.

Rechte genußberechtigter Personen

116. Die Personen, denen der Zweck der Stiftung zugute kommt, haben einen klagbaren Anspruch gegen die Stiftung. Sind diese Personen durch das Stiftungsgeschäft nicht hinreichend bestimmt, so erfolgt die Bestimmung durch die Verwaltung der Stiftung nach billigem Ermessen.

Ende der Stiftung

117. Die Stiftung erlischt in den Fällen, in denen es im Stiftungsgeschäft oder in ihrer Verfassung bestimmt ist.

118. Die Stiftung erlischt durch königliche Verordnung: 1. wenn ihr Zweck erfüllt ist oder unerreichbar wurde; 2. wenn sie sich von ihrem Zwecke abgewendet hat, oder wenn ihr Zweck oder ihre Tätigkeit widerrechtlich oder unsittlich geworden ist oder gegen die öffentliche Ordnung verstößt.

Änderung der Verfassung

119. Auf Antrag der Verwaltung der Stiftung kann ihre Verfassung auch gegen den Willen des Stifters geändert werden, wenn diese Änderung zur Erhaltung des Vermögens der Stiftung oder zur Erfüllung ihres Zweckes erforderlich ist.

Änderung des Zweckes

120. Ist die Erfüllung des Stiftungszweckes unmöglich geworden, so kann durch königliche Verordnung, welche auf Veranlassung der zuständigen Behörde erlassen wird, der Stiftung eine andere ähnliche Zweckbestimmung nach dem mutmaßlichen Willen des Stifters gegeben werden.

121. Die Änderung des Inhalts oder der Bedingungen des Stiftungsgeschäfts in Bezug auf seine Bestimmungen zugunsten des Staates oder eines gemeinnützigen Zweckes ist verboten. Ausnahmsweise kann durch besonderes Gesetz, wenn die Verwirklichung des Willens des Stifters absolut unmöglich wird, das zugesicherte Vermögen für einen anderen ähnlichen Zweck zur Verfügung gestellt werden.

Sammelausschüsse

122. Ausschüsse von mindestens fünf Mitgliedern, welche die Aufbringung von Geld oder anderen Gegenständen durch Sammlungen, Festlichkeiten oder ähnliche Veranstaltungen zugunsten eines bestimmten öffentlichen oder gemeinnützigen Zweckes bezwecken (Sammelausschüsse), erlangen Persönlichkeit durch königliche Verordnung.

Gründungsverordnung

123. Die Verordnung enthält die Verfassung und die Mitglieder des Ausschusses und bestimmt seine Aufgabe und seinen Sitz sowie die Zeitdauer zur Beendigung seiner Aufgabe. Die Zeitdauer kann verlängert werden.

Auflösung des Ausschusses

124. Der Ausschuß hört mit dem Ablauf der bestimmten Zeit oder mit der Beendigung seiner Aufgabe auf zu bestehen.

125. Der Ausschuß kann durch königliche Verordnung aufgelöst werden: 1. wenn er selbst seine Auflösung beschließt; 2. wenn er sich von seiner Aufgabe abgewendet hat; 3. wenn die Ausführung seiner Aufgabe unmöglich geworden ist, oder wenn sich auf irgendeine Weise ergibt, daß die Ausführung aufgegeben wurde; 4. wenn der Zweck widerrechtlich oder unsittlich geworden ist oder wenn er gegen die öffentliche Ordnung verstößt.

Substitution einer Stiftung

126. Wurde das vom Ausschuß zusammengebrachte Vermögen durch die Verfassung für einen bestimmten dauernden Zweck bestimmt, so ist für die weitere Erfüllung dieses Zweckes die Gründung einer Stiftung erforderlich, wobei die Vorschriften über diese Anwendung finden.

Fünftes Kapitel

Rechtsgeschäfte

Volljähriger

127. Wer das einundzwanzigste Lebensjahr vollendet hat (Volljähriger), ist zu jedem Rechtsgeschäft fähig.

Geschäftsunfähige

128. Geschäftsunfähig ist: 1. wer nicht das zehnte Lebensjahr vollendet hat; 2. wer gerichtlich oder kraft Gesetzes entmündigt ist.

Beschränkt geschäftsfähig

129. Beschränkt geschäftsfähig sind die Minderjährigen, die das zehnte Lebensjahr vollendet haben, und diejenigen, welche unter gerichtlicher Beistandschaft stehen.

Willenserklärung Geschäftsunfähiger

130. Die Willenserklärung ist nichtig, sofern der Erklärende der Geschäftsfähigkeit entbehrt.

131. Die Willenserklärung ist nichtig, wenn der Erklärende sich zu der Zeit, in der sie abgegeben wurde, im Zustand der Bewußtlosigkeit befand oder wegen Geisteskrankheit der Vernunft beraubt war.

132. Wegen der Nichtigkeit auf Grund des vorangehenden Artikels kann der Erklärende, wenn die Erklärung einem anderen gegenüber abzugeben ist, den Umständen nach zum Ersatz des dadurch verursachten Schadens verpflichtet werden, sofern derjenige, welcher mit ihm kontrahiert hat, ohne eigenes Verschulden den Zustand des Erklärenden nicht kannte und sein Schaden nicht von anderer Seite ausgeglichen werden kann.

133. Die Personen mit beschränkter Geschäftsfähigkeit sind zur Vornahme eines Rechtsgeschäfts nur in den gesetzlich bestimmten Fällen oder nur unter den im Gesetze vorgeschriebenen Bedingungen fähig. *Rechtsgeschäfte des beschränkt Geschäftsfähigen*

134. Der Minderjährige, der das zehnte Lebensjahr vollendet hat, ist zu einem Rechtsgeschäft fähig, aus dem er lediglich einen rechtlichen Vorteil erlangt. *Minderjährige mit vollendetem zehnten Lebensjahr*

135. Der Minderjährige, der das vierzehnte Lebensjahr vollendet hat, kann über alles frei verfügen, was er durch seine eigene Arbeit verdient oder ihm zu eigenem Gebrauch oder zu freier Verfügung überlassen wurde. *Minderjährige mit vollendetem vierzehnten Lebensjahr*

136. Der Minderjährige, der das vierzehnte Lebensjahr vollendet hat, kann, sofern er dazu die allgemeine Zustimmung des Vaters oder des Vormundes hat, ein Dienstverhältnis eingehen. Verweigert der Vater oder der Vormund die Zustimmung, so entscheidet auf Antrag des Minderjährigen das Gericht.

137. Der Minderjährige, der das achtzehnte Lebensjahr vollendet hat, kann sich nicht auf die Nichtigkeit des von ihm vorgenommenen Rechtsgeschäftes wegen seiner beschränkten Geschäftsfähigkeit berufen, wenn bewiesen wird, daß er bei der Vornahme der Handlung demjenigen, der mit ihm kontrahiert hat, arglistig vorspiegelte, er sei volljährig. *Minderjährige mit vollendetem achtzehnten Lebensjahr*

138. Eine nicht ernstlich, sondern nur zum Schein abgegebene Willenserklärung (S c h e i n e r k l ä r u n g) ist nichtig. *Scheinerklärung*

Das von einem Scheingeschäft verdeckte andere Rechtsgeschäft ist gültig, wenn es die Parteien gewollt haben und die zu seinem Zustandekommen erforderlichen Bedingungen vorhanden sind.

139. Die Simulation schadet demjenigen nicht, welcher kontrahiert hat, ohne sie zu kennen.

140. Wenn beim Zustandekommen eines Rechtsgeschäftes die Erklärung mit dem Willen des Erklärenden wegen wesentlichen Irrtums nicht übereinstimmt, ist dieser berechtigt, die Anfechtung des Rechtsgeschäfts geltend zu machen. *Erklärung aus Irrtum*

Wesentlicher Irrtum

141. Der Irrtum ist ein wesentlicher, wenn er sich auf einen Punkt von solcher Bedeutung für das ganze Rechtsgeschäft bezieht, daß der Irrende bei Kenntnis der wirklichen Sachlage das Rechtsgeschäft nicht vorgenommen hätte.

142. Als wesentlicher Irrtum gilt auch der Irrtum über die Eigenschaften der Person oder der Sache, wenn diese Eigenschaften nach der Vereinbarung der Parteien oder nach Treu und Glauben und der Verkehrssitte von solcher Bedeutung für das ganze Rechtsgeschäft sind, daß der Irrende bei Kenntnis der wirklichen Sachlage das Rechtsgeschäft nicht vorgenommen hätte.

Irrtum im Beweggrunde

143. Der Irrtum ist, sofern das Gesetz nicht ein anderes bestimmt, kein wesentlicher, wenn er sich ausschließlich auf die Beweggründe des Willens bezieht.

Wann die Anfechtung wegen Irrtums ausgeschlossen ist

144. Ein Rechtsgeschäft kann wegen Irrtums nicht angefochten werden: 1. wenn der andere die Willenserklärung, wie sie der Irrende meint, annimmt; 2. wenn die Anfechtung gegen Treu und Glauben verstößt.

Schadenersatz wegen Anfechtung

145. Wer die Anfechtung des Rechtsgeschäfts wegen Irrtums geltend macht, ist zum Ersatz des durch die Nichtigerklärung verursachten Schadens verpflichtet, soweit dieser das Interesse aus dem gültigen Rechtsgeschäft nicht übersteigt.

Die Verpflichtung zum Schadenersatz fällt weg, wenn der Geschädigte den Irrtum kannte oder kennen mußte.

Unrichtige Übermittlung einer Erklärung

146. Ist eine Willenserklärung unrichtig übermittelt, so finden die Vorschriften über Irrtum entsprechende Anwendung.

Erklärung infolge arglistiger Täuschung

147. Wer zur Abgabe einer Willenserklärung durch arglistige Täuschung bestimmt worden ist, ist berechtigt, die Anfechtung des Rechtsgeschäftes geltend zu machen. Im Falle einer Erklärung, die einem anderen gegenüber abgegeben wird, kann, wenn die arglistige Täuschung ein Dritter verübte, die Anfechtung nur geltend gemacht werden, wenn derjenige, dem gegenüber die Erklärung abgegeben wurde oder ein anderer, der aus dieser unmittelbar ein Recht erworben hat, die arglistige Täuschung kannte oder kennen mußte.

148. Ist der durch die arglistige Täuschung veranlaßte Irrtum kein wesentlicher und nimmt der andere Teil die Willenserklärung so an, wie sie der Getäuschte gewollt hat, so kann das Gericht das Rechtsgeschäft gelten lassen.

149. Der Getäuschte ist berechtigt, außer der Anfechtung des Rechtsgeschäfts auch einen Ersatzanspruch für jeden anderen Schaden nach den Vorschriften über unerlaubte Handlungen geltend zu machen. Er ist auch berechtigt, das Rechtsgeschäft gelten zu lassen und nur Schadenersatz zu verlangen.

150. Wer widerrechtlich oder gegen die guten Sitten durch Drohung, die von dem anderen Teil oder einem Dritten verübt wurde, zur Abgabe einer Willenserklärung bestimmt worden ist, ist berechtigt, die Anfechtung des Rechtsgeschäftes geltend zu machen. *Erklärung infolge Drohung*

151. Es ist erforderlich, daß die Drohung bei einem vernünftigen Menschen unter den konkreten Umständen Furcht errege und das Leben, die körperliche Unversehrtheit, die Freiheit, die Ehre, das Vermögen des Bedrohten oder der mit ihm am engsten verbundenen Personen einer erheblichen und unmittelbaren Gefahr aussetze.

152. Der Bedrohte ist berechtigt, außer der Anfechtung des Rechtsgeschäfts auch einen Ersatzanspruch für jeden anderen Schaden nach den Vorschriften über unerlaubte Handlungen geltend zu machen. Er ist auch berechtigt, nach Geltenlassen des Rechtsgeschäfts nur Schadenersatz zu verlangen.

153. Wer unter der Einwirkung einer von einem Dritten verübten Drohung einem anderen gegenüber eine Willenserklärung abgegeben hat, kann, wenn sie deshalb für nichtig erklärt wird, den Umständen nach zum Schadenersatz dem anderen gegenüber verpflichtet werden, wenn dieser die verübte Drohung weder kannte noch kennen mußte. *Von einem Dritten verübte Drohung*

154. Die Nichtigerklärung eines Rechtsgeschäftes wegen Irrtums, arglistiger Täuschung oder Drohung erfolgt durch gerichtliche Entscheidung. Nur der Irrende, der Getäuschte oder der Bedrohte und ihre Erben sind berechtigt, die Anfechtung geltend zu machen. *Nichtigerklärung*

155. Die Anfechtungsklage richtet sich gegen den anderen Vertragschließenden und im Falle eines einseitigen Rechtsgeschäfts gegen denjenigen, der aus diesem ein rechtliches Interesse unmittelbar ableitet. *Anfechtungsklage*

156. Das Anfechtungsrecht erlischt durch den Verzicht des Berechtigten. Die Verzichtserklärung, mag sie ausdrücklich oder stillschweigend erfolgen, braucht nicht dem anderen Teil gegenüber abgegeben zu werden. *Erlöschen des Anfechtungsrechts*

157. Das Anfechtungsrecht erlischt nach Ablauf von zwei Jahren seit der Vornahme des Rechtsgeschäfts. Setzten der Irrtum, die arglistige Täuschung oder die Drohung auch nach der Vornahme des Rechtsgeschäfts sich fort, so beginnen die zwei Jahre mit dem Zeitpunkt, in dem dieser Zustand aufgehört hat zu bestehen. Jedenfalls ist die Anfechtung ausgeschlossen, wenn seit der Vornahme des Rechtsgeschäfts zwanzig Jahre verstrichen sind.

158. Die Beachtung einer Form für ein Rechtsgeschäft ist nur in den Fällen erforderlich, in denen es das Gesetz bestimmt. *Form des Rechtsgeschäfts*

159. Ein Rechtsgeschäft, bei dessen Vornahme die durch Gesetz vorgeschriebene Form nicht beachtet wurde, ist nichtig, wenn das Gegenteil nicht bestimmt ist.

Wurde die Form von den Parteien bestimmt, so hat ihre Nichtbeachtung im Zweifel gleichfalls Nichtigkeit zur Folge. Die Erfüllung des Rechtsgeschäfts in Kenntnis des Formmangels heilt jedoch diesen Mangel.

Schriftliche Form

160. Wenn durch Gesetz oder von den Parteien für das Rechtsgeschäft die schriftliche Form bestimmt wurde, muß die Urkunde die eigenhändige Unterschrift des Ausstellers tragen.

Bei einem Vertrage muß die Unterschrift der Parteien auf dieselbe Urkunde gesetzt werden. Werden über den Vertrag mehrere Originalurkunden aufgesetzt, so genügt die Unterschrift jeder Partei auf der für die andere bestimmten.

161. Die schriftliche Form wird durch die notarielle Beurkundung ersetzt. Bei einem Vertrage kann die Annahme des Antrages auch durch getrennte notarielle Urkunde erfolgen.

Briefe, Telegramme

162. Ist die schriftliche Form von den Parteien vereinbart, so genügen im Zweifel auch unterschriebene Briefe oder Aufgabeschriften von Telegrammen.

Unterschrift durch mechanische Mittel

163. Als eigenhändige Unterschrift gilt auch die mechanische Wiedergabe, wenn es sich um Wertpapiere auf den Inhaber handelt, die in großer Zahl ausgestellt werden.

Änderung eines formbedürftigen Rechtsgeschäfts

164. Die durch Gesetz für ein Rechtsgeschäft vorgeschriebene Form ist auch für dessen Änderungen erforderlich.

Vorbehalt über die Aufsetzung einer Urkunde

165. Haben sich die Parteien vorbehalten, über den zwischen ihnen abgeschlossenen Vertrag eine Urkunde aufzusetzen, so gilt im Zweifel der Vertrag auch ohne die Aufsetzung der Urkunde.

Vorvertrag

166. Der Vertrag, durch den sich die Parteien verpflichten, einen bestimmten Vertrag abzuschließen (V o r v e r t r a g), ist der Form unterworfen, die das Gesetz für den abzuschließenden Vertrag bestimmt.

Erklärung, die einem anderen gegenüber abzugeben ist

167. Die Willenserklärung hat erst Rechtswirkung, wenn sie der Person zugegangen ist, der gegenüber sie abzugeben war.

168. Die Willenserklärung hat keine Wirkung, wenn vorher oder gleichzeitig demjenigen, dem gegenüber sie abgegeben wird, ein Widerruf zugegangen ist.

169. Der nach der Willenserklärung erfolgte Tod des Erklärenden ist ohne Einfluß auf ihre Wirksamkeit. Dasselbe gilt auch für seine nachträglich eingetretene Geschäftsunfähigkeit.

Erklärung einem Geschäftsunfähigen gegenüber

170. Die Willenserklärung ist nichtig, sofern die Person, der gegenüber sie abgegeben wurde, geschäftsunfähig war.

171. Die Willenserklärung, welche einer Person gegenüber abgegeben wurde, die sich im Zustand der Bewußtlosigkeit befand oder wegen Geisteskrankheit der Vernunft beraubt war, ist nichtig.

Wegen der Nichtigkeit kann diese Person den Umständen nach zum Ersatz des dadurch verursachten Schadens verpflichtet werden, sofern der Erklärende ohne eigenes Verschulden den Zustand des anderen nicht kannte und sein Schaden nicht anderweitig ausgeglichen werden kann.

Erklärung gegenüber einem beschränkt Geschäftsfähigen

172. Eine Willenserklärung, die einer Person mit beschränkter Geschäftsfähigkeit gegenüber abgegeben wurde, ist nichtig, wenn diese Person in Bezug auf das beabsichtigte Rechtsgeschäft geschäftsunfähig war.

Auslegung der Erklärung

173. Bei der Auslegung einer Willenserklärung wird der wirkliche Wille erforscht, ohne an den Worten zu haften.

Verbotenes Rechtsgeschäft

174. Ein Rechtsgeschäft, welches gegen eine gesetzliche Verbotsvorschrift verstößt, ist nichtig, sofern nicht ein anderes anzunehmen ist.

Verfügungsverbot

175. Die Verfügung über einen Gegenstand ist nichtig, wenn sie durch Gesetz verboten ist. Wenn das Verbot zugunsten bestimmter Personen ergangen ist, können nur diese sich auf die Nichtigkeit berufen.

176. Wurde ein Verbot im Sinne des vorigen Artikels durch gerichtliche Entscheidung angeordnet, so gilt dasselbe wie beim gesetzlichen Verbot.

177. Ein Rechtsgeschäft, welches die Befugnis zur Verfügung über ein veräußerliches Recht beschränkt, hat, sofern im Gesetz nicht ein anderes bestimmt ist, nur obligatorische Wirkung und ist ohne Einfluß auf die Gültigkeit der Verfügung.

Rechtsgeschäft, das gegen die guten Sitten verstößt

178. Ein gegen die guten Sitten verstoßendes Rechtsgeschäft ist nichtig.

179. Nichtig, als gegen die guten Sitten verstoßend, ist insbesondere ein Rechtsgeschäft, durch das die Freiheit der Person übermäßig eingeschränkt wird oder durch das jemand unter Ausbeutung der Notlage, des Leichtsinns oder der Unerfahrenheit des anderen Teils sich für sich oder für einen Dritten für eine Leistung Vermögensvorteile versprechen oder gewähren läßt, welche den Umständen nach in einem auffälligen Mißverhältnis zu der Leistung stehen.

Wirkung der Nichtigkeit

180. Das nichtige Rechtsgeschäft gilt als nicht vorgenommen.

181. Die Nichtigkeit eines Teils hat die Nichtigkeit des ganzen Rechtsgeschäfts zur Folge, wenn anzunehmen ist, daß es ohne den nichtigen Teil nicht vorgenommen worden wäre.

Konversion

182. Entspricht ein nichtiges Rechtsgeschäft den Erfordernissen eines anderen Rechtsgeschäftes, so gilt das letztere, sofern anzunehmen ist, daß die Parteien bei Kenntnis der Nichtigkeit dessen Geltung gewollt haben würden.

Bestätigung

183. Die Bestätigung eines nichtigen Rechtsgeschäfts gilt als erneute Vornahme des Rechtsgeschäfts.

Wird ein nichtiger Vertrag von den Parteien bestätigt, so wird im Zweifel zwischen ihnen eine gegenseitige Verpflichtung zu jeder Leistung begründet, zu der sie verpflichtet wären, wenn der Vertrag von Anfang an gültig wäre.

Wirkung der Anfechtung

184. Das anfechtbare Rechtsgeschäft wird nach der Nichtigerklärung dem von Anfang an nichtigen gleichgestellt, unbeschadet der Vorschriften über die aus einem für nichtig erklärten Vertrag von Dritten erworbenen dinglichen Rechte.

Vertragsantrag

185. Wer die Schließung eines Vertrages anträgt, ist während der ganzen Zeit gebunden, in der derjenige, dem gegenüber der Antrag gemacht wurde, ihn annehmen kann.

Widerruf eines Antrages

186. Wer die Schließung eines Vertrages angetragen hat, ist zum Widerruf des Antrages berechtigt, wenn er die Gebundenheit aus dem Antrage ausgeschlossen hat oder wenn nach der Natur des Vertrages oder nach den besonderen Umständen anzunehmen ist, daß die Gebundenheit ausgeschlossen sein soll.

Erlöschen eines Antrages

187. Der Antrag auf Schließung eines Vertrages erlischt, wenn er abgelehnt oder wenn er nicht rechtzeitig nach den Vorschriften der Art. 189 bis 194 angenommen wurde.

Tod oder Geschäftsunfähigkeit nach dem Antrag

188. Der Antrag bleibt, sofern aus ihm nicht das Gegenteil zu entnehmen ist, auch dann gültig, wenn vor der Annahme der Antragende oder derjenige, dem der Antrag gemacht wurde, stirbt oder geschäftsunfähig wird.

Annahme eines Antrages

189. Die Annahme des Antrages auf Schließung eines Vertrages muß dem Antragenden innerhalb der bestimmten Frist zugehen. Wurde keine Frist bestimmt, so muß ihm die Annahme bis zu dem Zeitpunkt zugehen, bis zu dem er nach den Umständen verpflichtet ist, auf die Annahme zu warten.

Verspätete Annahme

190. Eine rechtzeitig abgesandte Annahmeerklärung, die dem Antragenden aber verspätet zugegangen ist, ist gültig, es sei denn, daß der Antragende sofort den Annehmenden von der Verspätung benachrichtigt.

191. Die verspätete Annahme eines Antrages gilt als neuer Antrag. Eine Annahme mit Änderungen gilt als Ablehnung verbunden mit einem neuen Antrag.

Zustandekommen des Vertrages

192. Der Vertrag kommt zustande, sobald die Erklärung über die Annahme des Antrages dem Antragenden zugegangen ist.

193. Der Vertrag kommt allein durch die Annahme zustande, wenn nach dem Inhalt des Antrages oder nach der Verkehrssitte oder nach den besonderen Umständen nicht zu erwarten ist, daß die Annahme dem Antragenden zugehen soll. In diesem Falle erlischt der Antrag von dem Zeitpunkt an, in dem die nach den Umständen angemessene Frist zur Annahme des Antrages abgelaufen ist.

194. Wird der Vertrag ohne die gleichzeitige Anwesenheit beider Teile notariell beurkundet, so kommt er, wenn nicht ein anderes bestimmt wurde, mit der notariellen Beurkundung der Annahme des Antrages zustande. In diesem Falle erlischt der Antrag von dem Zeitpunkt an, in dem die nach den Umständen angemessene Frist zur Annahme des Antrages abgelaufen ist.

Einigungsmangel über einige Punkte

195. Der Vertrag gilt im Zweifel als nicht zustandegekommen, solange die Parteien sich nicht über alle Punkte geeinigt haben.

196. Halten die Parteien den Vertrag für geschlossen, obwohl sie sich über einen Punkt nicht geeinigt haben, so gilt das Vereinbarte, sofern anzunehmen ist, daß der Vertrag auch ohne eine Entscheidung der Parteien über diesen Punkt geschlossen worden wäre.

Haftung aus den Verhandlungen

197. Bei den Verhandlungen zur Schließung eines Vertrages sind die Parteien gegenseitig verpflichtet, das nach Treu und Glauben und nach der Verkehrssitte gebotene Verhalten zu beachten.

198. Wer bei den Verhandlungen zur Schließung eines Vertrages dem anderen schuldhaft einen Schaden zugefügt hat, ist zu dessen Ersatz verpflichtet, auch wenn der Vertrag nicht zustandegekommen ist.

Auf die Verjährung dieses Anspruchs findet die Vorschrift über Verjährung der Ansprüche aus unerlaubten Handlungen entsprechende Anwendung.

Vertrag durch Versteigerung

199. Bei einer Versteigerung kommt der Vertrag, wenn nicht ein anderes anzunehmen ist, durch den Zuschlag zustande. Der Bieter ist, wenn sich nicht ein anderes ergibt, bis zur Abgabe eines Übergebots oder bis zum Schluß der Versteigerung ohne Erteilung des Zuschlages gebunden.

Auslegung der Verträge

200. Verträge sind so auszulegen, wie Treu und Glauben mit Rücksicht auf die Verkehrssitte es erfordern.

Sechstes Kapitel

Bedingungen und Fristen

Aufschiebende Bedingung

201. Werden durch das Rechtsgeschäft seine Wirkungen von einer zukünftigen und ungewissen Tatsache abhängig gemacht (aufschiebende Bedingung), so beginnen diese mit dem Eintritt der Tatsache (Eintritt der Bedingung).

Auflösende Bedingung

202. Wurde durch das Rechtsgeschäft die Aufhebung seiner Wirkungen von einer zukünftigen und ungewissen Tatsache abhängig gemacht (auflösende Bedingung), so endigt mit dem Eintritt der Tatsache die Wirkung des Rechtsgeschäfts und wird von selbst der frühere Zustand wiederhergestellt.

Wirkung der Bedingungen

203. Sollen nach dem Inhalt des Rechtsgeschäfts die Folgen der erfüllten Bedingung auf einen früheren Zeitpunkt als den des Eintritts der Bedingung zurückbezogen werden, so ist jede der Parteien verpflichtet, der anderen zu leisten, was sie haben würde, wenn die Folgen in diesem früheren Zeitpunkt eingetreten wären.

204. Wer unter einer Bedingung berechtigt ist, kann im Falle des Eintritts der Bedingung Schadenersatz von dem anderen Teil verlangen, wenn dieser während des Schwebens der Bedingung das von der Bedingung abhängige Recht durch sein Verschulden vereitelt oder beeinträchtigt hat.

205. Wer unter einer Bedingung berechtigt ist, kann während des Schwebens der Bedingung Erhaltungsmaßnahmen verlangen, wenn Gefahr besteht.

Verfügung während des Schwebens der Bedingung

206. Tritt die Bedingung ein, so ist ohne weiteres jede Verfügung über den Gegenstand des Rechtsgeschäfts, die während des Schwebens der Bedingung vorgenommen wurde, insoweit nichtig, als dadurch die von der Bedingung abhängige Wirkung vereitelt oder beeinträchtigt wird. Dasselbe gilt auch bei einer Veräußerung im Wege der Zwangsvollstreckung, die während des Schwebens der Bedingung vorgenommen wurde.

Fiktive Erfüllung oder Nichterfüllung der Bedingung

207. Die Bedingung gilt als erfüllt, wenn ihre Erfüllung wider Treu und Glauben von demjenigen verhindert wurde, der durch ihren Eintritt beeinträchtigt würde.

Die Bedingung gilt als nicht erfüllt, wenn ihre Erfüllung gegen Treu und Glauben von demjenigen herbeigeführt wurde, der aus ihrem Eintritt einen Vorteil ableiten würde.

Unverständliche, widerrechtliche usw. Bedingungen

208. Eine unverständliche oder widerspruchsvolle oder dem Rechtsgeschäft einen widerrechtlichen oder unsittlichen Inhalt verleihende Bedingung macht es nichtig.

Eine unmögliche Bedingung macht als aufschiebende das Rechtsgeschäft nichtig, als auflösende hat sie keine Wirkung.

Zeit, nach der die Erfordernisse des Rechtsgeschäfts beurteilt werden

209. Bei einem Rechtsgeschäft unter aufschiebender Bedingung werden seine Erfordernisse, welche die Form und die Person betreffen, nach der Zeit des Abschlusses des Rechtsgeschäfts, und diejenigen, welche seinen Gegenstand betreffen, nach der Zeit der Erfüllung der Bedingung beurteilt.

Aufschiebende und auflösende Frist

210. Wurde durch das Rechtsgeschäft bestimmt, daß seine Wirkungen von einem bestimmten Zeitpunkt an beginnen (aufschiebende Frist), oder von einem bestimmten Zeitpunkt an endigen (auflösende Frist), so finden die Vorschriften über aufschiebende und auflösende Bedingungen entsprechende Anwendung.

Siebentes Kapitel

Vertretung und Vollmacht

211. Eine Willenserklärung, welche jemand (Vertreter) im Namen eines anderen (des Vertretenen) innerhalb der Grenzen der Vertretungsmacht abgegeben hat, wirkt unmittelbar für und gegen den Vertretenen. Diese Wirkung tritt ein ohne Unterschied, ob die Erklärung ausdrücklich im Namen des Vertretenen erfolgt oder ob die Umstände ergeben, daß sie in dessen Namen erfolgen soll. *Unmittelbare Vertretung*

Diese Vorschrift findet auch auf eine Willenserklärung, welche dem Vertreter gegenüber abgegeben wurde, entsprechende Anwendung.

212. Ist nicht zu erkennen, daß jemand in fremdem Namen handelt, so ist anzunehmen, er handle im eigenen Namen. *Auslegungsregel*

213. Wer in der Geschäftsfähigkeit beschränkt ist, kann ein Rechtsgeschäft als Vertreter eines anderen vornehmen. *Geschäftsfähigkeit des Vertreters*

214. Die Willensmängel oder die Kenntnis oder schuldhafte Unkenntnis von gewissen Umständen sowie ihr Einfluß auf das Rechtsgeschäft werden aus der Person des Vertreters beurteilt. *Erfordernisse, welche aus der Person des Vertreters beurteilt werden*

215. Hat der Vertreter nach bestimmten Weisungen des Vertretenen gehandelt, so kann sich der Vertretene für Umstände, die er selbst kannte oder kennen mußte, nicht auf die Unkenntnis des Vertreters berufen.

216. Die Vertretungsmacht wird durch ein zu diesem Zwecke vorzunehmendes Rechtsgeschäft erteilt (Vollmacht). *Vollmacht*

217. Die Vollmacht wird durch Erklärung gegenüber dem zu Bevollmächtigenden oder dem Dritten erteilt, mit dem das Rechtsgeschäft vorgenommen wird.

Die Erklärung bedarf, sofern nicht ein anderes anzunehmen ist, der Form, die für das Rechtsgeschäft erforderlich ist, auf das sich die Vollmacht bezieht.

218. Die Vollmacht erlischt durch Widerruf. Der Verzicht auf das Widerrufsrecht ist nichtig, sofern die Vollmacht ausschließlich das Interesse des Vertretenen betrifft. *Widerruf der Vollmacht*

219. Der Widerruf der Vollmacht erfolgt durch Erklärung gegenüber dem Bevollmächtigten oder dem Dritten.

220. Die durch notarielle Beurkundung erteilte Vollmacht kann nur in der gleichen Form widerrufen werden.

221. Ist die Vollmacht durch Erklärung einem Dritten gegenüber erteilt, so erfolgt die Widerrufserklärung nur diesem gegenüber.

222. Die Vollmacht erlischt, sofern nicht das Gegenteil anzunehmen ist, mit der Beendigung des Rechtsverhältnisses, auf dem sie beruht, wie es insbesondere der Auftrags-, der Gesellschafts- oder der Dienstvertrag ist. *Erlöschen der Vollmacht*

223. Die Vollmacht erlischt, sofern nicht das Gegenteil anzunehmen ist, mit dem Tode oder der Geschäftsunfähigkeit des Vollmachtgebers oder des Bevollmächtigten.

Rechtsgeschäft nach dem Erlöschen

224. Ein nach dem Erlöschen der Vollmacht vom Bevollmächtigten in Unkenntnis des Erlöschens vorgenommenes Rechtsgeschäft gilt für und gegen den Vertretenen oder seine Gesamtnachfolger, es sei denn, daß der Dritte das Erlöschen der Vollmacht kannte oder kennen mußte.

225. Wenn der Bevollmächtigte bei der Vornahme des Rechtsgeschäfts mit dem Dritten das Erlöschen der Vollmacht kannte, kann der Vertretene nach den Umständen, sofern er sich gegenüber dem Dritten auf dieses Erlöschen beruft, zu einer angemessenen Entschädigung des Dritten verpflichtet werden, wenn er das Erlöschen dem Dritten leicht bekanntmachen konnte.

Einseitiges Rechtsgeschäft ohne Vorlegung der Vollmachtsurkunde

226. Ein einseitiges Rechtsgeschäft, das einem anderen gegenüber ohne Vorlegung der Vollmachtsurkunde vorgenommen wird, ist nichtig, wenn derjenige, dem gegenüber es vorgenommen wird, das Rechtsgeschäft unverzüglich zurückweist.

Verpflichtung zur Rückgabe der Vollmachtsurkunde

227. Ist die Vollmacht erloschen, so ist der Bevollmächtigte sowie jeder Inhaber verpflichtet, die Vollmachtsurkunde zurückzugeben oder sie bei einer öffentlichen Behörde zu hinterlegen; ein Zurückbehaltungsrecht an ihr hat er nicht.

Bestätigung des Erlöschens der Vollmacht

228. Wer eine schriftliche Vollmacht erteilt hat, ist berechtigt zu verlangen, daß das Gericht das Erlöschen der Vollmacht bestätigt und die Vollmachtsurkunde für kraftlos erklärt. Ein Auszug aus dem Entscheidungstenor wird durch die Presse in der durch die Entscheidung bestimmten Art veröffentlicht. Nach Ablauf eines Monats seit dieser Veröffentlichung hat die Vollmachtsurkunde keine rechtliche Wirkung mehr.

Vertretung ohne Vertretungsmacht

229. Ist ein Vertrag im Namen eines anderen ohne dessen Vollmacht abgeschlossen worden, so hängt seine Gültigkeit von der Genehmigung des Vertretenen ab. Der andere Teil ist berechtigt zu verlangen, daß innerhalb einer angemessenen und von ihm zu bestimmenden Frist der Vertretene den Vertrag ausdrücklich genehmigt.

230. Der andere Teil ist bis zur Genehmigung zum Rücktritt von dem Vertrage berechtigt, sofern er bei dessen Abschluß den Mangel der Vollmacht nicht kannte. Der Rücktritt kann auch dem Vertreter gegenüber erklärt werden.

Folgen des Mangels

231. Wer als Vertreter einen Vertrag geschlossen hat, ist, sofern er nicht seine Vertretungsmacht nachweist und der Vertretene den Vertrag nicht genehmigt, nach der Wahl des anderen Teils zur Erfüllung des Vertrages oder zum Schadenersatz verpflichtet.

Hat der Vertreter den Mangel der Vertretungsmacht nicht gekannt, so ist er zum Ersatz des Schadens verpflichtet, welchen der andere Teil dadurch erlitten hat, daß er auf das Vorhandensein der Vertretungsmacht vertraut hat, soweit der Schaden das Interesse an dem gültigen Vertrage nicht übersteigt.

Der Vertreter wird von jeder Verpflichtung befreit, wenn der andere Teil den Mangel der Vertretungsmacht kannte oder kennen mußte.

232. Ist ein einseitiges Rechtsgeschäft von einem Vertreter ohne Vertretungsmacht vorgenommen worden, so ist es nichtig.

233. Ein einseitiges Rechtsgeschäft, welches einem anderen gegenüber von einem Vertreter ohne Vertretungsmacht vorgenommen und nicht aus diesem Grunde von dem anderen zurückgewiesen wird, wird mit der Genehmigung durch den Vertretenen gültig. Der andere Teil ist berechtigt zu verlangen, daß innerhalb einer angemessenen und von ihm zu bestimmenden Frist der Vertretene ausdrücklich das Rechtsgeschäft genehmigt.

Diese Vorschrift findet auch dann entsprechende Anwendung, wenn das einseitige Rechtsgeschäft gegenüber einem Vertreter ohne Vertretungsmacht mit dessen Einverständnis vorgenommen wurde.

234. Wer einem anderen gegenüber ein einseitiges Rechtsgeschäft als Vertreter vorgenommen hat, haftet nach den Vorschriften des Art. 231, der entsprechend anzuwenden ist, sofern er die Vertretungsmacht nicht nachweist und der Vertretene das Rechtsgeschäft nicht genehmigt.

Rechtsgeschäft eines Vertreters mit sich selbst

235. Der Vertreter kann im Namen des Vertretenen mit sich im eigenen Namen oder als Vertreter eines anderen ein Rechtsgeschäft nicht vornehmen, es sei denn, daß dieses Rechtsgeschäft vom Vertretenen gestattet wurde oder ausschließlich in der Erfüllung einer Verbindlichkeit besteht.

Ein Vertrag mit sich selbst, welcher nicht notariell beurkundet wurde, ist nichtig.

Achtes Kapitel

Einwilligung und Genehmigung

Einwilligung

236. Ist für die Gültigkeit des Rechtsgeschäfts die Zustimmung eines Dritten erforderlich (Einwilligung), so wird sie durch Erklärung der einen oder der anderen Partei gegenüber erteilt und bedarf, sofern im Gesetz nicht ein anderes bestimmt ist, nicht der für das Rechtsgeschäft erforderlichen Form.

Widerruf der Einwilligung

237. Der Widerruf der Einwilligung ist bis zur Vornahme des Rechtsgeschäftes zulässig und wird demjenigen Teil gegenüber erklärt, dem die Einwilligung erteilt wurde. Der Widerruf ist ausgeschlossen, wenn sich dies aus der Einwilligung selbst oder aus dem Rechtsverhältnis ergibt, auf dem die Einwilligung beruht.

Genehmigung

238. Die nach der Vornahme des Rechtsgeschäfts erteilte Zustimmung (Genehmigung) wirkt, sofern nicht das Gegenteil bestimmt ist, auf den Zeitpunkt der Vornahme des Rechtsgeschäfts zurück. Durch die Rückwirkung werden die vor der Genehmigung erworbenen Rechte Dritter nicht beeinflußt.

Verfügung durch Nichtberechtigten

239. Eine Verfügung über einen Gegenstand, die von einem Nichtberechtigten getroffen wird, ist gültig, wenn sie mit Einwilligung des Berechtigten erfolgte.

Die ohne eine solche Einwilligung getroffene Verfügung wird gültig, sofern im Gesetz nicht ein anderes bestimmt ist, wenn der Berechtigte sie genehmigt oder wenn der Verfügende den Gegenstand erwirbt oder wenn er von dem Berechtigten beerbt wird. Sind in den beiden letzteren Fällen miteinander nicht in Einklang stehende Verfügungen getroffen worden, so geht die zeitlich frühere vor.

Neuntes Kapitel

Fristen

240. Für die Fristen, welche durch Gesetz, gerichtliche Entscheidung oder Rechtsgeschäft bestimmt werden, gelten die Auslegungsvorschriften der Art. 241 bis 246.

Beginn

241. Die Frist beginnt mit dem Tage, der demjenigen Tage folgt, in den das für ihren Beginn maßgebende Ereignis fällt.

Für die Berechnung der Volljährigkeit wird auch der Tag der Geburt mitgerechnet.

Ende

242. Die Frist endigt mit dem Ablauf des ganzen letzten Tages und, wenn dieser ein gesetzlicher Feiertag ist, mit dem Ablauf des ganzen nächstfolgenden Werktages.

Woche, Monat, Jahr

243. Eine nach Wochen bestimmte Frist endigt mit dem Ablauf des entsprechenden gleichlautenden Tages der letzten Woche.

Eine nach Monaten bestimmte Frist endigt mit dem Ablauf des Tages des letzten Monats, der durch seine Zahl dem Anfangstage der Frist entspricht; in Ermangelung eines entsprechenden Tages im letzten Monat endigt die Frist mit dem Ablauf des letzten Tages dieses Monats.

Eine nach Jahren bestimmte Frist endigt mit dem Ablauf des entsprechenden Datums des letzten Jahres.

244. Eine Frist von einem halben Jahre wird als eine Frist von sechs Monaten und eine Frist von einem halben Monat wird als eine Frist von fünfzehn Tagen verstanden.

Ist eine bestimmte Frist auf Monate und Tage gestellt, so sind zuerst die Monate zu zählen und dann werden die Tage hinzugefügt.

245. Wird eine Frist verlängert, so beginnt die neue Frist von dem Ablauf der ersten an.

246. Unter Anfang des Monats wird der erste, unter Mitte der fünfzehnte und unter Ende sein letzter Tag verstanden.

Zehntes Kapitel

Verjährung und Ausschlußfrist

Verjährung eines Anspruchs

247. Das Recht, von einem anderen ein Tun oder ein Unterlassen zu verlangen (Anspruch), unterliegt der Verjährung.

Familienrechtliche Ansprüche

248. Der Anspruch aus einem familienrechtlichen Verhältnis unterliegt der Verjährung nicht, soweit er auf die Herstellung des diesem Verhältnis entsprechenden Zustandes für die Zukunft gerichtet ist.

Zwanzigjährige Verjährung

249. Die Verjährungszeit der Ansprüche beträgt, sofern nicht ein anderes bestimmt ist, zwanzig Jahre.

Fünfjährige Verjährung

250. Fünfjähriger Verjährung unterliegen die Ansprüche: 1. der Kaufleute, Fabrikanten und Handwerker, für die Lieferung von Waren, Ausführung von Arbeiten und Besorgung fremder Angelegenheiten mit Einschluß der Auslagen; 2. derjenigen, welche Ackerbau, Viehzucht, Fischerei und Forstwirtschaft gewerbsmäßig betreiben, für die Lieferung ihrer Erzeugnisse; 3. derjenigen, welche allgemein den Transport von Personen oder Sachen besorgen, für die Fracht und ihre Auslagen; 4. der Gastwirte, Schankwirte und derjenigen, welche Speisen gewerbsmäßig verabreichen, für Gewährung von Wohnung und Beköstigung sowie für jede andere Leistung zur Befriedigung der Bedürfnisse der Gäste, mit Einschluß der Auslagen; 5. derjenigen, welche ohne zu den unter 1. bezeichneten Personen zu gehören, die Besorgung fremder Angelegenheiten oder die Leistung von Diensten gewerbsmäßig betreiben, für ihre Vergütungen und Auslagen; 6. der Diener und Arbeiter wegen der Bezahlung ihrer Löhne oder anderer Dienstbezüge und Auslagen; 7. derjenigen, welche Unterricht jeder Art erteilen, für ihr Lehrgeld und ihre Auslagen; 8. der Anstalten, welche dem Unterricht, der Erziehung, Verpflegung oder Heilung dienen, für Gewährung von Unterricht, Verpflegung oder Heilung sowie für die damit zusammenhängenden Aufwendungen; 9. derjenigen, welche Personen zur Verpflegung oder zur Erziehung aufnehmen, für die unter 8. aufgeführten Leistungen und Aufwendungen; 10. der Ärzte und der Hebammen für ihre Gebühren und Auslagen; 11. der Rechtsanwälte, Notare und Gerichtsvollzieher für ihre Gebühren und Auslagen; 12. der von einer Behörde bestellten Personen, die gewisse Angelegenheiten besorgen, für ihre Gebühren und Auslagen; 13. der Parteien, wegen der ihren Rechtsanwälten geleisteten Vorschüsse; 14. der Zeugen und Sachverständigen, wegen ihrer Gebühren und Auslagen; 15. auf Zinsen, Amortisationsquoten und Dividenden;

16. auf Mietzinsen jeder Art; 17. auf Gehälter jeder Art, auf Rückstände von Renten, Ruhegehältern, Unterhaltsbeiträgen und auf jede andere wiederkehrende Leistung; 18. der Personen, denen Dienste geleistet werden, für ihre Vorschüsse wegen der Ansprüche aus diesen Diensten.

Beginn der Verjährung

251. Die Verjährung beginnt mit dem Zeitpunkt, in dem der Anspruch entstanden und seine gerichtliche Geltendmachung möglich ist.

252. Ist für das Verlangen der Leistung die vorherige Mahnung erforderlich, so beginnt die Verjährung mit dem Zeitpunkte, von welchem an die Mahnung möglich ist. Ist außer der Mahnung auch das Verstreichen einer Frist seit der Mahnung erforderlich, so beginnt die Verjährung mit dem Zeitpunkt, in welchem diese Frist abgelaufen ist, nachdem die Mahnung möglich war.

253. Die Verjährung der im Art. 250 bezeichneten Ansprüche beginnt mit dem Schluß des Jahres, in welchem der in den zwei vorigen Artikeln bestimmte Beginn der Verjährung eintritt.

254. Bei wiederkehrenden, selbständig geschuldeten und von einem Kapital nicht abhängigen Leistungen beginnt die Verjährung des Hauptanspruchs von dem Zeitpunkt an, in dem die erste rückständige, wiederkehrende Leistung fällig wurde.

Hemmung der Verjährung

255. Die Verjährung ist gehemmt, solange der Berechtigte durch Stillstand der Rechtspflege oder aus einem anderen Grunde höherer Gewalt verhindert wurde, seinen Anspruch innerhalb der letzten sechs Monate der Verjährungsfrist geltend zu machen. Die Verjährung ist auch gehemmt, solange der Berechtigte innerhalb der letzten sechs Monate der Verjährungsfrist durch arglistiges Verhalten des Verpflichteten an der Geltendmachung des Anspruches verhindert wurde.

256. Die Verjährung der Ansprüche ist gehemmt: 1. zwischen Ehegatten, solange die Ehe besteht, auch wenn diese nachher für nichtig erklärt wurde; 2. zwischen Eltern und Kindern während der Minderjährigkeit; 3. zwischen den Vormündern und den Mündeln während der Vormundschaft; 4. bei den Dienstverpflichteten gegen die Dienstherren während des Dienstverhältnisses, aber nicht länger als fünfzehn Jahre.

257. Der Zeitraum der Hemmung wird in die Verjährungsfrist nicht eingerechnet.

Mit dem Aufhören der Hemmung wird die Verjährung fortgesetzt; sie wird in keinem Falle vor dem Ablauf von sechs Monaten vollendet.

Verjährung gegen Geschäftsunfähige

258. Die Verjährung läuft auch gegen geschäftsunfähige Personen oder gegen Personen mit beschränkter Geschäftsfähigkeit.

Haben diese Personen keinen Vormund, Kurator oder Beistand, so wird die Verjährung nicht vor dem Ablaufe von sechs Monaten nach dem Zeitpunkt vollendet, in welchem sie unbeschränkt geschäftsfähig wurden oder einen Vormund, Kurator oder Beistand erhalten haben. Diese Vorschrift findet keine Anwendung, sofern diese Personen die Fähigkeit besitzen, vor Gericht aufzutreten.

259. Die Verjährung eines Anspruches, der zu einer Erbschaft gehört oder sich gegen eine Erbschaft richtet, wird nicht vor dem Ablaufe von sechs Monaten nach dem Zeitpunkte vollendet, in welchem der Erbe die Erbschaft angenommen hat oder in welchem der Anspruch von einem Erbschaftspfleger oder gegen einen solchen Pfleger geltend gemacht werden kann.

Unterbrechung, Anerkennung

260. Die Verjährung wird durch die auf irgendeine Weise erfolgte Anerkennung des Anspruches durch den Verpflichteten unterbrochen.

Klageerhebung

261. Die Verjährung wird durch die Klageerhebung unterbrochen. Die auf diese Weise unterbrochene Verjährung beginnt von neuem mit der letzten Prozeßhandlung der Parteien oder des Gerichts.

262. In den Fällen, in denen zur Erhebung der Klage ein vorbereitendes Verfahren erforderlich ist, gilt die Unterbrechung der Verjährung mit dem Beginn des vorbereitenden Verfahrens als erfolgt, wenn die Klage innerhalb von drei Monaten nach dessen Ende oder innerhalb der durch Gesetz bestimmten Frist erhoben wird.

263. Jede durch Klageerhebung bewirkte Unterbrechung der Verjährung gilt als nicht erfolgt, wenn der Kläger die Klage zurücknimmt oder diese aus nicht materiellen Gründen abgewiesen wird.

Erhebt der Berechtigte innerhalb von sechs Monaten von neuem die Klage, so gilt die Verjährung als durch die erste Klage unterbrochen.

Andere Unterbrechungsgründe

264. Die Verjährung wird auch unterbrochen: 1. durch die Zustellung einer unter einen Vollstreckungstitel gesetzten Zahlungsaufforderung; 2. durch die Anmeldung im Konkurse zur Feststellung; 3. durch die Anmeldung zur Aufnahme in den Teilungsplan bei einer Versteigerung; 4. durch die Geltendmachung der Einrede der Aufrechnung des Anspruchs.

265. Hat der Berechtigte auf die Zahlungsaufforderung oder die Anmeldung verzichtet, so gilt die Verjährung als nicht unterbrochen.

266. Die durch Anmeldung im Konkurse unterbrochene Verjährung beginnt von neuem mit der Beendigung des Konkurses oder, wenn gegen den Anspruch Widerspruch erhoben wurde, mit der letzten Prozeßhandlung der Parteien oder des Gerichts.

267. Die durch die Einrede der Aufrechnung des Anspruchs unterbrochene Verjährung beginnt von neuem mit der letzten Prozeßhandlung der Parteien oder des Gerichts im Prozesse, in dem die Einrede geltend gemacht wurde.

Entscheidung oder vollstreckbare Urkunde über den Anspruch

268. Jeder Anspruch, welcher durch rechtskräftige Entscheidung oder durch öffentliche vollstreckbare Urkunde festgestellt wurde, verjährt in zwanzig Jahren, auch wenn der Anspruch an und für sich einer kürzeren Verjährung unterlag. Ansprüche aus wiederkehrenden Leistungen jedoch, welche durch rechtskräftige Entscheidung oder durch öffentliche vollstreckbare Urkunde festgestellt wurden und welche in der Zukunft fällig werden, unterliegen der kürzeren Verjährung.

Anhängigwerden des Rechtsstreits bei einem Schiedsgericht usw.

269. Die Verjährung wird unterbrochen, wenn der Streit um den Anspruch bei einem Schiedsgericht, einer Verwaltungsbehörde oder einem Verwaltungsgericht, oder bei einem anderen besonderen Gericht anhängig geworden ist. Die Vorschriften der Art. 261 bis 263, 267 bis 268 finden entsprechende Anwendung.

Ist zur Unterwerfung des Rechtsstreits unter ein Schiedsgericht die Ernennung von Schiedsrichtern oder die Erfüllung bestimmter Formalitäten oder Voraussetzungen erforderlich, so wird die Verjährung in dem Zeitpunkt unterbrochen, in welchem der Berechtigte das zur Erledigung des Rechtsstreits seinerseits Erforderliche vorgenommen hat.

Folgen der Unterbrechung

270. Ist die Verjährung unterbrochen, so wird die verstrichene Zeit nicht eingerechnet; nach der Beendigung der Unterbrechung beginnt eine neue Verjährung.

In den Fällen des Art. 250 beginnt die neue Verjährung mit dem Schluß des Jahres, in dem die Beendigung der Unterbrechung eingetreten ist.

Verjährung dinglicher Ansprüche

271. Bei der Verjährung von dinglichen Ansprüchen ist der Sonder- oder Gesamtnachfolger berechtigt, auch die Zeit einzurechnen, in welcher seine Rechtsvorgänger im Besitz der Sache waren.

Wirkung der vollendeten Verjährung

272. Nach der Vollendung der Verjährung ist der Verpflichtete berechtigt, die Leistung zu verweigern.

Das in Unkenntnis der Verjährung Geleistete kann nicht zurückgefordert werden. Das in Unkenntnis der Verjährung erfolgte schriftliche Anerkenntnis eines verjährten Anspruches durch Vertrag sowie die Sicherheitsleistung sind gültig.

Verjährung von Einreden

273. Die Einreden unterliegen, sofern im Gesetz nicht ein anderes bestimmt ist, nicht der Verjährung.

Verjährung von Nebenansprüchen

274. Ist der Hauptanspruch verjährt, so verjähren ebenso die von ihm abhängenden Ansprüche, auch wenn die für sie geltende Verjährung noch nicht vollendet ist.

275. Ein Rechtsgeschäft, welches die Verjährung ausschließt oder eine kürzere oder längere Dauer der gesetzlichen Verjährungsfrist bestimmt oder im allgemeinen die Verjährungsbedingungen erschwert oder erleichtert, ist nichtig. *Rechtsgeschäft, welches die Verjährungsbedingungen ändert*

276. Der Verzicht auf die vollendete Verjährung ist gültig. *Verzicht auf Verjährung*

277. Das Gericht berücksichtigt nicht von Amts wegen die nicht geltend gemachte Verjährung. *Geltendmachung der Verjährung*

278. Der Gläubiger oder jeder, der ein rechtliches Interesse daran hat, ist berechtigt, die Verjährung geltend zu machen, auch wenn der Schuldner sie nicht geltend macht oder auf sie verzichtet.

279. In den Fällen, in denen durch Gesetz oder von den Parteien eine Frist bestimmt wird, innerhalb deren das Recht geltend gemacht werden muß (Ausschlußfrist), finden die Vorschriften über die Verjährung entsprechende Anwendung. *Ausschlußfrist*

280. Eine im Gesetz bestimmte Ausschlußfrist wird vom Gericht von Amts wegen berücksichtigt; der Verzicht auf sie ist nichtig.

Elftes Kapitel

Ausübung der Rechte, Selbsthilfe, Selbstverteidigung und Notstand

281. Die Ausübung eines Rechtes ist unzulässig, wenn sie offenbar die von Treu und Glauben oder von den guten Sitten oder vom sozialen oder wirtschaftlichen Zwecke des Rechtes gezogenen Grenzen überschreitet. *Rechtsmißbrauch*

282. Die durch die eigene Kraft des Berechtigten und ohne obrigkeitliche Hilfe erfolgende Befriedigung des Anspruchs (Selbsthilfe) ist nur dann zulässig, wenn die obrigkeitliche Hilfe nicht rechtzeitig erfolgen kann und ohne sofortiges Eingreifen die Gefahr besteht, daß die Verwirklichung des Anspruchs vereitelt oder wesentlich erschwert werde. *Selbsthilfe*

283. Hat die Selbsthilfe stattgefunden, ohne daß die Voraussetzungen des Gesetzes vorliegen, oder übersteigt sie das zur Abwehr der Gefahr erforderliche Maß, so ist derjenige, welcher gehandelt hat, zum Schadenersatz verpflichtet. Dieselbe Verpflichtung trifft ihn auch dann, wenn er irrtümlicherweise annahm, daß die Voraussetzungen des Gesetzes vorhanden seien.

284. Die zur Abwendung eines gegenwärtigen rechtswidrigen Angriffs gegen sich oder gegen einen Dritten erforderliche Verteidigung ist keine widerrechtliche Handlung. *Selbstverteidigung*

Notstand

285. Die Zerstörung einer fremden Sache ist keine widerrechtliche Handlung, sofern sie zur Abwendung einer drohenden Gefahr erforderlich ist, die demjenigen, welcher die Zerstörung vornimmt, oder einem anderen einen unverhältnismäßig größeren Schaden zu verursachen droht.

286. Wer im Sinne des vorigen Artikels die Zerstörung vorgenommen hat, ist zum Schadenersatz verpflichtet, wenn die Gefahr durch sein Verschulden verursacht wurde; andernfalls kann er nach den Umständen zu einem angemessenen Schadenersatz verurteilt werden. Leistet er den Schadenersatz, so kann er im Wege des Rückgriffs nach den Vorschriften über Besorgung fremder Angelegenheiten sich an den halten, dem seine Handlung zum Vorteil gereicht.

Zweites Buch

Recht der Schuldverhältnisse

Erstes Kapitel

Verpflichtung zur Leistung im allgemeinen

Begriff des Schuldverhältnisses

287. Schuldverhältnis ist das Verhältnis, durch das sich jemand einem anderen zu einer Leistung verpflichtet. Die Leistung kann auch in einem Unterlassen bestehen.

288. Der Schuldner ist verpflichtet, die Leistung so zu bewirken, wie Treu und Glauben mit Rücksicht auf die Verkehrssitte es erfordern.

Leistung nach Gattung

289. Ist das Geschuldete eine nur der Gattung nach bestimmte Sache, so steht das Wahlrecht dem Schuldner zu, wenn sich aus dem Schuldverhältnisse nicht ein anderes ergibt.

Der Schuldner ist nicht verpflichtet, von den besten und nicht berechtigt, von den schlechtesten Sachen der Gattung zu leisten.

290. Scheidet der Schuldner eine Sache aus der Gattung zum Zwecke der Erfüllung aus, so konzentriert sich das Schuldverhältnis auf diese Sache von dem Zeitpunkt an, in dem der Gläubiger mit der Annahme in Verzug geraten ist.

Sendet der Schuldner auf Verlangen des Gläubigers die Sache nach einem anderen Ort als dem Erfüllungsort, so erfolgt die Konzentration mit dem Zeitpunkt, in dem die Sache zur Versendung übergeben wurde.

Leistung in ausländischer Währung

291. Bei einer Geldschuld in ausländischer Währung, welche im Inland zu zahlen ist, ist der Schuldner berechtigt, wenn nicht das Gegenteil vereinbart wurde, in inländischer Währung nach dem Kurswert der ausländischen Währung in der Zeit und an dem Ort der Zahlung zu leisten.

292. Kommt bei einer Geldschuld in ausländischer Währung, welche im Inland zu zahlen ist, der Schuldner in Verzug, so gilt das gleiche, was auch bei der nicht rechtzeitigen Erfüllung jeder Geldschuld gelten würde.

Ist der Gläubiger in Verzug geraten, so fällt die nach seinem Verzuge erfolgte Aufwertung der ausländischen Währung nicht dem Schuldner zur Last.

Zinsfuß

293. Das Höchstmaß der rechtsgeschäftlichen Zinsen wird so bestimmt, wie es das Gesetz anordnet. Die neben den Zinsen vereinbarten oder geleisteten Provisionen oder andere Gegenwerte werden als Zinsen betrachtet.

Der Zinsfuß der gesetzlichen und der Verzugszinsen wird bestimmt, wie das Gesetz es anordnet.

294. Jedes Rechtsgeschäft über Zinsen, welche das erlaubte Höchstmaß übersteigen, ist in Bezug auf das darüber Hinausgehende nichtig.

295. Werden aus einem Rechtsgeschäft Zinsen geschuldet, ohne daß der Zinsfuß bestimmt worden ist, so ist der gesetzliche Zinsfuß maßgebend.

Die rechtsgeschäftlichen Zinsen sind, sofern im Rechtsgeschäft nicht ein anderes bestimmt ist, jährlich zu entrichten.

Zinseszinsen

296. Bei Zinsen jeder Art werden Zinseszinsen geschuldet, wenn sie vereinbart oder durch Klage verlangt werden, in beiden Fällen jedoch nur für geschuldete Zinsen von mindestens einem ganzen Jahre, oder einem Rechnungsjahre, wenn es sich um den Fiskus handelt. Die Vereinbarung über die Zahlung von Zinseszinsen oder die Zustellung der Klage kann erst nach dem Schluß des Jahres oder des Rechnungsjahres stattfinden.

Sparkassen, Kreditanstalten und Banken können durch ihre Satzung bestimmen oder im voraus vereinbaren, daß die nicht erhobenen Zinsen von Einlagen als neue verzinsliche Einlage gelten sollen.

Schadenersatz

297. Der zum Schadenersatz Verpflichtete hat diesen in Geld zu leisten. Das Gericht kann mit Rücksicht auf die besonderen Umstände statt des Schadenersatzes in Geld die Herstellung des früheren Zustandes anordnen, sofern diese Art der Entschädigung nicht gegen das Interesse des Gläubigers verstößt.

298. Der Schadenersatz umfaßt die Minderung des vorhandenen Vermögens des Gläubigers (positiver Schaden), sowie den entgangenen Gewinn. Als solcher gilt der Gewinn, der nach dem gewöhnlichen Laufe der Dinge oder nach den besonderen Umständen und insbesondere nach den getroffenen Anstalten und Vorkehrungen mit Wahrscheinlichkeit erwartet werden konnte.

Immaterieller Schaden

299. Wegen eines immateriellen Schadens kann Genugtuung in Geld in den durch Gesetz bestimmten Fällen gefordert werden.

Schaden aus eigenem Verschulden

300. Hat der Beschädigte bei der Entstehung des Schadens oder bei dessen Umfang aus eigenem Verschulden mitgewirkt, so kann das Gericht eine Entschädigung ablehnen oder ihren Betrag mindern. Das gleiche gilt auch dann, wenn der Beschädigte unterlassen hat, den Schaden abzuwenden oder zu mindern, oder wenn er den Schuldner auf die Gefahr eines ungewöhnlich großen Schadens, die der Schuldner weder kannte noch kennen mußte, nicht aufmerksam gemacht hat.

Diese Vorschrift findet auch in Bezug auf das Verschulden der Personen Anwendung, für die der Beschädigte haftet.

301. Wer für Aufwendungen zum Schadenersatz verpflichtet ist, schuldet von der Zeit der Aufwendung an gesetzliche Zinsen für die in dieser Zeit aufgewendeten Kosten. *Verpflichtung wegen Aufwendungen*

Für Aufwendungen, die auf einen herauszugebenden Gegenstand gemacht wurden, werden für die Zeit, für welche die Nutzungen oder die Früchte des Gegenstandes dem Entschädigungsberechtigten ohne Vergütung verbleiben, keine Zinsen geschuldet.

302. Wer berechtigt ist, wegen Aufwendungen auf eine herauszugebende Sache die an ihr angebrachten Einrichtungen wegzunehmen, hat im Falle der Ausübung des Wegnahmerechtes die Sache auf seine Kosten in den vorigen Stand zu setzen. Erlangt der andere den Besitz der Sache, so ist er berechtigt, die Wegnahme zu verhindern, solange ihm nicht für den mit der Wegnahme verbundenen Schaden Sicherheit geleistet wird. *Wegnahmerecht*

303. Wer eine im ganzen oder zum Teil fremde Angelegenheit besorgt, welche Einnahmen und Ausgaben mit sich bringt, ist zur Rechenschaftsablegung verpflichtet. Dazu hat der zur Rechenschaftsablegung Verpflichtete dem Berechtigten eine Abrechnung mitzuteilen, welche die Gegenüberstellung der Einnahmen und Ausgaben und das Ergebnis dieser Gegenüberstellung enthält; er hat auch die Belege hinzuzufügen, soweit sie erteilt zu werden pflegen. *Verpflichtung zur Rechenschaftsablegung*

304. Wer verpflichtet ist, einen Inbegriff von Gegenständen herauszugeben oder über ihn Auskünfte zu erteilen, hat dem Berechtigten ein Verzeichnis des Bestandes des Inbegriffs vorzulegen. *Verpflichtung zur Herausgabe eines Inbegriffs von Gegenständen*

305. Ist von zwei oder mehreren geschuldeten Leistungen nur die eine zu bewirken (W a h l s c h u l d), so steht das Wahlrecht im Zweifel dem Schuldner zu. *Wahlschuld*

306. Die Wahl erfolgt durch Erklärung gegenüber dem anderen Teile; sie kann nicht abgeändert werden und ist bedingungs- sowie befristungsfeindlich. *Wahl*

Bei mehreren Gläubigern oder Schuldnern erfolgt die Wahlerklärung in jedem Falle durch alle gemeinsam oder gegenüber allen.

307. Durch die Wahl wird die Wahlschuld zur einfachen Schuld. *Konzentration*

308. Nimmt der Schuldner, dem das Wahlrecht zusteht, die Wahl bis zum Beginn der Zwangsvollstreckung nicht vor, so geht das Wahlrecht auf den Gläubiger über.

309. Kommt der Gläubiger, dem das Wahlrecht zusteht, in Verzug, so ist der Schuldner berechtigt, ihm eine angemessene Frist zur Ausübung des Wahlrechtes zu bestimmen. Mit dem erfolglosen Ablauf der Frist geht das Wahlrecht auf den Schuldner über. *Verlust des Wahlrechts*

Konzentration bei Wahlschuld

310. Ist bei einer Wahlschuld die eine der Leistungen unmöglich oder wird sie es, so beschränkt sich das Schuldverhältnis auf die übrigen, unbeschadet der Vorschriften der Art. 311 bis 314.

Unmöglichkeit bei Wahlschuld

311. Steht das Wahlrecht dem Schuldner zu und wird die eine Leistung aus seinem Verschulden und dann auch die andere aus Zufall unmöglich, so schuldet er den Wert der aus Zufall unmöglich gewordenen Leistung.

312. Steht das Wahlrecht dem Schuldner zu und wird die eine Leistung aus Verschulden des Gläubigers unmöglich, so ist der Schuldner berechtigt, entweder die noch mögliche Leistung zu erbringen und für die unmögliche Schadenersatz zu verlangen, oder sich als von jeder Verpflichtung befreit zu betrachten.

313. Steht das Wahlrecht dem Gläubiger zu und wird die eine Leistung aus seinem Verschulden unmöglich, so ist er berechtigt, entweder die noch vorhandene Leistung zu verlangen und den Schuldner für die unmöglich gewordene zu entschädigen oder das Schuldverhältnis als erloschen zu betrachten.

314. Steht das Wahlrecht dem Gläubiger zu und wird die eine Leistung aus Verschulden des Schuldners unmöglich, so ist der Gläubiger berechtigt, entweder die noch vorhandene Leistung oder Schadenersatz für die unmöglich gewordene zu verlangen.

315. Die Vorschriften der Art. 311 bis 314 finden entsprechende Anwendung auch dann, wenn die Wahlschuld mehr als zwei Leistungen enthält.

Teilerfüllung

316. Der Schuldner ist zur teilweisen Bewirkung der geschuldeten Leistung nicht berechtigt.

Erfüllung durch einen Dritten

317. Die Leistung kann auch von einem Dritten bewirkt werden, es sei denn, daß der Gläubiger ein Interesse an der Erfüllung durch den Schuldner hat.

318. Der Gläubiger kann die von einem Dritten angebotene Leistung ablehnen, wenn der Schuldner erklärt hat, daß er damit nicht einverstanden ist.

Recht eines Dritten zum Angebot und zur Surrogation

319. Wird gegen den Schuldner die Zwangsvollstreckung betrieben, so ist jeder, der Gefahr läuft, durch die Zwangsvollstreckung ein dingliches Recht oder den Besitz an der zu veräußernden Sache zu verlieren, berechtigt, den Gläubiger durch Leistung des Geschuldeten, öffentliche Hinterlegung oder Aufrechnung zu befriedigen.

Soweit der Gläubiger befriedigt wird, tritt derjenige, welcher ihn befriedigt hat, in seine Rechte ein.

Leistungsort

320. Ist der Leistungsort weder aus dem Rechtsgeschäft noch aus den Umständen, insbesondere aus der Natur des Schuldverhältnisses, zu entnehmen, so hat die Leistung an dem Orte zu erfolgen, an welchem der Schuldner zur Zeit der Entstehung des Schuldverhältnisses seinen Wohnsitz hatte.

Ist die Verbindlichkeit in dem Gewerbebetriebe des Schuldners entstanden, so tritt an die Stelle des Wohnsitzes der Ort seiner gewerblichen Niederlassung.

321. Besteht die Leistung in Geld, so hat sie der Schuldner im Zweifelsfalle an dem Orte zu bewirken, an welchem der Gläubiger zur Zeit der Bewirkung seinen Wohnsitz hat.

Ist die Forderung in dem Gewerbebetriebe des Gläubigers entstanden, so tritt an die Stelle des Wohnsitzes der Ort seiner gewerblichen Niederlassung.

322. Ist die Bewirkung einer Leistung, die am Wohnsitz des Gläubigers zu erfolgen hat, wegen der nach der Entstehung des Schuldverhältnisses eingetretenen Änderung seines Wohnsitzes erheblich schwieriger geworden, so kann der Schuldner am ursprünglichen Wohnsitz des Gläubigers leisten.

Leistungszeit

323. Ist die Leistungszeit weder aus dem Rechtsgeschäft noch aus den Umständen, insbesondere aus der Natur des Schuldverhältnisses zu entnehmen, so ist der Gläubiger berechtigt, die Leistung sofort zu verlangen, und der Schuldner, sie sofort zu bewirken.

324. Ist die Leistungszeit bestimmt, so ist der Schuldner im Zweifel berechtigt, die Leistung auch vor dieser Zeit zu bewirken. Er ist aber nicht zum Abzug von Zwischenzinsen berechtigt, sofern aus dem Gesetz oder dem Rechtsgeschäft nicht ein anderes zu entnehmen ist.

Zurückbehaltungsrecht

325. Hat der Schuldner einen fälligen mit seiner Schuld zusammenhängenden Anspruch gegen den Gläubiger, so ist er berechtigt, sofern sich nicht ein anderes ergibt, die Bewirkung der Leistung zu verweigern, bis der Gläubiger die Verbindlichkeit erfüllt, welche ihm zur Last fällt (Zurückbehaltungsrecht).

326. Das Zurückbehaltungsrecht hat insbesondere auch, wer zur Herausgabe eines Gegenstandes verpflichtet ist, wegen der Verwendungen, die er auf den Gegenstand gemacht hat, oder wegen des durch diesen verursachten Schadens.

327. Das Zurückbehaltungsrecht ist gegen Ansprüche ausgeschlossen, bei welchen die Aufrechnung nicht zugelassen ist.

328. Der Gläubiger kann das Zurückbehaltungsrecht durch Sicherheitsleistung abwenden. Die Sicherheitsleistung durch Bürgen ist ausgeschlossen.

329. Macht der Schuldner, welcher vom Gläubiger verklagt wird, das Zurückbehaltungsrecht geltend, so erfolgt die Verurteilung des Schuldners zur Leistung unter der Bedingung der gleichzeitigen Erfüllung der dem Gläubiger zur Last fallenden Verpflichtung.

Haftung aus Verschulden

330. Der Schuldner haftet, wenn ein anderes nicht bestimmt wurde, für jede aus Vorsatz oder Fahrlässigkeit von ihm oder von seinen gesetzlichen Vertretern verursachte Nichteinhaltung seiner

Verpflichtung. Fahrlässigkeit liegt in jedem Falle vor, in dem die im Verkehr erforderliche Sorgfalt außer acht gelassen wird.

331. Ist der Schuldner der Vernunft beraubt oder befindet er sich im Zustand der Bewußtlosigkeit oder hat er das vierzehnte Lebensjahr nicht vollendet oder ist er taubstumm, so finden die Vorschriften der Art. 915 bis 918 Anwendung.

Vereinbarung betr. Erlaß der Haftung für Verschulden

332. Jede im voraus getroffene Vereinbarung, welche die Haftung wegen Vorsatzes oder grober Fahrlässigkeit ausschließt oder beschränkt, ist nichtig.

Nichtig ist ebenso die im voraus getroffene Vereinbarung über Erlaß der Haftung des Schuldners, auch wenn es sich um Erlaß der Haftung wegen leichter Fahrlässigkeit handelt, wenn der Gläubiger im Dienste des Schuldners steht oder die Haftung aus dem Betrieb eines behördlich konzessionierten Unternehmens entstanden ist.

333. Wer nur für diejenige Sorgfalt einzustehen hat, welche er in eigenen Angelegenheiten anzuwenden pflegt, ist von der Haftung wegen grober Fahrlässigkeit nicht befreit.

Haftung aus dem Verschulden der Erfüllungsgehilfen

334. Der Schuldner haftet für das Verschulden der Personen, deren er sich zur Bewirkung der Leistung bedient, in gleichem Umfange, in dem er für das eigene Verschulden haftet.

Diese Haftung kann im voraus beschränkt oder ausgeschlossen werden, es sei denn, daß der Gläubiger im Dienste des Schuldners steht oder die Haftung aus dem Betrieb eines behördlich konzessionierten Unternehmens entstanden ist.

Zweites Kapitel

Unmöglichkeit der Leistung und Verzug des Schuldners

Unmöglichkeit der Bewirkung

335. Ist die Leistung in der Zeit, in der sie bewirkt werden soll, im ganzen oder zum Teil entweder aus allgemeinen Gründen oder aus Gründen, welche den Schuldner betreffen, unmöglich, so ist der Schuldner zum Ersatz des dadurch dem Gläubiger entstehenden Schadens verpflichtet.

Wann der Schuldner wegen Unmöglichkeit befreit wird

336. Der Schuldner wird von jeder Verpflichtung wegen Unmöglichkeit der Bewirkung der Leistung frei, wenn er nachweist, daß die Unmöglichkeit die Folge eines von ihm nicht zu vertretenden Umstandes ist. Er hat aber sogleich, nachdem er von der Unmöglichkeit der Bewirkung Kenntnis genommen hat, davon dem Gläubiger Anzeige zu machen.

Teilweise Unmöglichkeit

337. Bei verschuldetem teilweisem Unvermögen des Schuldners zur Bewirkung der Leistung ist der Gläubiger berechtigt, sie innerhalb einer angemessenen Frist seit dem Angebot oder der Aufforderung durch den Schuldner ganz abzulehnen und die Unmöglichkeit als vollständig zu betrachten, wenn er an der teilweisen Bewirkung kein Interesse hat.

Herausgabe des Erhaltenen

338. Wird der Schuldner von seiner Verpflichtung infolge der Unmöglichkeit ihrer Erfüllung aus einem von ihm nicht zu vertretenden Umstande frei, so hat er dem Gläubiger alles, was er infolge dieses Umstandes erlangt hat, zu erstatten.

Nichtbewirkung einer Leistung, zu der der Schuldner verurteilt wurde

339. Ist der Schuldner zu einer Leistung, welche nicht in Geld besteht, rechtskräftig verurteilt, so kann der Gläubiger ihm zur Bewirkung der Leistung eine angemessene Frist mit der Erklärung bestimmen, daß er die Leistung nach dem Ablauf der Frist ablehne. Nach dem erfolglosen Ablauf der Frist wird nur Schadenersatz für die Nichtbewirkung der Leistung geschuldet.

Verzug des Schuldners

340. Der Schuldner einer fälligen Leistung kommt in Verzug, wenn eine gerichtliche oder außergerichtliche Mahnung des Gläubigers ergangen ist.

Bestimmter Tag

341. Wurde zur Bewirkung der Leistung ein bestimmter Tag vereinbart, so gerät der Schuldner allein durch den Ablauf dieses Tages in Verzug.

Wurde zur Bewirkung der Leistung eine bestimmte Frist nach Kündigung bestimmt, so gerät der Schuldner in Verzug mit dem Ablauf der Frist nach vorangegangener Kündigung.

342. Der Schuldner kommt nicht in Verzug, wenn die Leistung infolge eines Umstandes unterbleibt, den er nicht zu vertreten hat.

Folgen

343. Der in Verzug geratene Schuldner ist neben der Leistung auch zum Schadenersatz für den aus der Verzögerung dem Gläubiger entstandenen Schaden verpflichtet.

Hat der Gläubiger infolge des Verzuges kein Interesse mehr an der Bewirkung der Leistung, so ist er berechtigt, innerhalb einer angemessenen Frist seit dem Angebot oder der Aufforderung durch den Schuldner die Leistung abzulehnen und Schadenersatz wegen Nichterfüllung zu verlangen.

344. Der Schuldner hat während des Verzuges jede Fahrlässigkeit zu vertreten. Er haftet ebenso für Zufall, es sei denn, daß er nachweist, der Schaden wäre auch bei rechtzeitiger Leistung eingetreten.

Verzug bei Geldschuld

345. Bei einer Geldschuld ist der Gläubiger im Falle des Verzuges berechtigt, die durch Gesetz oder Rechtsgeschäft bestimmten Verzugszinsen zu verlangen, ohne verpflichtet zu sein, einen Schaden nachzuweisen. Der Gläubiger, der einen weiteren positiven Schaden nachweist, ist berechtigt, auch für diesen Schaden Ersatz zu verlangen, sofern im Gesetz nicht anders bestimmt ist.

Beginn der Verzinsung mit der Klagezustellung

346. Der Schuldner einer Geldschuld hat gesetzliche Zinsen für die fällige Schuld von der Zustellung der Klage an zu entrichten, auch wenn er nicht im Verzuge ist.

347. Der Schuldner eines Gegenstandes, welcher zur Entrichtung seines Wertes wegen eines während seines Verzuges eingetretenen

Umstandes verpflichtet wird, hat gesetzliche Zinsen von dem Betrag des Wertes von der Zeit an zu entrichten, die dessen Berechnung zugrunde gelegt wird.

Die Haftung für die Sache nach der Klageerhebung

348. Wer eine bestimmte Sache schuldet, haftet von der Zustellung der Klage an für Schadenersatz wegen Verschlechterung oder Untergangs oder Unmöglichkeit der Herausgabe nach den Vorschriften über den Eigentumsanspruch, unbeschadet einer erweiterten Haftung aus dem Schuldverhältnisse oder aus dem Verzuge.

Das gleiche gilt auch für den Anspruch des Gläubigers auf Herausgabe von Nutzungen sowie für den Anspruch des Schuldners auf Ersatz von Verwendungen.

Drittes Kapitel

Verzug des Gläubigers

Wann der Gläubiger in Verzug kommt

349. Der Gläubiger kommt in Verzug, wenn er die ihm angebotene Leistung nicht annimmt.

Das Angebot muß tatsächlich sein und der geschuldeten Leistung entsprechen.

350. Der Gläubiger kommt auch durch ein nicht tatsächliches Angebot des Schuldners in Verzug, wenn er erklärt hat, daß er die Leistung nicht annehme.

351. Der Gläubiger kommt ebenso in Verzug, wenn er trotz Aufforderung des Schuldners eine erforderliche selbständige oder Mitwirkungshandlung, ohne die der Schuldner die Leistung nicht bewirken kann, nicht vornimmt.

Eine Aufforderung ist nicht erforderlich, wenn für die vom Gläubiger vorzunehmende Handlung entweder ein bestimmter Tag oder der Ablauf einer bestimmten Frist seit der Kündigung vereinbart wurde.

352. Der Gläubiger kommt nicht in Verzug, wenn der Schuldner in den Fällen der zwei vorangehenden Artikel nicht imstande war, die Leistung zu der Zeit des Angebotes oder zu der für die Handlung des Gläubigers bestimmten Zeit zu bewirken.

Verzug bei gegenseitigen Verträgen

353. Ist der Schuldner nur gegen eine Leistung des Gläubigers zu leisten verpflichtet, so kommt der Gläubiger in Verzug, wenn er zwar die angebotene Leistung anzunehmen bereit ist, die verlangte Gegenleistung aber nicht anbietet.

Nicht bestimmte Leistungszeit

354. Ist die Leistungszeit nicht bestimmt, so kommt der Gläubiger nicht dadurch in Verzug, daß er vorübergehend an der Annahme der angebotenen Leistung verhindert ist, es sei denn, daß der Schuldner ihm die bevorstehende Bewirkung der Leistung rechtzeitig angekündigt hat. Das gleiche gilt, wenn der Schuldner berechtigt ist, die Leistung auch vor der bestimmten Zeit zu bewirken.

Folgen des Verzuges des Gläubigers

355. Der Schuldner hat während des Verzuges des Gläubigers nur Vorsatz und grobe Fahrlässigkeit zu vertreten.

356. Der Schuldner einer Geldschuld ist während des Verzuges des Gläubigers nicht verpflichtet, Zinsen zu entrichten, unbeschadet der Vorschrift des folgenden Artikels.

357. Der Schuldner, welcher für die Nutzungen eines Gegenstandes haftet, ist während des Verzuges des Gläubigers nur zur Herausgabe der von ihm gezogenen Nutzungen verpflichtet.

358. Der Schuldner ist berechtigt, von dem in Verzug geratenen Gläubiger Ersatz der Mehraufwendungen zu verlangen, die er für das erfolglose Angebot sowie für die Aufbewahrung und Erhaltung des Leistungsgegenstandes während des Verzuges machen mußte.

Folgen bei Verpflichtung zur Herausgabe eines Grundstückes

359. Ist der Schuldner zur Herausgabe eines Grundstückes verpflichtet und der Gläubiger in Verzug gekommen, so ist der Schuldner berechtigt, nachdem er vorher, sofern es möglich war, diesem Anzeige gemacht hat, die Bestellung eines Sequesters durch das Gericht zu verlangen; dieser hat die Rechte und die Pflichten eines jeden Sequesters. Mit dem Zeitpunkt, in dem der Sequester das Grundstück übernimmt, erlischt die Verpflichtung des Schuldners.

Das gleiche gilt, wenn der Schuldner aus einem Grunde, der die Person des Gläubigers betrifft oder aus einer gerechtfertigten Unsicherheit über dessen Person, nicht imstande ist, mit Sicherheit seine Verpflichtung zu erfüllen.

360. Derjenige, welcher das Grundstück schuldet, kann die Aufhebung der Sequestration und die Rücknahme des Grundstücks veranlassen, sofern der Gläubiger mit der Sequestration nicht einverstanden ist. Mit der Aufhebung gilt die Verpflichtung des Schuldners als niemals erloschen.

Viertes Kapitel

Schuldverhältnisse aus Verträgen im allgemeinen

Schuldverhältnis aus Vertrag

361. Zur Begründung oder zur Änderung eines Schuldverhältnisses durch Rechtsgeschäft ist ein Vertrag erforderlich, soweit das Gesetz nicht ein anderes bestimmt.

Ein auf eine unmögliche Leistung gerichteter Vertrag

362. Wer eine Leistung versprochen hat, die bei der Schließung des Vertrages entweder aus allgemeinen Gründen oder aus Gründen, welche die Person des Versprechenden betreffen, unmöglich ist, ist zum Ersatz des durch die Nichterfüllung dem Gläubiger entstandenen Schadens verpflichtet. Die Vorschrift des Art. 337 findet auch hier entsprechende Anwendung.

363. Der Schuldner ist, sofern das Gesetz nicht ein anderes bestimmt, von jeder Verpflichtung aus dem Versprechen einer unmöglichen Leistung frei, wenn er bei der Schließung des Vertrages ohne Verschulden nicht wußte, daß die Leistung unmöglich sei. Der Schuldner hat aber, sobald er von der Unmöglichkeit der Leistung Kenntnis erhält, dem Gläubiger davon Anzeige zu machen. Die Vorschrift des Art. 338 findet auch hier Anwendung.

364. Wenn beim Versprechen einer unmöglichen Leistung der Gläubiger zur Zeit der Schließung des Vertrages wußte oder wissen mußte, daß die Leistung unmöglich ist, findet die Vorschrift des Art. 300 entsprechende Anwendung.

Vertrag über eine durch Gesetz verbotene Leistung

365. Die Vorschriften über Versprechen einer unmöglichen Leistung finden auch dann entsprechende Anwendung, wenn das Versprechen eine Leistung betrifft, welche gegen ein gesetzliches Verbot verstößt.

Vertrag betr. Übertragung jedes künftigen Vermögens

366. Ein Vertrag über die Übertragung jedes künftigen Vermögens oder eines Bruchteils desselben oder über die Belastung desselben mit einem Nießbrauch ist nichtig.

Vertrag betr. Übertragung des gegenwärtigen Vermögens

367. Ein Vertrag über die Übertragung des ganzen gegenwärtigen Vermögens oder eines Bruchteils desselben, oder über die Belastung desselben mit einem Nießbrauch bedarf der notariellen Beurkundung.

Vertrag betr. die Erbschaft eines Lebenden

368. Ein Vertrag über die Erbschaft eines Lebenden, sei es mit ihm selbst oder mit einem Dritten, sei es über die ganze Erbschaft oder einen Bruchteil derselben, ist nichtig. Das gleiche gilt für den Vertrag, durch den die Freiheit zur letztwilligen Verfügung beschränkt wird.

Dingliche Verträge über ein Grundstück

369. Verträge, welche die Begründung, Übertragung, Veränderung oder Aufhebung dinglicher Rechte an Grundstücken zum Gegenstand haben, bedürfen der notariellen Beurkundung.

370. Die vertragliche Verpflichtung zur Veräußerung oder Belastung einer Sache erstreckt sich im Zweifel auch auf das Zubehör der Sache bei der Schließung des Vertrages.

Unbestimmtheit der Leistung

371. Ist die Bestimmung der Leistung einem der Vertragschließenden oder einem Dritten überlassen, so ist im Zweifel anzunehmen, daß sie nach billigem Ermessen zu erfolgen hat. Ist sie nicht nach billigem Ermessen getroffen oder verzögert sich die Bestimmung, so wird sie durch das Gericht getroffen.

372. Ein Vertrag, in dem die Bestimmung der Leistung dem freien Belieben eines der Vertragschließenden überlassen wird, ist nichtig.

373. Ist die Bestimmung der Leistung von den Vertragschließenden dem freien Belieben eines Dritten überlassen und kann oder will dieser die Bestimmung nicht treffen oder verzögert er sie, so ist der Vertrag nichtig.

Fünftes Kapitel

Grundsätze bei gegenseitigen Verträgen

Einrede des nicht erfüllten Vertrages

374. Wer aus einem gegenseitigen Vertrage verpflichtet ist, ist berechtigt, die Bewirkung der Leistung zu verweigern, solange der andere die Gegenleistung nicht bewirkt oder nicht anbietet (Einrede des nicht erfüllten Vertrages), es sei denn, daß er vorzuleisten verpflichtet ist.

Bei Leistung an mehrere kann die Einrede gegen jeden einzelnen für den ihm gebührenden Teil bis zur Bewirkung oder bis zum Angebot der ganzen Gegenleistung geltend gemacht werden.

375. Die Einrede des nicht erfüllten Vertrages kann nicht durch Sicherheitsleistung abgewendet werden.

376. Hat der eine der Vertragschließenden die Leistung teilweise bewirkt, so kann der andere die Gegenleistung nicht verweigern, wenn die Verweigerung wegen der besonderen Umstände und insbesondere wegen Geringfügigkeit des rückständigen Teils gegen Treu und Glauben verstoßen würde.

377. Wer aus einem gegenseitigen Vertrage vorzuleisten verpflichtet ist, kann, wenn sein Anspruch auf die Gegenleistung wegen wesentlicher Verschlechterung in den Vermögensverhältnissen des anderen, die er beim Abschluß des Vertrages weder kannte noch kennen mußte, gefährdet wird, die Bewirkung der Leistung verweigern, bis der andere Sicherheit leistet.

378. Die Einrede des nicht erfüllten Vertrages hat zur Folge, daß der Beklagte zur Leistung unter der Bedingung verurteilt wird, daß der andere gleichzeitig die ihm obliegende Gegenleistung bewirkt.

Unbestimmtheit der Gegenleistung

379. Wurde der Umfang der Gegenleistung nicht bestimmt, so steht im Zweifel das Bestimmungsrecht demjenigen zu, welcher berechtigt ist, die Gegenleistung zu verlangen.

Unverschuldete Unmöglichkeit der Leistung des einen Teils

380. Wird die Leistung des einen der Vertragschließenden infolge eines Umstandes unmöglich, den er nicht zu vertreten hat, so wird auch der andere Vertragschließende von der Gegenleistung frei; ist die Gegenleistung bewirkt, so kann dieser das Geleistete nach den Vorschriften über ungerechtfertigte Bereicherung zurückfordern. Er wird aber von der Gegenleistung nicht frei, wenn er das gefordert hat, was der andere infolge des Umstandes, der die Unmöglichkeit verursacht hat, erlangte.

Unmöglichkeit der Leistung aus Verschulden des anderer Teils

381. Wird die Leistung des einen der Vertragschließenden aus Verschulden des anderen unmöglich, so wird dieser von der Verpflichtung zur Gegenleistung nicht befreit. Von der Gegenleistung wird aber alles abgezogen, was der wegen der Unmöglichkeit Befreite infolge der Befreiung erwirbt oder zu erwerben böswillig unterläßt.

Das gleiche gilt, wenn die Leistung des einen Teils ohne eigenes Verschulden zu einer Zeit unmöglich wurde, zu welcher der andere Teil im Verzug der Annahme war.

Unmöglichkeit der Leistung aus eigenem Verschulden

382. Wird die Leistung des einen der Vertragschließenden infolge eines Umstandes unmöglich, den er zu vertreten hat, so kann der andere Teil entweder sich auf die im Art. 380 bezeichneten Rechte berufen oder Schadenersatz verlangen oder von dem Vertrag zurücktreten. Das gleiche gilt auch in dem Falle des Art. 339, wenn die in ihm bestimmte Frist erfolglos abgelaufen ist.

Verzug der Bewirkung durch den einen Teil

383. Kommt der eine der Vertragschließenden mit der von ihm geschuldeten Leistung in Verzug, so ist der andere Teil berechtigt, ihm zur Bewirkung der Leistung eine angemessene Frist mit der Erklärung zu bestimmen, daß er die Leistung nach dem Ablauf der Frist ablehne. Nach dem erfolglosen Ablauf der Frist ist dieser berechtigt, entweder Schadenersatz wegen Nichterfüllung zu verlangen oder vom Vertrag zurückzutreten, nicht aber die Leistung zu fordern.

384. Wurde die Leistung innerhalb der bestimmten Frist nur teilweise bewirkt und hat der Gläubiger an der teilweisen Erfüllung kein Interesse, so ist er berechtigt, Schadenersatz wegen Nichtbewirkung der ganzen Leistung zu verlangen oder von dem ganzen Vertrage zurückzutreten.

385. Es ist nicht erforderlich, dem in Verzug geratenen Schuldner eine Frist zur Bewirkung der Leistung zu setzen: 1. wenn sich aus seiner ganzen Haltung ergibt, daß diese Maßnahme zwecklos sein würde; 2. wenn der Gläubiger infolge des Verzuges an der Erfüllung des Vertrages kein Interesse hat.

Sukzessivlieferungsvertrag

386. Ist der Vertrag in sukzessiven Teillieferungen zu erfüllen und der Schuldner hinsichtlich einer Einzellieferung in Verzug oder in verschuldete Unmöglichkeit geraten, so ist der Gläubiger nur wegen dieser Einzellieferung berechtigt, das Recht auf Schadenersatz geltend zu machen oder zurückzutreten, wegen der noch ausstehenden aber nur, wenn die Verzögerung oder die Unmöglichkeit der Einzellieferung so wesentlich ist, daß der Gläubiger kein Interesse mehr an dem übrigen Teil des Vertrages hat, oder wenn begründete Bedenken über die Nichtbewirkung der ausstehenden Einzelleistungen bestehen. Unter den gleichen Bedingungen erstreckt sich das Recht des Gläubigers auf Schadenersatz oder Rücktritt auch auf den schon ausgeführten Teil des Vertrages.

Schadenersatzrecht neben dem Rücktritt

387. In den Fällen, in denen der Gläubiger das Rücktrittsrecht geltend macht, kann ihm außerdem auf seinen Antrag und nach billigem Ermessen des Gerichts auch Schadenersatz für den aus der Nichterfüllung des Vertrages allenfalls entstandenen Schaden zugebilligt werden.

Auf das Rücktrittsrecht finden im übrigen die Vorschriften der Art. 389 bis 396 entsprechende Anwendung.

Unvorhergesehene Änderung der Geschäftsgrundlagen

388. Haben sich die Umstände, auf denen hauptsächlich die Parteien mit Rücksicht auf Treu und Glauben und die Verkehrssitte die Schließung eines gegenseitigen Vertrages aufgebaut hatten, später aus außerordentlichen Gründen geändert, die nicht vorhergesehen werden konnten, und wurde wegen dieser Änderung die Leistung dem Schuldner mit Rücksicht auch auf die Gegenleistung unverhältnismäßig lästig, so kann auf Antrag des Schuldners das Gericht nach eigenem Ermessen die Leistung auf ein gehöriges Maß herabsetzen oder die Lösung des Vertrages im ganzen oder in Bezug auf den nicht ausgeführten Teil bestimmen.

Wird die Lösung des Vertrages angeordnet, so erlöschen die Verpflichtungen daraus zur Leistung, und die Vertragschließenden sind gegenseitig verpflichtet, die empfangenen Leistungen nach den Vorschriften über ungerechtfertigte Bereicherung herauszugeben.

Sechstes Kapitel

Vertraglicher Rücktritt

Rücktrittsrecht

389. Im Vertrage kann sich jemand das Rücktrittsrecht vorbehalten.

Ist der Rücktritt erfolgt, so sind die Leistungsverpflichtungen aus dem Vertrage erloschen und die Vertragschließenden gegenseitig verpflichtet, die empfangenen Leistungen nach den Vorschriften über ungerechtfertigte Bereicherung zurückzugewähren.

Wie der Rücktritt erfolgt

390. Der Rücktritt erfolgt durch Erklärung des Rücktrittsberechtigten gegenüber dem anderen Teil.

Wann der Rücktritt ausgeschlossen ist

391. Der Rücktritt ist ausgeschlossen, wenn der vom Rücktrittsberechtigten empfangene Gegenstand durch Zufall ganz oder zum großen Teil untergegangen oder wesentlich verschlechtert worden ist.

392. Der Rücktritt ist ausgeschlossen, wenn das vom Rücktrittsberechtigten Empfangene: 1. durch sein Verschulden ganz oder zum großen Teil untergegangen oder verlorengegangen oder wesentlich verschlechtert worden ist; 2. von ihm ganz oder zum großen Teil durch Verarbeitung oder Umbildung in eine andere Sache umgestaltet worden ist.

393. Der Rücktritt ist ausgeschlossen, wenn der Rücktrittsberechtigte ganz oder zum großen Teil den empfangenen Gegenstand veräußert oder ihn mit einem Rechte zugunsten eines Dritten belastet hat.

Hinfälligwerden des geltend gemachten Rücktritts

394. Kommt der Rücktrittsberechtigte mit der Rückgewähr des Empfangenen im ganzen oder zum großen Teil in Verzug, so wird der Rücktritt unwirksam, soweit er die Rückgewähr innerhalb der ihm vom anderen Teile bestimmten angemessenen Frist nicht vornimmt.

Erlöschen

395. Das Rücktrittsrecht erlischt, wenn es innerhalb einer vom anderen Teile zu bestimmenden angemessenen Frist nicht geltend gemacht wird.

Rücktritt bei mehreren Beteiligten

396. Sind bei einem Vertrage auf der einen oder auf der anderen Seite mehrere beteiligt, so ist erforderlich, daß das Rücktrittsrecht von allen und gegen alle ausgeübt wird. Ist dieses Recht für einen der Berechtigten erloschen, so erlischt es auch für die anderen.

Rücktritt bei Nichterfüllung des Vertrages

397. Wer sich den Rücktritt für den Fall vorbehalten hat, daß der andere Teil seine vertragliche Verpflichtung nicht erfüllt, hat im Zweifel dieses Recht nur, wenn die Nichterfüllung auf Verschulden des anderen Teils beruht. Wer die Erfüllung seiner Verbindlichkeit behauptet, hat dies zu beweisen.

Rücktritt gegen Zahlung eines Reugeldes

398. Hat sich der eine der Vertragschließenden den Rücktritt gegen Zahlung eines Reugeldes vorbehalten, so ist der Rücktritt unwirksam, sofern er ohne gleichzeitige Entrichtung des Reugeldes seinen Rücktritt erklärt und dieser aus diesem Grunde vom anderen Teile unverzüglich zurückgewiesen wird.

Verwirkungsklausel bei Nichterfüllung

399. Wurde in einem Vertrage vereinbart, daß der Schuldner seiner Rechte aus dem Vertrage verlustig sein soll, wenn er seine Verbindlichkeit nicht erfüllt, so ist beim Eintritt dieses Falles anzunehmen, daß der Gläubiger sich das Rücktrittsrecht vorbehalten hat.

Klausel betr. Behalten der empfangenen Leistung

400. Die Vertragsklausel, daß der Gläubiger im Falle des Rücktritts den von ihm empfangenen Teil der Leistung behält, wird nach den Vorschriften über Vertragsstrafe beurteilt.

Leistung, welche in einer bestimmten Zeit bewirkt werden soll

401. Wurde in einem Vertrage vereinbart, daß die Leistung ausschließlich zu einer bestimmten Zeit oder ausschließlich innerhalb einer bestimmten Frist bewirkt werden soll, so ist der Gläubiger im Zweifel zum Rücktritt allein wegen Verzögerung, unabhängig vom Verschulden des Schuldners, berechtigt.

Wenn der Gläubiger es vorzieht, die Leistung zu verlangen, hat er dies dem Schuldner sofort mitzuteilen; andernfalls steht ihm dieser Anspruch nicht zu.

Siebentes Kapitel

Draufgabe und Vertragsstrafe

Begriff der Draufgabe

402. Wird bei der Eingehung eines Vertrages eine Draufgabe gegeben, so gilt sie, wenn nicht ein anderes bestimmt wurde, als zur Deckung des Schadens aus der Nichterfüllung des Vertrages geleistet.

Schicksal der Draufgabe

403. Wer die Nichterfüllung des Vertrages verschuldet hat, verliert die gegebene Draufgabe oder gibt die empfangene doppelt heraus. Im Zweifel ist eine Verpflichtung zu weiterem Schadenersatz nicht ausgeschlossen, er ist aber um die Höhe der Draufgabe zu mindern.

Vertragsstrafe

404. Der Schuldner kann dem Gläubiger eine Geldsumme oder etwas anderes als Strafe (Vertragsstrafe) für den Fall versprechen, daß er die Leistung nicht oder nicht in gehöriger Weise bewirken würde.

Verwirkung einer Strafe und Folgen

405. Die Strafe ist verwirkt, wenn der Schuldner aus Verschulden nicht imstande ist, die Leistung zu bewirken, oder wenn er in Verzug gekommen ist.

Die Verwirkung der Strafe tritt ein, auch wenn dem Gläubiger kein Schaden entstanden ist.

406. Wurde die Strafe für den Fall der Nichtbewirkung der Leistung vereinbart, so kann der Gläubiger, der die verwirkte Strafe gefordert hat, die Bewirkung der Leistung nicht verlangen.

Steht dem Gläubiger statt der Erfüllung ein Recht auf Schadenersatz zu, so kann er die verwirkte Strafe und außerdem den Ersatz des weiteren nachweisbaren Schadens verlangen.

407. Wurde die Strafe für den Fall der nicht gehörigen und insbesondere der nicht rechtzeitigen Erfüllung vereinbart, so ist der Gläubiger berechtigt, neben der verwirkten Strafe auch die Bewirkung der Leistung zu verlangen. Er ist auch berechtigt, den Ersatz des aus der nicht gehörigen Erfüllung entstandenen weiteren nachweisbaren Schadens zu fordern.

Vertragsstrafe bei einer nichtigen Leistung

408. Ist das Versprechen einer Leistung nichtig, so ist ebenso die Vertragsstrafe nichtig, auch wenn die Parteien die Nichtigkeit des Versprechens kannten.

Unverhältnismäßig hohe Strafe

409. Ist die vereinbarte Strafe unverhältnismäßig hoch, so kann sie auf Antrag des Schuldners vom Gericht auf das angemessene Maß herabgesetzt werden. Eine gegenteilige Vereinbarung gilt nicht.

Achtes Kapitel

Vertrag zu Gunsten und zu Lasten eines Dritten

Vertrag zu Gunsten eines Dritten

410. Wer ein Versprechen zur Leistung an einen Dritten empfängt, kann verlangen, daß der Versprechende dem Dritten leiste.

Recht des Dritten

411. Der Dritte ist berechtigt, die Leistung unmittelbar von demjenigen, der das Versprechen gegeben hat, zu verlangen, wenn ein solcher Wille der vertragschließenden Parteien anzunehmen oder es aus der Natur und aus dem Zwecke des Vertrages zu entnehmen ist.

412. Sofern der Dritte, der berechtigt ist, die Leistung unmittelbar zu verlangen, dem Versprechenden erklärt hat, daß er sein Recht ausüben werde, kann der Empfänger des Versprechens den Versprechenden nicht von seiner Verbindlichkeit befreien.

Zurückweisung des Dritten

413. Hat der Dritte durch Erklärung gegenüber dem Versprechenden sein Recht aus dem Vertrage zurückgewiesen, so gilt es als nicht erworben.

Einwendungen gegenüber dem Dritten

414. Der Versprechende ist berechtigt, Einwendungen aus dem Vertrage auch gegenüber dem Dritten geltend zu machen.

Vertrag zu Lasten eines Dritten

415. Wer einem anderen versprochen hat, daß ein Dritter eine Leistung bewirken werde, hat, soweit aus dem Vertrag nicht ein anderes zu entnehmen ist, Schadenersatz zu leisten, wenn der Dritte die Leistung verweigert.

Neuntes Kapitel

Erlöschen der Schuldverhältnisse

Erfüllung

416. Das Schuldverhältnis erlischt durch Erfüllung.

Erfüllung an einen anderen als den Gläubiger

417. Die Erfüllung hat an den Gläubiger oder an den vom Gläubiger oder vom Gericht oder aus dem Gesetz dazu Ermächtigten zu erfolgen.

Die an einen anderen erfolgte Erfüllung gilt, wenn der Gläubiger sie genehmigt oder soweit sie diesem zum Vorteil gereicht.

Nicht gehörige Erfüllung

418. Hat der Gläubiger die zum Zwecke der Erfüllung angebotene Leistung angenommen, so trifft ihn die Beweislast, daß die Erfüllung nicht die gehörige war.

Leistung an Erfüllungsstatt

419. Der Gläubiger ist nicht verpflichtet, eine andere Leistung an Erfüllungsstatt anzunehmen. Hat er eine solche angenommen, so erlischt das Schuldverhältnis.

420. Wurde dem Gläubiger etwas anderes an Erfüllungsstatt geleistet, so haftet der Schuldner für die Sach- und Rechtsmängel wie ein Verkäufer.

Versprechen an Erfüllungsstatt

421. Hat der Schuldner zur Befriedigung des Gläubigers diesem gegenüber eine neue Verbindlichkeit übernommen, so gilt sie nicht als an Erfüllungsstatt eingegangen, es sei denn, daß sich das Gegenteil deutlich ergibt.

Anrechnung bei mehreren Schulden

422. Hat der Schuldner mehrere Schulden an den Gläubiger, so ist er berechtigt, bei der Leistung die Schuld zu bestimmen, welche er tilgen will. Trifft der Schuldner keine Bestimmung, so wird die bewirkte Leistung zunächst auf die fällige Schuld, unter mehreren solchen auf diejenige, welche dem Gläubiger geringere Sicherheit bietet, unter mehreren gleich sicheren auf die dem Schuldner lästigere, unter mehreren gleich lästigen auf die ältere Schuld angerechnet und wenn alle Schulden gleich alt sind, findet eine verhältnismäßige Anrechnung statt.

423. Besteht die Schuld aus Kapital, Zinsen und Kosten, so wird die Leistung zuerst auf die Kosten, dann auf die Zinsen und zuletzt auf das Kapital angerechnet.

Der Gläubiger kann die Annahme der Leistung verweigern, wenn der Schuldner die Anrechnung anders bestimmt hat.

Recht auf eine Quittung

424. Der Schuldner ist gegen Angebot der Leistung berechtigt, eine schriftliche Quittung über die Leistung und bei gänzlicher Tilgung Herausgabe des Schuldscheines zu verlangen. Aus der Herausgabe des Schuldscheines ist die Tilgung der Schuld zu entnehmen.

Kosten der Quittung

425. Die Kosten der Quittung hat der Schuldner zu tragen, wenn sich aus dem Rechtsverhältnis nicht ein anderes ergibt.

Der Überbringer einer schriftlichen Quittung

426. Der Überbringer einer schriftlichen Quittung des Gläubigers gilt als zum Empfang ermächtigt, es sei denn, daß Umstände, die dem leistenden Schuldner bekannt sind, dieser Annahme entgegenstehen.

Öffentliche Hinterlegung

427. Der Schuldner ist bei Verzug des Gläubigers zur öffentlichen Hinterlegung des Geschuldeten berechtigt, wenn es in Geld oder in anderen Sachen besteht, die dem Gesetz nach hinterlegungsfähig sind.

Zur Hinterlegung nicht geeignete Sache

428. Ist das Geschuldete eine bewegliche, zur Hinterlegung nicht geeignete Sache, so kann der Schuldner bei Verzug des Gläubigers nach dessen vorheriger Benachrichtigung die Sache im Wege öffentlicher Versteigerung verkaufen und den Erlös öffentlich hinterlegen. Die Benachrichtigung kann unterbleiben, wenn die Sache verderblich ist und infolge der Verzögerung Gefahr besteht, oder, wenn die Benachrichtigung besonders schwierig ist.

429. Hat die zur Hinterlegung nicht geeignete, bewegliche Sache einen Börsenpreis oder hat sie einen im Verhältnis zu den erforderlichen Kosten geringen Wert, so findet der Verkauf nach Erlaubnis des Präsidenten des Landgerichts ohne Versteigerung statt.

Wie die Hinterlegung erfolgt

430. Die öffentliche Hinterlegung hat bei der zuständigen Behörde des Erfüllungsorts zu erfolgen. Der Schuldner hat dem Gläubiger die Hinterlegung unverzüglich anzuzeigen und ist im Falle der Unterlassung zum Schadenersatz verpflichtet, es sei denn, daß die Anzeige besonders schwierig ist.

Wirkung der Hinterlegung

431. Durch die öffentliche Hinterlegung erlischt das Schuldverhältnis, wie wenn zur Zeit der Hinterlegung von seiten des Schuldners die Leistung erfolgt wäre.

Abforderung des Hinterlegten

432. Der Gläubiger ist berechtigt, jederzeit das Hinterlegte von der Behörde zu fordern. Der Schuldner aber kann, sofern er zur Leistung nur gegen Gegenleistung des Gläubigers verpflichtet ist, durch Erklärung bei der Hinterlegung die Herausgabe des Hinterlegten an den Gläubiger von der gleichzeitigen Bewirkung der Gegenleistung abhängig machen.

Zurücknahme durch den Schuldner

433. Hat der Gläubiger durch Erklärung bei der zuständigen Behörde die Hinterlegung nicht angenommen, so ist der Schuldner zur Zurücknahme des Hinterlegten berechtigt. Hat dieser das Hinterlegte zurückgenommen, so gilt die Hinterlegung als nicht erfolgt.

Das Recht auf Zurücknahme ist unpfändbar und unabtretbar.

Andere Hinterlegungsfälle

434. Ist der Schuldner aus einem Grunde, der die Person des Gläubigers betrifft, oder wegen gerechtfertigter Ungewißheit über die Person des Gläubigers außerstande, seine Verbindlichkeit mit Sicherheit zu erfüllen, so ist er zur öffentlichen Hinterlegung mit denselben Wirkungen wie beim Verzug des Gläubigers berechtigt.

Der Verkauf der nicht hinterlegungsfähigen, beweglichen Sachen findet in diesem Falle mit Erlaubnis des Gerichts statt.

Hinterlegungskosten

435. Die Kosten der öffentlichen Hinterlegung oder der Versteigerung oder des Verkaufs fallen dem Gläubiger zur Last, sofern der Schuldner das Hinterlegte nicht zurückgenommen hat.

Novation

436. Das Schuldverhältnis erlischt, wenn es vermittels eines auf Aufhebung gerichteten Vertrags durch ein neues Schuldverhältnis ersetzt wird (N o v a t i o n), welches entweder dieselben Personen oder einen anderen Schuldner oder einen anderen Gläubiger umfaßt.

Bei einem nichtigen oder anfechtbaren Schuldverhältnis

437. Ist das alte Schuldverhältnis nichtig, so ist es auch die Novation, es sei denn, daß sich aus ihr die Bestätigung des nichtigen Schuldverhältnisses ergibt.

Ist das alte Schuldverhältnis anfechtbar, so gilt die Novation, es sei denn, daß der Schuldner ohne Verschulden die Anfechtbarkeit nicht kannte, als die Novation erfolgte.

Erkennbarkeit des Zweckes der Novation

438. Es ist erforderlich, daß der Zweck der Novation klar erkennbar ist.

Sicherheiten des alten Schuldverhältnisses

439. Bei Novation bleiben die Bürgschaften, die Pfandrechte oder die Hypotheken des alten Schuldverhältnisses für das neue Schuldverhältnis nur fortbestehen, wenn der Bürge oder der Eigentümer der mit einer Hypothek belasteten oder der verpfändeten Sache zugestimmt hat, und zwar sowohl, wenn er Schuldner, als auch, wenn er Dritter ist.

Aufrechnung

440. Durch die Aufrechnung werden die zwischen zwei Personen bestehenden gegenseitigen Forderungen, soweit sie sich decken, getilgt, wenn sie dem Gegenstande nach gleichartig und fällig sind.

Geltendmachung der Aufrechnung

441. Die Aufrechnung erfolgt, wenn der eine Teil durch Erklärung dem anderen gegenüber sich auf sie beruft. Durch die Geltendmachung der Aufrechnung werden die gegenseitigen Forderungen vom Zeitpunkt ihres Zusammenbestehens an getilgt.

442. Die Aufrechnung gegen eine rechtshängige Forderung kann, wenn die Gegenforderung sofort beweisbar ist, in jeder Lage des Prozesses und auch bei der Vollstreckung geltend gemacht werden.

443. Zur Aufrechnung kann auch eine verjährte Gegenforderung verwendet werden, wenn in der Zeit, in der die Forderungen zusammenbestanden haben, ihre Verjährung nicht vollendet war. *Verjährte Gegenforderung*

444. Die Aufrechnungserklärung ist unwirksam, wenn sie unter einer Bedingung oder unter einer Frist erfolgte. Die Aufrechnungserklärung bei Gericht ist jedoch wirksam, wenn sie für den Fall erfolgte, daß die Klage nicht aus einem anderen Grunde abgewiesen würde. *Aufrechnung unter Bedingung oder Frist*

445. Wer aus Gefälligkeit dem Schuldner eine Leistungsfrist eingeräumt hat, wird dadurch nicht gehindert, seine Forderung aufzurechnen. *Gefälligkeitsfrist*

446. Haben die gegenseitigen Forderungen einen verschiedenen Leistungsort, so ist der Aufrechnende zum Ersatz des Schadens verpflichtet, den der andere Teil dadurch erleidet, daß er die Leistung nicht an dem bestimmten Ort bewirken oder empfangen kann. *Leistungen an verschiedenen Orten*

447. Der Bürge kann zur Aufrechnung gegen den Gläubiger die Gegenforderung des Hauptschuldners verwenden, dieser aber kann nicht die des Bürgen geltend machen. *Verwendung der Forderung eines anderen zur Aufrechnung*

448. Nach der Abtretungsanzeige an den Schuldner kann dieser eigene Forderungen gegen den Zedenten, die nach der Anzeige entstanden sind, zur Aufrechnung gegen den Zessionar nicht geltend machen. *Aufrechnung gegen den Zessionar*

449. Bei Pfändung einer Forderung kann deren Schuldner zur Aufrechnung gegen den Pfändenden eine Gegenforderung nicht geltend machen, die er gegen den Gläubiger nach der Pfändung erworben hat. *Aufrechnung bei Pfändung*

450. Gegen eine Forderung aus einer vorsätzlich begangenen unerlaubten Handlung ist die Aufrechnung nicht zulässig. *Unzulässigkeit der Aufrechnung*

Die Aufrechnung ist nicht zulässig, wenn der Schuldner auf sie von vornherein verzichtet hat.

451. Die Aufrechnung gegen eine unpfändbare Forderung ist unzulässig.

452. Hat der Schuldner mehrere Schulden an den Gläubiger und ist dieser in Bezug auf die Schuld, die der Schuldner durch Aufrechnung tilgen will, nicht einverstanden, so finden die Vorschriften über Leistung bei mehreren Schulden entsprechende Anwendung. *Aufrechnung bei mehreren Schulden*

453. Das Schuldverhältnis erlischt durch Konfusion, wenn die Rechtstellung des Gläubigers und Schuldners sich in derselben Person vereinigt. Das Schuldverhältnis lebt wieder mit dem Zeitpunkt auf, in dem diese Vereinigung zu bestehen aufhört. *Konfusion*

454. Das Schuldverhältnis erlischt, wenn der Gläubiger mit dem Schuldner einen Schulderlaß vereinbart oder durch Vertrag mit diesem anerkennt, daß die Schuld nicht bestehe. *Erlaß*

Zehntes Kapitel

Abtretung

Begriff

455. Der Gläubiger kann durch Vertrag einem anderen seine Forderung ohne die Zustimmung des Schuldners übertragen (Abtretung).

Auslieferung von Beweisurkunden

456. Der Zedent ist verpflichtet, dem Zessionar die zur Geltendmachung der Forderung nötigen Auskünfte zu erteilen und ihm die in seinem Besitze befindlichen, zu ihrem Beweise dienenden Urkunden auszuliefern.

Bei Abtretung eines Teils der Forderung wird eine gehörig beglaubigte Abschrift dieser Urkunden ausgehändigt, unbeschadet des Rechtes des Zessionars, Vorlegung der Originale zu verlangen.

Öffentliche Urkunde auf Verlangen

457. Der Zedent ist auf Verlangen des Zessionars zur Ausstellung einer öffentlichen Urkunde über die Abtretung verpflichtet. Die Kosten trägt der Zessionar.

Übergang von Nebenrechten

458. Mit der Abtretung gehen auch die die Forderung sichernden Hypotheken, Bürgschaften, Pfandrechte oder andere Nebenrechte über, ebenso wie die bei der Zwangsvollstreckung oder beim Konkurs aus der Natur der Forderung oder der Bürgschaft sich ergebenden Vorzugsrechte. Vorzugsrechte, welche an die Person des Gläubigers gebunden sind, gehen nicht über.

459. Durch die Abtretung gehen, wenn nichts anderes vereinbart wurde, auch die rückständigen Zinsen über.

Anzeige

460. Der Zessionar erwirbt kein Recht dem Schuldner oder einem Dritten gegenüber, bevor er oder der Zedent die Abtretung dem Schuldner anzeigt.

Leistung vor der Anzeige

461. Der Schuldner wird befreit, wenn er vor der Anzeige die Leistung an den Zedenten bewirkt oder mit ihm einen Erlaßvertrag abschließt.

Verpflichtung des Schuldners dem Zessionar gegenüber

462. Der Schuldner hat dem Zessionar gegenüber dieselben Verpflichtungen, die er dem Zedenten gegenüber hatte.

Einwendungen gegen den Zessionar

463. Der Schuldner kann dem Zessionar alle Einwendungen entgegensetzen, die er gegen den Zedenten vor der Anzeige hatte.

Der Schuldner kann eine Gegenforderung, die er zur Zeit der Anzeige gegen den Zedenten hatte, obwohl sie nicht fällig war, zur Aufrechnung gegen den Zessionar geltend machen, wenn sie nicht später als die abgetretene Forderung fällig geworden ist.

Unabtretbare Forderungen

464. Unpfändbare Forderungen sind unabtretbar.

465. Eine Forderung, welche der Natur der Leistung nach mit der Person des Gläubigers eng verbunden ist, ist unabtretbar.

466. Eine Forderung kann nicht abgetreten werden, wenn Gläubiger und Schuldner die Unabtretbarkeit vereinbart haben. Dem Zessionar gegenüber aber kann der Schuldner sich nicht auf eine solche Vereinbarung berufen, wenn der Zessionar die Forderung im Vertrauen auf eine Urkunde erworben hat, welche die Bedingung der Unabtretbarkeit der Forderung nicht enthielt.

Haftung des Zedenten

467. Bei einer entgeltlichen Abtretung haftet der Zedent nur für den Bestand der Forderung.

Bei einer unentgeltlichen Abtretung haftet er nicht einmal für den Bestand der Forderung.

468. Hat der Zedent die Haftung für die Zahlungsfähigkeit des Schuldners übernommen, so bezieht sie sich im Zweifel nur auf die Zahlungsfähigkeit zur Zeit der Abtretung und, wenn die abgetretene Forderung in dieser Zeit unter einer Bedingung oder Befristung stand, auf die Zahlungsfähigkeit zu dem Zeitpunkt, in dem die Bedingung eintritt oder die Frist abläuft.

469. Erfolgt die Übertragung der Forderung kraft Gesetzes, so haftet der alte dem neuen Gläubiger gegenüber weder für den Bestand der Forderung noch für die Zahlungsfähigkeit.

Bei Übertragung anderer Rechte

470. Die Vorschriften über die Übertragung von Forderungen finden auch auf die Übertragung anderer Rechte, über die im Gesetz nicht ein anderes bestimmt ist, entsprechende Anwendung.

Elftes Kapitel

Schuldübernahme

Begriff

471. Durch Vertrag mit dem Gläubiger kann jemand eine fremde Schuld in der Weise übernehmen, daß durch seinen Eintritt an Stelle des Schuldners dieser befreit wird.

Verpflichtungen des Übernehmers

472. Der Übernehmer hat dem Gläubiger gegenüber dieselben Verpflichtungen, die auch der alte Schuldner hatte.

Einwendungen des Übernehmers

473. Der Übernehmer kann Einwendungen entgegensetzen, welche sich aus dem Rechtsverhältnis zwischen dem Gläubiger und dem bisherigen Schuldner ergeben.

Eine Forderung des bisherigen Schuldners gegen den Gläubiger kann der Übernehmer zur Aufrechnung nicht entgegensetzen.

474. Der Übernehmer kann keine Einwendungen aus dem zwischen ihm und dem bisherigen Schuldner bestehenden Rechtsverhältnis herleiten.

Nebenrechte der Forderung

475. Nebenrechte der Forderung, die sich gegen den bisherigen Schuldner richtete, bestehen auch nach der Übernahme fort. Bürgschaften, Pfandrechte und Hypotheken bestehen aber nur fort, wenn der Bürge oder der Eigentümer der mit einer Hypothek belasteten oder der verpfändeten Sache zugestimmt hat.

Vorzugsrechte, welche bei der Zwangsvollstreckung oder beim Konkurs ausgeübt werden, erlöschen durch die Übernahme.

Veräußerung eines mit einer Hypothek belasteten Grundstückes und Schuldübernahme

476. Wer durch Vertrag von einem anderen ein mit einer Hypothek belastetes Grundstück unter der Bedingung erwirbt, die Schuld des Veräußerers, für welche die Hypothek bestellt wurde, zu bezahlen, tritt hinsichtlich der Schuld an die Stelle des Veräußerers und befreit ihn, wenn der Gläubiger innerhalb von sechs Monaten, nachdem die Transkription der Veräußerung und anschließend eine schriftliche Mitteilung der Schuldübernahme an ihn erfolgt ist, den Wechsel des Schuldners nicht schriftlich ablehnt. Die Mitteilung ist nur vom Veräußerer zu machen, und die Antwort des Gläubigers erfolgt an diesen. Der Veräußerer hat dem Erwerber diese Antwort unverzüglich bekanntzumachen.

Kumulative Schuldübernahme

477. Verspricht jemand durch Vertrag mit dem Gläubiger die Tilgung einer fremden Schuld, so wird der Schuldner nicht befreit, sondern es entsteht eine zusätzliche Haftung des Versprechenden, sofern sich nicht das Gegenteil deutlich ergibt.

Versprechen eines Dritten an den Schuldner

478. Hat ein Dritter dem Schuldner versprochen, daß er dessen Schuld tilgen werde, so erwirbt der Gläubiger aus diesem Vertrag im Zweifel kein Recht.

Übertragung einer Vermögensmasse

479. Wurde durch Vertrag ein Vermögen oder Unternehmen übertragen, so haftet der Erwerber dem Gläubiger gegenüber für die Schulden, die zum Vermögen oder zum Unternehmen gehören, bis zum Werte der übertragenen Gegenstände. Die Haftung des Übertragenden besteht weiter.

Eine gegenteilige Vereinbarung zwischen den Vertragschließenden zu Lasten der Gläubiger ist diesen gegenüber nichtig.

Zwölftes Kapitel

Gesamtschuldverhältnis

Im Zweifel ist das Schuldverhältnis kein Gesamtschuldverhältnis

480. Schulden mehrere eine teilbare Leistung, oder sind mehrere berechtigt, eine teilbare Leistung zu fordern, so ist im Zweifel jeder der Schuldner zu einem gleichen Anteile verpflichtet und jeder der Gläubiger zu einem gleichen Anteile berechtigt.

Passives Gesamtschuldverhältnis

481. Gesamtschuld besteht, wenn bei mehreren Schuldnern derselben Leistung jeder von ihnen die ganze Leistung zu bewirken verpflichtet, der Gläubiger aber sie nur einmal zu fordern berechtigt ist.

Recht des Gläubigers

482. Bei einer Gesamtschuld ist der Gläubiger berechtigt, die Leistung nach Belieben von jedem der Schuldner ganz oder zu einem Teile zu fordern. Bis zur Bewirkung der ganzen Leistung bleiben sämtliche Schuldner verpflichtet.

483. Die von einem der Mitschuldner erfolgte Erfüllung befreit auch die übrigen. Das gleiche gilt von der Leistung oder vom Versprechen an Erfüllungsstatt, von der öffentlichen Hinterlegung, der Novation und der Aufrechnung. *Objektiv wirkende Tatsachen*

Eine Forderung eines der Gesamtschuldner kann nicht von den übrigen gegen den Gläubiger zur Aufrechnung geltend gemacht werden.

484. Der Erlaß zugunsten eines der Gesamtschuldner wirkt auch für die übrigen nur, wenn er zu einem solchen Zwecke vereinbart wurde. Das gleiche gilt auch für die Setzung einer Frist gegenüber einem der Schuldner. *Erlaß*

485. Der Verzug des Gläubigers gegenüber einem Gesamtschuldner wirkt für alle. *Verzug des Gläubigers*

486. Andere in der Person eines der Gesamtschuldner eingetretene Tatsachen wirken, soweit sich nicht aus dem Verhältnis ein anderes ergibt, nicht für und gegen die übrigen. Das gilt insbesondere von der Mahnung, der Kündigung, dem Verzuge, dem Verschulden, der Unmöglichkeit der Leistung in der Person eines Gesamtschuldners, der Verjährung, deren Unterbrechung und Hemmung, von der Konfusion und der rechtskräftigen Entscheidung. *Subjektiv wirkende Tatsachen*

487. Die Gesamtschuldner sind im Verhältnis zueinander zu gleichen Anteilen verpflichtet, soweit sich nicht aus dem Verhältnis ein anderes ergibt. *Rückgriff zwischen den Mitschuldnern*

Alles, was der Gesamtschuldner, welcher die Leistung bewirkte, von einem Gesamtschuldner nicht hat einziehen können, wird zwischen ihm und den übrigen in derselben Weise aufgeteilt.

488. Soweit einer der Gesamtschuldner den Gläubiger befriedigt hat und ihm ein Rückgriffsrecht gegen die übrigen zusteht, tritt er in die Rechte des Gläubigers ein. *Substitution*

489. Gesamtforderung besteht, wenn bei mehreren Gläubigern derselben Leistung jeder von ihnen die ganze Leistung zu fordern berechtigt, der Schuldner aber die Leistung nur einmal zu bewirken verpflichtet ist. *Aktives Gesamtschuldverhältnis*

490. Bei einer Gesamtforderung ist der Schuldner berechtigt, die Leistung nach Belieben an irgendeinen Gläubiger zu bewirken, sofern nicht einer der Gläubiger gegen ihn Klage erhoben hat. *Recht des Schuldners*

491. Ist einem der Gläubiger gegenüber Erfüllung, Leistung oder Versprechen an Erfüllungsstatt, öffentliche Hinterlegung, Novation, Aufrechnung oder Konfusion erfolgt, so erlischt die Forderung auch hinsichtlich der übrigen. Das gleiche gilt auch beim Schulderlaß durch einen der Gläubiger, sofern der Erlaß zu einem solchen Zwecke vereinbart wurde. *Objektiv wirkende Tatsachen*

Der Verzug eines der Gläubiger wirkt auch gegen die übrigen.

Subjektiv wirkende Tatsachen

492. Andere in der Person eines der Gläubiger eingetretene Tatsachen wirken nicht für oder gegen die übrigen, es sei denn, daß sich aus dem Verhältnis ein anderes ergibt.

Rückgriff zwischen den Gläubigern

493. Mehrere Gläubiger sind im Verhältnis zueinander zu gleichen Anteilen berechtigt, es sei denn, daß sich aus dem Verhältnis ein anderes ergibt.

Unteilbare Leistung

494. Schulden mehrere eine unteilbare Leistung, so finden die Vorschriften über Gesamtschuld Anwendung.

Die unteilbare Leistung wird eine teilbare, wenn sie sich in eine Geldschuld umgewandelt hat. Wird aber die unteilbare Leistung aus Verschulden oder während des Verzuges eines oder einiger Schuldner unmöglich, so haften diese als Gesamtschuldner und die übrigen werden von dem Schuldverhältnis befreit.

495. Sind mehrere berechtigt, eine unteilbare Leistung zu fordern, so kann der Schuldner, sofern sie auf Grund des Gesetzes oder eines Rechtsgeschäfts nicht Gesamtgläubiger sind, nur an alle gemeinschaftlich leisten und jeder Gläubiger nur die Leistung an alle verlangen.

Eine in der Person eines der Gläubiger eingetretene Tatsache wirkt weder für noch gegen die übrigen.

Dreizehntes Kapitel

Schenkung

Begriff

496. Die Leistung eines Vermögensgegenstandes an einen anderen ist Schenkung, wenn die Parteien darüber einig sind, daß diese Leistung unentgeltlich erfolgt.

497. Der zum Vorteil eines anderen unterlassene Erwerb eines Vermögens oder der Verzicht auf ein noch nicht erworbenes Recht sowie die Ausschlagung einer Erbschaft oder eines Vermächtnisses sind keine Schenkung.

Begründung

498. Für das Zustandekommen einer Schenkung ist notarielle Beurkundung erforderlich.

Die Schenkung einer beweglichen Sache, für die keine notarielle Urkunde aufgesetzt wurde, wird von dem Zeitpunkt an gültig, in dem der Schenker die Sache dem Beschenkten übergibt.

Haftung des Schenkers

499. Der Schenker haftet nur für Vorsatz und grobe Fahrlässigkeit.

Wegen Sach- und Rechtsmängel des geschenkten Gegenstandes haftet der Schenker nur, wenn er einen mangelfreien Gegenstand zugesichert oder wenn er solche Mängel arglistig verschwiegen hat.

500. Zur Entrichtung von Verzugszinsen ist der Schenker nicht verpflichtet.

501. Der Schenker ist berechtigt, die Vollziehung der Schenkung zu verweigern, wenn diese Vollziehung mit Rücksicht auf seine übrigen Schulden entweder seinen eigenen Unterhalt oder den anderen Personen geschuldeten gesetzlichen Unterhalt gefährden würde.

Schenkung in wiederkehrenden Leistungen

502. Besteht die Schenkung in wiederkehrenden Leistungen, so erlischt, sofern nichts anderes vereinbart wurde, die Verpflichtung des Schenkers mit seinem Tod.

Schenkung unter Auflage

503. Bei einer Schenkung unter Auflage ist der Schenker berechtigt, vom Beschenkten die Vollziehung der Auflage zu verlangen, wenn er seine Verpflichtung aus der Schenkung erfüllt hat.

Nach dem Tode des Schenkers ist auch die Behörde berechtigt, die Vollziehung einer Auflage zu verlangen, wenn diese einen öffentlichen oder gemeinnützigen Zweck verfolgt.

504. Der Beschenkte ist berechtigt, die Vollziehung der Auflage zu verweigern, sofern der Wert des geschenkten Gegenstandes die Aufwendungen für die Vollziehung nicht deckt und das Fehlende nicht ergänzt wird.

Widerruf der Schenkung

505. Der Schenker ist zum Widerruf der Schenkung berechtigt, wenn der Beschenkte sich durch eine schwere Verfehlung dem Schenker oder dem Ehegatten oder einem nahen Verwandten des Schenkers gegenüber undankbar gezeigt und insbesondere seine Verpflichtung zum Unterhalt des Schenkers nicht eingehalten hat.

506. Der Erbe des Schenkers ist zum Widerruf der Schenkung berechtigt, wenn der Beschenkte vorsätzlich den Schenker getötet oder am Widerruf der Schenkung behindert hat.

507. Der Schenker oder sein Erbe ist zum Widerruf der Schenkung berechtigt, wenn der Beschenkte schuldhaft die Vollziehung der Auflage unterläßt, unter der die Schenkung erfolgte.

508. Eine Schenkung, die von seiten einer Person erfolgte, welche keine ehelichen Abkömmlinge hat, kann innerhalb von fünf Jahren von ihrer Vollziehung an widerrufen werden, wenn ihr zu ihren Lebzeiten oder nach ihrem Tode ein eheliches Kind geboren wurde oder wenn durch eine Ehe die Legitimation eines Kindes stattgefunden hat.

509. Der Widerruf der Schenkung erfolgt durch Erklärung gegenüber dem Beschenkten. Nach dem erfolgten Widerruf erlischt die Verpflichtung des Schenkers zur Leistung; die bewirkte Leistung kann nach den Vorschriften über ungerechtfertigte Bereicherung zurückgefordert werden.

510. Der Widerruf ist ausgeschlossen, wenn der Schenker dem Beschenkten verziehen hat oder wenn ein Jahr seit dem Zeitpunkt verstrichen ist, in dem der Widerrufsberechtigte vom Widerrufsgrunde Kenntnis erlangte.

Nach dem Tode des Beschenkten ist der Widerruf nicht zulässig.

511. Ein Verzicht auf das Widerrufsrecht von vornherein ist unwirksam.

512. Schenkungen, welche zur Erfüllung einer besonderen sittlichen Pflicht oder aus Anstandsgründen erfolgen, unterliegen nicht dem Widerruf.

Vierzehntes Kapitel

Kauf und Tausch

Begriff des Kaufs

513. Durch den Kaufvertrag wird der Verkäufer verpflichtet, das Eigentum an der verkauften Sache oder das verkaufte Recht zu übertragen und die Sache zu übergeben; der Käufer wird verpflichtet, den vereinbarten Preis zu zahlen.

Rechtsmängel des verkauften Gegenstandes

514. Der Verkäufer ist verpflichtet, den verkauften Gegenstand frei von jedem Rechte eines Dritten (Rechtsmangel) zu übertragen.

515. Der Verkäufer haftet nicht für die zur Zeit des Abschlusses des Kaufs bestehenden Rechtsmängel, wenn der Käufer diese kannte. Für eine bestehende Hypothek oder Vormerkung oder Pfändung oder für ein Pfandrecht haftet der Verkäufer aber auch dann, wenn der Käufer ihr Vorhandensein kannte.

Nichterfüllung der Verpflichtungen des Verkäufers

516. Erfüllt der Verkäufer die ihm obliegenden Verpflichtungen nicht, so hat der Käufer die Rechte, welche bei gegenseitigen Verträgen und insbesondere bei Verzug oder verschuldeter Unmöglichkeit auf seiten des Schuldners dem Gläubiger zustehen.

517. Der Beweis des Vorhandenseins von Rechtsmängeln gegenüber dem Verkäufer fällt dem Käufer zur Last.

Vereinbarung über Nichthaftung des Verkäufers

518. Eine Vereinbarung, welche die Haftung des Verkäufers für die Rechtsmängel ausschließt oder beschränkt, ist nichtig, wenn der Verkäufer den Rechtsmangel arglistig verschwiegen hat.

Auskünfte und Auslieferung von Urkunden

519. Der Verkäufer ist verpflichtet, dem Käufer über die rechtlichen Verhältnisse, welche den verkauften Gegenstand betreffen, und insbesondere beim Verkauf eines Grundstücks über die Grenzen, die Rechte und Lasten Auskunft zu erteilen, sowie die sich in seinem Besitz befindlichen, zum Beweise seiner Rechte dienenden Urkunden auszuliefern.

Haftung bei anderen Veräußerungen

520. Die Vorschriften über Haftung des Verkäufers wegen Rechtsmängeln finden auch auf andere Verträge, die auf Veräußerung gegen Entgelt gerichtet sind, entsprechende Anwendung.

521. Bei Zwangsversteigerungen gilt als Verkäufer in Bezug auf die Haftung für Rechtsmängel des veräußerten Gegenstandes der Schuldner, gegen den sich die Vollstreckung richtet. Kannte zur Zeit der Versteigerung der Gläubiger, der sie vorgenommen hat, die Rechtsmängel, so fällt die Haftung ihm zur Last. *Haftung bei Versteigerung*

522. Die Gefahr des zufälligen Unterganges oder einer zufälligen Verschlechterung trägt von der Übergabe der verkauften Sache an der Käufer. *Übergang der Gefahr beim Kauf*

Ist bei einem Grundstück die Transkription des Kaufs vor der Übergabe erfolgt, so trägt der Käufer die Gefahr von der Transkription ab.

523. Wurde bei einem bedingten Kauf die verkaufte Sache während des Schwebens der Bedingung dem Käufer übergeben, so trägt die Gefahr des zufälligen Untergangs oder der zufälligen Verschlechterung vor dem Eintritt der Bedingung bei aufschiebender Bedingung der Verkäufer, bei auflösender der Käufer.

524. Versendet der Verkäufer auf Verlangen des Käufers die verkaufte Sache nach einem anderen Orte als dem Erfüllungsorte, so trägt der Käufer die Gefahr von dem Zeitpunkt an, in dem die verkaufte Sache zur Versendung übergeben wird.

525. Der Käufer erwirbt die Nutzungen und trägt die Lasten der Sache von dem Zeitpunkt an, in dem die Gefahr auf ihn übergeht.

526. Der Verkäufer trägt die Kosten der Übergabe der verkauften Sache und insbesondere die Kosten des Wägens, Messens und Zählens, der Käufer die Kosten der Abnahme und der Versendung nach einem anderen Orte als dem Erfüllungsorte. *Übergabe- und Abnahmekosten*

527. Die für den schriftlichen Abschluß des Vertrages erforderlichen Kosten oder Steuern tragen beide Parteien zu gleichen Teilen. *Vertrags- und Transkriptionskosten*

Der Käufer eines Grundstücks oder eines Rechtes an einem Grundstück trägt die Transkriptionskosten.

528. In den Fällen, in denen der Käufer vor der Übergabe die Gefahr trägt, ist er nach den Vorschriften über Auftrag zum Ersatz der Verwendungen verpflichtet, die seit der Übertragung der Gefahr an den Käufer bis zur Übergabe notwendig waren und vom Verkäufer auf den verkauften Gegenstand gemacht worden sind. Bei sonstigen nicht notwendigen Verwendungen gelten die Vorschriften über Besorgung fremder Angelegenheiten. *Verwendungen vor der Übergabe*

529. Der Käufer schuldet Zinsen für den Kaufpreis, wenn dieser nicht gestundet wurde, von dem Zeitpunkt an, von dem ihm die Nutzungen der Sache gebühren. *Zinsen des Kaufpreises*

530. Wurde als Kaufpreis der Markt- oder Börsenpreis bestimmt, so gilt im Zweifel der für den Erfüllungsort zur Zeit der Bewirkung der Leistung maßgebliche Durchschnittspreis des Marktes oder der Börse. *Markt- oder Börsenpreis*

Wurde der Kaufpreis der Sache nach Gewicht bestimmt, so gilt im Zweifel das reine Gewicht.

Stundung des Kaufpreises

531. Hat der Verkäufer den Vertrag ganz erfüllt und den Kaufpreis gestundet, so steht ihm wegen eines Rückstandes mit der Zahlung des Kaufpreises kein Rücktrittsrecht zu.

Eigentumsvorbehalt

532. Enthält der Kaufvertrag die Bestimmung, daß sich der Verkäufer das Eigentum an der verkauften Sache bis zur Zahlung des Kaufpreises vorbehält, so ist im Zweifel anzunehmen, daß die Übertragung des Eigentums an den Käufer erfolgt, wenn die Bedingung der Zahlung des Kaufpreises erfüllt ist und, daß der Verkäufer beim Verzuge des Käufers berechtigt ist, entweder den Kaufpreis zu fordern oder unter Geltendmachung seiner Rechte aus dem Eigentum vom Vertrag zurückzutreten.

In diesem Falle geht die Gefahr mit der Übergabe der verkauften Sache auf den Käufer über.

Kaufverbot

533. Bei einem Verkauf im Wege der Zwangs- oder der freiwilligen Versteigerung ist es folgenden Personen verboten, entweder für sich persönlich oder durch einen anderen oder für einen anderen versteigerte Sachen zu kaufen: 1. denjenigen, die kraft Gesetzes die Verwaltung des Vermögens einer Person innehaben, sofern die Sachen aus diesem Vermögen stammen; 2. den Beauftragten oder Verwaltern, sofern der Verkauf der Sachen ihnen anvertraut wurde; 3. öffentlichen Personen oder deren Gehilfen, sofern der Verkauf der Sachen durch sie vorgenommen wird.

Sachmängel

534. Der Verkäufer haftet, wenn der verkaufte Gegenstand zu der Zeit, in der die Gefahr auf den Käufer übergeht, mit Fehlern behaftet ist, die den Wert oder die Tauglichkeit der Sache aufheben oder wesentlich mindern.

Mangel von zugesicherten Eigenschaften

535. Der Verkäufer haftet, wenn der verkaufte Gegenstand zu der Zeit, in der die Gefahr auf den Käufer übergeht, die zugesicherten Eigenschaften nicht hat.

Kenntnis des Käufers

536. Der Verkäufer haftet nicht für Sachmängel, die der Käufer beim Abschluß des Vertrages kannte.

Das gleiche gilt auch für die zugesicherten Eigenschaften, deren Fehlen der Käufer beim Abschluß des Vertrages kannte.

537. Der Verkäufer haftet nicht für Fehler der Sache, die dem Käufer beim Abschluß des Vertrages infolge grober Fahrlässigkeit unbekannt geblieben sind, es sei denn, daß der Verkäufer das Fehlen des Sachmangels zugesichert oder sein Vorhandensein arglistig verschwiegen hat.

Klausel über Nichthaftung aus Mängeln

538. Eine Vereinbarung, welche die Haftung ausschließt oder beschränkt, ist nichtig, wenn der Verkäufer den Fehler der Sache oder das Fehlen der zugesicherten Eigenschaft arglistig verschwiegen hat.

539. Bei einem Verkauf im Wege der Zwangsversteigerung besteht keine Haftung für Fehler der Sache. *Haftung bei Versteigerung*

540. Der Käufer ist berechtigt, in den Fällen, in denen eine Haftung des Verkäufers für einen Fehler der Sache oder für das Fehlen einer zugesicherten Eigenschaft besteht, entweder die Wandelung des Kaufes oder die Minderung des Kaufpreises zu verlangen. *Wandelung des Kaufes oder Kaufpreisminderung*

541. Der Käufer kann wegen eines anderen, später entdeckten Fehlers neue Minderung des Kaufpreises oder Wandelung des Kaufs verlangen. Das gleiche gilt auch bei Fehlen einer zugesicherten Eigenschaft.

542. Das Gericht kann, obwohl der Käufer die Wandelungsklage erhoben hat, nur Minderung des Kaufpreises zubilligen, wenn nach den Umständen die Wandelung seinem Ermessen nach nicht gerechtfertigt ist.

543. Fehlt der verkauften Sache zur Zeit des Abschlusses des Kaufvertrags eine zugesicherte Eigenschaft, so ist der Käufer berechtigt, statt der Minderung des Kaufpreises oder der Wandelung Schadenersatz wegen Nichterfüllung des Vertrages zu verlangen. Das gleiche gilt auch, wenn der Verkäufer beim Abschluß des Kaufes den Fehler, mit dem die verkaufte Sache behaftet war, kannte oder kennen mußte. *Mängel zur Zeit des Vertragsabschlusses*

544. Das im vorigen Artikel bezeichnete Recht steht dem Käufer auch zu, wenn nach dem Kauf und vor dem Übergang der Gefahr auf ihn infolge Verschuldens des Verkäufers die zugesicherte Eigenschaft weggefallen ist oder der Fehler der Sache sich gezeigt hat. *Nachträglicher Mangel aus Verschulden des Verkäufers*

545. Hat der Käufer die verkaufte Sache ohne Vorbehalt und in Kenntnis des Fehlers oder des Mangels der zugesicherten Eigenschaft abgenommen, so gilt, daß er die Sache angenommen hat. *Abnahme ohne Vorbehalt*

546. Behauptet der Käufer Haftung des Verkäufers wegen Fehler oder Fehlens zugesicherter Eigenschaften, so kann der Verkäufer ihn unter Erbieten der Wandelung und Bestimmung einer angemessenen Frist zur Erklärung darüber auffordern, ob er Wandelung verlange. Nach dem erfolglosen Ablauf der Frist ist die Wandelung ausgeschlossen. *Aufforderung des Verkäufers zur Wandelung*

547. Ist der Kauf gewandelt, so hat der Käufer die Sache frei von jeder Belastung herauszugeben, desgleichen die aus der Sache gezogenen Nutzungen. Der Verkäufer hat den Kaufpreis mit Zinsen herauszugeben sowie die Nebenkosten und die vom Käufer auf die Sache gemachten Aufwendungen zu ersetzen. *Wirkung der Wandelung*

548. Der Käufer ist zur Wandelung oder Minderung des Kaufpreises berechtigt, auch wenn die Sache wegen des Fehlers untergegangen oder verschlechtert ist.

549. Ist die Sache aus Zufall ganz oder zum großen Teil unter- oder verlorengegangen oder wesentlich verschlechtert, so ist der Käufer nur berechtigt, Minderung des Kaufpreises zu verlangen.

Das gleiche gilt auch, wenn die Sache ganz oder zum großen Teil vom Käufer umgebildet oder veräußert wurde.

Zusicherung einer bestimmten Größe

550. Hat der Verkäufer eines Grundstückes dem Käufer eine bestimmte Größe des Grundstücks zugesichert, so haftet er für die Größe wie für eine zugesicherte Eigenschaft. Der Käufer ist nur dann zur Wandelung wegen Mangels der zugesicherten Größe berechtigt, wenn der Mangel so erheblich ist, daß der Käufer an dem Vertrag kein Interesse hat.

Wandelung bei mehreren verkauften Sachen

551. Weisen von mehreren verkauften Sachen nur einige einen Fehler oder das Fehlen einer zugesicherten Eigenschaft auf, so ist die Wandelung nur in Ansehung dieser zulässig, auch wenn ein Gesamtpreis für alle Sachen festgesetzt ist. Sind jedoch die Sachen nach der Absicht der Parteien als zusammengehörend oder als Ganzes verkauft und können die Sachen, die den Fehler oder das Fehlen einer zugesicherten Eigenschaft aufweisen, von den übrigen nicht ohne Nachteil für einen der Vertragschließenden getrennt werden, so erstreckt sich die Wandelung auf alle Sachen.

552. Die Wandelung für die Hauptsache erstreckt sich auch auf die Nebensache, auch wenn hinsichtlich der Nebensache ein eigener Kaufpreis bestimmt wurde.

Wandelung oder Minderung bei mehreren Verkäufern oder Käufern

553. Sind mehrere Verkäufer oder Käufer vorhanden, so wird das Wandelungsrecht von allen oder gegen alle, und das Recht zur Minderung des Kaufpreises auch von jedem einzelnen oder gegen jeden einzelnen anteilsmäßig ausgeübt. Das gleiche gilt auch, wenn der Käufer oder der Verkäufer von mehreren beerbt wird.

Verjährung

554. Die Ansprüche auf Wandelung oder Minderung des Kaufpreises oder auf Schadenersatz wegen eines Fehlers oder Fehlens einer zugesicherten Eigenschaft verjähren nach Ablauf von zwei Jahren bei Grundstücken und von sechs Monaten bei beweglichen Sachen.

555. Die Verjährung beginnt bei beweglichen Sachen mit der Aushändigung der Sache an den Käufer und bei unbeweglichen mit der Übergabe an ihn. Das gleiche gilt auch, wenn der Käufer den Fehler oder den Mangel der Eigenschaft erst später entdeckt hat.

Beantragt der Käufer gerichtliche Beweisaufnahme zum Zwecke der Beweissicherung, so wird die Verjährung bis zur Beendigung dieses Verfahrens unterbrochen.

556. Wurde eine Frist in Bezug auf die Haftung des Käufers für einen Fehler oder den Mangel einer zugesicherten Eigenschaft vereinbart, so ist im Zweifel anzunehmen, daß die Verjährung in Ansehung der innerhalb dieser Frist sich zeigenden Fehler und Mängel mit dem Zeitpunkt beginnt, in dem diese sich gezeigt haben.

557. Der Verkäufer kann sich auf die Verjährung von zwei Jahren oder von sechs Monaten nicht berufen, wenn er arglistig den Fehler oder den Mangel der zugesicherten Eigenschaft verschwiegen hat.

558. Der Käufer kann auch nach Vollendung der Verjährung seine Rechte, die er aus dem Fehler oder dem Mangel einer zugesicherten Eigenschaft herleitet, durch Einwendung geltend machen, sofern er innerhalb der Verjährungsfrist den Fehler oder den Mangel der zugesicherten Eigenschaft dem Verkäufer angezeigt hat.

Verkauf einer der Gattung nach bestimmten Sache

559. Bei einem Verkauf einer der Gattung nach bestimmten Sache ist der Käufer berechtigt, statt der Wandelung oder Minderung des Kaufpreises den Ersatz der Sache durch eine andere zu verlangen, welche mangelfrei ist oder die zugesicherten Eigenschaften hat. Hinsichtlich der Bedingungen der Geltendmachung dieses Rechtes finden die Vorschriften der Art. 546 bis 549, 551 bis 558 über Wandelung entsprechende Anwendung.

560. Das Recht des Käufers, auf Grund des vorigen Artikels Ersatz der Sache durch eine andere zu verlangen, hat unter denselben Bedingungen auch der Verkäufer, sofern ein solcher Anspruch nicht als offenbar unvorteilhaft für den Käufer erscheint.

561. Bei Verkauf einer der Gattung nach bestimmten Sache ist, wenn zu der Zeit, in der die Gefahr für die Sache auf den Käufer übergeht, die zugesicherte Eigenschaft fehlt oder der Verkäufer den Fehler arglistig verschwiegen hat, der Käufer berechtigt, statt der Wandelung oder der Minderung oder der Leistung einer anderen Sache Schadenersatz für die Nichterfüllung des Vertrages zu verlangen.

Andere entgeltliche Verträge

562. Die Vorschriften über Haftung des Verkäufers für Mängel der Sache oder Fehlen zugesicherter Eigenschaften finden auch auf andere entgeltliche Veräußerungsverträge entsprechende Anwendung.

Kauf auf Probe

563. Der Kauf auf Probe gilt im Zweifel als unter der aufschiebenden Bedingung der Billigung des Käufers geschlossen. Dem Käufer steht die Billigung oder Mißbilligung frei.

564. Der Käufer ist nur innerhalb der bestimmten Frist oder in Ermangelung einer solchen nur innerhalb einer angemessenen vom Verkäufer zu bestimmenden Frist sich zu erklären berechtigt.

Das Schweigen des Käufers gilt, wenn ihm die auf Probe verkaufte Sache übergeben war, als Billigung, sonst als Mißbilligung.

Wiederkaufsvereinbarung

565. Auf Grund der Wiederkaufsvereinbarung ist der Verkäufer berechtigt, die verkaufte Sache innerhalb einer bestimmten Frist zu dem vereinbarten Preis zurückzufordern.

Preis, Frist

566. Wurde für den Wiederkauf kein Preis bestimmt, so gilt der Preis des Kaufes.

Die Wiederkaufsfrist ist eine fünfjährige, wenn keine andere vereinbart wurde oder wenn die vereinbarte fünf Jahre übersteigt.

Erklärung über den Wiederkauf

567. Der Wiederkauf erfolgt durch Erklärung des Verkäufers an den Käufer, daß er das Wiederkaufsrecht ausübe. Die für den Kaufvertrag durch Gesetz bestimmte Form ist auch für die Wiederkaufserklärung erforderlich.

Wirkung

568. Nach erfolgtem Wiederkauf ist der Käufer verpflichtet, die Sache nebst Zubehör frei von den Belastungen herauszugeben, die er vor dem Wiederkauf bestellt hat; der Verkäufer ist verpflichtet, den Preis zu bezahlen. Für die vor dem Wiederkauf gezogenen Nutzungen wird kein Anspruch gewährt.

569. Der Käufer ist zum Schadenersatz verpflichtet, wenn er verschuldet hat, daß beim Wiederkauf die Herausgabe der verkauften Sache in dem Zustand unmöglich ist, in dem er sie empfangen hat.

Das gleiche gilt, wenn die verkaufte Sache vor dem Wiederkauf im Wege der Zwangsvollstreckung veräußert wurde.

570. Ist die verkaufte Sache vor dem Wiederkauf ohne Verschulden des Käufers ganz oder zum großen Teil untergegangen, so erlischt das Wiederkaufsrecht. Bei Verschlechterung der Sache ist der Verkäufer nicht berechtigt, Minderung des Wiederkaufspreises zu verlangen.

571. Der Käufer ist nur berechtigt, Ersatz für die vor dem Wiederkauf auf die gekaufte Sache gemachten Aufwendungen zu verlangen, wenn durch sie der Wert der Sache erhöht worden ist. Eine Einrichtung, mit der der Käufer die herauszugebende Sache versehen hat, kann er wegnehmen.

Wiederverkauf zu Gunsten mehrerer oder gegen mehrere

572. Steht das Wiederkaufsrecht mehreren zu oder ist es auf mehrere übergegangen oder besteht es gegen mehrere Verpflichtete, so kann es nur von allen und gegen alle ausgeübt werden. Wenn aber einer der Berechtigten darauf verzichtet oder das Recht verloren hat, so üben die anderen das Wiederkaufsrecht im ganzen aus.

Tausch

573. Auf den Tausch finden die Vorschriften über den Kauf entsprechende Anwendung. Jeder der Vertragschließenden wird hinsichtlich der ihm obliegenden Leistung als Verkäufer und hinsichtlich der von ihm beanspruchten Leistung als Käufer angesehen.

Fünfzehntes Kapitel

Miete einer Sache

Begriff

574. Durch den Mietvertrag über eine Sache wird der Vermieter verpflichtet, dem Mieter den Gebrauch der vermieteten Sache während der Mietzeit zu gewähren, der Mieter, den vereinbarten Mietzins zu entrichten.

Verpflichtungen des Vermieters

575. Der Vermieter hat die vermietete Sache dem Mieter in einem zu dem vertragsmäßigen Gebrauche geeigneten Zustande zu überlassen und sie während der ganzen Mietzeit in diesem Zustande zu erhalten.

Fehlen von zugesicherten Eigenschaften oder Fehler der vermieteten Sache

576. Ist die vermietete Sache zur Zeit der Überlassung an den Mieter mit einem Fehler behaftet, der den vereinbarten Gebrauch zum Teil oder ganz hindert (Sachmangel), oder ist ein solcher Fehler im Laufe der Miete entstanden, so ist der Mieter zur Minderung oder zur Nichtentrichtung des Mietzinses berechtigt.

Das gleiche gilt, wenn der vermieteten Sache eine zugesicherte Eigenschaft fehlt oder wenn eine solche Eigenschaft im Laufe der Miete wegfällt.

577. Fehlt der vermieteten Sache beim Abschluß des Mietvertrags eine zugesicherte Eigenschaft, so ist der Mieter berechtigt, statt der Minderung oder der Nichtentrichtung des Mietzinses Schadenersatz wegen Nichterfüllung des Vertrages zu verlangen. Das gleiche gilt auch, wenn der Vermieter beim Abschluß des Vertrages den Fehler der vermieteten Sache kannte oder kennen mußte.

578. Das im vorangehenden Artikel bezeichnete Recht hat der Mieter auch, wenn infolge Verschuldens des Vermieters die zugesicherte Eigenschaft oder der Fehler der vermieteten Sache nach dem Abschluß des Vertrages weggefallen bzw. entstanden ist.

Das gleiche Recht hat der Mieter auch, wenn der Vermieter mit der Beseitigung eines Sach- oder Eigenschaftsmangels in Verzug gekommen ist. Der Mieter ist aber in diesem Falle berechtigt, selbst diese Mängel zu beseitigen und Ersatz der gemachten Aufwendungen zu verlangen.

579. Der Vermieter haftet nicht für Fehler der Sache, die der Mieter beim Abschluß des Vertrages kannte.

Das gleiche gilt auch für die zugesicherten Eigenschaften, deren Fehlen der Mieter beim Abschluß des Vertrages kannte.

580. Der Vermieter haftet nicht für Fehler der Sache, die dem Mieter aus grober Fahrlässigkeit beim Abschluß des Vertrages unbekannt geblieben sind, es sei denn, daß der Vermieter das Nichtbestehen des Fehlers zugesichert oder ihn arglistig verschwiegen hat.

581. Der Vermieter haftet nicht für den Fehler der Sache oder das Fehlen einer zugesicherten Eigenschaft, wenn der Mieter, obschon er den Fehler oder das Fehlen der zugesicherten Eigenschaft kannte, die gemietete Sache vorbehaltlos angenommen hat.

Klausel betr. die Beschränkung der Haftung des Vermieters

582. Eine Vereinbarung, durch welche die Haftung des Vermieters ausgeschlossen oder beschränkt wird, ist nichtig, wenn der Vermieter den Mangel der vermieteten Sache oder das Fehlen der zugesicherten Eigenschaft arglistig verschwiegen hat.

Rechtsmängel der vermieteten Sache

583. Wird durch das Recht eines Dritten dem Mieter der vereinbarte Gebrauch der gemieteten Sache zum Teil oder ganz entzogen (Rechtsmangel), so finden die Vorschriften der Art. 576

bis 579 und 582 entsprechende Anwendung. Der Mieter kann aber nicht selbst die Beseitigung des Rechtsmangels auf Kosten des Vermieters vornehmen.

584. Der Mieter ist im übrigen, unbeschadet der Vorschriften über Sach- und Rechts- oder Eigenschaftsmängel, berechtigt, nach Maßgabe der allgemeinen Vorschriften die Vertragserfüllung oder Schadenersatz zu verlangen, wenn ihm der Gebrauch der gemieteten Sache nicht überlassen oder er darin gestört wurde.

Kündigung wegen Nichtüberlassung des Gebrauchs

585. In jedem Falle, in dem dem Mieter der vereinbarte Gebrauch ganz oder zum Teil nicht rechtzeitig und ungestört gewährt oder der gewährte Gebrauch später entzogen wird, ist der Mieter berechtigt, dem Vermieter eine angemessene Frist zur Verschaffung des Gebrauchs zu bestimmen und nach erfolglosem Ablauf dieser Frist das Mietverhältnis zu kündigen. Der Mieter ist auch zur fristlosen Kündigung berechtigt, wenn er an der Erfüllung des Vertrags infolge des die Kündigung rechtfertigenden Umstandes kein Interesse hat.

586. Ein Recht, das Mietverhältnis wegen Sach- oder Rechtsmängeln oder wegen Fehlens einer zugesicherten Eigenschaft zu kündigen, steht dem Mieter in den Fällen nicht zu, in denen der Vermieter für diese nicht haftet.

Wirkung der Kündigung

587. Durch die Kündigung wird das Mietverhältnis für die Zukunft aufgehoben; der etwa für die Zeit nach der Kündigung vorausbezahlte Mietzins ist zurückzuerstatten. Der Kündigungsberechtigte ist nicht zum Schadenersatz wegen der Kündigung verpflichtet.

Gesundheitsgefährdung des Mieters

588. Führt bei der Miete einer Wohnung der Gebrauch der gemieteten Sache eine erhebliche Gefährdung der Gesundheit des Mieters oder der mit ihm zusammenwohnenden Angehörigen herbei, so ist der Mieter berechtigt, das Mietverhältnis ohne Einhaltung einer Kündigungsfrist zu kündigen, auch wenn er beim Abschluß des Mietvertrags oder bei der Überlassung der gemieteten Sache die gefährlichen Zustände gekannt oder auf die ihm deswegen zustehenden Rechte verzichtet hat.

Verpflichtung des Mieters zur Anzeige

589. Der Mieter ist dem Vermieter zum Schadenersatz verpflichtet, wenn er unterlassen hat, ihm über Mängel der gemieteten Sache, welche im Laufe der Miete entstanden sind, oder über Rechte, die sich ein Dritter an der Sache anmaßt, rechtzeitig Anzeige zu machen.

Lasten und Steuern der vermieteten Sache

590. Die auf der vermieteten Sache ruhenden Lasten und Steuern hat der Vermieter zu tragen.

Verwendungen

591. Die auf die gemietete Sache vom Mieter gemachten notwendigen Verwendungen werden ihm vom Vermieter ersetzt.

Nützliche Verwendungen werden nach den Vorschriften über Besorgung fremder Angelegenheiten ersetzt. Der Mieter ist zur

Wegnahme der Einrichtungen berechtigt, mit denen er die vermietete Sache versehen hat.

Verschlechterungen oder Veränderungen

592. Der Mieter haftet nicht für Verschlechterungen oder Veränderungen, die durch den vereinbarten Gebrauch herbeigeführt werden.

Untervermietungsrecht

593. Der Mieter ist berechtigt, sofern nicht das Gegenteil vereinbart wurde, den Gebrauch der gemieteten Sache einem anderen zu überlassen, insbesondere die gemietete Sache weiter zu vermieten; er haftet aber dem Vermieter gegenüber für das Verschulden des Dritten. Die bloße Zustimmung des Vermieters zur weiteren Vermietung oder zur Überlassung des Gebrauchs befreit den Mieter nicht von dieser Haftung.

Vertragswidriger Gebrauch der gemieteten Sache

594. Der Vermieter ist zur sofortigen Kündigung berechtigt und kann außerdem Schadenersatz verlangen, wenn der Mieter trotz des Widerspruches des Vermieters die gemietete Sache nicht sorgfältig und vereinbarungsgemäß benutzt oder auf die anderen Mieter nicht Rücksicht nimmt.

Mietzinsentrichtung

595. Der Mietzins ist zu der vereinbarten oder üblichen Zeit zu entrichten. In Ermangelung einer Vereinbarung oder eines Brauchs ist der Mietzins am Ende der Mietzeit und, wenn vereinbart wurde, daß die Entrichtung des Mietzinses nach kürzeren Zeitabschnitten erfolgen soll, nach dem Ablaufe der einzelnen Zeitabschnitte zu zahlen.

596. Der Mieter wird von der Entrichtung des Mietzinses nicht befreit, wenn er aus Gründen, die in seiner Person liegen, an dem Gebrauch der vermieteten Sache verhindert wird. Er ist aber berechtigt, alle Vorteile, die der Vermieter aus einer anderweitigen Verwendung der vermieteten Sache gezogen hat, von dem Mietzins abzuziehen.

597. Bleibt der Mieter mit dem Mietzins im ganzen oder zum Teil im Rückstand, so ist der Vermieter berechtigt, das Mietverhältnis bei Mietverträgen von über Jahresdauer unter Einhaltung einer Kündigungsfrist von mindestens einem Monat und bei anderen Mietverhältnissen von zehn Tagen zu kündigen. Ein Anspruch des Vermieters auf Schadenersatz wegen vorzeitiger Lösung des Mietverhältnisses ist nicht ausgeschlossen.

Die Kündigung bleibt wirkungslos, wenn der Mieter vor dem Ablauf dieser Frist den rückständigen Mietzins mit den etwaigen Kosten der Kündigung bezahlt.

598. Jede Vereinbarung, durch welche die Fristen des vorangehenden Artikels abgekürzt werden oder durch die der Verzug des Mieters hinsichtlich der Bezahlung des Mietzinses die unmittelbare Lösung des Mietverhältnisses zur Folge haben soll oder ein solches Recht dem Vermieter eingeräumt wird, ist nichtig.

Rückgabe der Mietsache

599. Der Mieter ist verpflichtet, die gemietete Sache nach der Beendigung des Mietverhältnisses in dem Zustand zurückzugeben, in dem er sie empfangen hat.

Bei der Untermiete oder der Überlassung des Gebrauches der gemieteten Sache an einen Dritten kann der Vermieter nach der Beendigung des Mietverhältnisses die vermietete Sache auch von dem Untermieter oder von dem Dritten, dem der Gebrauch überlassen wurde, zurückfordern.

600. Ist die vermietete Sache versichert und wegen Brandes untergegangen oder beschädigt, so haftet der Mieter, sofern der Vermieter vom Versicherer entschädigt werden kann oder entschädigt wurde, dem Vermieter und dem Versicherer gegenüber nur, wenn diese beweisen können, daß der Brand aus seinem Verschulden entstanden ist.

601. Der Mieter hat für die Dauer der Zeit, in der er nach der Beendigung des Mietverhältnisses die gemietete Sache vorenthält, den vereinbarten Mietzins als Entschädigung an den Vermieter zu entrichten, der auch Ersatz für jeden anderen Schaden verlangen kann.

Verjährung

602. Die Ersatzansprüche des Vermieters wegen Veränderungen oder Verschlechterungen der vermieteten Sache verjähren in sechs Monaten, nachdem er die vermietete Sache zurückerhalten hat. Sie verjähren in jedem Falle mit der Verjährung des Anspruches des Vermieters auf Rückgabe der Sache.

603. Die Ansprüche des Mieters wegen Verwendungen verjähren sechs Monate nach der Beendigung des Mietverhältnisses.

Pfandrecht an den eingebrachten Sachen

604. Der Vermieter eines Grundstücks hat für rückständigen Mietzins ein gesetzliches Pfandrecht an den eingebrachten Sachen des Mieters oder des mit ihm zusammenwohnenden Ehegatten und der Kinder, sofern die Sachen nicht unpfändbar sind.

Das Pfandrecht erstreckt sich auch auf die vom Untermieter oder von dem mit ihm zusammenwohnenden Ehegatten und den Kindern eingebrachten Sachen, aber nur bis zur Höhe der von ihm dem Untervermieter geschuldeten Mietzinsen.

Das Pfandrecht sichert den rückständigen Mietzins für die zwei letzten Jahre vor der Pfändung der Sachen.

605. Rechte Dritter an den eingebrachten Sachen werden durch das gesetzliche Pfandrecht des Vermieters nicht beeinträchtigt, auch wenn dieser gutgläubig annahm, daß sie dem Mieter gehören.

606. Sind die eingebrachten Sachen vom Grundstück entfernt und anderweitig untergebracht, so besteht das gesetzliche Pfandrecht des Vermieters nur, wenn er innerhalb eines Monats, seitdem er von der Entfernung Kenntnis erhalten hat, auf Grund einer Entscheidung des Präsidenten des Landgerichts die Übergabe der Sachen nach erfolgter Pfändung an sich selbst oder an einen Sequester zum Zwecke der Aufbewahrung bis zur Versteigerung erreicht hat.

607. Der Mieter ist berechtigt, vom gesetzlichen Pfandrecht alle oder einige der eingebrachten Sachen durch Sicherheitsleistung zu befreien, die dem Werte der Sachen, welche befreit werden, zu entsprechen hat.

Beendigung eines Mietverhältnisses

608. Ein Mietverhältnis, welches für eine bestimmte Zeit eingegangen wurde, endigt ohne weiteres mit dem Ablauf dieser Zeit.

Ein Mietverhältnis von unbestimmter Dauer endigt durch Kündigung eines jeden der Vertragschließenden.

Beendigung bei unbestimmter Dauer

609. Bei einem Mietverhältnis von unbestimmter Dauer erfolgt die im vorigen Artikel bestimmte Kündigung, sofern nicht ein anderes vereinbart wurde:

wenn der Mietzins bei beweglichen oder unbeweglichen Sachen nach Tagen bemessen ist, unter Einhaltung einer Kündigungsfrist von mindestens einem Tage;

wenn der Mietzins bei beweglichen Sachen nach Wochen oder längeren Zeitabschnitten bemessen ist, unter Einhaltung einer Kündigungsfrist von mindestens drei Tagen;

wenn der Mietzins bei einem Grundstück nach Wochen bemessen ist, unter Einhaltung einer Kündigungsfrist von mindestens fünf Tagen; sie gilt für den Schluß der Woche;

wenn der Mietzins bei einem Grundstück nach Monaten bemessen ist unter Einhaltung einer Kündigungsfrist von mindestens fünfzehn Tagen; sie gilt für den Schluß des Kalendermonats;

wenn der Mietzins bei einem Grundstück nach Zeitabschnitten, die länger als ein Monat sind, bemessen ist, unter Einhaltung einer Kündigungsfrist von mindestens drei Monaten; sie gilt für den Schluß des Monats März oder Juni oder September oder Dezember jedes Jahres.

610. Wird ein Mietvertrag für eine längere Zeit als dreißig Jahre oder auf Lebenszeit des Vermieters oder des Mieters geschlossen, so kann nach Ablauf von dreißig Jahren Lösung des Vertrages durch Kündigung eines jeden Teils nach den Vorschriften über Miete von unbestimmter Dauer erfolgen.

Stillschweigende Verlängerung

611. Wird ein Mietvertrag auf bestimmte Zeit geschlossen, so gilt er als auf unbestimmte Zeit verlängert, wenn nach dem Ablauf der vereinbarten Zeit der Mieter den Gebrauch der Sache mit Kenntnis und ohne entgegenstehenden Willen des Vermieters fortsetzt.

Tod des Mieters

612. Stirbt der Mieter, so sind die Erben berechtigt, das Mietverhältnis zu kündigen. Die Kündigung erfolgt unter Einhaltung einer Kündigungsfrist von mindestens drei Monaten und gilt für den Schluß eines Kalendermonats.

Mietverhältnisse von Beamten

613. Beamte, die nach einem anderen Orte versetzt werden, können von der Versetzung ab das Mietverhältnis nach den Vorschriften über Miete von unbestimmter Zeit kündigen.

Veräußerung der vermieteten Sache

614. Bei einem Mietvertrag über ein Grundstück, der durch eine mit sicherem Datum versehene Urkunde bewiesen werden kann, tritt, wenn der Vermieter während der Dauer des Mietverhältnisses das Eigentum an der vermieteten Sache einem Dritten überträgt oder die vermietete Sache mit einem dinglichen Rechte belastet, welches den Mieter vom Gebrauch ausschließt, der neue Erwerber in die Rechte und Pflichten aus dem Mietverhältnisse ein, es sei denn, daß in der Mietvertragsurkunde eine gegenteilige Vereinbarung getroffen wurde. Schließt das dem Dritten vom Vermieter übertragene dingliche Recht dem Mieter den Gebrauch der vermieteten Sache nicht aus, so ist der Dritte verpflichtet, den Gebrauch nicht zu hindern.

615. Bei einem Mietvertrag über ein Grundstück, welcher nicht durch eine mit sicherem Datum versehene Urkunde bewiesen werden kann, oder die Bedingung enthält, daß im Falle der Veräußerung der vermieteten Sache oder der Belastung mit einem dinglichen Rechte, das den Mieter vom Gebrauch ausschließt, der neue Erwerber zur Entfernung des Mieters berechtigt sein soll, kann der neue Erwerber das Mietverhältnis, wenn es bis zu einem Jahre dauern sollte, mit einer Frist von einem Monat, und wenn es über ein Jahr dauern sollte, mit einer Frist von zwei Monaten kündigen.

Im Falle der Kündigung durch den neuen Erwerber bleiben die Rechte des Mieters gegen den Vermieter zum Schadenersatz unbeschadet bestehen.

616. Vorschüsse auf Mietzinsen, welche dem Vermieter gemacht wurden, der die vermietete Sache veräußert hat, oder Abtretungen von Mietzinsen, die er vorgenommen hat, sowie Pfändungen von Mietzinsen, die von seinen Gläubigern vorgenommen wurden, sind dem neuen Erwerber gegenüber für Mietzinsen über drei Monate hinaus unwirksam, welche von dem Zeitpunkt an beginnen, in dem dieser dem Mieter die Veräußerung bekanntgemacht hat.

617. Ist das vermietete Grundstück mit einer Hypothek belastet, so sind Vorschüsse auf Mietzinsen an seinen Eigentümer, Abtretungen von Mietzinsen, die er gemacht hat, sowie Pfändungen von Mietzinsen, welche die Gläubiger des Eigentümers vorgenommen haben, den Gläubigern gegenüber, zu deren Gunsten die Hypothek bestellt wurde, für Mietzinsen über drei Monate seit der Pfändung des vermieteten Grundstücks hinaus unwirksam.

Ins Transkriptionsbuch einzutragende Mietverhältnisse

618. Der Mietvertrag über ein Grundstück für eine längere Zeitdauer als neun Jahre gilt dem neuen Erwerber gegenüber nur, wenn er notariell beurkundet und die notarielle Urkunde in das Transkriptionsbuch eingetragen wurde.

Sechzehntes Kapitel

Pacht eines landwirtschaftlichen Grundstücks oder eines anderen ertragbringenden Gegenstandes

619. Durch den Pachtvertrag über ein landwirtschaftliches Grundstück wird der Verpächter verpflichtet, dem Pächter gegen Pachtzins den Gebrauch und den nach den Bedingungen einer ordnungsmäßigen Bewirtschaftung zu erwartenden Genuß der Früchte der verpachteten Sache zu gewähren. *Pacht eines Landgutes*

620. Auf die Pacht eines landwirtschaftlichen Grundstücks finden die Vorschriften über Miete einer Sache, sofern in den Art. 621 bis 637 nicht ein anderes bestimmt ist, entsprechende Anwendung.

621. Der Pächter hat, sofern sich aus dem Vertrag oder dem örtlichen Brauch nicht ein anderes ergibt, die Kosten der für den ordnungsmäßigen Gebrauch und den Genuß der Früchte erforderlichen Ausbesserungen zu tragen, sowie diejenigen, welche zur Erhaltung der Wohngebäude, Wirtschaftsgebäude, der Wege, Gräben und Einfriedigungen erforderlich sind. Er trägt auch die Kosten der ordnungsmäßigen Bewirtschaftung und vor allem der Bebauung. *Verpflichtungen des Pächters*

622. Außerordentliche Ausbesserungen sind vom Verpächter ebenso zu vergüten, wie die auf die verpachtete Sache vorgenommenen Verbesserungen, wenn sie ihre Ertragsfähigkeit erhöht haben. Der Pächter ist zur Wegnahme der Einrichtungen berechtigt, mit denen er die verpachtete Sache versehen hat. *Verpflichtungen des Verpächters*

623. Der Pächter ist verpflichtet, die verpachtete Sache mit Sorgfalt und gemäß ihrer Bestimmung zu bewirtschaften, insbesondere die verpachtete Sache in gutem Zustand zu erhalten, so daß sie ertragsfähig ist.

Der Pächter ist nicht berechtigt, ohne die Zustimmung des Verpächters die bestehende Art der Bewirtschaftung so zu ändern, daß sie über die Pachtzeit hinaus wesentlich beeinflußt wird.

624. Der Pächter kann, sofern sich aus dem Vertrag oder dem Ortsbrauch nicht ein anderes ergibt, nicht ohne die Zustimmung des Verpächters einem anderen den Gebrauch der verpachteten Sache überlassen, insbesondere kann er die verpachtete Sache nicht weiter verpachten. *Unterpacht*

625. Der Pachtzins ist in Ermangelung einer Vereinbarung oder eines Ortsbrauches am Schluß des Pachtjahres zu entrichten. *Entrichtung des Pachtzinses*

626. Das gesetzliche Pfandrecht des Verpächters eines landwirtschaftlichen Grundstücks zur Sicherung des Pachtzinses erstreckt sich auch auf die Früchte der verpachteten Sache, sofern sie nicht zu den unpfändbaren Sachen gehören. *Gesetzliches Pfandrecht des Verpächters*

Minderung des Pachtzinses

627. Der Pächter ist zu einer entsprechenden Minderung des Pachtzinses berechtigt, wenn aus Gründen höherer Gewalt der Ertrag der verpachteten Sache vor oder nach der Ernte eine wesentliche Minderung erlitten hat. Jeder Verzicht des Pächters auf dieses Recht von vornherein ist nichtig.

Eine Minderung des Pachtzinses ist nicht zulässig, sofern der Schaden aus der Ertragsminderung anderweitig gedeckt wurde, insbesondere aus einem Versicherungsvertrag.

Kündigung wegen Rückstandes mit dem Pachtzins

628. Bei Rückstand mit dem Pachtzins eines landwirtschaftlichen Grundstücks beträgt die Kündigungsfrist des Art. 597 zwei Monate.

Die Kündigung im Falle des Art. 613 gilt nicht bei einem landwirtschaftlichen Grundstück.

Rückgabe der verpachteten Sache

629. Nach der Beendigung der Pacht ist der Pächter verpflichtet, die verpachtete Sache nebst den zu ihrem Inventar gehörenden Sachen, insbesondere Werkzeug, Vieh, Dünger, in dem Zustand zurückzugeben, in dem sie sich bei einer ordnungsmäßigen Bewirtschaftung während der Pachtzeit befinden würde.

630. Hat der Pächter die zum Inventar der verpachteten Sache gehörenden Sachen zum Schätzungswerte übernommen, so ist er verpflichtet, nach der Beendigung der Pacht ein Inventar von derselben Beschaffenheit und von demselben Wert zurückzugeben oder die Minderung des Wertes zu ersetzen.

Der Pächter hat den Schaden oder die Minderung des Wertes nicht zu ersetzen, wenn er beweisen kann, daß die Sachen durch Verschulden des Verpächters oder infolge höherer Gewalt verlorengegangen oder untergegangen oder verschlechtert sind.

Dem Pächter gebührt der Mehrwert, soweit er ausschließlich auf seine Aufwendungen und seine Arbeit zurückzuführen ist.

631. Wurde während eines Pachtjahres das Pachtverhältnis gelöst, so hat der Pächter kein Recht auf die zur Zeit der Lösung noch nicht geernteten Früchte. Er ist aber berechtigt, für die zu ihrer Gewinnung gemachten Aufwendungen insoweit Ersatz zu verlangen, als sie den Wert der Früchte nicht übersteigen.

Tod des Pächters

632. Ist der Pächter gestorben, so sind die Erben berechtigt, das Pachtverhältnis mit einer Frist von mindestens sechs Monaten für das Ende der landwirtschaftlichen Ertragsperiode der verpachteten Sache zu kündigen. Das gleiche Recht hat auch der Verpächter, wenn die Erben nicht die Gewähr für eine angemessene Bewirtschaftung bieten.

Stillschweigende Verlängerung

633. Wird die Pacht für eine bestimmte Zeit abgeschlossen, so gilt sie als für ein Jahr nach dem vereinbarten Ende der Pacht verlängert, wenn nicht mindestens sechs Monate vor diesem Ende eine Kündigung von einem der beiden Teile erfolgte.

634. Die Dauer der Pacht kann nicht für kürzere Zeit als vier Jahre vereinbart werden. Wurde sie kürzer bestimmt, so gilt sie für vier Jahre. *Mindestmaß der Dauer*

635. Wurde die Dauer der Pacht nicht bestimmt, so endigt die Pacht nach Ablauf von vier Jahren jederzeit durch Kündigung eines der Vertragschließenden, welche mindestens sechs Monate vorher zu erfolgen hat und für den Schluß der landwirtschaftlichen Ertragsperiode der verpachteten Sache gilt.

636. Der Pächter ist bei der Beendigung der Pacht verpflichtet, von den Erzeugnissen des Grundstückes, insbesondere von Samen, Heu und Dünger, so viel zurückzulassen, als zur ordnungsmäßigen Fortführung der Wirtschaft des Grundstückes bis zur neuen Ernte erforderlich ist. Soweit aber der Pächter bei seinem Antritt auf dem Grundstück solche landwirtschaftlichen Erzeugnisse nicht übernommen hat, hat er für die zurückgelassenen einen Anspruch auf Entschädigung gegen den Verpächter. *Erzeugnisse der verpachteten Sache bei Beendigung der Pacht*

637. Im Falle des Art. 615 beträgt die Kündigungsfrist mindestens sechs Monate und erfolgt für den Schluß der landwirtschaftlichen Ertragsperiode der verpachteten Sache.

638. Die Vorschriften über die Pacht eines landwirtschaftlichen Grundstückes finden, mit Ausnahme der Art. 632 bis 637, auch auf Mietverhältnisse entsprechende Anwendung, bei denen gegen Entgelt der Gebrauch einer anderen Sache oder eines Rechts und ein aus diesen nach den Regeln einer ordnungsgemäßen Bewirtschaftung anfallender Fruchtgenuß überlassen wird. *Pacht anderer ertragbringender Gegenstände*

639. Bei einer Pacht von Vieh, das nicht in der Verpachtung eines landwirtschaftlichen Grundstücks inbegriffen ist, gehören, sofern aus dem Vertrag oder aus dem Ortsbrauch sich nicht ein anderes ergibt, die Wolle und die Jungtiere beiden Teilen je zur Hälfte und die übrigen Nutzungen dem Pächter. Die Futterkosten trägt der Pächter. *Viehpacht*

640. Bei einer Viehpacht fällt, sofern sich aus dem Vertrag oder aus dem Ortsbrauch nicht ein anderes ergibt, der zufällige Abgang aller Tiere dem Verpächter zur Last. Der Abgang nur eines Teils der Tiere wird aus den Jungen der nachfolgenden Jahre ersetzt.

Im übrigen finden auf die Viehpacht die allgemeinen Vorschriften über Miete einer Sache entsprechende Anwendung.

Siebzehntes Kapitel

Teilpacht

641. Bei dem Pachtvertrag über ein landwirtschaftliches Grundstück kann als Pachtzins eine Quote der Früchte vereinbart werden (Teilpacht), die nach dem Ortsbrauch zu bemessen ist, wenn nicht ein anderes bestimmt wurde. *Begriff*

Auf die Teilpacht finden alle Vorschriften über Pacht eines landwirtschaftlichen Grundstückes entsprechende Anwendung, sofern in den Art. 642 bis 647 nicht ein anderes bestimmt ist.

Bewirtschaftung der verpachteten Sache

642. Der Verpächter hat die allgemeine Leitung der Bewirtschaftung der verpachteten Sache und die Aufsicht über die darauf gerichteten Arbeiten nach den Vertragsbedingungen und nach dem Ortsbrauch.

Früchteverteilung

643. Die Verteilung der Früchte aus der verpachteten Sache erfolgt zwischen dem Verpächter und dem Teilpächter zu gleichen Teilen, sofern sich aus dem Vertrag oder aus dem Ortsbrauch nicht ein anderes ergibt.

644. Der Teilpächter hat jeweils vor Beginn der Ernte der Früchte den Verpächter zu benachrichtigen.

Lasten und Steuern der verpachteten Sache

645. Die Lasten und Steuern der verpachteten Sache fallen, sofern sich aus dem Vertrag oder aus dem Ortsbrauch nicht ein anderes ergibt, entsprechend ihrem Anteil an den Früchten beiden Teilen zur Last. Das gleiche gilt für die außerordentlichen Ausbesserungen sowie die Kosten des Samens, des Düngers und der Schädlingsbekämpfung oder die Kosten für die zur Erhöhung der Fruchtbarkeit des Bodens nützlichen Stoffe.

Teilpacht für die Dauer des ganzen Lebens des Pächters

646. Wurde die Teilpacht auf Lebenszeit des Teilpächters oder für eine Zeitdauer von mehr als zehn Jahren vereinbart, so ist der Teilpächter nach Ablauf der zehn Jahre berechtigt, die Teilpacht mit mindestens einjähriger Frist und für den Schluß der landwirtschaftlichen Ertragsperiode der verpachteten Sache zu kündigen. Eine gegenteilige Vereinbarung ist unwirksam.

Unfähigkeit des Teilpächters zum Bebauen

647. Der Verpächter ist berechtigt, den Vertrag unter Einhaltung einer Frist von sechs Monaten und für den Schluß der landwirtschaftlichen Ertragsperiode der verpachteten Sache zu kündigen, wenn der Teilpächter wegen einer dauernden Krankheit zum Bebauen des Grundstückes unfähig wurde und die Mitglieder seiner Familie ihn darin nicht ersetzen können.

Achtzehntes Kapitel

Dienstvertrag

Begriff

648. Durch den Dienstvertrag verpflichtet sich jemand, seine Dienste auf bestimmte oder unbestimmte Zeit dem Dienstberechtigten zur Verfügung zu stellen; dieser wird verpflichtet, die vereinbarte Vergütung zu gewähren.

Ein Dienstvertrag liegt auch dann vor, wenn die Vergütung nach der Einheit der geleisteten Arbeit oder auf einmal bemessen wird, sofern der Dienstverpflichtete auf eine bestimmte oder unbestimmte Zeit angestellt oder beschäftigt wird.

649. Eine Vergütung gilt als stillschweigend vereinbart, wenn die Dienstleistung den gewöhnlichen Umständen nach nur gegen eine Vergütung zu erwarten ist.

650. Wenn jemand von der Behörde bestellt wurde oder sich öffentlich zur Besorgung von Angelegenheiten erboten hat oder gewerbsmäßig Angelegenheiten besorgt, so wird sein Einverständnis mit dem Antrag auf Übernahme solcher Dienste unterstellt, wenn er ihn nicht unverzüglich zurückweist.

Persönliche Natur des Verhältnisses

651. Ergibt sich aus der Vereinbarung oder aus den Umständen nicht ein anderes, so hat der Dienstverpflichtete seine Verpflichtung in Person zu erfüllen; der Anspruch des Dienstberechtigten auf die Dienste ist im Zweifel nicht übertragbar.

Verpflichtungen des Dienstverpflichteten

652. Der Dienstverpflichtete hat die übernommenen Dienste mit Sorgfalt auszuführen und haftet für den aus Vorsatz oder Fahrlässigkeit dem Dienstberechtigten verursachten Schaden.

Der Grad der Sorgfalt, für die der Dienstverpflichtete haftet, wird aus dem Vertrag mit Rücksicht auf die Bildung oder auf die für die Dienstleistung erforderlichen besonderen Kenntnisse sowie auf die Fähigkeiten und Eigenschaften des Dienstverpflichteten beurteilt, die der Dienstberechtigte kannte oder kennen mußte.

Verpflichtungen des Dienstberechtigten

653. Der Dienstberechtigte ist verpflichtet, die vereinbarte oder übliche Vergütung zu gewähren.

654. Besteht die Vergütung ganz oder zum Teil in einem Gewinnanteil, so ist der Dienstberechtigte verpflichtet, dem Dienstverpflichteten oder statt dessen einer von den Parteien oder vom Gericht ausgewählten Person die notwendigen Auskünfte über Gewinn und Verlust zu erteilen; soweit es nötig ist, hat er auch Einsicht in die Buchführung zu gestatten.

Zeit der Lohnentrichtung

655. Die Vergütung ist, sofern nicht das Gegenteil vereinbart wurde oder ein gegenseitiger Brauch besteht, nach der Leistung der Dienste, und wenn sie nach bestimmten Zeitabschnitten während der Geltungsdauer des Vertrages bemessen wird, nach dem Ablauf der einzelnen Zeitabschnitte zu entrichten. In jedem Falle wird die bis zur Beendigung des Vertrages vereinbarte Vergütung mit der Beendigung fällig.

Wird bei einer Dienstleistung die Vergütung nach der Einheit der geleisteten Arbeit oder auf einmal bemessen, so ist der Dienstverpflichtete berechtigt, die Vorschüsse zu fordern, die sich aus den Umständen je nach der geleisteten Arbeit und seinen etwaigen Aufwendungen rechtfertigen.

Verzug des Dienstberechtigten

656. Kommt der Dienstberechtigte mit der Annahme der Dienste in Verzug oder ist die Annahme der Dienste aus Gründen, die ihn betreffen und nicht einer höheren Gewalt zuzuschreiben sind, unmöglich, so ist der Dienstverpflichtete berechtigt, die Vergütung zu verlangen, ohne verpflichtet zu sein, die Dienste in einer anderen Zeit zu leisten. Der Dienstberechtigte ist jedoch berechtigt, von der Vergütung alle Vorteile abzuziehen, die der Dienstverpflichtete infolge des Unterbleibens der Dienstleistung oder der anderweitigen Verwendung seiner Dienste gezogen hat.

Gründe, die den Dienstverpflichteten verhindert haben

657. Der Dienstverpflichtete behält seinen Anspruch auf die Vergütung, wenn er nach mindestens zehntägiger Dienstleistung aus einem wichtigen Grunde, den er nicht zu vertreten hat, an der Dienstleistung verhindert wird.

Der Dienstberechtigte ist berechtigt, Beträge, die dem Dienstverpflichteten wegen der Verhinderung auf Grund einer gesetzlichen Pflichtversicherung entrichtet wurden, von der Vergütung abzuziehen.

658. Die Zeit, für die auf Grund des vorigen Artikels der Anspruch auf Vergütung beim Bestehen eines Hindernisses aufrecht erhalten bleibt, kann nicht mehr betragen als einen Monat, wenn das Hindernis mindestens ein Jahr nach dem Entstehen des Vertrages eingetreten ist, und in jedem anderen Falle nicht mehr als die Hälfte eines Monats. Der Anspruch für diesen Zeitabschnitt besteht, auch wenn der Dienstberechtigte, sofern ihn das Hindernis dazu berechtigt, das Dienstverhältnis gekündigt hat.

Mehr Arbeit als die vereinbarte

659. Ist es nötig, daß mehr Arbeit als die vereinbarte oder die gewöhnlich zu leistende geleistet wird, so ist der Dienstverpflichtete dazu verpflichtet, wenn er imstande ist, sie zu leisten, und seine Verweigerung gegen Treu und Glauben verstoßen würde.

Der Dienstverpflichtete ist berechtigt, für diese Mehrarbeit eine Zusatzvergütung zu fordern, die je nach der vereinbarten Vergütung und den besonderen Umständen bemessen wird.

Erkrankung des Dienstverpflichteten

660. Der Dienstberechtigte ist verpflichtet, im Falle der Erkrankung des in seine häusliche Gemeinschaft aufgenommenen und bei ihm verpflegten Dienstverpflichteten diesem während der Dauer des Vertrages zu Hause oder auch in einem Krankenhaus Verpflegung und ärztliche Behandlung zu gewähren, und zwar bis zu einem Monat, wenn die Erkrankung mindestens ein Jahr nach dem Beginn des Vertrages, und bis zu zehn Tagen, wenn die Erkrankung drei Monate nach seinem Beginn erfolgte. Der Dienstberechtigte ist berechtigt, die Kosten auf die für die Zeit der Erkrankung geschuldete Vergütung anzurechnen.

Die Verpflichtung des Dienstberechtigten tritt nicht ein, wenn die Erkrankung auf Vorsatz oder grober Fahrlässigkeit des Dienstverpflichteten beruht; sie endet mit dem Zeitpunkt, in dem der Dienstverpflichtete in einem Krankenhaus auf Grund eines Rechtes aus einer Pflichtversicherung gegen Erkrankung untergebracht wurde.

661. Der Dienstberechtigte hat die im vorangehenden Artikel bezeichneten Verpflichtungen auch dann, wenn er auf Grund seiner auf der Erkrankung beruhenden Berechtigung den Vertrag gekündigt hat.

662. Der Dienstberechtigte hat die Arbeitsverhältnisse sowie die Arbeits- und Aufenthaltsräume, die Vorrichtungen, Gerätschaften und Werkzeuge so einzurichten, daß das Leben und die Gesundheit des Dienstverpflichteten geschützt wird. *Sicherheit und hygienische Einrichtung der Arbeitsräume*

663. Ist der Dienstverpflichtete in die häusliche Gemeinschaft des Dienstberechtigten aufgenommen und wird er verpflegt, so hat dieser in Ansehung des Wohn- und Schlafraums, der Verpflegung, Arbeits- und Erholungszeit diejenigen Einrichtungen und Anordnungen zu treffen, welche die Gesundheit und die Sittlichkeit sowie die Erfüllung der religiösen und politischen Pflichten des Dienstverpflichteten gewährleisten.

664. Der Dienstberechtigte kann nicht eine eigene Forderung gegen den Dienstverpflichteten zur Aufrechnung der geschuldeten Vergütung verwenden, sofern diese Vergütung für den Unterhalt des Dienstverpflichteten und seiner Familie unbedingt notwendig ist. *Aufrechnung oder Lohnabzüge*

Dieses Verbot gilt nicht für die Aufrechnung der Forderung, die dem Dienstberechtigten wegen eines Schadens zusteht, den der Dienstverpflichtete arglistig bei der Ausführung des Dienstvertrags verursacht hat.

Die Vergütung ist auch unpfändbar, soweit sie nicht der Aufrechnung unterliegt.

665. Vereinbarte Abzüge von der Vergütung gelten, wenn nicht anders vereinbart wurde, als zur Deckung eines etwaigen Schadens des Dienstberechtigten gemacht. Solche Abzüge sind nur nach Maßgabe des vorangehenden Artikels gültig und werden von dem Zeitpunkt an verzinst, in dem sie gemacht wurden.

666. Der Dienstberechtigte, der ganz oder wesentlich die Arbeitskraft des Dienstverpflichteten in Anspruch nimmt, ist verpflichtet, ihm jedes Jahr Urlaub von mindestens zehn aufeinanderfolgenden Tagen zu gewähren, wenn das Vertragsverhältnis ununterbrochen schon seit einem Jahre besteht, von fünfzehn Tagen, wenn das Vertragsverhältnis seit fünf Jahren besteht, und von zwanzig Tagen, wenn das Vertragsverhältnis seit fünfzehn Jahren besteht. *Urlaubsgewährung*

Während des Urlaubs ist der Dienstverpflichtete berechtigt, die Vergütung zu fordern.

667. Der Urlaub nach Maßgabe des vorangehenden Artikels wird in der Zeit gewährt, die auf Grund der Arbeitsbedingungen am günstigsten ist. Zu der Urlaubszeit wird nicht die Zeit gerechnet, in der der Dienstverpflichtete, der zu arbeiten verhindert war, einen Anspruch auf die Vergütung hat.

Der Dienstberechtigte ist nicht verpflichtet, von dem Zeitpunkt an, in dem der Dienstverpflichtete den Vertrag gekündigt hat, Urlaub zu gewähren.

Recht auf Erfindungen

668. Erfindungen, welche vom Dienstverpflichteten bei der Ausführung der Arbeit gemacht wurden, stehen ihm zu, es sei denn, daß sie die ihm übertragene Arbeit darstellen oder daß sich der Dienstberechtigte das Recht auf die Erfindungen vorbehalten hat. Im Falle eines solchen Vorbehalts des Dienstberechtigten ist der Dienstverpflichtete berechtigt, eine besondere, angemessene Vergütung zu verlangen.

Beendigung des Vertrages

669. Der Dienstvertrag endigt von selbst mit dem Ablauf der Zeit, für die er vereinbart wurde.

Ein Dienstvertrag, dessen Dauer weder bestimmt wurde noch aus der Beschaffenheit oder dem Zweck der Dienstleistung zu entnehmen ist, wird nach vorheriger Kündigung gelöst, zu der jeder Teil berechtigt ist. Die Kündigung hat, sofern im Gesetz oder im Vertrag nichts anderes bestimmt ist, mit fünfzehntägiger Frist zu erfolgen und führt mit dem Ablauf dieser Frist zur Lösung des Vertrags. Eine kürzere als die gesetzliche Frist kann zugunsten des Dienstberechtigten nicht vereinbart werden.

670. Ein Dienstvertrag, der auf Lebenszeit einer Person oder für längere Zeit als fünf Jahre abgeschlossen wird, kann nach Ablauf von fünf Jahren vom Dienstverpflichteten jederzeit unter Einhaltung einer sechsmonatigen Frist gekündigt werden.

Stillschweigende Verlängerung

671. Ein für bestimmte Zeit vereinbarter Dienstvertrag gilt als auf unbestimmte Zeit verlängert, wenn nach Ablauf der Vertragszeit der Dienstverpflichtete ohne Widerspruch des Dienstberechtigten die Arbeit fortsetzt.

Kündigung aus wichtigem Grunde

672. Jeder Teil ist berechtigt, den Vertrag in jedem Falle aus einem wichtigen Grunde zu jeder Zeit ohne Einhaltung einer Frist zu kündigen. Durch Vereinbarung kann dieses Recht nicht ausgeschlossen werden.

673. Besteht der wichtige Grund, der zur Kündigung des Vertrages führte, in einer Verletzung des Vertrages oder hängt er mit einer Vertragsverletzung zusammen, so ist der Verletzende zum Schadenersatz verpflichtet.

674. Ist der wichtige Grund, aus dem die Kündigung von seiten des Dienstberechtigten erfolgte, auf eine Änderung zurückzuführen, die in seinen persönlichen oder Vermögensverhältnissen eingetreten ist, so kann das Gericht nach seinem Ermessen dem Dienstverpflichteten eine angemessene Entschädigung zubilligen.

Tod des einen Teils

675. Durch den Tod des Dienstverpflichteten wird der Dienstvertrag gelöst.

Durch den Tod des Dienstberechtigten wird der Vertrag nur gelöst, wenn die Parteien ihn hauptsächlich auf seine Person abgestellt hatten. In diesem Falle kann das Gericht nach seinem Ermessen dem Dienstverpflichteten eine angemessene Entschädigung zubilligen.

676. Ein Vertrag über Vertrauensdienste höherer Art, bei dem der Dienstverpflichtete nicht in einem Dauerverhältnis mit einer festen Vergütung steht, kann vom Dienstberechtigten auch ohne wichtigen Grund gekündigt werden. Das gleiche Recht hat auch der Dienstverpflichtete; im Falle unzeitiger Kündigung aber ist er zum Schadenersatz verpflichtet. *Vertrauensdienste*

677. Der Dienstverpflichtete ist nach Kündigung des Vertrages berechtigt, die nötige freie Zeit zu verlangen, um eine andere Arbeit zu suchen, sofern ihm dazu keine andere geeignete Zeit übrigbleibt. *Urlaub zum Suchen einer anderen Arbeit*

678. Bei der Beendigung des Vertrages kann der Dienstverpflichtete vom Dienstberechtigten ein Zeugnis über die Art und Dauer seiner Arbeit fordern. Nur auf besonderes Verlangen des Dienstverpflichteten wird auch die Beschaffenheit seiner Arbeit und seine Führung bestätigt. *Arbeitszeugnis*

679. Eine Vereinbarung, wodurch die Rechte des Dienstverpflichteten aus den Art. 655 bis 658, 659 Abs. 2 bis 667, 668 S. 2, 670, 674, 677 und 678 beschränkt werden, ist nichtig. *Verzicht des Dienstverpflichteten auf Rechte*

680. Durch Vertrag zwischen Arbeitgebern oder einer Vereinigung von solchen und Arbeitnehmern oder einer Vereinigung von solchen (kollektiver Arbeitsvertrag) können nach den diesbezüglichen Vorschriften des Gesetzes die Bedingungen festgesetzt werden, unter welchen die einzelnen Arbeitsverträge der Einzelpersonen oder der Vereinigungen geschlossen werden, die dem Kollektivvertrag unterworfen sind. *Kollektiver Arbeitsvertrag*

Für den Kollektivvertrag ist die Beurkundung erforderlich.

Die Bedingungen der einzelnen Arbeitsverträge, welche mit dem Kollektivvertrag nicht im Einklang stehen, sind, sofern sie für den Arbeitnehmer nicht günstiger sind, nichtig; statt dessen gelten die Bedingungen des Kollektivvertrages.

Neunzehntes Kapitel

Werkvertrag

681. Durch den Werkvertrag wird der Unternehmer zur Herstellung des Werkes, der Besteller zur Entrichtung der vereinbarten Vergütung verpflichtet. *Begriff*

682. Eine Vergütung gilt als stillschweigend vereinbart, wenn die Herstellung des Werkes den gewöhnlichen Umständen nach nur gegen eine Vergütung zu erwarten ist.

Die Vorschrift des Art. 650 findet entsprechende Anwendung.

683. Auf einen Vertrag zur Herstellung eines Werkes finden im Zweifel die Vorschriften über Kauf Anwendung, wenn der Unternehmer das zur Herstellung des Werkes erforderliche Material liefert, und wenn es der Besteller liefert, die Vorschriften über Werkvertrag.

Substitution eines anderen

684. Der Unternehmer ist nicht berechtigt, einem anderen die Ausführung des Werkes zu überlassen, es sei denn, daß sich aus dem Vertrag oder der Natur des Werkes das Gegenteil ergibt.

Verpflichtungen des Unternehmers

685. Der Unternehmer ist verpflichtet, das vom Besteller gelieferte Material sorgfältig zu benutzen, darüber Rechenschaft abzulegen und den etwaigen Rest dem Besteller zurückzugeben.

Zeigt bei der Herstellung des Werkes das vom Besteller gelieferte Material oder der bezeichnete Bauplatz Mängel oder ergibt sich sonst ein Zustand, durch den die rechtzeitige oder gehörige Ausführung des Werkes gefährdet ist, so hat der Unternehmer den Besteller davon unverzüglich zu benachrichtigen; andernfalls haftet er für die nachteiligen Folgen.

Rechte des Bestellers

686. Beginnt der Unternehmer die Herstellung des Werkes nicht rechtzeitig oder verzögert er ganz oder teilweise, ohne Verschulden des Bestellers, die Herstellung auf eine Weise, die gegen den Vertrag verstößt und die rechtzeitige Beendigung des Werkes unmöglich macht, so kann der Besteller vom Vertrag zurücktreten, ohne daß er die Zeit der Ablieferung des Werkes abzuwarten braucht. Beim Verzuge des Unternehmers bleiben die daraus entstehenden Rechte des Bestellers unberührt.

687. Ist während der Herstellung des Werkes aus Verschulden des Unternehmers eine mangelhafte Herstellung oder eine Herstellung, die mit dem Vertrag nicht im Einklang steht, mit Sicherheit vorauszusehen, so ist der Besteller berechtigt, dem Unternehmer eine angemessene Frist zur Beseitigung der Mängel zu bestimmen und nach deren erfolglosem Ablauf selbst die Beseitigung auf Kosten des Unternehmers auszuführen.

Unwesentliche Mängel des Werkes

688. Ist das hergestellte Werk mit unwesentlichen Mängeln behaftet, so ist der Besteller berechtigt, entweder ihre Beseitigung innerhalb einer angemessenen Frist, sofern die Beseitigung nicht unverhältnismäßige Aufwendungen fordert, oder entsprechende Minderung der Vergütung zu verlangen.

Wesentliche Mängel des Werkes

689. Ist das hergestellte Werk mit wesentlichen Mängeln behaftet, welche es unbrauchbar machen, oder entbehrt es der zugesicherten Eigenschaften, so ist der Besteller berechtigt, statt die im vorigen Artikel bezeichneten Rechte auszuüben, die Wandelung des Vertrages zu verlangen.

Auf die Wandelung des Vertrages oder die Minderung der Vergütung finden die Vorschriften der Art. 541, 546 bis 549, 551 bis 553 über Kauf entsprechende Anwendung.

Verschulden bei Mängeln

690. Der Besteller ist berechtigt, statt Wandelung oder Minderung Schadenersatz wegen Nichterfüllung zu verlangen, wenn die Mängel auf Verschulden des Unternehmers zurückzuführen sind.

691. Dem Besteller steht wegen der Mängel des Werkes kein Recht zu, wenn er diese entweder durch seine Anweisungen, die er trotz des ausdrücklichen Widerspruches des Unternehmers gegeben hat, oder auf andere Weise selbst verschuldet hat.

692. Nach der Genehmigung des Werkes durch den Besteller wird der Unternehmer von jeder Haftung wegen Mängel befreit, es sei denn, daß diese bei der Abnahme des Werkes durch regelrechte Untersuchung nicht erkannt werden konnten, oder vom Unternehmer arglistig verschwiegen wurden. *Genehmigung des Werkes*

693. Die Ansprüche des Bestellers wegen Mängel des Werkes verjähren nach Ablauf von zehn Jahren von dem Zeitpunkt an, in dem es abgenommen wurde, wenn es sich um Bauwerke oder andere unbewegliche Anlagen handelt, sonst in sechs Monaten; die Art. 552 Abs. 2 bis 558 finden auf die Verjährung entsprechende Anwendung. *Verjährung*

694. Die Vergütung des Unternehmers ist bei der Ablieferung des Werkes zu entrichten. Besteht die Vergütung in Geld und wurde sie nicht gestundet, so entsteht mit der Ablieferung des Werkes ein Anspruch auf Entrichtung von Zinsen. *Zeit der Bezahlung der Vergütung*

Ist das Werk in Teilen abzuliefern und die Vergütung für die einzelnen Teile bestimmt, so ist die Vergütung für jeden Teil bei dessen Ablieferung zu entrichten.

695. Der Unternehmer hat für seine Forderungen aus dem Vertrag ein gesetzliches Pfandrecht an den in seinem Besitz befindlichen beweglichen Sachen des Bestellers, die er hergestellt oder ausgebessert hat. *Pfandrecht des Unternehmers*

696. Unbeschadet der Vorschrift des Art. 388 kann der Unternehmer keine Erhöhung der Vergütung verlangen, wenn dem Vertrag ein Kostenanschlag zugrundegelegt wurde, für dessen Richtigkeit er ausdrücklich die Gewähr übernommen hat, auch wenn später die Kosten der Arbeit darüber hinausgingen. *Änderung der Preise des Kostenanschlages*

697. Hat der Unternehmer für die Richtigkeit des Kostenanschlages keine Gewähr übernommen und ist eine erhebliche Überschreitung des Kostenanschlages nötig, so kann der Besteller vom Vertrag zurücktreten, wenn er dem Unternehmer eine Vergütung für die bis zu seinem Rücktritt ausgeführten Arbeiten leistet.

Der Unternehmer hat unverzüglich dem Besteller über die sich zeigende Notwendigkeit zur Überschreitung des Kostenanschlags Anzeige zu machen, andernfalls hat er keinen Anspruch auf die Mehrkosten oder für die Mehrarbeit.

698. Der Unternehmer trägt die Gefahr bis zur Ablieferung des Werkes. Kommt der Besteller mit der Annahme in Verzug, so geht die Gefahr auf ihn über. *Wer die Gefahr für das Werk trägt*

Der Besteller trägt die Gefahr für den zufälligen Untergang und die zufällige Verschlechterung des von ihm gelieferten Stoffes.

699. Ist das Werk vor der Ablieferung infolge eines Mangels des von dem Besteller gelieferten Stoffes oder infolge der von ihm bestimmten Art der Ausführung untergegangen, verschlechtert oder unausführbar geworden, so ist der Unternehmer berechtigt, sofern er rechtzeitig den Besteller auf diese Gefahren aufmerksam gemacht hat, für die geleistete Arbeit Vergütung und Ersatz der in der Vergütung nicht inbegriffenen Auslagen zu verlangen. Eine weitergehende Haftung des Bestellers wegen seines Verschuldens bleibt unberührt.

Kündigungsrecht des Bestellers

700. Der Besteller ist berechtigt, bis zur Vollendung des Werkes jederzeit den Vertrag zu kündigen. Ist die Kündigung erfolgt, so wird dem Unternehmer die vereinbarte Vergütung geschuldet, es werden von ihr aber die infolge der Vereitelung der Vertragserfüllung ersparten Aufwendungen sowie alles abgezogen, was der Unternehmer durch anderweitige Verwendung seiner Arbeitskraft erworben oder zu erwerben böswillig unterlassen hat.

Tod des Unternehmers

701. Der Vertrag wird durch den Tod des Unternehmers gelöst, wenn die Parteien ihn hauptsächlich auf seine Person abgestellt hatten. In diesem Falle ist der Besteller verpflichtet, den Wert des brauchbaren Stoffes und den Teil der Vergütung zu bezahlen, welcher der ausgeführten Arbeit entspricht.

Arbeiterlöhne

702. Arbeiter, welche vom Unternehmer zur Herstellung eines Bauwerkes oder einer anderen unbeweglichen Anlage verwendet werden, haben für ihren Lohn einen Anspruch unmittelbar gegen den Besteller bis zur Höhe der Summe, die er dem Unternehmer schuldet.

Der Besteller kann von dem Zeitpunkt ab, in dem der Arbeiter ihm erklärt hat, daß er seinen Anspruch geltend mache, nicht mehr an den Unternehmer oder seinen Rechtsnachfolger leisten oder einen Vergleich mit diesen zum Nachteil des Arbeiters schließen.

Eine Vereinbarung, wodurch diese Rechte des Arbeiters von vornherein beschränkt werden, ist nichtig.

Zwanzigstes Kapitel

Mäklervertrag

Begriff

703. Wer für die Vermittlung oder für den Nachweis einer Gelegenheit zum Abschluß eines Vertrages jemandem (Mäkler) einen Mäklerlohn versprochen hat, ist zur Entrichtung des Lohnes nur verpflichtet, wenn der Vertrag infolge der Vermittlung oder infolge des Nachweises des Mäklers zustande gekommen ist. Wurde ein Vorvertrag abgeschlossen, der endgültige Vertrag aber vereitelt, so ist nur die Hälfte des Lohnes zu entrichten.

Für Aufwendungen hat der Mäkler einen Anspruch nur, wenn ihr Ersatz vereinbart wurde. In diesem Falle sind sie zu ersetzen, auch wenn der Vertrag nicht zustande gekommen ist.

704. Bei einem unter aufschiebender Bedingung geschlossenen Vertrage ist der Lohn des Mäklers zu entrichten, wenn die Bedingung eintritt.

Bei einem unter auflösender Bedingung geschlossenen Vertrage ist der Mäklerlohn mit dem Abschluß des Vertrages zu entrichten.

705. Ein Mäklerlohn gilt als stillschweigend vereinbart, wenn die Vermittlung oder der Nachweis den gewöhnlichen Umständen nach nur gegen eine Vergütung geleistet wird oder wenn sie einem gewerbsmäßigen Mäkler übertragen wurde.

Ist die Höhe der Vergütung nicht bestimmt, so ist bei dem Bestehen einer Taxe der tarifmäßige Lohn, in Ermangelung einer Taxe der ortsübliche Lohn als vereinbart anzusehen.

706. Der Anspruch auf den Mäklerlohn und den Ersatz von Aufwendungen ist ausgeschlossen, wenn der Mäkler dem Inhalte des Vertrages zuwider auch für den anderen Teil tätig gewesen ist. Das gleiche gilt, wenn der Mäkler vom anderen Teil ein Versprechen über eine Vergütung unter Umständen angenommen hat, die gegen Treu und Glauben verstoßen.

Unverhältnismäßig hoher Lohn

707. Ist der vereinbarte Lohn des Mäklers unverhältnismäßig hoch, so kann er auf Antrag des Schuldners durch das Gericht auf das angemessene Maß herabgesetzt werden.

Ehevermittlerlohn

708. Das Versprechen eines Lohnes für die Vermittlung des Zustandekommens einer Ehe ist nichtig; das etwa Geleistete kann zurückgefordert werden.

Einundzwanzigstes Kapitel

Auslobung

Begriff

709. Wer durch öffentliche Bekanntmachung eine Belohnung für die Vornahme einer Handlung, insbesondere für die Herbeiführung eines Erfolges, aussetzt, ist verpflichtet, die Belohnung demjenigen zu entrichten, welcher die Handlung vorgenommen hat, auch wenn dieser nicht mit Rücksicht auf die Auslobung gehandelt hat.

Das Ausschreiben eines Preises, der nach Bewerbung zu erteilen ist, ist nur gültig, wenn in der Bekanntmachung eine Frist für die Einreichung der Bewerbung enthalten ist.

Widerruf

710. Bis zur Vollendung der Handlung kann der Auslobende die Auslobung auf dieselbe Weise, wie sie bekanntgemacht wurde, oder auf ähnliche Weise oder durch besondere Mitteilung widerrufen, es sei denn, daß er in der Auslobung auf die Widerruflichkeit verzichtet hat. Ein Verzicht liegt im Zweifel in der Bestimmung einer Frist für die Vornahme der Handlung.

Wurde der Widerruf nicht auf diese Weise bekanntgemacht, so ist er dem gegenüber nichtig, der in Unkenntnis des Widerrufes und mit Rücksicht auf die Auslobung die Handlung vorgenommen hat.

Mehrfache Vornahme

711. Haben die Handlung, für welche die Belohnung ausgesetzt ist, mehrere selbständig vorgenommen, so gebührt die Belohnung, sofern sich aus der Auslobung nicht ein anderes ergibt, demjenigen, welcher die Handlung zuerst vorgenommen hat und bei gleichzeitiger Vornahme durch mehrere allen zu gleichen Teilen.

712. Haben zu der Herbeiführung des Erfolges mehrere mitgewirkt, so ist die Belohnung vom Auslobenden unter Berücksichtigung des Anteils eines jeden an dem Erfolge nach billigem Ermessen unter sie zu verteilen.

Zweiundzwanzigstes Kapitel

Auftrag

Begriff

713. Durch den Auftragsvertrag verpflichtet sich der Beauftragte, eine ihm von dem Auftraggeber übertragene Angelegenheit unentgeltlich zu besorgen.

714. Der Beauftragte haftet für jedes Verschulden.

Substitution eines anderen

715. Der Beauftragte ist nicht berechtigt, sofern im Vertrage nicht ein anderes bestimmt wurde, die Ausführung des Auftrages einem anderen zu übertragen, es sei denn, daß er dazu durch die Umstände gezwungen wird oder, daß die Substitution üblich ist.

716. Hat der Beauftragte einen anderen substituiert, ohne dazu berechtigt zu sein, so hat er das Verschulden des anderen in gleichem Umfange zu vertreten wie eigenes Verschulden.

Ist er zur Übertragung berechtigt und hat er die Ausführung des Auftrages einem anderen übertragen, so haftet er nur für Verschulden bei der Wahl des Substituten und für die diesem erteilten Anweisungen.

In beiden Fällen kann der Auftraggeber die Klagen, die dem Beauftragten gegen den Substituten zustehen, unmittelbar gegen diesen erheben.

Abweichung von den Grenzen des Auftrages

717. Der Beauftragte kann von den Grenzen des Auftrages nur abweichen, wenn es ihm unmöglich ist, den Auftraggeber zu benachrichtigen und noch dazu offensichtlich ist, daß der Auftraggeber bei Kenntnis der Umstände, welche die Abweichung veranlaßt haben, die Abweichung billigen würde.

Verpflichtungen des Beauftragten

718. Der Beauftragte ist verpflichtet, dem Auftraggeber über die übertragene Angelegenheit Auskünfte zu erteilen und nach der Ausführung des Auftrages Rechenschaft abzulegen.

719. Der Beauftragte ist verpflichtet, dem Auftraggeber alles, was er zur Ausführung des Auftrages erhalten oder aus der Ausführung erlangt hat, herauszugeben.

720. Verwendet der Beauftragte für sich Geld des Auftraggebers, so ist er verpflichtet, es von der Zeit der Verwendung an zu verzinsen.

Verpflichtungen des Auftraggebers

721. Der Auftraggeber ist zum Vorschuß für die zur Ausführung des Auftrages erforderlichen Aufwendungen verpflichtet.

722. Der Auftraggeber hat dem Beauftragten alles, was er zur ordnungsmäßigen Ausführung des Auftrages aufgewendet hat, zu ersetzen.

723. Der Auftraggeber ist verpflichtet, jeden Schaden zu ersetzen, den der Beauftragte bei der Ausführung des Auftrages ohne eigenes Verschulden erlitten hat.

Widerruf des Auftrages

724. Der Auftraggeber ist berechtigt, den Auftrag jederzeit zu widerrufen. Eine entgegenstehende Vereinbarung ist nichtig, es sei denn, daß der Auftrag auch das Interesse des Beauftragten oder eines Dritten betrifft.

Kündigung durch den Beauftragten

725. Der Beauftragte ist berechtigt, den Auftrag jederzeit zu kündigen, wenn er auf dieses Recht nicht verzichtet hat. Liegt ein wichtiger Grund vor, so ist der Verzicht unwirksam.

Ist die Kündigung unzeitig ohne wichtigen Grund erfolgt, so ist der Beauftragte zum Ersatz des Schadens verpflichtet, der dadurch dem Auftraggeber entstanden ist.

Erlöschen des Auftrages

726. Der Auftrag erlischt, wenn nicht das Gegenteil bestimmt wurde, durch den Tod des Auftraggebers oder des Beauftragten sowie durch ihre Entmündigung oder durch ihren Konkurs. Die gleiche Wirkung hat bei einer juristischen Person deren Auflösung.

727. Bringt in den Fällen des vorangehenden Artikels das Erlöschen des Auftrages die Interessen des Auftraggebers in Gefahr, so ist der Beauftragte, sein Erbe oder derjenige, welcher ihn gesetzlich vertritt, verpflichtet, die Besorgung der übertragenen Angelegenheit fortzusetzen, bis der Auftraggeber oder sein Erbe oder sein gesetzlicher Vertreter anderweitig Fürsorge treffen kann.

728. Unbeschadet des Art. 224 haftet der Auftraggeber oder sein Erbe, als ob der Auftrag fortbestände, für die Angelegenheiten, welche der Beauftragte besorgt hat, bevor er von dem Erlöschen Kenntnis erlangte.

Rat oder Empfehlung

729. Wer einen Rat oder eine Empfehlung erteilt, haftet nicht für den aus der Befolgung des Rates oder der Empfehlung entstandenen Schaden, es sei denn, daß er durch Vertrag die Haftung übernommen oder vorsätzlich gehandelt hat.

Dreiundzwanzigstes Kapitel

Besorgung fremder Angelegenheiten

Begriff

730. Wer eine fremde Angelegenheit ohne Auftrag besorgt, ist verpflichtet, die Angelegenheit so zu führen, wie das Interesse des Geschäftsherrn mit Rücksicht auf dessen wirklichen oder mutmaßlichen Willen es erfordert.

Ein der Besorgung der Angelegenheit entgegenstehender Wille des Geschäftsherrn kommt nicht in Betracht, wenn er gegen das Gesetz oder die guten Sitten verstößt.

Verpflichtungen des Geschäftsführers

731. Der Geschäftsführer haftet für jedes Verschulden. Hat er die Geschäftsführung gegen den wirklichen oder mutmaßlichen Willen des Geschäftsherrn übernommen und mußte er dies erkennen, so haftet er auch für Zufall, es sei denn, daß er beweist, der Schaden wäre auch ohne seine Einmischung entstanden.

732. Wer fremde Angelegenheiten zur Abwendung einer dem Geschäftsherrn drohenden Gefahr besorgt hat, haftet nur für Vorsatz und grobe Fahrlässigkeit.

733. Der Geschäftsführer hat die Übernahme der Geschäftsführung sobald als möglich dem Geschäftsherrn anzuzeigen und, sofern nicht mit dem Aufschub Gefahr verbunden ist, dessen Weisungen abzuwarten.

734. Der Geschäftsführer ist dem Geschäftsherrn gegenüber nach den Vorschriften über den Auftrag, welche entsprechend anzuwenden sind, verpflichtet, Rechenschaft abzulegen, das durch die Geschäftsführung Erlangte herauszugeben und Zinsen zu entrichten.

735. Ist der Geschäftsführer geschäftsunfähig oder in der Geschäftsfähigkeit beschränkt, so haftet er aus der Geschäftsführung nur nach den Vorschriften über ungerechtfertigte Bereicherung. Eine weitere Haftung aus unerlaubter Handlung ist nicht ausgeschlossen.

Rechte des Geschäftsführers

736. Hat der Geschäftsführer die Geschäftsführung im Interesse und nach dem wirklichen oder mutmaßlichen Willen des Geschäftsherrn übernommen, so ist er berechtigt, von diesem Ersatz der Aufwendungen für die Geschäftsführung und des Schadens nach den Vorschriften über den Auftrag zu verlangen, welche entsprechend anzuwenden sind.

737. Liegen die Voraussetzungen des vorigen Artikels nicht vor, so hat der Geschäftsführer kein Recht auf Ersatz des Schadens. Er ist berechtigt, Ersatz der Aufwendungen nur nach den Vorschriften über ungerechtfertigte Bereicherung zu verlangen.

738. Der Geschäftsführer hat aus der Geschäftsführung keinen Anspruch, wenn er die Absicht hatte, Aufwendungen oder Entschädigung nicht zu verlangen.

Gewährt jemand einem Blutsverwandten in gerader Linie oder in zweitem Grade in der Seitenlinie Unterhalt, so gilt im Zweifel diese Absicht in Bezug auf diesen Verwandten als vorhanden.

Führung fremder Geschäfte als eigene

739. Behandelt jemand eine fremde Angelegenheit als eigene, obwohl er weiß, daß es sich um eine fremde Angelegenheit handelt, so hat er unter Vorbehalt der etwaigen Haftung wegen unerlaubter Handlung die Verpflichtungen aus Besorgung fremder Angelegenheiten. In diesem Falle ist der Geschäftsführer berechtigt, Ersatz der Aufwendungen nur nach den Vorschriften über ungerechtfertigte Bereicherung zu verlangen.

740. Die Vorschriften über Besorgung fremder Angelegenheiten finden keine Anwendung, wenn jemand eine fremde Angelegenheit in der Meinung besorgt, daß sie seine eigene sei.

Vierundzwanzigstes Kapitel

Gesellschaft

Begriff

741. Durch den Gesellschaftsvertrag verpflichten sich zwei oder mehrere gegenseitig zu der Verfolgung eines gemeinsamen Zweckes, insbesondere eines wirtschaftlichen, durch gemeinsame Beiträge.

Beiträge

742. Die Beiträge der Gesellschafter können in Arbeit der Gesellschafter, in Geld oder in anderen Gegenständen sowie in jeder anderen Leistung bestehen.

Ist nicht etwas anderes vereinbart, so sind die Gesellschafter zu gleichen Beiträgen verpflichtet.

Verpflichtungen des Gesellschafters

743. Bei Verzug oder Unvermögen eines Gesellschafters zur Leistung des Beitrags und zur Erfüllung seiner Verpflichtungen ist statt des Rücktritts nach den Grundsätzen über gegenseitige Verträge Kündigung der Gesellschaft zulässig.

744. In Bezug auf die Gefahr und die Haftung für Mängel des Beitrags finden die Vorschriften über Miete, wenn der Beitrag in der Überlassung des Gebrauchs einer Sache oder in der Leistung von Diensten besteht, und wenn er in der Übertragung des Eigentums an einer Sache besteht, die Vorschriften über Kauf entsprechende Anwendung.

745. Der Gesellschafter ist, sofern nichts anderes vereinbart wurde, weder zur Erhöhung seines Beitrages noch zur Ergänzung seiner durch Verlust verminderten Einlage verpflichtet, der nach der Leistung des Beitrages entstanden ist.

746. Der Gesellschafter haftet nur für diejenige Sorgfalt, welche er in eigenen Angelegenheiten anzuwenden pflegt.

747. Ein Gesellschafter ist nicht berechtigt, für eigene oder fremde Rechnung Geschäfte vorzunehmen, welche gegen die Interessen der Gesellschaft verstoßen.

Geschäftsführung der Gesellschaft

748. Die Führung der Geschäfte der Gesellschaft steht, wenn nicht ein anderes vereinbart wurde, allen Gesellschaftern gemeinschaftlich zu. Für jede Handlung ist die Zustimmung aller Gesellschafter erforderlich.

Hat nach dem Gesellschaftsvertrage die Mehrheit der Stimmen zu entscheiden, so ist im Zweifel die Mehrheit nach der Gesamtzahl der Gesellschafter zu berechnen.

749. Ist die Führung der Geschäfte der Gesellschaft einem oder mehreren Gesellschaftern übertragen, so sind die übrigen von der Geschäftsführung ausgeschlossen.

Ist die Führung der Geschäfte der Gesellschaft nur einigen Gesellschaftern übertragen, so finden die Vorschriften des vorigen Artikels entsprechende Anwendung.

750. Steht nach dem Gesellschaftsvertrage die Führung der Geschäfte allen oder mehreren Gesellschaftern in der Art zu, daß auch jeder allein zu handeln berechtigt ist, so kann jeder der übrigen geschäftsführenden Gesellschafter, sofern nichts anderes vereinbart wurde, der Vornahme eines Geschäftes vor seiner Ausführung widersprechen.

Der Widerspruch wirkt Dritten gegenüber nur, wenn sie in Kenntnis des Widerspruchs gehandelt haben.

751. Bei mehreren geschäftsführenden Gesellschaftern ist jeder von ihnen berechtigt, allein, ohne die Zustimmung der übrigen oder gegen den Widerspruch eines der übrigen zu handeln, wenn es sich um eine dringende Maßnahme handelt, bei deren Unterlassung der Gesellschaft ein erheblicher Schaden drohen würde.

Abberufung des Geschäftsführers

752. Die einem oder mehreren Gesellschaftern durch den Gesellschaftsvertrag übertragene Befugnis zur Geschäftsführung kann nur aus einem wichtigen Grunde entzogen werden. Eine Vereinbarung, durch welche die Entziehung aus einem wichtigen Grunde ausgeschlossen wird, ist nichtig.

Als wichtiger Grund gilt insbesondere die grobe Pflichtverletzung oder Unfähigkeit zur ordnungsmäßigen Geschäftsführung.

Mit Ausnahme einer entgegenstehenden Vereinbarung erfolgt die Entziehung durch einstimmigen Beschluß aller übrigen Gesellschafter.

Kündigung

753. Der Gesellschafter ist nur dann berechtigt, die ihm durch den Gesellschaftsvertrag übertragene Geschäftsführung zu kündigen, wenn ein wichtiger Grund vorliegt. Eine Vereinbarung, durch welche die Kündigung aus einem wichtigen Grunde ausgeschlossen wird, ist nichtig.

Wer zur Unzeit ohne einen wichtigen Grund kündigt, der die vorzeitige Kündigung rechtfertigt, haftet für den Schaden, der dadurch der Gesellschaft entsteht.

Rechte und Verpflichtungen der Gesellschafter

754. In Bezug auf die Rechte und die Verpflichtungen des geschäftsführenden Gesellschafters finden die Vorschriften der Art. 714 bis 723 über Auftrag entsprechende Anwendung.

Mit Ausnahme einer entgegenstehenden Vereinbarung ist der Gesellschafter nicht berechtigt, eine Vergütung für die Geschäftsführung zu verlangen.

755. Jeder Gesellschafter ist berechtigt, von dem Gang der Angelegenheiten der Gesellschaft persönlich Kenntnis zu nehmen, die Bücher und Papiere einzusehen sowie sich eine Übersicht über die Vermögenslage der Gesellschaft zu verschaffen. Eine entgegenstehende Vereinbarung ist nichtig.

756. Unbeschadet der Vorschrift des Art. 750 Abs. 2 ist der Gesellschafter, soweit ihm durch den Gesellschaftsvertrag die Geschäftsführung übertragen wurde, im Zweifel auch ermächtigt, die anderen Gesellschafter Dritten gegenüber zu vertreten.

757. Die einem Gesellschafter durch den Gesellschaftsvertrag erteilte Vollmacht kann von den anderen Gesellschaftern nur nach Maßgabe des Art. 752 und wenn sie in Verbindung mit der Befugnis zur Geschäftsführung erteilt worden ist, nur mit dieser entzogen werden.

Rechte auf die Beiträge und die erworbenen Gegenstände

758. Die Beiträge der Gesellschafter sowie alles, was durch die Geschäftsführung der Gesellschaft für die Gesellschaft erworben wird, gehören allen Gesellschaftern nach Maßgabe des Anteils eines jeden Gesellschafters am Gesellschaftsvermögen.

Ein geschäftsführender Gesellschafter ist verpflichtet, alles, was er bei der Führung der Geschäfte der Gesellschaft im eigenen Namen erworben hat, in das Gesellschaftsvermögen einzubringen.

Verpflichtungen Dritten gegenüber

759. Die aus der Geschäftsführung der Gesellschaft entstandenen Verpflichtungen Dritten gegenüber fallen allen Gesellschaftern nach Maßgabe des Anteils eines jeden Gesellschafters am Gesellschaftsvermögen zur Last.

Gegenseitige Ansprüche der Gesellschafter

760. Die Ansprüche, die den Gesellschaftern aus dem Gesellschaftsverhältnisse gegeneinander zustehen, sind nicht übertragbar.

Diese Vorschrift findet keine Anwendung auf die Ansprüche des geschäftsführenden Gesellschafters aus der Geschäftsführung, soweit deren Befriedigung vor der Auseinandersetzung verlangt werden kann, sowie auf die Ansprüche auf einen Gewinnanteil oder auf dasjenige, was dem Gesellschafter bei der Auseinandersetzung zukommt.

Nichtübertragbarkeit des Gesellschaftsanteils

761. Jeder der Gesellschafter ist den anderen gegenüber verpflichtet, bis zur Beendigung der Auseinandersetzung über seinen Anteil an den gemeinsamen Gegenständen nicht zu verfügen. Er ist auch nicht berechtigt, vor der Beendigung der Auseinandersetzung die Teilung von solchen Gegenständen zu verlangen.

Gewinn- und Verlustteilung

762. Bei einer Gesellschaft mit längerer als einjähriger Dauer erfolgt die Aufstellung der Bilanz und die Gewinnverteilung am Schlusse jedes Jahres, sofern aus dem Gesellschaftsvertrag sich nicht ein anderes ergibt.

763. In Ermangelung einer entgegenstehenden Vereinbarung haben die Gesellschafter gleichen Anteil am Gewinn und am Verlust ohne Rücksicht auf den Beitrag.

Ist nur der Anteil am Gewinn oder am Verlust jedes Gesellschafters bestimmt, so gilt diese Bestimmung im Zweifel für Gewinn und Verlust.

764. Eine Vereinbarung, wonach einer der Gesellschafter vom Gewinn ausgeschlossen oder vom Verlust befreit wird, ist nichtig. Auf die Nichtigkeit kann sich nur der Gesellschafter berufen, der vom Gewinn ausgeschlossen wurde oder den Verlust zu tragen hat.

Eine Vereinbarung, wonach ein Gesellschafter, dessen Beitrag nur in seiner Arbeit besteht, an dem Verlust nicht teilnehmen soll, ist gültig.

Auflösung der Gesellschaft

765. Eine Gesellschaft, welche für eine bestimmte Zeit eingegangen wurde, wird mit dem Ablauf dieser Zeit aufgelöst.

Auflösung durch Kündigung

766. Eine Gesellschaft, welche für eine bestimmte Zeit eingegangen wurde, kann vor dem Ablauf dieser Zeit durch Kündigung aufgelöst werden, wenn ein wichtiger Grund vorliegt. Eine entgegenstehende Vereinbarung, welche durch eine Frist oder anderweitig dieses Kündigungsrecht beschränkt, ist nichtig.

767. Eine Gesellschaft von unbestimmter Dauer kann jederzeit durch Kündigung von seiten jedes einzelnen Gesellschafters aufgelöst werden.

Kündigt der Gesellschafter zur Unzeit und ohne wichtigen Grund, der die unzeitige Kündigung rechtfertigt, so haftet er den übrigen Gesellschaftern für den ihnen daraus entstehenden Schaden.

768. Eine für die Lebenszeit eines Gesellschafters eingegangene Gesellschaft gilt als für unbestimmte Zeit eingegangen.

Stillschweigende Verlängerung

769. Eine auf bestimmte Zeit eingegangene Gesellschaft gilt, wenn sie nach dem Ablauf dieser Zeit stillschweigend fortgesetzt wird, als auf unbestimmte Zeit verlängert.

Kündigung wegen Verpflichtungsverletzung

770. Besteht der wichtige Grund, aus dem die Gesellschaft gekündigt wurde, in der Verletzung der gesellschaftlichen Verpflichtungen durch einen Gesellschafter, so haftet dieser für den Schaden, der durch die Auflösung der Gesellschaft den übrigen Gesellschaftern entsteht.

771. Ist ein wichtiger Grund zur Kündigung der Gesellschaft vorhanden, welcher in der Verletzung der einem Gesellschafter obliegenden Pflichten durch diesen besteht, so kann das Gericht auf Antrag aller übrigen Gesellschafter den schuldigen Gesellschafter von der Gesellschaft ausschließen. Vom Zeitpunkt der Zustellung der rechtskräftigen Entscheidung an wird die Gesellschaft von den anderen fortgesetzt.

Auflösung wegen Erreichung oder Nichterreichung des Zweckes

772. Die Gesellschaft wird aufgelöst, wenn der vereinbarte Zweck erreicht oder dessen Erreichung unmöglich geworden ist.

Auflösung durch den Tod eines Gesellschafters

773. Die Gesellschaft wird durch den Tod eines Gesellschafters aufgelöst. Es kann aber vereinbart werden, daß die Gesellschaft entweder unter den übrigen Gesellschaftern oder unter diesen und den Erben des verstorbenen Gesellschafters fortbestehen soll. Die Gültigkeit der Vereinbarung wird durch die Minderjährigkeit der Erben nicht beeinträchtigt.

774. Ist die Gesellschaft durch den Tod eines Gesellschafters aufgelöst, so hat dies sein Erbe den übrigen Gesellschaftern unverzüglich anzuzeigen und, wenn mit dem Aufschub Gefahr verbunden ist, die dem Verstorbenen übertragene Geschäftsführung fortzuführen, bis die notwendigen Maßnahmen getroffen werden. Unter denselben Bedingungen sind auch die übrigen Gesellschafter zur einstweiligen Fortführung der ihnen übertragenen Geschäftsführung verpflichtet. Die Gesellschaft gilt insoweit als fortbestehend.

Auflösung durch Entmündigung oder Konkurs eines Gesellschafters

775. Die Gesellschaft wird durch die Entmündigung oder durch die Eröffnung des Konkurses über das Vermögen eines Gesellschafters aufgelöst, es sei denn, daß für einen solchen Fall das Fortbestehen der Gesellschaft unter den anderen Gesellschaftern vereinbart wurde.

Geschäftsführung nach der Auflösung

776. Wird die Gesellschaft in anderer Weise als durch Kündigung aufgelöst, so gilt, unbeschadet der Vorschrift des Art. 224, die einem Gesellschafter durch den Gesellschaftsvertrag übertragene Befugnis zur Geschäftsführung zu seinen Gunsten gleichwohl als fortbestehend, sofern er ohne Verschulden die Auflösung nicht kennt.

Auseinandersetzung

777. Die Gesellschaft gilt auch nach der Auflösung als fortbestehend, sofern es für die Bedürfnisse und den Zweck der Auseinandersetzung erforderlich ist. Mit der Auflösung erlischt die Befugnis der geschäftsführenden Gesellschafter.

778. Ist die Gesellschaft aufgelöst, so wird die Auseinandersetzung, wenn nicht ein anderes bestimmt wurde, von allen Gesellschaftern gemeinsam oder durch einen Liquidator vorgenommen, der durch einstimmigen Beschluß aller Gesellschafter zu bestellen ist. Der Liquidator wird bei Meinungsverschiedenheit vom Gericht auf Antrag eines Gesellschafters bestellt oder ersetzt; die Ersetzung ist aber nur aus wichtigen Gründen zulässig.

Zurückgabe von Gegenständen in Natur

779. Gegenstände, die der Gesellschaft zum Gebrauch überlassen wurden, sind in Natur zurückzugeben.

Art der Auseinandersetzung

780. Bei der Auseinandersetzung sind zunächst die gemeinsamen Schulden der Gesellschafter Dritten gegenüber sowie die untereinander bestehenden Schulden zu berichtigen, dann werden die Einlagen zurückerstattet.

Besteht die Einlage nicht in Geld, so ist der Wert zu ersetzen, den die eingebrachten Gegenstände zur Zeit der Einbringung gehabt haben.

Besteht die Einlage in der Leistung von Arbeit oder in der Überlassung des Gebrauchs einer Sache, so wird sie nicht zurückerstattet.

Versilberung des Gesellschaftsvermögens

781. Das Gesellschaftsvermögen wird in Geld umgesetzt, soweit es zur Berichtigung der Gesellschaftsschulden und zur Rückerstattung der Einlagen erforderlich ist. Die Versilberung erfolgt nach den Vorschriften über Verkauf einer gemeinschaftlichen Sache.

782. Der Überschuß, welcher nach der Berichtigung der Schulden und der Rückerstattung der Einlagen verbleibt, gebührt den Gesellschaftern nach dem Verhältnis ihrer Anteile am Gewinn.

Nicht ausreichende Aktiva

783. Reicht das Gesellschaftsvermögen zur Berichtigung der Schulden und zur Rückerstattung der Einlagen nicht aus, so haben die Gesellschafter für den Fehlbetrag nach dem Verhältnis aufzukommen, nach welchem sie den Verlust zu tragen haben. Kann von einem Gesellschafter der auf ihn entfallende Beitrag nicht erlangt werden, so haben die übrigen Gesellschafter den Ausfall nach dem gleichen Verhältnis zu tragen.

Persönlichkeit der bürgerlichrechtlichen Gesellschaft

784. Eine Gesellschaft im Sinne des vorliegenden Kapitels erlangt, sofern sie einen wirtschaftlichen Zweck verfolgt, juristische Persönlichkeit unter Beachtung der zu diesem Zweck für die offenen Handelsgesellschaften im Gesetze vorgeschriebenen Öffentlichkeitsbestimmungen. Die Persönlichkeit dieser bürgerlichen Gesellschaft besteht bis zum Schluß der Auseinandersetzung und für deren Bedürfnisse fort.

Fünfundzwanzigstes Kapitel

Gemeinschaft

Begriff

785. Steht ein Recht mehreren gemeinschaftlich zu, so besteht unter ihnen, sofern im Gesetz nicht ein anderes bestimmt ist, Gemeinschaft nach ideellen Anteilen. Im Zweifel ist anzunehmen, daß die Anteile gleich sind.

Rechte des Teilhabers

786. Jedem Teilhaber gebührt ein seinem Anteil entsprechender Bruchteil der Früchte des gemeinschaftlichen Gegenstandes.

787. Jeder Teilhaber ist zum Gebrauch des gemeinschaftlichen Gegenstandes insoweit befugt, als der Mitgebrauch der übrigen Teilhaber nicht beeinträchtigt wird.

Verwaltung des gemeinschaftlichen Gegenstandes

788. Die Verwaltung des gemeinschaftlichen Gegenstandes steht allen Teilhabern gemeinschaftlich zu. Sie haften einander für jedes Verschulden.

Bei drohender Gefahr ist jeder von ihnen berechtigt, auch ohne Zustimmung der anderen die nötigen Maßnahmen zur Erhaltung der Sache zu treffen.

789. Durch Stimmenmehrheit kann eine der Beschaffenheit des gemeinschaftlichen Gegenstandes entsprechende ordnungsmäßige Verwaltung und Benutzung beschlossen werden. Die Stimmenmehrheit ist nach der Größe der Anteile zu berechnen. *Durch Mehrheitsbeschluß*

790. Sofern die Verwaltung und Benutzung durch gemeinschaftliche Vereinbarung oder durch Mehrheitsbeschluß nicht geregelt wurde, ist jeder Teilhaber berechtigt zu verlangen, daß das Gericht die Verwaltung und Benutzung nach der angemessensten und den Interessen aller Teilhaber entsprechenden Art regle. Das Gericht kann im Notfall einen Geschäftsführer bestellen. *Regelung durch das Gericht*

791. In den Fällen der zwei vorangehenden Artikel gilt der Beschluß der Teilhaber oder die Entscheidung des Gerichts für und gegen die Sondernachfolger der Teilhaber. *Wirkung für und gegen die Nachfolger*

792. Eine wesentliche Veränderung des gemeinschaftlichen Gegenstandes oder eine unverhältnismäßig kostspielige Anlage kann nicht von der Mehrheit beschlossen und auch nicht im Wege der Klage verlangt werden. *Wesentliche Veränderungen und Anlagen*

Das Recht jedes Teilhabers auf seinen Anteil an den Nutzungen aus dem gemeinschaftlichen Gegenstand kann in keiner Weise ohne seine Zustimmung beeinträchtigt werden.

793. Jeder Teilhaber ist berechtigt, über seinen Anteil zu verfügen. Über den gemeinschaftlichen Gegenstand im ganzen können die Teilhaber nur gemeinschaftlich verfügen. *Verfügung über den eigenen Anteil*

794. Jeder Teilhaber ist den anderen Teilhabern gegenüber im Verhältnis zu seinem Anteil verpflichtet, die Kosten der Erhaltung, der Verwaltung und der Benutzung des gemeinschaftlichen Gegenstandes zu tragen. *Kosten für den gemeinschaftlichen Gegenstand*

795. Jeder Teilhaber ist berechtigt, jederzeit die Aufhebung der Gemeinschaft zu verlangen, sofern dieses Recht nicht auf Grund eines Rechtsgeschäfts oder der Bestimmung des gemeinschaftlichen Gegenstandes zu einem Dauerzwecke ausgeschlossen ist. *Recht zur Aufhebung der Gemeinschaft*

Durch Rechtsgeschäft kann die Aufhebung der Gemeinschaft nur bis zu zehn Jahren ausgeschlossen werden.

796. Ein Rechtsgeschäft, durch das einem Teilhaber für eine bestimmte Zeit die Aufhebung der Gemeinschaft untersagt wird, gilt für und gegen seine Sondernachfolger. *Verbot der Aufhebung*

797. Aus einem wichtigen Grunde kann die Aufhebung der Gemeinschaft auch vor der vereinbarten Zeit verlangt werden. Eine Vereinbarung, welche von vornherein dieses Recht beschränkt, ist nichtig. *Vorzeitige Aufhebung aus einem wichtigen Grunde*

798. Die Aufhebung der Gemeinschaft erfolgt durch Teilung. *Teilung*

799. Sind mit der Teilung nicht alle Teilhaber einverstanden, so kann jeder Teilhaber gerichtliche Teilung nach den Vorschriften der Zivilprozeßordnung verlangen.

Teilung in Natur

800. Die Teilung erfolgt in Natur, wenn der zu teilende Gegenstand oder, falls mehrere Gegenstände gemeinschaftlich sind, diese sich ohne Verminderung des Wertes in gleichartige, den Anteilen der Teilhaber entsprechende Teile zerlegen lassen.

Durch Versteigerung

801. Wurde durch das Gericht der Verkauf durch Versteigerung angeordnet, so erfolgt die Teilung des Erlöses. Ist die Veräußerung der gemeinschaftlichen Gegenstandes an einen Dritten verboten, so ist der Gegenstand unter den Teilhabern zu versteigern.

Gegenseitige Ansprüche aus der Gemeinschaft

802. Jeder Teilhaber ist berechtigt, bei der gerichtlichen Teilung zu verlangen, daß seine Ansprüche aus der Gemeinschaft gegen die anderen Teilhaber aus dem Teil berichtigt werden, der durch die Teilung auf den Schuldner entfällt. Das Gericht kann für diese Berichtigung den Verkauf dieses Teils durch Versteigerung anordnen.

Rechte Dritter an dem gemeinschaftlichen Gegenstand

803. Dingliche Rechte Dritter an dem gemeinschaftlichen Gegenstand werden durch die Teilung, welche entweder in Natur oder durch freiwilligen Verkauf oder durch Verkauf im Wege der Versteigerung erfolgte, nicht beeinträchtigt.

Haftung für Mängel des entfallenen Teils

804. Für Sach- und Rechtsmängel des durch die Teilung auf jeden Teilhaber entfallenden Teiles des gemeinschaftlichen Gegenstandes haften die übrigen Teilhaber gemäß den Vorschriften über Kauf nach dem Verhältnis ihrer Anteile.

805. Der Anspruch auf Aufhebung der Gemeinschaft unterliegt nicht der Verjährung.

Sechsundzwanzigstes Kapitel

Darlehen

Begriff

806. Durch den Darlehensvertrag überträgt der eine der Vertragschließenden dem anderen das Eigentum an Geld oder anderen vertretbaren Sachen; dieser wird verpflichtet, andere Sachen von gleicher Menge und Güte zurückzuerstatten.

Zeit der Rückerstattung

807. Wurde für die Rückerstattung des Darlehens keine Zeit bestimmt und ergibt sich aus den Umständen ebenfalls keine Zeit, so ist das Darlehen nach Ablauf eines Monats vom Zeitpunkt der Kündigung durch den Gläubiger oder den Schuldner zurückzuerstatten. Sind Zinsen nicht bedungen, so ist der Schuldner zur Rückerstattung auch ohne Kündigung berechtigt.

Verzug

808. Wegen Verzuges bei der Rückerstattung ist der Schuldner eines Gelddarlehens in keinem Falle zu einer anderen Entschädigung als den gesetzlichen oder den Vertragszinsen verpflichtet. Eine entgegenstehende Vereinbarung ist nichtig.

809. Wer die Hingabe eines Darlehens versprochen hat, ist berechtigt, die Hingabe zu verweigern, wenn der Versprechensempfänger nach dem Versprechen zahlungsunfähig wurde. *Darlehensversprechen an einen Zahlungsunfähigen*

Das gleiche Recht steht demjenigen, welcher das Versprechen gegeben hat, auch in dem Falle zu, in dem die Zahlungsunfähigkeit in der Zeit der Abgabe des Versprechens vorhanden war, er aber ohne Verschulden die Zahlungsunfähigkeit nicht kannte.

Siebenundzwanzigstes Kapitel

Leihe

810. Durch den Leihvertrag überläßt der eine der Vertragschließenden (Verleiher) dem anderen (Entleiher) unentgeltlich den Gebrauch einer Sache; dieser verpflichtet sich, die Sache nach dem Ablauf des Vertrags zurückzugeben. *Begriff*

811. Der Verleiher hat nur Vorsatz und grobe Fahrlässigkeit zu vertreten. *Verpflichtungen des Verleihers*

812. Der Verleiher ist zum Schadenersatz für Mängel der verliehenen Sache verpflichtet, deren Vorhandensein er arglistig verschwiegen hat.

813. Der Entleiher trägt die gewöhnlichen Erhaltungskosten der Sache. Für andere Verwendungen hat er einen Anspruch nach den Vorschriften über Besorgung fremder Angelegenheiten; er ist auch berechtigt, vor der Rückgabe der Sache die Einrichtungen wegzunehmen, mit denen er die Sache versehen hat. *Verpflichtungen des Entleihers*

814. Für Verschlechterungen oder Veränderungen der geliehenen Sache, die durch den vereinbarten Gebrauch herbeigeführt werden, haftet der Entleiher nicht.

815. Der Entleiher ist nicht berechtigt, von der geliehenen Sache einen anderen als den vertragsmäßigen Gebrauch zu machen und darf auch nicht den Gebrauch der Sache ohne Erlaubnis des Verleihers einem Dritten überlassen.

816. Die Leihe endet, wenn die Dauer des Vertrages nicht bestimmt wurde, nachdem der Entleiher Gebrauch von der Sache gemacht hat oder wenn die Zeit verstrichen ist, in der der Entleiher Gebrauch hätte machen können. *Ende*

817. Der Verleiher ist berechtigt, die Sache auch vor dem Ende des Vertrages zurückzufordern, wenn der Entleiher von ihr einen vertragswidrigen Gebrauch macht oder wenn er sie beschädigt oder sie unbefugt einem Dritten überläßt oder wenn der Verleiher selbst der Sache dringend bedarf und dieses Bedürfnis nicht vorhersehen konnte.

818. Die Leihe endet mit dem Tod des Entleihers.

819. Hat der Entleiher die Sache einem Dritten überlassen, so kann der Verleiher nach dem Ende der Leihe die Rückgabe der Sache auch von dem Dritten verlangen.

Verjährung

820. Die Ersatzansprüche des Verleihers wegen Veränderungen oder Verschlechterungen der Sache verjähren in sechs Monaten, nachdem er die Sache zurückerhalten hat; sie verjähren auf jeden Fall mit der Verjährung des Anspruches des Verleihers auf Rückgabe der Sache.

821. Die Ansprüche des Entleihers für Verwendungen verjähren nach Ablauf von sechs Monaten vom Ende der Leihe an gerechnet.

Achtundzwanzigstes Kapitel

Verwahrung

Begriff

822. Durch den Verwahrungsvertrag nimmt der Verwahrer von einem anderen eine bewegliche Sache in Verwahrung und ist zur Rückgabe verpflichtet, wenn die Sache zurückgefordert wird. Eine Vergütung kann nur gefordert werden, wenn eine solche vereinbart wurde oder nach den Umständen zu erwarten ist.

Verpflichtungen des Verwahrers

823. Der Verwahrer steht für diejenige Sorgfalt ein, welche er in eigenen Angelegenheiten anzuwenden pflegt. Ist aber für die Verwahrung eine Vergütung zu entrichten, so haftet er für jedes Verschulden.

824. Der Verwahrer ist nicht berechtigt, ohne Erlaubnis des Hinterlegers die hinterlegte Sache zu gebrauchen.

Ebenso ist der Verwahrer nicht berechtigt, die hinterlegte Sache bei einem Dritten zu hinterlegen, es sei denn, daß er dazu vom Hinterleger ermächtigt oder durch die Umstände gezwungen wurde, oder daß die weitere Hinterlegung üblich ist.

825. Der Verwahrer, der die hinterlegte Sache bei einem Dritten hinterlegt hat, ohne dazu ermächtigt zu sein, haftet für jedes Verschulden des Dritten und, wenn er dazu ermächtigt war für ein Verschulden, das ihm bei dessen Wahl zur Last fällt.

In beiden Fällen kann der Hinterleger unmittelbar gegen den Dritten die Klagen erheben, die dem Verwahrer gegen diesen zustehen.

Verpflichtungen des Hinterlegers

826. Der Hinterleger hat dem Verwahrer die Aufwendungen zu ersetzen, die er zum Zwecke der ordnungsmäßigen Verwahrung der Sache gemacht hat. Er hat auch den durch die Hinterlegung dem Verwahrer entstehenden Schaden zu ersetzen, es sei denn, daß dieser nicht infolge seines Verschuldens entstanden ist.

Rückgabezeit

827. Der Verwahrer hat die hinterlegte Sache zurückzugeben, wenn der Hinterleger sie verlangt, auch wenn die für ihre Aufbewahrung bestimmte Frist nicht abgelaufen ist.

828. Der Verwahrer ist nicht berechtigt, die hinterlegte Sache vor dem Ablauf der bestimmten Frist zurückzugeben, es sei denn, daß unvorhergesehene Umstände ihm die weitere Aufbewahrung in Sicherheit und ohne eigenen Schaden unmöglich machen.

Wurde eine Zeit für die Aufbewahrung nicht bestimmt, so kann der Verwahrer die hinterlegte Sache jederzeit zurückgeben.

Rückgabeort

829. Die Rückgabe der hinterlegten Sache erfolgt, wenn nichts anderes bestimmt wurde, an dem Orte, an welchem die Sache aufgehoben war. Der Verwahrer ist nicht verpflichtet, die Sache dem Hinterleger zu bringen.

Hinterlegung vertretbarer Sachen

830. Eine Hinterlegung von Geld oder von anderen vertretbaren Sachen gilt im Zweifel als Darlehen, wenn der Verwahrer die Befugnis hat, sie zu verbrauchen. Für die Zeit und den Ort der Rückgabe aber gelten im Zweifel die Vorschriften über Verwahrung.

Dem Verwahrer von Wertpapieren steht kein Verfügungsrecht über sie zu, wenn es ihm nicht schriftlich und ausdrücklich erteilt wurde.

Sequestration

831. Haben zwei oder mehrere einem Dritten eine bewegliche oder unbewegliche Sache zum Zwecke der Sicherung ihrer Rechte an der Sache, welche streitig oder unsicher sind, übergeben, so ist der Verwahrer (Sequester) nur nach Zustimmung aller oder nach gerichtlicher Entscheidung zur Rückgabe verpflichtet.

832. Für den Sequester im Sinne des vorangehenden Artikels, sowie für den durch gerichtliche Entscheidung bestellten Sequester gelten die Vorschriften über den Verwahrer, sofern die Parteien nichts anderes bestimmt haben.

833. Ist es nach der Natur des Gegenstandes erforderlich, so ist der Sequester auch zu Geschäftsführungshandlungen verpflichtet, bei denen die Vorschriften über Auftrag anzuwenden sind.

Liegt ein offensichtlicher Notfall vor oder ist die Erhaltung der Sache unmöglich, so ist der Sequester auch zur Veräußerung der Sache in einer Weise berechtigt, die am meisten auf die Interessen der Parteien Rücksicht nimmt.

Neunundzwanzigstes Kapitel

Haftung der Gastwirte

Umfang der Haftung

834. Der Gastwirt haftet für jede Beschädigung, für Untergang oder Wegnahme der durch die Gäste in die Gastwirtschaft eingebrachten Sachen, es sei denn, daß den Schaden der Gast selbst oder ein Besucher, Begleiter oder Diener des Gastes oder die Beschaffenheit der Sache oder höhere Gewalt verursacht hat.

Pensionen, Krankenhäuser, Schlafwagen und Passagier- oder Luftschiffe werden insoweit, als in ihnen Personen beherbergt werden, Gastwirtschaften gleichgestellt.

Für Geld und Kostbarkeiten

835. Für Geld, Wertpapiere und Kostbarkeiten beschränkt sich die Haftung des Gastwirts nach dem vorangehenden Artikel auf den Betrag von dreißigtausend Drachmen für jeden Kunden, es sei denn, daß der Gastwirt diese Gegenstände in Kenntnis ihrer Eigenschaft als Wertsachen zur Aufbewahrung übernommen oder ihre Aufbewahrung abgelehnt hat oder daß der Schaden von ihm, von seiner Familie oder von seinem Personal verschuldet wurde.

Nicht angezeigter Schaden

836. Der Anspruch des Gastes auf Entschädigung erlischt, wenn er, nachdem er von der Beschädigung Kenntnis erlangt hat, ohne Grund zögert, dem Gastwirt den Schaden anzuzeigen, es sei denn, daß er dem Gastwirt die Sachen zur Aufbewahrung übergeben hatte oder daß der Schaden vom Gastwirt, von seiner Familie oder von seinem Personal verschuldet wurde.

Einseitige Bekanntmachung über Nichthaftung

837. Jede einseitige Bekanntmachung des Gastwirts, welche seine Haftung ausschließt oder beschränkt, ist nichtig.

Pfandrecht an den eingebrachten Sachen

838. Der Gastwirt hat ein gesetzliches Pfandrecht an den vom Gast eingebrachten Sachen für seine Ansprüche aus der Beherbergung des Gastes in der Gastwirtschaft und aus den mit ihr zusammenhängenden Leistungen. Die Vorschriften über das gesetzliche Pfandrecht des Vermieters eines Grundstücks finden entsprechende Anwendung.

839. Die Vorschriften des vorangehenden Artikels finden entsprechende Anwendung auf Personen, die Ställe, Lager, Garagen, Flughäfen unterhalten, hinsichtlich der eingebrachten Tiere, Wagen, Kraftwagen, Luftfahrzeuge und der dazugehörigen Sachen.

Dreißigstes Kapitel

Leibrente

Begriff

840. Die Verpflichtung zu lebenslänglicher Leistung von Geld oder anderen vertretbaren Sachen durch regelmäßig wiederkehrende Leistungen (Leibrente) kann auf Lebensdauer des Berechtigten oder des Schuldners oder eines Dritten begründet werden. Im Zweifel gilt sie als auf Lebensdauer des Berechtigten begründet.

Der für die Rente bestimmte Betrag ist im Zweifel der jährlich zu entrichtende Betrag der Rente.

Entrichtung der Rente

841. Eine Geldrente ist monatlich, jede andere Rente nach Zeitabschnitten, welche sich nach dem Zwecke der Rente bestimmen, im voraus zu entrichten.

Stirbt der Gläubiger vor dem Ende des Zeitabschnittes, für den die Rente im voraus zu entrichten ist, so hat der Schuldner den vollen auf den Zeitabschnitt entfallenden Betrag zu entrichten.

Vertrag

842. Ein Vertrag über Leibrente ist nichtig, wenn er nicht notariell beurkundet wird.

843. Der Gläubiger einer Rente kann seine Rechte abtreten, es sei denn, daß etwas anderes bestimmt wurde. *Abtretung und Pfändung*

Wer im Wege eines unentgeltlichen Grundgeschäftes eine Rente zugunsten eines anderen bestellt, kann gleichzeitig bestimmen, daß sie unpfändbar sei.

Einunddreißigstes Kapitel

Spiel und Wette

844. Aus Spiel oder Wette entsteht kein Anspruch. Dasselbe gilt auch in Bezug auf das abstrakte Versprechen oder Anerkenntnis einer solchen Schuld oder die Ausstellung eines Wechsels oder eines anderen Schuldscheins darüber. *Ein Anspruch entsteht nicht*

845. Das auf Grund von Spiel oder Wette Geleistete kann, wenn es freiwillig und nicht auf Grund arglistigen Verhaltens oder eines anderen Kunstgriffes des Gewinners geleistet wurde, nicht zurückgefordert werden. *Das Geleistete kann nicht zurückgefordert werden*

846. Ein Anspruch auf Grund einer Lotterie entsteht nur, wenn ihre Veranstaltung durch Gesetz erlaubt wurde.

Zweiunddreißigstes Kapitel

Bürgschaft

847. Durch den Bürgschaftsvertrag übernimmt der Bürge dem Gläubiger gegenüber die Haftung dafür, daß die Verbindlichkeit erfüllt wird. *Begriff*

848. Die Bürgschaft kann auch für eine künftige oder eine bedingte Verbindlichkeit übernommen werden.

849. Die Bürgschaft ist nichtig, wenn sie nicht schriftlich erteilt wird. Der Mangel der schriftlichen Form wird geheilt, soweit der Bürge die Hauptverbindlichkeit erfüllt. *Form*

850. Die Bürgschaft setzt eine gültige Hauptverbindlichkeit voraus. Die Bürgschaft aber über eine Verbindlichkeit, welche von einer geschäftsunfähigen Person oder von einer Person mit beschränkter Geschäftsfähigkeit eingegangen wurde, ist gültig, wenn sich der Bürge in Kenntnis der Geschäftsunfähigkeit oder der beschränkten Geschäftsfähigkeit für diese Person verbürgt hat. *Bürgschaft bei einer nichtigen Schuld*

851. Der Bürge haftet für den jeweiligen Umfang der Hauptschuld, insbesondere für die Folgen des Verschuldens oder des Verzuges des Hauptschuldners. *Umfang der Haftung des Bürgen*

852. Der Bürge haftet im Zweifel nicht für vereinbarte akzessorische Leistungen, die zu der Zeit, in der er die Bürgschaft übernommen hat, fällig waren. Für solche Leistungen, welche nach der Übernahme der Bürgschaft fällig werden, haftet im Zweifel der Bürge nur dann, wenn er zur Zeit, in der die Bürgschaft übernommen wurde, ihr Bestehen kannte.

Einreden des Bürgen

853. Der Bürge kann gegen den Gläubiger die Einreden des Hauptschuldners, welche nicht höchstpersönlich sind, geltend machen, auch wenn dieser auf sie nach der Übernahme der Bürgschaft verzichtet.

Mehrere Bürgen

854. Mehrere Bürgen haften als Gesamtschuldner, auch wenn sie die Bürgschaft nicht gemeinschaftlich übernommen haben.

Einrede der Vorausklage

855. Der Bürge ist berechtigt, die Tilgung der Schuld zu verweigern, solange nicht der Gläubiger eine Zwangsvollstreckung gegen den Hauptschuldner ohne Erfolg versucht hat (Einrede der Vorausklage).

856. Bei einer Bürgschaft, welche für eine Geldschuld übernommen wurde, muß die Zwangsvollstreckung nach dem vorigen Artikel in die beweglichen Sachen des Hauptschuldners an dem Orte vorgenommen werden, an welchem er seinen Wohnsitz oder seinen Aufenthalt hat.

Hat der Gläubiger ein Pfandrecht oder ein Zurückbehaltungsrecht an beweglichen Sachen des Hauptschuldners, so muß er auch in diese Sachen die Vollstreckung vornehmen.

857. Dem Bürgen steht die Einrede der Vorausklage nicht zu: 1. wenn der Bürge auf die Einrede verzichtet hat, insbesondere wenn er sich als Selbstschuldner verbürgt hat; 2. wenn die Rechtsverfolgung gegen den Hauptschuldner infolge einer nach der Übernahme der Bürgschaft eingetretenen Änderung des Wohnsitzes oder des Aufenthaltsortes des Hauptschuldners wesentlich erschwert ist; 3. wenn der Hauptschuldner in Konkurs geraten ist und der Gläubiger kein Pfandrecht an einer Sache von ihm hat; 4. wenn es offensichtlich ist, daß die Zwangsvollstreckung gegen den Hauptschuldner ohne Erfolg sein würde.

Rückgriff des Bürgen und Substitution

858. Soweit der Bürge den Gläubiger befriedigt hat und ihm ein Rückgriffsrecht gegen den Hauptschuldner zusteht, tritt er in die Rechte des Gläubigers ein.

859. Dem Bürgen, der den Gläubiger befriedigt hat, steht ein Rückgriffsrecht nicht zu, wenn er unterlassen hat, begründete Einreden des Hauptschuldners geltend zu machen, die er kannte oder kennen mußte.

860. Dem Mitbürgen, der den Gläubiger befriedigt hat, steht gegen die übrigen Mitbürgen ein Rückgriffsrecht in dem Umfang zu, in dem die Gesamtschuldner im Verhältnis zueinander gemäß Art. 487 haften.

Recht des Bürgen auf Sicherheit

861. Der Bürge kann vom Hauptschuldner Sicherheitsleistung verlangen, auch bevor die Schuld fällig wird: 1. wenn sich die Vermögensverhältnisse des Hauptschuldners verschlechtert haben; 2. wenn die Rechtsverfolgung gegen den Hauptschuldner infolge einer nach der Übernahme der Bürgschaft eingetretenen Änderung des Wohnsitzes oder des Aufenthaltsortes des Hauptschuldners wesentlich erschwert ist; 3. wenn der Hauptschuldner in Verzug geraten ist; 4. wenn der Bürge zur Erfüllung der Verbindlichkeit verurteilt wurde.

Erlöschen der Bürgschaft

862. Der Bürge wird befreit, sofern infolge Verschuldens des Gläubigers dessen Befriedigung durch den Schuldner unmöglich wurde.

863. Der Bürge wird befreit, sofern zu seinem Schaden der Gläubiger auf Sicherheiten verzichtet hat, welche ausschließlich für seine Forderung bestanden, für die die Bürgschaft übernommen worden war.

864. Ist die Hauptverbindlichkeit erloschen, so wird der Bürge befreit, es sei denn, daß er das Erlöschen verschuldet hat.

865. Sind die Hauptverbindlichkeit und die Bürgschaft in derselben Person zusammengetroffen, so werden dadurch die Rechte des Gläubigers nicht beeinträchtigt.

Bürgschaft für eine bestimmte Zeit

866. Wer sich nur für eine bestimmte Zeit verbürgt hat, wird von der Bürgschaft befreit, wenn nicht der Gläubiger innerhalb eines Monats nach dem Ablauf dieser Zeit seine Forderung gerichtlich geltend macht und das Verfahren darüber nicht unverzüglich fortsetzt.

Bürgschaft auf unbestimmte Zeit

867. Wer sich auf unbestimmte Zeit verbürgt hat, kann nach der Fälligkeit der Hauptverbindlichkeit vom Gläubiger verlangen, daß er innerhalb eines Monats seine Forderung gerichtlich geltend mache und das Verfahren unverzüglich fortsetze. Kommt der Gläubiger diesem Verlangen des Bürgen nicht nach, so wird der Bürge befreit.

868. Ist im Falle des vorangehenden Artikels für die Herbeiführung der Fälligkeit der Hauptverbindlichkeit Kündigung des Gläubigers erforderlich, so kann der Bürge nach Ablauf eines Jahres seit Übernahme der Bürgschaft verlangen, daß der Gläubiger kündige, seine Forderung innerhalb eines Monats gerichtlich geltend mache und das Verfahren unverzüglich fortsetze. Kommt der Gläubiger dem Verlangen des Bürgen nicht nach, so wird der Bürge befreit.

Bürgschaft für einen Arbeitnehmer oder für einen Unternehmer

869. Wer für einen Arbeitnehmer oder einen Unternehmer Bürgschaft leistet, wird befreit, wenn der Gläubiger versäumt, die erforderliche Aufsicht über den Arbeitnehmer oder den Unternehmer auszuüben und wegen dieser Unterlassung die Verbindlichkeit entstanden oder vergrößert ist.

Auftrag zur Kreditleistung an einen Dritten

870. Der Auftrag, daß der Beauftragte im eigenen Namen und für eigene Rechnung einem Dritten Kredit gewähre, gilt als Bürgschaft für die Verbindlichkeit des Dritten aus dem geleisteten Kredit. Auf einen solchen Auftrag findet die Vorschrift des Art. 849 entsprechende Anwendung.

Dreiunddreißigstes Kapitel

Vergleich

Begriff

871. Durch den Vergleichsvertrag beseitigen die Vertragschließenden im Wege gegenseitigen Nachgebens den Streit oder die Ungewißheit über ein Rechtsverhältnis. Dem ungewissen Rechtsverhältnis steht ein unsicherer Anspruch gleich.

Anfechtung

872. Der Vergleich kann für nichtig erklärt werden, wenn der nach dem Inhalt des Vertrags dem Vergleich als feststehend zugrundegelegte Sachverhalt der Wirklichkeit nicht entspricht und der Streit oder die Ungewißheit bei Kenntnis der Sachlage nicht entstanden sein würde.

Vierunddreißigstes Kapitel

Abstraktes Versprechen oder Schuldanerkenntnis

Begriff und Gültigkeit

873. Der Vertrag, durch den das Versprechen oder das Anerkenntnis einer Schuld in der Weise erfolgt, daß ein Schuldverhältnis unabhängig vom Schuldgrund entsteht, ist gültig, wenn die Versprechens- oder die Anerkenntniserklärung schriftlich erteilt wird. Eine schriftliche Versprechens- oder Anerkenntniserklärung, die den Grund der Schuld nicht angibt, gilt im Zweifel als zu einem solchen Zweck abgegeben.

874. Die nach dem vorangehenden Artikel erforderliche Urkunde ist nicht notwendig, wenn das Versprechen oder das Anerkenntnis den Restbetrag eines abgeschlossenen Kontokorrents betrifft.

875. Betrifft das Versprechen oder das Anerkenntnis einen Grund, für den das Gesetz eine eigene Form fordert, so ist es nichtig, wenn es nicht nach dieser Form erfolgt.

Fünfunddreißigstes Kapitel

Anweisung

Begriff

876. Durch die Anweisung wird demjenigen, zugunsten dessen sie erteilt wird (Anweisungsempfänger), eine Urkunde ausgehändigt, kraft deren der Anweisungsempfänger ermächtigt wird, die in Geld oder in anderen vertretbaren Sachen bestehende Leistung bei dem Angewiesenen im eigenen Namen zu erheben; der Angewiesene wird ermächtigt, diese Leistung für Rechnung des Anweisenden an den Anweisungsempfänger zu bewirken.

Annahme durch den Angewiesenen

877. Nimmt der Angewiesene dem Anweisungsempfänger gegenüber die Anweisung an, so ist er ihm gegenüber verpflichtet, die Leistung zu bewirken. Er ist nicht berechtigt, Einwendungen aus seinem Verhältnis zu dem Anweisenden oder aus dem Verhältnis zwischen Anweisendem und Anweisungsempfänger geltend zu machen.

Die Annahme erfolgt auf der Anweisungsurkunde.

878. Der Angewiesene ist nur gegen Aushändigung der Anweisungsurkunde zur Bewirkung der Leistung verpflichtet.

879. Der Anspruch des Anweisungsempfängers gegen den Angewiesenen aus der Annahme verjährt in drei Jahren.

Keine Verpflichtung zur Annahme

880. Zur Annahme der Anweisung oder zur Bewirkung der in ihr angegebenen Leistung ist der Angewiesene nicht schon deshalb verpflichtet, weil er Schuldner des Anweisenden ist.

Anweisung zum Zwecke der Tilgung einer Schuld

881. Wurde die Anweisung zur Tilgung einer Schuld des Angewiesenen an den Anweisenden oder des Anweisenden an den Anweisungsempfänger erteilt, so wird die Schuld, wenn nicht ein anderes vereinbart wurde, erst mit der Leistung des Angewiesenen an den Anweisungsempfänger getilgt.

Verpflichtungen des Anweisungsempfängers

882. Der Anweisungsempfänger hat unverzüglich dem Anweisenden Anzeige zu machen, wenn er von der Anweisung keinen Gebrauch machen will oder kann, oder, wenn der Angewiesene die Annahme der Anweisung oder die Bewirkung der Leistung verweigert.

Widerruf der Anweisung

883. Der Anweisende kann die Anweisung dem Angewiesenen gegenüber widerrufen, solange nicht der Angewiesene sie dem Anweisungsempfänger gegenüber angenommen oder die Leistung bewirkt hat.

Ist der Anweisende in Konkurs geraten, so gilt die noch nicht angenommene Anweisung als widerrufen.

Tod oder Geschäftsunfähigkeit eines der Beteiligten

884. Die Anweisung erlischt nicht durch den Tod oder durch den Eintritt der Geschäftsunfähigkeit des Anweisenden, des Angewiesenen oder des Anweisungsempfängers.

Übertragung der Anweisung

885. Der Anweisungsempfänger ist berechtigt, durch Vertrag die Anweisung einem anderen zu übertragen.

Der Anweisende kann eine solche Übertragung ausschließen. Diese Ausschließung gilt aber dem Angewiesenen gegenüber nur, wenn sie aus der Urkunde der Anweisung zu entnehmen ist oder wenn sie dem Angewiesenen vor der Annahme der Anweisung oder der Bewirkung der Leistung mitgeteilt wurde.

886. Die Übertragung im Sinne des vorangehenden Artikels bedarf der schriftlichen Form und kann auch auf der Anweisungsurkunde erklärt werden. In jedem Falle muß dem neuen Anweisungsempfänger auch die Anweisungsurkunde ausgehändigt werden.

887. Nimmt der Angewiesene die Anweisung dem neuen Anweisungsempfänger gegenüber an, so ist er nicht berechtigt, Einwendungen aus dem Rechtsverhältnis zwischen ihm und dem früheren Anweisungsempfänger gegenüber dem neuen Anweisungsempfänger geltend zu machen.

Im übrigen finden auf die Übertragung der Anweisung die Vorschriften über die Abtretung entsprechende Anwendung.

Sechsunddreißigstes Kapitel

Schuldverschreibungen auf den Inhaber

Begriff

888. Wer eine Urkunde unterschreibt, die ein Versprechen von ihm über Leistung an den Inhaber der Urkunde enthält (Schuldverschreibung auf den Inhaber), ist verpflichtet, die Leistung an den Inhaber der Urkunde zu bewirken, es sei denn, daß dieser zur Verfügung über die Urkunde nicht berechtigt ist.

Leistung an einen nicht berechtigten Inhaber

889. Der Schuldner wird durch die Leistung an den Inhaber der Schuldverschreibung befreit, auch wenn dieser zur Verfügung über die Schuldverschreibung nicht berechtigt ist, es sei denn, daß er durch die Bewirkung der Leistung gegen Treu und Glauben und die Verkehrssitte gehandelt hat.

Umlauf des Papiers gegen den Willen des Schuldners

890. Der Schuldner wird aus dem Papier auch dann verpflichtet, wenn es ihm gestohlen worden oder verlorengegangen oder, wenn es sonst ohne seinen Willen in den Verkehr gelangt ist.

Umlauf nur kraft speziellen Gesetzes

891. Im Inland ausgestellte Schuldverschreibungen auf den Inhaber, in denen die Zahlung einer bestimmten Geldsumme versprochen wird, können nur in den Fällen in den Verkehr gebracht werden, in denen es das Gesetz ausdrücklich erlaubt. Das Papier, welches nach Verletzung dieser Vorschrift in den Verkehr gelangt ist, ist nichtig. Der Aussteller hat dem Inhaber den durch die Ausstellung verursachten Schaden zu ersetzen.

Einwendungen gegen den Inhaber

892. Der Schuldner kann dem Inhaber der Schuldverschreibung nur solche Einwendungen entgegensetzen, welche die Ungültigkeit des Papiers betreffen oder sich aus der Urkunde ergeben oder dem Schuldner unmittelbar gegen den Inhaber zustehen.

Leistung nur gegen Aushändigung des Papiers

893. Der Schuldner ist nur gegen Aushändigung des Papiers zur Leistung verpflichtet. Mit der Aushändigung erwirbt er ohne weiteres das Eigentum an dem Papier, auch wenn der Inhaber zur Verfügung über das Papier nicht berechtigt war.

Beschädigung des Papiers

894. Ist das Papier infolge einer Beschädigung oder Verunstaltung zum Umlauf nicht geeignet, können sein wesentlicher Inhalt und seine Unterscheidungsmerkmale aber noch mit Sicherheit erkannt werden, so ist sein Inhaber berechtigt, von dem Schuldner die Ausstellung eines neuen Papiers gegen Aushändigung des beschädigten zu verlangen. Die Kosten trägt der Inhaber.

Diebstahl, Verlust usw. des Papiers

895. Ist eine Schuldverschreibung auf den Inhaber gestohlen, verlorengegangen oder vernichtet, so kann der Inhaber verlangen, sofern in der Schuldverschreibung nicht das Gegenteil bestimmt ist, daß das Gericht nach dem im Gesetz bestimmten Verfahren das Papier für ungültig erklärt oder dem Schuldner verbietet, an den Überbringer des Papiers zu leisten. Diese Vorschrift findet auf Zins- und Dividendenscheine sowie auf die auf Sicht zahlbaren unverzinslichen Schuldverschreibungen keine Anwendung.

896. Derjenige, welcher gemäß dem vorangehenden Artikel die Kraftloserklärung der Schuldverschreibung auf den Inhaber veranlaßt hat, ist berechtigt, unbeschadet des Rechtes, den Anspruch aus dieser Schuldverschreibung geltend zu machen, vom Schuldner die Ausstellung eines neuen Papiers zu verlangen. Die Kosten hat er selbst zu tragen.

Zinsscheine

897. Zinsscheine einer Schuldverschreibung auf den Inhaber bleiben, sofern sie nicht eine gegenteilige Bestimmung enthalten, in Kraft, auch wenn die Hauptforderung erlischt oder die Verpflichtung zur Verzinsung aufgehoben oder geändert wird.

Werden solche Zinsscheine bei der Einlösung des Hauptpapiers nicht zurückgegeben, so ist der Schuldner berechtigt, den in ihnen angegebenen Betrag bis zum Ablauf der Verjährungszeit zurückzubehalten.

898. Bei Diebstahl, Verlust oder Vernichtung von Zins- oder Dividendenscheinen ist der bisherige Inhaber berechtigt, die Leistung von dem Schuldner zu verlangen, wenn er ihm vor ihrem Verfall den Diebstahl, den Verlust oder die Vernichtung angezeigt hat und vor dem Verfall sie kein anderer zur Einlösung vorgelegt oder zu diesem Zwecke eine Klage erhoben hat.

Durch eine entgegenstehende Bestimmung auf dem Zins- oder Dividendenschein kann der Anspruch gemäß dem vorangehenden Absatz ausgeschlossen werden.

899. Neuausgestellte Zins- oder Dividendenscheine einer Schuldverschreibung werden dem Inhaber des besonderen Erneuerungsscheines übergeben. Widerspricht der Inhaber der Schuldverschreibung der Übergabe, so werden sie ihm übergeben.

Die Vorschriften des vorangehenden Absatzes finden, wenn auf dem Erneuerungsschein etwas anderes bestimmt wurde, keine Anwendung.

Umwandlung eines Inhaberpapiers in ein Rektapapier

900. Die Schuldverschreibung auf den Inhaber kann nur vom Schuldner in ein Namenspapier zugunsten eines bestimmten Berechtigten umgewandelt werden. Der Schuldner ist dazu nicht verpflichtet.

Siebenunddreißigstes Kapitel

Vorlegung einer Sache

Vorlegungsfälle

901. Wer gegen den Besitzer einer Sache einen Anspruch in Ansehung der Sache hat, ist berechtigt, von diesem die Vorlegung der Sache zu verlangen, wenn sie zur Geltendmachung seines Anspruchs erforderlich ist.

902. Wer ein rechtliches Interesse daran hat, eine in fremdem Besitze befindliche Urkunde einzusehen, ist berechtigt, die Vorlegung der Urkunde oder auch eine Abschrift von ihr zu verlangen, wenn die Urkunde in seinem Interesse errichtet oder in der Urkunde ein Rechtsverhältnis bestätigt ist, das auch ihn betrifft, oder wenn sich die Urkunde auf Verhandlungen bezieht, welche über ein solches Rechtsverhältnis entweder durch ihn oder für seine Rechnung durch einen anderen gepflogen worden sind.

Wie sie erfolgt

903. Die Vorlegung der Sache oder der Urkunde erfolgt an dem Orte, an welchem sich die vorzulegende Sache zu der Zeit des Vorlegungsantrages befindet, es sei denn, daß der eine oder der andere Teil aus einem wichtigen Grunde die Vorlegung an einem anderen Orte verlangt.

Die Gefahr und die Kosten der Vorlegung trägt derjenige, der sie verlangt.

Der Besitzer kann die Vorlegung verweigern, bis ihm der andere Teil die Kosten vorschießt und für den etwaigen Schaden Sicherheit leistet.

Achtunddreißigstes Kapitel

Ungerechtfertigte Bereicherung

Begriff

904. Wer sich ohne rechtlichen Grund aus dem Vermögen eines anderen oder zu dessen Schaden bereichert hat, ist zur Herausgabe des Vorteils verpflichtet. Diese Verpflichtung besteht insbesondere wegen Bewirkung einer nicht geschuldeten Leistung oder einer Leistung aus einem nicht eingetretenen Grund oder aus einem Grund, der zu bestehen aufgehört hat oder rechtswidrig oder unsittlich ist.

Als Leistung gilt auch die durch Vertrag erfolgte Anerkennung des Bestehens oder Nichtbestehens einer Schuld.

Ausschluß der Rückforderung

905. Die Rückforderung einer nicht geschuldeten Leistung ist ausgeschlossen, wenn derjenige, dem gegenüber die Leistung bewirkt wurde, nachweist, daß der Leistende das Nichtbestehen der Schuld kannte.

Das vor der Fälligkeit der Schuld Geleistete kann nicht zurückgefordert werden. Auch die Früchte der Zwischenzeit können nicht zurückgefordert werden.

906. Die Rückforderung einer nicht geschuldeten Leistung ist ausgeschlossen, wenn die Leistung wegen einer besonderen sittlichen Pflicht oder wegen einer auf den Anstand zu nehmenden Rücksicht erbracht wurde.

Anspruch auf Leistung aus unsittlichem Grund

907. Eine Leistung, welche aus einem unsittlichen Grund erfolgte, kann nicht zurückgefordert werden, wenn der unsittliche Grund auch den Geber betrifft.

Diese Vorschrift gilt nicht, wenn die Leistung in der Begründung einer Verbindlichkeit besteht. Was aber zur Erfüllung dieser Verbindlichkeit geleistet wurde, kann nicht zurückgefordert werden.

Umfang der Haftung des Empfängers

908. Der Empfänger hat die erlangte Sache oder den für diese Sache etwa erlangten Gegenwert herauszugeben. Er hat auch die gesammelten Früchte sowie alles, was er aus der Sache erworben hat, herauszugeben.

909. Die nach dem vorigen Artikel bestehende Verpflichtung zur Herausgabe erlischt, wenn der Empfänger zur Zeit der Zustellung der Klage nicht mehr bereichert ist.

910. Von der Zustellung der Klage an, haftet der Empfänger nach den allgemeinen Vorschriften der Art. 346 und 348.

911. Der Empfänger haftet, als ob die Klage zugestellt wäre: 1. bei einem Anspruch auf Herausgabe einer nicht geschuldeten Leistung, sofern er das Nichtbestehen der Schuld kannte oder seitdem er von dem Nichtbestehen der Schuld Kenntnis genommen hat; 2. bei einem Anspruch aus einem rechtswidrigen oder unsittlichen Grunde.

912. Bei einem Anspruch aus einem nicht eingetretenen Grund oder aus einem Grund, der zu bestehen aufgehört hat, haftet der Empfänger für das Erlangte, von dem Zeitpunkt an, in dem er die Rückforderung voraussehen mußte, als ob die Klage zugestellt wäre.

Zur Herausgabe von Früchten ist er nur verpflichtet, nachdem er erfahren hat, daß der Grund nicht eingetreten ist oder aufgehört hat zu bestehen.

913. Ist der Empfänger zur Herausgabe nicht verpflichtet, weil er das ohne Grund Erlangte einem Dritten unentgeltlich zugewendet hat, so kann der Geber vom Dritten die Herausgabe der Bereicherung fordern.

Neununddreißigstes Kapitel

Unerlaubte Handlungen

Begriff

914. Wer gesetzwidrig einem anderen schuldhaft Schaden zufügt, ist zum Schadenersatz verpflichtet.

Schuldausschließungsgründe

915. Wer sich im Zustand der Bewußtlosigkeit befindet oder wegen einer Geisteskrankheit der Vernunft beraubt ist und einem anderen Schaden zufügt, haftet nicht.

Hat er sich bei der Zufügung des Schadens durch den Gebrauch von geistigen Getränken oder durch andere ähnliche Mittel in einen Zustand dieser Art versetzt, so haftet er für den Schaden, es sei denn, daß er ohne eigenes Verschulden in diesen Zustand geraten ist.

916. Wer das zehnte Lebensjahr nicht vollendet hat, haftet nicht für den von ihm verursachten Schaden.

917. Wer das zehnte, nicht aber das vierzehnte Lebensjahr vollendet hat, haftet für den von ihm verursachten Schaden, es sei denn, daß er bei der Begehung der schädigenden Handlung die zur Erkenntnis der Verantwortlichkeit erforderliche Einsicht nicht hatte. Das gleiche gilt für Taubstumme.

918. Wer den Schaden verursacht hat, kann, sofern er nach den Vorschriften der Art. 915 bis 917 nicht haftet, durch das Gericht, das die Verhältnisse der Beteiligten abzuwägen hat, zu einer angemessenen Entschädigung verurteilt werden, wenn der Schaden nicht anders ausgeglichen werden kann.

Verletzung der guten Sitten

919. Wer in einer gegen die guten Sitten verstoßenden Weise einem anderen absichtlich Schaden zufügt, ist dem anderen zum Schadenersatz verpflichtet.

Üble Nachrede

920. Wer in Kenntnis oder schuldhafter Unkenntnis unwahre Nachrichten behauptet oder verbreitet, welche den Kredit, den Beruf oder das Fortkommen eines anderen in Gefahr bringen, hat dem anderen den daraus entstehenden Schaden zu ersetzen.

Verletzung der Ehre einer Frau

921. Wird durch strafbare Handlung, durch Drohung, durch betrügerische Versprechungen oder unter Mißbrauch eines Abhängigkeitsverhältnisses die Ehre einer Frau durch Beiwohnung mit ihr verletzt, so besteht die ihr geschuldete Entschädigung in der Zahlung einer angemessenen Geldsumme für ihre Verheiratung.

Haftung des Dienstberechtigten

922. Der Dienstberechtigte oder derjenige, welcher einem anderen eine Dienstleistung übertragen hat, haftet für den Schaden, den der Diener oder der Verrichtungsgehilfe bei der Ausführung seiner Dienste widerrechtlich einem Dritten zufügt.

Haftung des Aufsichtspflichtigen

923. Wer kraft Gesetzes über einen Minderjährigen oder Entmündigten die Aufsicht hat, haftet für den Schaden, den diese Personen einem Dritten widerrechtlich zufügen, es sei denn er beweist, daß er seiner Aufsichtspflicht genügt hat oder daß die Abwendung des Schadens nicht möglich war.

Die gleiche Haftung trifft auch denjenigen, welcher die Aufsicht auf Grund eines Vertrags ausübt.

Haftung des Tierhalters

924. Der Tierhalter haftet für den Schaden, den das Tier einem Dritten verursacht hat.

Wird der Schaden durch ein Haustier verursacht, das für den Beruf, die Bewachung des Hauses oder den Unterhalt seines Halters benutzt wird, so haftet dieser nicht, wenn er beweist, daß ihm bei der Überwachung und Beaufsichtigung des Tieres kein Verschulden zur Last fällt.

Einsturz eines Gebäudes oder eines anderen Werkes

925. Der Eigentümer oder der Besitzer eines Gebäudes oder eines anderen mit dem Boden verbundenen Werkes haftet für den Schaden, der einem Dritten durch dessen völligen oder teilweisen Einsturz verursacht wurde, es sei denn er beweist, daß der Einsturz nicht die Folge fehlerhafter Errichtung oder mangelhafter Unterhaltung des Gebäudes oder des Werkes war.

Ein von mehreren zugefügter Schaden

926. Wurde der Schaden durch eine gemeinsam vorgenommene Handlung mehrerer Personen verursacht oder haften für denselben Schaden unabhängig voneinander mehrere, so sind alle als Gesamtschuldner anzusehen. Das gleiche gilt auch, wenn bei mehreren, die gleichzeitig oder nacheinander gehandelt haben, nicht ermittelt werden kann, wessen Handlung den Schaden verursacht hat.

Rückgriff unter ihnen

927. Demjenigen, welcher gemäß dem vorangehenden Artikel den ganzen Schadenersatz geleistet hat, steht ein Rückgriffsrecht gegen die übrigen zu. Das Maß der Haftung untereinander bestimmt das Gericht entsprechend dem Grade des Verschuldens jedes einzelnen. Kann dieser Grad nicht ermittelt werden, so wird der Schaden nach gleichen Teilen verteilt.

Bei Tötung einer Person

928. Im Falle der Tötung einer Person hat der Ersatzpflichtige die Krankheitskosten und die Kosten der Beerdigung demjenigen zu ersetzen, welcher diese Kosten kraft Gesetzes zu tragen hat. Er ist auch zum Schadenersatz demjenigen verpflichtet, dem der Getötete kraft Gesetzes Unterhalt oder Dienste zu leisten hatte.

Bei Verletzung des Körpers oder der Gesundheit

929. Bei Verletzung des Körpers oder der Gesundheit einer Person umfaßt der Schadenersatz außer den Krankheitskosten und dem schon entstandenen Schaden alles das, was der Verletzte in Zukunft entbehren oder wegen Vermehrung seiner Aufwendungen außerdem ausgeben wird. Eine Verpflichtung zum Schadenersatz besteht auch einem Dritten gegenüber, der kraft Gesetzes vom Verletzten Dienstleistungen verlangen kann und diese entbehrt.

930. Der auf die Zukunft sich beziehende Schadenersatz im Sinne der zwei vorigen Artikel wird in monatlichen Geldraten entrichtet. Liegt ein wichtiger Grund vor, so kann der Schadenersatz auf einmal in Kapital zugebilligt werden.

Der Ersatzpflichtige kann den Umständen nach zur Sicherheitsleistung verpflichtet werden.

Der Schadenersatzanspruch wird nicht dadurch ausgeschlossen, daß ein anderer dem Verletzten Schadenersatz oder Unterhalt zu gewähren hat.

931. Verstümmelung oder Entstellung, die der Verletzte erlitten hat, wird bei der Schadenersatzzubilligung besonders in Betracht gezogen, wenn sie sein Fortkommen beeinflußt, insbesondere, wenn sie für die Verheiratung einer Frau von Bedeutung ist.

Wiedergutmachung immateriellen Schadens

932. Wegen einer unerlaubten Handlung kann das Gericht, unabhängig vom Schadenersatz für den Vermögensschaden, eine nach seinem Ermessen angemessene Entschädigung in Geld wegen des immateriellen Schadens zuerkennen. Dies gilt insbesondere bei Verletzung der Gesundheit, Ehre oder Keuschheit oder Entziehung der Freiheit einer Person. Im Falle der Tötung einer Person kann diese in Geld bestehende Genugtuung der Familie des Getöteten für die seelische Beeinträchtigung zugesprochen werden.

933. Der im vorigen Artikel bestimmte Anspruch ist nicht übertragbar und geht nicht auf die Erben über, es sei denn, daß er durch Vertrag anerkannt oder eine Klage über ihn zugestellt wurde.

Rechtswidrige Entziehung einer Sache

934. Wer zur Rückgabe einer Sache verpflichtet ist, die er einem anderen durch eine unerlaubte Handlung entzogen hat, gerät mit der Entziehung der Sache in Verzug.

935. Wer wegen der Entziehung einer Sache zum Schadenersatz verpflichtet ist, hat für die Aufwendungen, die er auf die Sache gemacht hat, einen Anspruch nach den Vorschriften über Vindikation einer Sache.

Schadenersatz für Entziehung oder Beschädigung einer Sache

936. Wer wegen der Entziehung oder Beschädigung einer Sache Schadenersatz schuldet, wird befreit, wenn er den Schadenersatz an denjenigen leistet, in dessen Besitz sich die Sache zur Zeit der Entziehung oder der Beschädigung befunden hat, es sei denn, daß er wußte oder schuldhaft nicht wußte, ein Dritter sei Eigentümer der Sache oder habe ein anderes Recht daran.

Verjährung

937. Der Anspruch aus einer unerlaubten Handlung verjährt in fünf Jahren von dem Zeitpunkt an, in welchem der Verletzte von dem Schaden und der Person des Ersatzpflichtigen Kenntnis erlangt hat, und in jedem Falle nach Ablauf von zwanzig Jahren von der Begehung der Handlung an.

Ist die unerlaubte Handlung gleichzeitig eine strafbare Handlung, die nach dem Strafgesetzbuch einer längeren Verjährung unterliegt, so gilt diese auch für den Schadenersatzanspruch.

Haftung für das Erlangte

938. Wer wegen einer unerlaubten Handlung Schadenersatz zu leisten hat, ist zur Herausgabe des von ihm Erlangten nach den Vorschriften über ungerechtfertigte Bereicherung verpflichtet, auch wenn der Anspruch aus der unerlaubten Handlung verjährt ist.

Vierzigstes Kapitel

Benachteiligung der Gläubiger

Anfechtungsvoraussetzungen

939. Die Gläubiger sind berechtigt, unter den Bedingungen der folgenden Artikel die Anfechtung jeder vom Schuldner zu ihrem Schaden vorgenommenen Entäußerung zu verlangen, sofern das noch übrigbleibende Vermögen des Schuldners zu ihrer Befriedigung nicht genügt.

Fälle

940. Keine Entäußerung ist die Ausschlagung einer Erbschaft oder eines Vermächtnisses durch den Schuldner.

Die Tilgung einer fälligen Schuld gilt nicht als Entäußerung. Die Leistung an Erfüllungsstatt ist Entäußerung.

Kenntnis des Dritten

941. Die Entäußerung unterliegt der Anfechtung, wenn derjenige, zu dessen Gunsten sie vorgenommen wird (der Dritte), wußte, daß der Schuldner die Entäußerung vorgenommen hat, um seine Gläubiger zu benachteiligen.

Es wird vermutet, daß dies der Dritte wußte, wenn er zur Zeit der Entäußerung Ehegatte des Schuldners oder Verwandter von ihm in gerader Linie oder Verwandter in der Seitenlinie, und zwar Blutsverwandter bis zum dritten Grade inbegriffen bzw. Schwägerschaftsverwandter bis zum zweiten Grade ist. Diese Vermutung gilt nicht, wenn von der Entäußerung bis zur Klageerhebung ein Jahr vergangen ist.

942. Bei einer Entäußerung im Wege eines unentgeltlichen Grundgeschäftes ist die Kenntnis des Dritten im Sinne des vorigen Artikels nicht erforderlich.

Wirkungen der Anfechtung

943. Die Wirkung der Anfechtung ist, daß der Dritte verpflichtet wird, den früheren Zustand wiederherzustellen. Die Anfechtung wirkt nur zugunsten der Gläubiger, welche die Entäußerung angefochten haben.

Bei einer Entäußerung im Wege eines unentgeltlichen Rechtsgeschäfts haftet der Dritte, wenn er gutgläubig war, nur nach den Vorschriften über ungerechtfertigte Bereicherung.

Sondernachfolger des Dritten

944. Die Gläubiger sind berechtigt, die ihnen gegen den Dritten zustehende Anfechtungsklage auch gegen einen Sondernachfolger von diesem zu erheben, wenn dieser zur Zeit seines Erwerbs vom Dritten die Benachteiligungsabsicht des Schuldners kannte. Diese Kenntnis wird vermutet, wenn der Sondernachfolger zur Zeit seines Erwerbs vom Dritten zu dem Schuldner in einem im Art. 941 Abs. 2 bezeichneten Verhältnis stand und seit der Entäußerung durch den Schuldner bis zur Erhebung der Klage noch nicht ein Jahr vergangen ist.

945. Die Gläubiger sind berechtigt, die ihnen gegen den Dritten zustehende Anfechtungsklage gegen einen Sondernachfolger zu erheben, der durch unentgeltliches Grundgeschäft in die Rechtsstellung des Dritten eingerückt ist, ohne daß seine Kenntnis im Sinne der vorangehenden Artikels erforderlich sei. Die Vorschrift des Art. 943 Abs. 2 findet auch hier Anwendung.

Verjährung

946. Die Anfechtungsklage verjährt nach Ablauf von fünf Jahren vom Zeitpunkt der Entäußerung an.

Drittes Buch

Sachenrecht

Erstes Kapitel

Die Sachen und die Rechte an ihnen im allgemeinen

947. Sachen im Sinne des Gesetzes sind nur körperliche Gegenstände. *Begriff*

Als Sachen gelten auch die Naturkräfte oder Energien, insbesondere der elektrische Strom und die Wärme, soweit sie, auf einen bestimmten Raum beschränkt, der Beherrschung unterliegen.

948. Unbewegliche Sachen sind der Grund und seine Bestandteile. Bewegliche Sachen sind alle die, welche keine unbeweglichen sind. *Bewegliche und unbewegliche Sachen*

949. In den Fällen, in denen im Gesetz oder in einem Rechtsgeschäft zwischen dem unbeweglichen Vermögen einer Person als Ganzem und dem beweglichen ein Unterschied gemacht wird, fallen unter die unbeweglichen Gegenstände auch der Nießbrauch an einem Grundstück sowie die Grunddienstbarkeiten und unter die beweglichen auch alle Forderungen.

950. Vertretbare Sachen sind bewegliche Sachen, welche im Verkehr nach Zahl, Maß oder Gewicht bestimmt zu werden pflegen. *Vertretbare Sachen*

951. Verbrauchbare Sachen sind bewegliche Sachen, deren bestimmungsmäßiger Gebrauch im Verbrauch besteht. *Verbrauchbare Sachen*

952. Verbrauchbare Sachen sind auch die beweglichen Sachen, deren bestimmungsmäßiger Gebrauch in der Veräußerung besteht. Als solche gelten insbesondere die Münzen, die Banknoten, die fälligen Zins- oder Dividendenscheine sowie auch die beweglichen Sachen, welche, obwohl sie an und für sich keine verbrauchbaren Sachen sind, zu einem Warenlager oder zu einem sonstigen Sachinbegriffe gehören und dazu bestimmt sind, als einzelne Sachen veräußert zu werden.

953. Der Bestandteil einer Sache, der von der Hauptsache nicht getrennt werden kann, ohne daß jener oder diese beschädigt oder in ihrem Wesen oder in ihrer Bestimmung verändert werden, kann *Bestandteil* nicht Gegenstand eines Sondereigentums oder eines besonderen dinglichen Rechtes sein.

954. Bestandteile eines Grundstücks im Sinne des vorangehenden Artikels sind auch: 1. die mit dem Grund und Boden fest verbundenen Sachen, insbesondere Gebäude; 2. die Erzeugnisse des Grundstücks, solange sie mit dem Boden zusammenhängen; 3. das Grundwasser und die Quelle; 4. der Samen mit dem Aussäen und die Pflanzen mit dem Einpflanzen.

Zu den Bestandteilen eines Gebäudes gehören alle zu seiner Herstellung benutzten oder in dieses eingefügten beweglichen Sachen.

955. Sachen, die nur zu einem vorübergehenden Zweck mit dem Grund und Boden verbunden sind, gelten nicht als Bestandteile des Grundstücks. Das gleiche gilt auch für die Gebäude oder anderen Werke im allgemeinen, die mit einem fremden Grundstück von demjenigen, der an dem Grundstück ein dingliches Recht hat, in Ausübung dieses seines Rechtes verbunden worden sind.

Bewegliche Sachen, die nur zu einem vorübergehenden Zwecke in ein Gebäude eingefügt sind, gelten nicht als Bestandteile des Gebäudes.

Zubehör

956. Zubehör ist eine bewegliche Sache, die, ohne Bestandteil der Hauptsache zu sein, dem wirtschaftlichen Zwecke der Hauptsache dauernd zu dienen bestimmt ist und bereits zu ihr in einem dieser Bestimmung entsprechenden räumlichen Verhältnis steht.

957. Eine Sache ist nicht Zubehör, wenn sie im Verkehr nicht als Zubehör angesehen wird.

Die vorübergehende Trennung eines Zubehörstückes von der Hauptsache hebt die Zubehöreigenschaft nicht auf.

958. Ein dingliches Rechtsgeschäft über die Hauptsache erstreckt sich im Zweifel auch auf das Zubehör.

959. Bei einem Gebäude, welches eingerichtet wurde, um einem Industrieunternehmen dauernd zu dienen, gelten beim Vorliegen auch der anderen Bedingungen als sein Zubehör die für das Unternehmen bestimmten Maschinen, Geräte und Werkzeuge.

960. Als Zubehör eines Landgutes gelten beim Vorliegen auch der anderen Bedingungen die für seinen Wirtschaftsbetrieb bestimmten Geräte, Werkzeuge und das Vieh sowie die landwirtschaftlichen Erzeugnisse, soweit sie zur Fortführung der Wirtschaft bis zu der Zeit erforderlich sind, zu welcher gleiche oder ähnliche Erzeugnisse gewonnen werden, und noch dazu der auf dem Landgut vorhandene und auf ihm gewonnene Dünger.

Früchte

961. Früchte einer Sache sind die Erzeugnisse der Sache sowie alles, was aus ihr ihrer Bestimmung gemäß gewonnen wird.

Früchte eines Rechtes sind die Erträge, welche das Recht seiner Bestimmung gemäß gewährt.

Früchte sind auch die Erträge, welche eine Sache oder ein Recht vermöge eines Rechtsverhältnisses gewährt (Zivilfrüchte).

Nutzungen

962. Nutzungen sind nicht nur die Früchte der Sache oder des Rechts, sondern auch jeder Vorteil, welchen der Gebrauch der Sache oder des Rechts gewährt.

963. Wer berechtigt ist, die natürlichen Früchte einer Sache oder eines Rechts bis zu einer bestimmten Zeit oder von einer bestimmten Zeit an zu beziehen, dem gebühren, sofern nicht ein anderes bestimmt ist, nur die während der Dauer seiner Berechtigung getrennten Früchte. Bei Zivilfrüchten, insbesondere bei Mietzinsen, Zinsen, Dividenden und anderen regelmäßig wiederkehrenden Erträgen aus der Sache oder aus dem Rechte gebührt dem Berechtigten, sofern nicht ein anderes bestimmt wurde, ein der Dauer seiner Berechtigung entsprechender Teil.

964. Wer kraft Gesetzes zur Herausgabe von Früchten verpflichtet ist, ist berechtigt, Ersatz der auf die Gewinnung der Früchte verwendeten Kosten insoweit zu verlangen, als sie den Wert der Früchte nicht übersteigen.

Lasten der Sache

965. Wer verpflichtet ist, die Lasten einer Sache bis zu oder von einer bestimmten Zeit an zu tragen, haftet, wenn sie zu den regelmäßig wiederkehrenden Lasten gehören und sofern nicht ein anderes bestimmt ist, nach dem Verhältnis der Dauer seiner Verpflichtung. Bei anderen Lasten haftet er insoweit, als sie während der Dauer seiner Verpflichtung zu entrichten sind.

Dem Verkehr entzogene Sachen

966. Dem Verkehr entzogene Sachen sind die allen gemeinsamen, die dem Gemeingebrauch gewidmeten und diejenigen, welche öffentlichen, städtischen, gemeindlichen oder religiösen Zwecken zu dienen bestimmt sind.

Sachen zum Gemeingebrauch

967. Als zum Gemeingebrauch bestimmte Sachen gelten insbesondere die frei und fortwährend fließenden Gewässer, die Straßen, die Plätze, die Küsten, die Häfen und die Buchten, die Ufer von schiffbaren Flüssen, die großen Seen und ihre Ufer.

Eigentum an den zum Gemeingebrauch bestimmten Sachen

968. Die zum Gemeingebrauch bestimmten Sachen gehören dem Fiskus, sofern sie nicht einer Stadt oder einer Gemeinde gehören oder das Gesetz nicht ein anderes bestimmt.

969. Beim Wasser, das zum Gemeingebrauch bestimmt ist, wird im Falle der Kollision zwischen mehreren Berechtigten der Vorrang in folgender Weise bestimmt: 1. der für das Gemeinwohl wichtigere Gebrauch; 2. der Gebrauch, welcher am meisten die Volkswirtschaft fördert; 3. der ältere Gebrauch; 4. der Gebrauch für ein Unternehmen, welches mit einem bestimmten Ort zusammenhängt; 5. der Gebrauch für den Anlieger.

970. An Sachen, die für den Gemeingebrauch bestimmt sind, können durch Konzession der Behörde nach den Bedingungen des

Gesetzes besondere Privatrechte erworben werden, sofern durch diese dem Gemeingebrauch gedient oder dieser nicht aufgehoben wird.

971. Die dem Verkehr entzogenen Sachen verlieren diese ihre Eigenschaft, sobald ihre Bestimmung zum Gemeingebrauch oder zum öffentlichen, städtischen, gemeindlichen oder religiösen Zweck aufgehört hat.

Herrenlose Sachen, Nachlaß ohne Erben

972. Herrenlose Grundstücke sowie die Vermögen der ohne Erben Verstorbenen gehören dem Fiskus.

Dingliche Rechte

973. Rechte, welche eine unmittelbare und gegen jedermann wirkende Herrschaft an der Sache gewähren (dingliche Rechte), sind das Eigentum, die Dienstbarkeiten, das Pfandrecht und die Hypothek.

Zweites Kapitel

Besitz

Begriff des Besitzes und der Detention

974. Wer die natürliche Herrschaft über eine Sache erworben hat (Detention), ist Besitzer der Sache, wenn er die Herrschaft mit dem Willen, die Sache zu eigen zu haben, ausübt.

Rechtsbesitz

975. Bei dem Pfandrecht und bei den Dienstbarkeiten besteht der Besitz in der Ausübung dieser Rechte mit dem Willen eines dazu Berechtigten.

Erwerb des Besitzes

976. Bei einer Sache, die sich im Besitze eines anderen befindet, wird der Besitz durch Übergabe der Sache mit dessen Willen erworben. Die Einigung des bisherigen Besitzers und des Erwerbers genügt jedoch zum Erwerb, wenn der Erwerber in der Lage ist, die Gewalt über die Sache auszuüben.

977. Eine Übergabe an den Erwerber liegt auch dann vor, wenn zwischen ihm und dem bisherigen Besitzer vereinbart wird, daß dieser oder ein Dritter auf Grund eines bestimmten Rechtsverhältnisses in der Detention der Sache bleibt. Dem Dritten gegenüber wird in diesem Falle der Besitz an den Erwerber von dem Zeitpunkt an übertragen, in dem dies dem Dritten vom bisherigen Besitzer bekannt gemacht wird.

978. Bei Waren und im allgemeinen bei beweglichen Sachen, die in einem Lager gelagert oder von einem Frachtführer unter Ausstellung eines Lagerscheines oder eines Konnossements übernommen wurden, erfolgt die Übertragung ihres Besitzes durch Übertragung des Lagerscheines oder des Konnossements.

Erwerb durch einen anderen

979. Der Besitz wird durch einen Vertreter erworben, wenn dieser die natürliche Herrschaft über die Sache zu dem Zwecke erwirbt, den Vertretenen zu ihrem Besitzer zu machen.

Ausübung durch einen anderen

980. Der Besitz wird in eigener Person oder durch einen anderen ausgeübt.

Hat jemand begonnen, die Sache im Namen eines anderen in seiner Detention zu haben, so ist anzunehmen, daß er, solange er die Sache in seiner Detention hat, sie im Namen des anderen hat.

Verlust des Besitzes

981. Der Besitz geht dadurch verloren, daß die natürliche Herrschaft über die Sache aufhört oder ein entgegenstehender Wille des Besitzers erklärt wird. Ein seiner Natur nach vorübergehendes Hindernis bei der Ausübung der Herrschaft hat nicht den Verlust des Besitzes zur Folge.

982. Will der Vertreter des Besitzers eines Grundstückes sich den Besitz verschaffen, so geht dieser dem Besitzer nicht verloren, bevor der Besitzer davon Kenntnis nimmt.

983. Der Besitz geht auf die Erben des Besitzers über.

Verletzung des Besitzes

984. Der Besitz wird entweder durch Störung oder Entziehung verletzt, die rechtswidrig und ohne den Willen des Besitzers erfolgt.

Der durch eine solche Entziehung erworbene Besitz ist fehlerhaft. Diese Fehlerhaftigkeit des Besitzes kann auch gegen die Erben des Besitzers geltend gemacht werden; gegen den Sondernachfolger nur, wenn er beim Erwerb die Fehlerhaftigkeit des Besitzes seines Vorgängers kannte.

985. Der Besitzer ist berechtigt, jede Störung oder drohende Entziehung des Besitzes mit Gewalt abzuwehren.

Der Besitzer einer beweglichen Sache, die ihm widerrechtlich weggenommen wurde, ist berechtigt, diese dem auf frischer Tat betroffenen oder verfolgten Täter mit Gewalt wieder abzunehmen.

Der Besitzer eines Grundstückes, dessen Besitz ihm widerrechtlich entzogen wurde, ist berechtigt, sofort nach der Entziehung sich des Besitzes mit Gewalt zu bemächtigen.

Die gleichen Rechte hat der im Besitz Verletzte auch gegen die Nachfolger, gegen welche die Fehlerhaftigkeit des Besitzes geltend gemacht werden kann.

986. Die im vorigen Artikel bestimmten Rechte stehen statt dem Besitzer auch demjenigen zu, der die tatsächliche Gewalt über die Sache ausübt, sofern er zu dem Besitzer in einem Haushalts- oder Dienstabhängigkeitsverhältnis steht, vermöge dessen er seinen, sich auf die Sache beziehenden Weisungen Folge zu leisten hat.

Schutz bei Entziehung

987. Derjenige, dem der Besitz rechtswidrig entzogen wurde, ist berechtigt, die Wiedereinräumung des Besitzes von demjenigen zu verlangen, welcher ihm gegenüber fehlerhaft besitzt. Ein Schadenersatzanspruch nach den Vorschriften über unerlaubte Handlungen ist nicht ausgeschlossen,

988. Die Klage auf Wiedereinräumung ist unzulässig, wenn derjenige, dem der Besitz entzogen wurde, den Besitz innerhalb des letzten Jahres vor der Entziehung dem gegenwärtigen Besitzer oder dessen Rechtsvorgänger gegenüber fehlerhaft erlangt hatte.

Schutz bei Störung

989. Der Besitzer, welcher im Besitz rechtswidrig gestört wird, ist berechtigt, die Beseitigung sowie die Unterlassung der Störung für die Zukunft zu verlangen. Ein Schadenersatzanspruch nach den Vorschriften über unerlaubte Handlungen ist nicht ausgeschlossen.

990. Die Klage auf Beseitigung der Besitzstörung ist unzulässig, wenn derjenige, der im Besitze gestört wurde, den Besitz innerhalb des letzten Jahres vor der Störung dem Störer oder dessen Rechtsvorgänger gegenüber fehlerhaft erlangt hatte.

991. Wer wegen Störung oder Entziehung verklagt wird, ist nicht berechtigt, sich auf ein Recht zu berufen, welches ihm die Herrschaft über die Sache gewährt, es sei denn, daß dieses Recht in einem Prozeß zwischen ihm und dem Kläger rechtskräftig anerkannt wurde.

Verjährung

992. Die Ansprüche aus der Entziehung und Störung des Besitzes verjähren in einem Jahre vom Zeitpunkt der Entziehung oder der Störung an.

Besitzer eines Teils einer Sache

993. Die Rechte aus der Verletzung des Besitzes hat auch derjenige, welcher nur einen Teil der Sache, insbesondere abgesonderte Wohnräume oder andere Räume, besitzt.

Mitbesitz nach ideellen Teilen

994. Bei mehreren Besitzern derselben Sache nach ideellen Teilen stehen jedem gegen Dritte die Rechte aus der Verletzung des Besitzes zu. Gegeneinander findet ein Besitzschutz nicht statt, sofern es sich um die Grenzen des den einzelnen zustehenden Gebrauches handelt.

Eine auf fremdes Grundstück gelangte Sache

995. Ist eine Sache aus der Herrschaft des Besitzers auf ein im Besitz eines anderen befindliches Grundstück gelangt, so hat ihm der Besitzer des Grundstücks die Aufsuchung und die Wegschaffung gegen Ersatz des dadurch entstehenden Schadens zu gestatten.

Schutz des Rechtsbesitzes

996. Dem Besitzer eines Pfandrechts oder einer Dienstbarkeit stehen wegen rechtswidriger Störung oder Entziehung die Besitzklagen zu.

Schutz desjenigen, der die Sache in seiner Detention hat

997. Bei rechtswidriger Störung des Besitzes einer Sache oder eines Rechts oder wegen der Entziehung des Besitzes stehen gegen Dritte die Besitzklagen auch demjenigen zu, welcher die Detention der Sache oder des Rechts vom Besitzer als Mieter oder Verwahrer oder vermöge eines anderen ähnlichen Verhältnisses erlangt hat.

Schutz gegen denjenigen, der die Sache in seiner Detention hat

998. Gegen denjenigen, der auf Grund eines im vorigen Artikel bezeichneten Verhältnisses die Sache in seiner Detention hat, stehen dem Besitzer beim Vorliegen der gesetzlichen Bedingungen die Besitzklagen zu.

Drittes Kapitel

Eigentum im allgemeinen und sein Inhalt

999. Gegenstand des Eigentums sind nur Sachen oder was vom Gesetz als Sache betrachtet wird. *Eigentumsgegenstand*

1000. Der Eigentümer einer Sache kann, soweit nicht das Gesetz oder Rechte Dritter entgegenstehen, über die Sache nach Belieben verfügen und andere von jeder Einwirkung auf diese ausschließen. *Eigentumsinhalt*

1001. Das Eigentum an einem Grundstück erstreckt sich, sofern das Gesetz nicht ein anderes bestimmt, auf den Raum über der Oberfläche und auf den Erdkörper unter der Oberfläche. Der Eigentümer kann jedoch Einwirkungen nicht verbieten, die in solcher Höhe oder Tiefe vorgenommen werden, daß er an der Ausschließung kein Interesse hat.

1002. Sondereigentum an einem Gebäudestockwerk oder an einem Stockwerksteil kann nur durch Rechtsgeschäft des Eigentümers des ganzen Grundstücks begründet werden. Als Stockwerke gelten auch die Keller und die unter dem Dach sich befindenden Zimmer. *Stockwerkseigentum*

1003. Der Eigentümer eines Grundstücks ist verpflichtet, die Zuführung von Rauch, Asche, Gerüchen, Wärme, Geräuschen, Erschütterungen oder andere ähnliche, von einem anderen Grundstück ausgehende Einwirkungen insoweit zu dulden, als sie die Benutzung seines eigenen Grundstücks nicht wesentlich beeinträchtigen oder durch eine Benutzung herbeigeführt werden, die bei Grundstücken des Ortes, in dem das beeinträchtigende Grundstück liegt, üblich ist. *Eigentumsbeschränkungen, Störungen*

1004. Der Eigentümer eines Grundstücks ist berechtigt zu verbieten, daß auf dem Nachbargrundstück Anlagen hergestellt oder gehalten werden, sofern von ihrem Bestand oder von ihrer Benutzung rechtswidrige Einwirkungen auf sein Grundstück mit Sicherheit vorauszusehen sind. *Schädigende Anlagen*

1005. Wird im Falle des vorangehenden Artikels die Anlage mit behördlicher Erlaubnis, welche nach dem Gesetze erforderlich ist, oder nach Beachtung von besonderen im Gesetz bestimmten Bedingungen erstellt, so kann die Beseitigung der Anlage nur von dem Zeitpunkt an verlangt werden, von dem an tatsächlich die beeinträchtigenden Einwirkungen auf das Grundstück erfolgten.

1006. Besteht die Gefahr, daß ein Gebäude oder ein anderes Werk ganz oder zum Teil einstürzt und wird dadurch ein Nachbargrundstück bedroht, so ist der Eigentümer des Nachbargrundstücks berechtigt, von demjenigen, welcher nach den Vorschriften über unerlaubte Handlungen zum Schadenersatz verpflichtet sein würde, zu *Einsturzgefahr eines Gebäudes* verlangen, daß er die zur Abwendung der Gefahr erforderlichen Vorkehrungen trifft.

Vertiefung bei den Fundamenten des Nachbargrundstücks

1007. Ein Grundstück darf nicht in der Weise vertieft werden, daß der Boden des Nachbargrundstücks die erforderliche Stütze verliert, es sei denn, daß für eine genügende anderweitige Befestigung gesorgt ist.

Wurzeln und Zweige des Nachbargrundstücks

1008. Der Eigentümer eines Grundstücks kann Wurzeln von Bäumen des Nachbargrundstücks, welche in sein Grundstück eindringen, abschneiden und für sich behalten. Das gleiche gilt für die auf sein Grundstück herüberragenden Zweige der Bäume des Nachbargrundstücks, wenn vorher für dessen Besitzer eine angemessene Frist zum Abschneiden bestimmt wurde.

Dieses Recht wird nicht gewährt, wenn die Wurzeln oder die Zweige die Benutzung des Grundstücks nicht hindern.

Auf ein Nachbargrundstück hinüberfallende Früchte

1009. Früchte, die von einem Baum auf ein Nachbargrundstück hinüberfallen, gelten als Früchte dieses Grundstücks. Diese Vorschrift gilt nicht, wenn das Nachbargrundstück dem öffentlichen Gebrauch dient.

Teilweiser Überbau auf ein Nachbargrundstück

1010. Hat der Eigentümer eines Grundstücks bei der Errichtung eines Gebäudes gutgläubig das Gebäude auf das Nachbargrundstück erstreckt und der Eigentümer des Nachbargrundstücks, bevor das Gebäude zum großen Teil errichtet ist, keinen Widerspruch erhoben, so kann das Gericht nach billigem Ermessen das Eigentum des überbauten Grundes dem Eigentümer des bebauten Grundstücks gegen Erstattung seines Wertes zur Zeit der Errichtung des Baues und jedes anderen Schadens, insbesondere aus der etwaigen Verminderung des Wertes des übriggebliebenen Teils, zuerkennen.

1011. Die Vorschrift des vorangehenden Artikels findet entsprechende Anwendung auch dann, wenn durch die Erstreckung des Gebäudes auf das Nachbargrundstück und durch die Zuerkennung andere beeinträchtigt werden, welche an dem Nachbargrundstück ein dingliches Recht haben.

Verpflichtung zur Duldung eines Notweges

1012. Fehlt einem Grundstück die notwendige Verbindung mit dem Wege, so ist sein Eigentümer berechtigt, von den Nachbarn gegen entsprechende Entschädigung einen Notweg zu verlangen.

1013. Die Richtung des Notweges und der Umfang des Benutzungsrechtes sowie die zu entrichtende Entschädigung werden durch gerichtliche Entscheidung bestimmt.

1014. Die Verpflichtung der Nachbarn zur Duldung des Notweges tritt nicht ein, wenn die Verbindung des Grundstücks mit dem öffentlichen Wege durch eine willkürliche Handlung oder Unterlassung des Eigentümers aufgehoben wurde.

1015. Wird infolge der Veräußerung eines Teiles des Grundstücks der veräußerte oder der zurückbehaltene Teil von der Verbindung mit dem öffentlichen Wege abgeschnitten, so hat der Eigentümer desjenigen Teiles, über welchen die Verbindung bisher stattgefunden hat, den Notweg zu dulden. Der Veräußerung eines Teiles steht die Veräußerung eines von mehreren demselben Eigentümer gehörenden Grundstücken gleich.

1016. Wer in der Benutzung des Notweges gehindert oder gestört wird, wird nach den Vorschriften über den Schutz der Grunddienstbarkeiten geschützt, welche entsprechend anzuwenden sind.

1017. Hat infolge des Baues eines neuen Notweges oder aus einem anderen Grunde das Bedürfnis für einen bereits bestehenden Notweg aufgehört, so ist der Eigentümer des Grundstücks, auf dem dieser sich befindet, berechtigt, dessen Aufhebung gegen Rückgabe der entrichteten Entschädigung zu verlangen.

Duldung von Ausbesserungen durch den Nachbarn

1018. Ist zur Ausbesserung oder zur Erneuerung eines Gebäudes der Zutritt und der Verkehr des arbeitenden Personals oder das vorübergehende Unterbringen von Anlagen oder Baumaterial auf dem Nachbargrundstück erforderlich, so ist der Eigentümer des Nachbargrundstücks, sofern dessen Benutzung nicht wesentlich beeinträchtigt wird, verpflichtet, dies gegen Entschädigung oder gegen Sicherheitsleistung für den etwaigen Schaden zu dulden.

Grenzzeichen von benachbarten Grundstücken

1019. Der Eigentümer eines Grundstücks ist berechtigt, von dem Eigentümer eines Nachbargrundstücks die gemeinschaftliche und durch gemeinsame Beiträge zu bezahlende Errichtung von festen Grenzzeichen oder die Wiederherstellung der verlegten oder unkenntlich gewordenen Grenzzeichen zu verlangen.

Grenzscheidung

1020. Bei Grenzverwirrung erfolgt die Grenzscheidung durch das Gericht. Ist die Ermittlung unmöglich, so ist für die Abgrenzung der bestehende Besitzstand maßgebend. Kann auch der Besitzstand nicht festgestellt werden, so ist jedem der Grundstücke ein gleich großes Stück der streitigen Fläche zuzuteilen.

Einrichtung zwischen mehreren Grundstücken

1021. Werden zwei Grundstücke durch einen Fußweg oder einen anderen Rain oder eine Hecke oder Mauer oder einen Graben oder eine andere Einrichtung, die zum Vorteil beider Grundstücke dient, voneinander geschieden, so wird vermutet, daß die Eigentümer der Grundstücke zur Benutzung der Einrichtung gemeinschaftlich berechtigt seien, sofern sich aus den äußeren Merkmalen oder dem Ortsbrauch nicht die ausschließliche Benutzung durch den einen der Nachbarn ergibt.

1022. Steht im Falle des vorangehenden Artikels die Benutzung der Einrichtung beiden Nachbarn gemeinschaftlich zu, so ist jeder zu ihrer Benutzung in einer Weise berechtigt, welche mit der Bestimmung der Einrichtung im Einklang steht, ohne daß die Mitbenutzung des anderen gehindert wird. Die Unterhaltungskosten sind von den Nachbarn zu gleichen Teilen zu tragen. Solange einer der Nachbarn an dem Fortbestande der Einrichtung ein Interesse hat, darf sie nicht ohne seine Zustimmung beseitigt oder geändert werden. Im übrigen finden zwischen den Nachbarn die Vorschriften über die Gemeinschaft Anwendung.

Grenzbaum

1023. Der Grenzbaum gehört beiden Nachbarn gemeinschaftlich. Sofern er nicht als Grenzzeichen dient, ist jeder der Nachbarn berechtigt, das Fällen zu verlangen.

Verpflichtungen, die sich aus dem Lauf des Wassers ergeben

1024. Die tiefer gelegenen landwirtschaftlichen Grundstücke haben den von den höher liegenden Grundstücken natürlicherweise und ohne künstliche Vorrichtungen abfließenden Wasserlauf aufzunehmen. Dem Eigentümer des unterhalb oder des oberhalb liegenden Grundstücks ist jede Einrichtung verboten, welche den natürlichen Lauf des Wassers hindert oder verändert.

1025. Der Eigentümer eines Grundstücks ist verpflichtet, die Ausbesserung oder Wiederherstellung der im Grundstück sich befindenden, zur Einschränkung des Laufs des Wassers bestehenden Einrichtungen zu dulden, sofern dies ohne Schaden des Grundstücks geschieht. Die Kosten haben diejenigen, welche daraus Vorteile ziehen, nach Maßgabe ihres Vorteils zu tragen.

Dachregenwasser

1026. Der Eigentümer eines Gebäudes ist verpflichtet, das Dach des Gebäudes so zu bauen, daß das Regenwasser nicht auf das Grundstück des Nachbarn abfließt.

Wasser zum Gebrauch eines Dorfes

1027. Der Eigentümer eines Grundstücks kann nicht das Wasser einer sich auf diesem befindenden Quelle derart benutzen oder einen Brunnen derart graben, daß das den Bedürfnissen der Einwohner eines Dorfes dienende Wasser abgeschnitten oder wesentlich vermindert wird.

Verpflichtungen desjenigen, der einen Brunnen oder eine Quelle hat

1028. Der Eigentümer eines Grundstücks, auf dem sich eine Quelle oder ein Brunnen befindet, ist verpflichtet, dem Eigentümer des Nachbargrundstücks gegen Entschädigung das für seinen Hausbedarf unentbehrliche Wasser, soweit er es selbst nicht entbehrt, zu gewähren, sofern diesem die Beschaffung des Wassers von anderer Seite nur mit unverhältnismäßig hohen Kosten möglich ist.

Durchleitung durch fremdes landwirtschaftliches Grundstück

1029. Der Eigentümer eines Grundstücks ist berechtigt, gegen Entschädigung die Durchleitung von Quell-, Brunnen- oder Flußwasser durch ein fremdes landwirtschaftliches Grundstück zu verlangen, sofern er auf dieses Wasser ein Recht hat. Die Durchleitung hat auf die für das belastete Grundstück günstigste und am wenigsten lästige Art zu erfolgen.

1030. Wer entsprechend dem vorangehenden Artikel durch ein fremdes Grundstück Wasser leitet, ist zu den nötigen Einrichtungen verpflichtet, so daß dadurch Eigentümern von Nachbargrundstücken die Ausübung ihrer Rechte nicht beeinträchtigt wird.

Röhre durch ein fremdes Grundstück

1031. Der Eigentümer eines Grundstücks ist verpflichtet, das Durchlegen von Wasserleitungs- oder Gasröhren oder von elektrischen Kabeln durch das Grundstück ober- oder unterhalb des Erdbodens zugunsten anderer Grundstücke unter Berücksichtigung auch seiner eigenen Interessen gegen entsprechende Entschädigung zu gestatten. Die Anlage hat auf die für das belastete Grundstück günstigste und am wenigsten lästige Art zu erfolgen. Der Eigentümer dieses Grundstücks ist berechtigt, die Umlegung der Anlage auf einen anderen Platz des Grundstücks auf Kosten des Berechtigten zu verlangen.

Verjährung bei Beschränkungen

1032. Die Ansprüche aus den Artikeln 1004 bis 1007, 1012, 1015, 1018, 1019, 1020, 1023 Abs. 2, 1029 und 1031 unterliegen nicht der Verjährung.

Viertes Kapitel

Eigentumserwerb

Erwerb des Eigentums an einem Grundstück durch Vertrag

1033. Zur Übertragung des Eigentums an einem Grundstück ist die Einigung des Eigentümers und des Erwerbers darüber erforderlich, daß das Eigentum an dem Grundstück aus einem gültigen Erwerbsgrunde an diesen übergehen soll. Die Einigung erfolgt durch notarielle Beurkundung und unterliegt der Transkription.

Erwerb des Eigentums an einer beweglichen Sache durch Vertrag

1034. Zur Übertragung des Eigentums an einer beweglichen Sache sind erforderlich die Übergabe des Besitzes der Sache vom Eigentümer an den Erwerber und die Einigung beider Teile, daß das Eigentum übergehen soll.

1035. Befindet sich die bewegliche Sache im Besitze eines Dritten, so genügt zur Übertragung des Eigentums an ihr die Abtretung des Eigentumsanspruchs gegen den Dritten.

Erwerb einer beweglichen Sache vom Nichteigentümer

1036. Durch eine nach Art. 1034 erfolgte Veräußerung einer beweglichen Sache wird der Erwerber auch dann Eigentümer, wenn das Eigentum an der Sache nicht dem Veräußerer zusteht, es sei denn, daß zu der Zeit der Übergabe des Besitzes der Erwerber nicht in gutem Glauben ist.

Diese Vorschrift findet insbesondere Anwendung, wenn die unberechtigte Veräußerung von demjenigen, welcher ein Nießbrauchs- oder Pfandrecht an der Sache hat, oder vom Mieter oder Verwahrer oder von dem, der sich in einem anderen ähnlichen Verhältnis zum Eigentümer befindet, vorgenommen wird.

1037. Der Erwerber ist im Falle des vorangehenden Artikels nicht in gutem Glauben, wenn er weiß oder infolge grober Fahrlässigkeit nicht weiß, daß das Eigentum an der beweglichen Sache nicht dem Veräußerer zusteht.

Gestohlene und verlorene Sachen

1038. Kraft des guten Glaubens kann nicht das Eigentum an einer beweglichen Sache erworben werden, wenn die Sache dem Eigentümer gestohlen worden oder verlorengegangen ist.

1039. Eigentum an Geld und Inhaberpapieren kann kraft guten Glaubens auch dann erworben werden, wenn sie dem Eigentümer gestohlen worden oder verlorengegangen sind. Das gleiche gilt auch für andere bewegliche Sachen, die im Wege öffentlicher Versteigerung oder auf einer Messe oder einem Markt veräußert werden.

Rechte Dritter an der übereigneten Sache

1040. Durch die Übertragung des Eigentums an einer beweglichen Sache erlöschen mit dem Erwerb des Eigentums auch die etwa an ihr bestehenden dinglichen Rechte Dritter, es sei denn, daß der Erwerber zu der Zeit, als er den Besitz erlangte, in Bezug auf das Recht des Dritten nicht in gutem Glauben war.

Ordentliche Ersitzung

1041. Wer eine bewegliche Sache drei und eine unbewegliche Sache zehn Jahre in gutem Glauben und mit gültigem Erwerbsgrund in seinem Besitz gehabt hat, und zwar mit dem Willen, sie zu eigen zu haben, wird Eigentümer der Sache (ordentliche Ersitzung).

Begriff des guten Glaubens

1042. Der Besitzer ist im Fall des vorangehenden Artikels in gutem Glauben, wenn er nicht nur aus grober Fahrlässigkeit der Überzeugung ist, daß er das Eigentum erworben hat.

Putativtitel

1043. Zur Ersitzung genügt auch ein vermeintlicher Erwerbsgrund, sofern der gute Glaube des Besitzers gerechtfertigt ist.

Bei Grundstücken gibt es ohne Transkription in den Fällen, in denen sie erforderlich ist, keinen vermeintlichen Erwerbsgrund.

Nachfolgender böser Glaube

1044. Der gute Glaube muß zur Zeit des Erwerbs des Besitzes vorhanden sein. Der nachfolgende böse Glaube schadet nicht.

Außerordentliche Ersitzung

1045. Wer eine bewegliche oder unbewegliche Sache zwanzig Jahre mit Aneignungswillen in seinem Besitz hat, wird Eigentümer der Sache (außerordentliche Ersitzung).

Besitzvermutung

1046. Hat jemand eine Sache am Anfang und am Ende eines Zeitraums in seinem Besitze mit Aneignungswillen gehabt, so wird vermutet, daß sein Besitz mit Aneignungswillen auch in der Zwischenzeit bestanden habe.

Hemmung der Ersitzung

1047. Die Ersitzung beginnt nicht und wird, falls sie begonnen hat, nicht fortgesetzt, solange die Verjährung des Eigentumsanspruchs gehemmt ist oder die Vollendung dieser Verjährung nach dem Gesetz verhindert wird.

Unterbrechung der Ersitzung

1048. Die Ersitzung wird durch den Verlust des Besitzes unterbrochen. Die Unterbrechung gilt als nicht erfolgt, wenn der Besitzer, der den Besitz verloren, ihn binnen Jahresfrist oder später mittels einer innerhalb dieses Jahres erhobenen Klage wiedererlangt hat.

1049. Die Ersitzung wird durch die Erhebung der Eigentumsklage gegen den Ersitzer oder gegen denjenigen, der die Sache im Namen des Besitzers in seiner Detention hat, unterbrochen. Die Unterbrechung tritt nur zugunsten des Klägers ein. Die Vorschriften über Unterbrechung der Verjährung durch Klageerhebung finden entsprechende Anwendung.

1050. Wird die Ersitzung unterbrochen, so kommt die bis zur Unterbrechung verstrichene Zeit nicht in Betracht. Eine neue Ersitzung kann erst nach der Beendigung der Unterbrechung beginnen.

Zeitanrechnung

1051. Wer den Besitz der Sache durch Gesamt- oder Sondernachfolge erworben hat, kann seine eigene Ersitzungszeit derjenigen des Rechtsvorgängers hinzurechnen.

1052. Die Ersitzungszeit, die zugunsten eines Erbschaftsbesitzers verstrichen ist, kommt dem wirklichen Erben zustatten.

Wirkung der Ersitzung Dritten gegenüber

1053. Mit dem Erwerb des Eigentums an einer Sache durch Ersitzung erlöschen auch die etwa auf der Sache ruhenden dinglichen Rechte Dritter, es sei denn, daß der Ersitzer bei dem Erwerb des Besitzes in Ansehung des Rechtes des Dritten nicht in gutem Glauben war. Die Ersitzungsfrist muß auch in Ansehung des Rechtes des Dritten verstrichen sein. Für ihre Berechnung finden die Vorschriften über die Ersitzung des Eigentums an der Sache Anwendung.

Zur Ersitzung ungeeignete Sachen

1054. Der ordentlichen oder außerordentlichen Ersitzung unterliegen nicht die dem Verkehr entzogenen Sachen.

Von der Ersitzung ausgenommen

1055. Von der ordentlichen oder außerordentlichen Ersitzung sind ausgenommen: 1. die Dotalsachen während der Ehe, soweit sie die Frau verlieren würde; 2. die Sachen, die solchen Personen gehören, welche unter väterlicher Gewalt, Vormundschaft, Kuratel oder gerichtlicher Beistandschaft stehen, solange diese Fürsorge dauert.

Erwerb durch behördliche Zuweisung usw.

1056. Durch gerichtliche Zuerkennung oder behördliche Zuweisung wird das Eigentum nur in den durch Gesetz bestimmten Fällen erworben.

Erwerb durch Verbindung

1057. Wird eine bewegliche Sache mit einem Grundstück dergestalt verbunden, daß sie Bestandteil des Grundstücks wird, so erstreckt sich das Eigentum an dem Grundstück auch auf diese Sache.

Verbindung von beweglichen Sachen

1058. Werden bewegliche Sachen, welche verschiedenen Eigentümern gehören, miteinander dergestalt verbunden, daß sie Bestandteile einer einheitlichen Sache werden, so werden ihre bisherigen Eigentümer Miteigentümer dieser Sache nach Anteilen, die sich nach dem Verhältnis des Wertes bestimmen, den die Sachen zur Zeit der Verbindung haben.

Ist eine der Sachen als die Hauptsache anzusehen, so erwirbt ihr Eigentümer das Eigentum an dem Ganzen.

Vermischung, Vermengung

1059. Die Vorschrift des vorangehenden Artikels findet auch dann entsprechende Anwendung, wenn bewegliche Sachen dergestalt vermischt werden, daß ihre Trennung unmöglich ist oder unverhältnismäßige Kosten erfordern würde.

1060. Erlischt durch die Verbindung oder die Vermischung das Eigentum an einer Sache, so erlöschen auch die sonstigen an der Sache bestehenden dinglichen Rechte Dritter.

Verarbeitung

1061. Wer durch Verarbeitung oder Umbildung fremder Stoffe eine neue bewegliche Sache herstellt, erwirbt das Eigentum an der neuen Sache nur, sofern der Wert der aufgewendeten Arbeit offensichtlich höher als der Wert des Stoffes ist. Als Verarbeitung gilt auch das Schreiben, Malen, Zeichnen, Photographieren, Drucken, Gravieren sowie jede andere ähnliche Bearbeitung der Oberfläche.

Erlischt das Eigentum an dem Stoffe, so erlöschen auch die an ihm bestehenden dinglichen Rechte Dritter.

1062. Ist derjenige, welcher die neue Sache hergestellt hat, nicht in gutem Glauben, so kann das Gericht nach billigem Ermessen das Eigentum dem Eigentümer des Stoffes zuerkennen.

Entschädigung für erloschenes Eigentum

1063. Wer infolge der Verbindung, Vermischung, Verarbeitung oder Umbildung sein Eigentumsrecht oder ein sonstiges dingliches Recht verloren hat, hat einen Anspruch gegen denjenigen, der daraus Vorteile gezogen hat, nach den Vorschriften über ungerechtfertigte Bereicherung, unbeschadet seines etwaigen Rechts auf Entschädigung wegen unerlaubter Handlung oder auf Ersatz von Verwendungen oder auf Wegnahme einer Einrichtung.

Ein Anspruch auf Wiederherstellung des früheren Zustandes ist ausgeschlossen.

Erwerb von Früchten

1064. Das Eigentum von Erzeugnissen oder von anderen Bestandteilen der Sache steht auch nach der Trennung dem Eigentümer der Sache zu, unbeschadet der Vorschriften der Art. 1065 und 1066.

1065. Wer vermöge eines Rechts an einer fremden Sache befugt ist, sich Erzeugnisse oder sonstige Bestandteile der Sache anzueignen, erwirbt das Eigentum an ihnen mit der Trennung, unbeschadet der Vorschrift des folgenden Artikels.

1066. Wer eine Sache in gutem Glauben und mit Aneignungswillen besitzt, erwirbt das Eigentum an den Früchten und sonstigen Erzeugnissen, welche als Früchte angesehen werden, mit der Trennung, sofern er bei der Trennung in gutem Glauben ist. Das gleiche gilt auch für denjenigen, welcher die Sache in gutem Glauben zur Ausübung eines Nießbrauchrechtes besitzt.

1067. Wer vermöge eines mit dem Eigentümer der Sache oder mit einem anderen Berechtigten bestehenden Schuldverhältnisses befugt ist, sich Erzeugnisse oder sonstige Bestandteile der Sache anzueignen, erwirbt das Eigentum an ihnen mit der Besitzergreifung.

1068. Die Vorschrift des vorangehenden Artikels findet auch dann Anwendung, wenn derjenige, welcher einem Dritten durch Schuldverhältnis das Recht eingeräumt hat, sich die Erzeugnisse oder sonstige Bestandteile anzueignen, hierzu nicht berechtigt war, der Dritte aber zu der Zeit, in der er ihren Besitz erlangt, in gutem Glauben ist und derjenige, welcher ihm das Recht hierzu eingeräumt hat, die Sache besitzt.

Anschwemmung

1069. Das von einem Fluß allmählich und unmerklich an ein Ufergrundstück angeschwemmte Erdreich gehört dem Eigentümer dieses Grundstücks.

Anlandung

1070. Wird durch die Gewalt des Flußwassers plötzlich ein Stück Erdreich aus einem Grundstück abgerissen und bei einem anderen Grundstück desselben oder des anderen Ufers angetrieben, so geht das Eigentum nicht verloren, wenn der Eigentümer innerhalb eines Jahres den Besitz des abgerissenen Erdreiches wiedererlangt oder deshalb Klage erhebt.

Im Fluß entstandene Insel

1071. Die in einem nicht schiffbaren Fluß entstandene Insel gehört den Eigentümern der am Ufer liegenden Grundstücke. Jedem Uferanlieger gehört der Teil, welcher sich zwischen einer ideellen Linie, die in der Mitte des Flusses seiner Länge nach zu führen ist, und den senkrecht zu dieser vom Ende der Seiten eines jeden Grundstücks zu ziehenden Linien befindet.

Verlassenes Flußbett

1072. Das verlassene Bett eines nicht schiffbaren Flusses gehört den Eigentümern der am Ufer liegenden Grundstücke. Die Vorschrift des vorigen Artikels findet entsprechende Anwendung.

Die Eigentümer des Grundes des neuen Flußbettes sind innerhalb eines Jahres berechtigt, den Lauf in seinem früheren Bett wiederherzustellen.

1073. Umschließt ein Flußarm ein am Ufer liegendes Grundstück oder einen Teil desselben, so geht das Eigentum an ihm nicht verloren.

Boden-überschwemmung

1074. Das Eigentum geht durch eine vorübergehende Bodenüberschwemmung, die durch das Fließen des Regenwassers oder durch ein außerordentliches Anschwellen des Flusses hervorgerufen wird, nicht verloren.

Aneignung einer herrenlosen Sache

1075. Wer eine herrenlose bewegliche Sache mit Aneignungswillen in Besitz nimmt, wird Eigentümer der Sache.

1076. Eine bewegliche Sache wird herrenlos, wenn der Eigentümer in der Absicht, auf das Eigentum zu verzichten, den Besitz der Sache aufgibt.

Wilde oder gezähmte Tiere

1077. Wilde Tiere sind herrenlos, solange sie sich in Freiheit befinden. Wilde Tiere in eingeschlossenem Raum und Fische in Teichen oder anderen geschlossenen Privatgewässern sind nicht herrenlos. Ein gefangenes wildes Tier wird herrenlos, wenn es seine

Freiheit wiedererlangt und sein Eigentümer nicht unverzüglich die zu seiner Verfolgung erforderlichen Maßnahmen trifft. Ein gezähmtes Tier wird herrenlos, wenn es die Gewohnheit zurückzukehren, ablegt.

Bienenschwarm

1078. Zieht ein Bienenschwarm aus, so wird er herrenlos, wenn sein Eigentümer nicht unverzüglich die zu seiner Verfolgung erforderlichen Maßnahmen trifft.

1079. Der Eigentümer des Bienenschwarms ist zu seiner Verfolgung auf einem fremden Grundstück und zu seinem Einfangen berechtigt, auch wenn der Schwarm in einen fremden, nicht besetzten Bienenstock eingezogen ist, wobei er zum Ersatz des dadurch entstehenden Schadens verpflichtet ist.

1080. Vereinigen sich ausgezogene Bienenschwärme mehrerer Eigentümer, so werden die Eigentümer, welche ihre Schwärme verfolgt haben, Miteigentümer des eingefangenen Gesamtschwarms. Die Anteile bestimmen sich nach der Zahl der verfolgten Schwärme.

Fund einer verlorenen Sache

1081. Wer eine verlorene Sache gefunden hat, ist verpflichtet, dem Verlierer oder dem Eigentümer oder jedem sonstigen Berechtigten unverzüglich Anzeige zu machen. Stößt eine solche Anzeige auf Schwierigkeiten, so ist er verpflichtet, die Polizeibehörde zu benachrichtigen und die ihm bekannten Umstände mitzuteilen, welche zur Ermittlung des Berechtigten beitragen. Der Finder ist zur Anzeige nicht verpflichtet, wenn der Gegenstand nicht mehr als hundert Drachmen wert ist.

1082. Der Finder ist zur Verwahrung und Erhaltung der Sache verpflichtet, es sei denn, er zieht es vor, die Sache der Polizeibehörde abzuliefern.

Unterliegt die Sache dem Verderb oder ist die Aufbewahrung mit unverhältnismäßigen Kosten verbunden, so ist die Sache der Polizeibehörde abzuliefern, welche sie öffentlich veräußern kann.

Über eine offensichtlich wertlose Sache oder eine Sache, welche durch die Veräußerung vermutlich nur einen geringfügigen Preis erzielen kann, wird nach dem Ermessen der Behörde verfügt.

1083. Der Finder haftet nur für Vorsatz und grobe Fahrlässigkeit.

1084. Die Polizeibehörde ist jederzeit berechtigt zu verlangen, daß die Sache ihr abgeliefert wird. Der Finder wird mit der Ablieferung der Sache an die Polizeibehörde, gleichgültig, ob sie auf polizeiliche Aufforderung hin oder freiwillig erfolgt, von jeder Haftung für nachfolgende Ereignisse befreit.

Durch die Herausgabe an den Verlierer wird der Finder von jeder Verpflichtung jedem Berechtigten gegenüber befreit, es sei denn, daß er wußte, der Verlierer sei ein Dieb.

1085. Der Finder ist berechtigt, vom Berechtigten für alle Aufwendungen Ersatz zu verlangen, die zum Zwecke der Verwahrung und Erhaltung der Sache oder zum Zwecke der Ermittlung des Empfangsberechtigten den Umständen nach für erforderlich gehalten werden. *Aufwendungen des Finders*

1086. Der Finder ist berechtigt, von dem Empfangsberechtigten einen Finderlohn zu verlangen. Der Finderlohn beträgt von dem Werte der Sache zur Zeit der Herausgabe bis zu fünfhundert Drachmen zehn vom Hundert, von dem Mehrwert bis zu zehntausend Drachmen fünf vom Hundert und von dem Mehrwert der Sache zwei vom Hundert. *Finderlohn*

Hat die Sache nur für den Empfangsberechtigten einen Wert, so ist der Finderlohn nach billigem Ermessen zu bestimmen.

Der Finder kann keinen Finderlohn fordern, wenn er ohne Grund die Anzeige unterläßt oder den Fund auf Nachfrage verheimlicht.

1087. Auf die Ansprüche des Finders wegen Aufwendungen und Finderlohns finden die Vorschriften über die Ansprüche des Besitzers gegen den Eigentümer, der Herausgabe verlangt, wegen Verwendungen entsprechende Anwendung.

1088. Mit dem Ablauf eines Jahres nach der Anzeige des Fundes bei der Polizeibehörde erwirbt der Finder vom Zeitpunkt des Fundes ab das Eigentum an der Sache, es sei denn, daß inzwischen der Behörde oder dem Finder der Empfangsberechtigte bekannt geworden ist. Mit dem Erwerb des Eigentums erlischt auch jedes dingliche Recht eines Dritten. *Eigentumserwerb durch den Finder*

1089. Ist vor dem Ablauf der einjährigen Frist des vorangehenden Artikels der Empfangsberechtigte bekannt geworden, so kann der Finder den Ersatz der Verwendungen und Finderlohn unter Bestimmung einer Frist verlangen, die nicht vor dem Ablauf der einjährigen Frist des vorigen Artikels endigt.

Mit dem erfolglosen Ablauf dieser Frist erwirbt der Finder das Eigentum an der Sache.

1090. Durch die Ablieferung der Sache an die Polizeibehörde werden die Rechte des Finders nicht berührt.

Läßt die Polizeibehörde die Sache versteigern, so tritt der Erlös an die Stelle der Sache.

Herausgabe der Sache oder des Erlöses an den Empfangsberechtigten ist nur mit Zustimmung des Finders zulässig.

1091. Holt der Finder nicht innerhalb der ihm von der Polizeibehörde bestimmten Frist die Sache ab, deren Eigentümer er geworden ist, so geht das Eigentum an der Sache auf die Stadt oder die Gemeinde des Fundortes über. *Eigentumserwerb durch Stadt oder Gemeinde*

1092. Wer in einem bewohnten Gebäude oder in einem Raum, welcher zum öffentlichen Gebrauch bestimmt ist, eine Sache gefunden hat, ist verpflichtet, die Sache dem Eigentümer des Gebäudes oder *Fund in einem Gebäude oder in einem öffentlichen Raum* dem Mieter oder demjenigen, der die Aufsicht über den Raum hat, abzuliefern. In diesem Falle gilt als Finder derjenige, welchem die Sache abgeliefert wurde.

Schatzerwerb

1093. Wer eine bewegliche Wertsache entdeckt und in seinen Besitz genommen hat, die solange in einer anderen beweglichen oder unbeweglichen Sache verborgen war, daß ihr Eigentümer nicht mehr zu ermitteln ist (Schatz), wird Eigentümer dieser Sache zur Hälfte. Die andere Hälfte gehört dem Eigentümer der Sache, in welcher der Schatz verborgen war.

Fünftes Kapitel

Schutz des Eigentums

Herausgabeklage

1094. Der Eigentümer einer Sache ist berechtigt, von dem Besitzer oder von demjenigen, der die Sache in seiner Detention hat, die Anerkennung seines Eigentums und Herausgabe der Sache zu verlangen.

1095. Der Besitzer kann die Herausgabe der Sache verweigern, wenn er dem Eigentümer gegenüber zum Besitz oder zur Detention der Sache berechtigt ist.

Haftung in Bezug auf die Nutzungen

1096. Der Besitzer hat die Nutzungen herauszugeben, die nach der Zustellung der Klage gezogen wurden. Außerdem haftet er auch für Nutzungen, die er nach Zustellung der Klage aus eigenem Verschulden nicht gezogen hat, welche er aber nach den Regeln einer ordnungsmäßigen Wirtschaft hätte ziehen können.

Haftung in Bezug auf die Sache

1097. Der Besitzer haftet seit der Zustellung der Klage dem Eigentümer für Schadenersatz, wenn infolge seines Verschuldens die Sache verschlechtert wurde oder untergegangen ist oder aus einem anderen Grunde nicht herausgegeben werden kann.

Bösgläubiger Besitzer

1098. War der Besitzer beim Erwerb des Besitzes nicht in gutem Glauben oder erlangt er später Kenntnis davon, daß er zum Besitze nicht berechtigt ist, so haftet er von der Zeit des Erwerbs bzw. der Kenntnis an in Bezug auf die Sache und auf die Nutzungen aus der Sache in gleicher Weise wie für die Zeit nach der Zustellung der Klage. Eine weitere Haftung des Besitzers wegen Verzuges ist nicht ausgeschlossen.

1099. Hat sich der Besitzer durch rechtswidrige Handlung den Besitz verschafft, so haftet er dem Eigentümer für Schadenersatz nach den Vorschriften über unerlaubte Handlungen.

Gutgläubiger Besitzer

1100. Erlangte der Besitzer den Besitz der Sache in gutem Glauben und hat er ihn ebenso fortgesetzt, so haftet er für die Zeit vor der Zustellung der Klage, weder für Herausgabe von Nutzungen aus der Sache noch für Schadenersatz für die Verschlechterung, den Untergang oder die Unmöglichkeit der Herausgabe der Sache.

Anspruch auf notwendige Verwendungen

1101. Der gutgläubige Besitzer ist berechtigt, von dem Eigentümer Ersatz für die Verwendungen zu verlangen, die zur Erhaltung der Sache in einem zur ordnungsmäßigen Bewirtschaftung geeigneten Zustand (notwendige Verwendungen) sowie zur Bestreitung von Lasten der Sache gemacht sind. Für gewöhnliche Verwendungen zur Erhaltung der Sache ist er jedoch zum Ersatz nicht berechtigt, sofern ihm die Nutzungen aus der Sache verblieben sind.

1102. Der unredliche Besitzer, und mit der Zustellung der Klage jeder Besitzer, ist für notwendige Verwendungen oder für Verwendungen wegen der Lasten der Sache nur nach den Vorschriften über Besorgung fremder Angelegenheiten zum Ersatz berechtigt.

Nützliche Verwendungen

1103. Für Verwendungen, durch die der Wert der Sache erhöht wurde (nützliche Verwendungen), ist zum Ersatz nur der gutgläubige Besitzer für die Zeit vor der Zustellung der Klage berechtigt und nur soweit zur Zeit der Herausgabe der Sache die Werterhöhung noch vorhanden ist.

Wegnahmerecht

1104. Für die mit einer Sache als ihr Bestandteil verbundene andere Sache steht dem Besitzer das Wegnahmerecht zu.

Dieses Recht ist ausgeschlossen: 1. wenn es sich um eine gewöhnliche Erhaltungsverwendung handelt, für die der Besitzer zum Ersatz nicht berechtigt ist, weil ihm die Nutzungen verbleiben; 2. wenn die Wegnahme für den Besitzer keinen Nutzen hat; 3. wenn ihm der Wert ersetzt wird, den der Bestandteil nach der Abtrennung haben würde.

1105. Dem Besitzer steht das Entschädigungs- oder Wegnahmerecht für die Verwendungen, welche von seinem Rechtsvorgänger gemacht wurden, unter denselben Bedingungen zu, unter denen auch dem Rechtsvorgänger dieses Recht zustehen würde.

Die Verpflichtung des Eigentümers erstreckt sich auch auf Ersatz für Verwendungen, die gemacht worden sind, bevor er das Eigentum erworben hat.

Zurückbehaltungsrecht

1106. Der Besitzer ist berechtigt, die Sache zurückzubehalten, bis er wegen der ihm zu ersetzenden Verwendungen befriedigt wird. Dieses Recht steht ihm nicht zu, wenn er die Sache durch eine vorsätzlich begangene rechtswidrige Handlung erlangt hat.

Erlöschen des Anspruchs wegen Verwendungen

1107. Der Entschädigungs- oder Wegnahmeanspruch des Besitzers wegen Verwendungen erlischt bei beweglichen Sachen nach Ablauf eines Monats und bei unbeweglichen Sachen nach Ablauf von sechs Monaten vom Zeitpunkt der Herausgabe der Sache an.

Negatorische Klage

1108. Wird das Eigentum auf andere Weise als durch Entziehung oder Vorenthaltung der Sache beeinträchtigt, so ist der Eigentümer berechtigt, von dem Störer die Beseitigung der Beeinträchtigung und ihre Unterlassung für die Zukunft zu verlangen. Ein weiterer Anspruch auf Schadenersatz nach den Vorschriften über unerlaubte Handlungen ist nicht ausgeschlossen.

Das im vorigen Absatz bestimmte Recht wird nicht gewährt, wenn der Störer kraft eines Rechtes gehandelt hat.

Auf fremdes Grundstück gelangte bewegliche Sache

1109. Ist eine bewegliche Sache auf ein fremdes Grundstück gelangt, so ist der Eigentümer berechtigt, von dem Besitzer des Grundstücks zu verlangen, daß er ihm das Aufsuchen und die Wegschaffung gegen Entschädigung für den dadurch entstehenden Schaden gestatte.

Eigentumsvermutung

1110. Zugunsten des Besitzers einer beweglichen Sache gilt die Vermutung, daß er Eigentümer der Sache sei. Die Vermutung kann nicht einem früheren Besitzer entgegengehalten werden, dem die Sache gestohlen worden oder verlorengegangen ist. Jedoch kann bei Geld und Inhaberpapieren die Vermutung auch diesem entgegengehalten werden.

1111. Zugunsten des früheren Besitzers einer beweglichen Sache gilt die Vermutung, daß er während der Dauer seines Besitzes Eigentümer der Sache gewesen sei.

Publicianische Klage

1112. Wer den Besitz eines Grundstücks mit den Voraussetzungen der ordentlichen Ersitzung erlangt und ihn vor der Vollendung der Ersitzungszeit verloren hat, ist berechtigt, von demjenigen, welcher es ohne gültigen oder putativen Titel besitzt, Herausgabe der Sache nach den Vorschriften über den Herausgabeanspruch des Eigentümers zu verlangen, die entsprechende Anwendung finden.

Wird ein solcher Besitzer eines Grundstücks anders als durch Entziehung oder Vorenthaltung der Sache beeinträchtigt, so steht ihm gleichfalls derselbe Schutz zu, den auch der Eigentümer genießt.

Sechstes Kapitel

Miteigentum

Gemeinschaftliche Sache

1113. Steht das Eigentum an einer Sache mehreren ungeteilt nach ideellen Teilen zu, so finden die Vorschriften über Gemeinschaft Anwendung.

Grunddienstbarkeiten zu Lasten oder zu Gunsten einer gemeinschaftlichen Sache

1114. Ein gemeinschaftliches Grundstück kann mit einer Grunddienstbarkeit zugunsten des jeweiligen Eigentümers eines anderen Grundstücks belastet werden, auch wenn er Miteigentümer des dienenden Grundstücks ist. Das gleiche gilt auch für eine Grunddienstbarkeit an einem Grundstück zugunsten der jeweiligen Eigentümer eines gemeinschaftlichen Grundstücks, wenn jemand von ihnen Eigentümer des dienenden Grundstücks ist.

Handlungen, welche gegen die Nachfolger gelten

1115. Handelt es sich um ein gemeinschaftliches dingliches Recht, so finden die Vorschriften der Art. 791 und 796 nur Anwendung, wenn die Vereinbarung oder der Beschluß der Teilhaber der Gemeinschaft notariell beurkundet und in das Transkriptionsregister eingetragen wurde. Im Falle des Art. 791 ist die Transkription auch für die gerichtliche Entscheidung erforderlich.

Stellung jedes Miteigentümers Dritten gegenüber

1116. Jeder Miteigentümer ist berechtigt, die Ansprüche aus dem Eigentum Dritten gegenüber in Ansehung der ganzen Sache geltend zu machen. Macht er aber den Eigentumsanspruch an der ganzen Sache geltend, so hat er die Herausgabe der Sache an alle Miteigentümer zu verlangen.

Notwendiges Miteigentum bei Stockwerkseigentum

1117. Bei einem Gebäude ist der Eigentümer eines Stockwerks oder einer Abteilung desselben ohne weiteres Miteigentümer mit entsprechendem Anteil an den einzelnen Teilen des ganzen Grundstückes, die zum gemeinsamen Gebrauch auch den übrigen Eigentümern dienen, wie es insbesondere der Grund, die Fundamente, die Grundmauern, das Dach und der Hof sind.

Siebentes Kapitel

Grunddienstbarkeiten

Begriff

1118. An einem Grundstück kann zugunsten des jeweiligen Eigentümers eines anderen Grundstücks ein dingliches Recht erworben werden, das ihm einen Vorteil gewährt (Grunddienstbarkeit).

1119. Vermöge der Grunddienstbarkeit trägt der Eigentümer des dienenden Grundstücks die Last, entweder einen Gebrauch von seiten des Eigentümers des herrschenden Grundstücks zu dulden oder bestimmte Handlungen zu unterlassen, zu deren Vornahme er kraft seines Eigentumsrechts berechtigt sein würde.

1120. Grunddienstbarkeiten im Sinne des vorangehenden Artikels sind insbesondere: die Wegegerechtigkeit, die Wasserleitungs- oder Wasserabfluß- oder Wasserschöpf- oder Viehtränkgerechtigkeit des herrschenden Grundstücks, oder die Weide- oder Waldgerechtigkeit, die Dienstbarkeit, das Dachwasser des herrschenden Grundstücks auf das dienende Grundstück abtropfen zu lassen, das Dienstbarkeitsrecht, einen Balkon oder ein Vordach über das dienende Grundstück hinausragen zu lassen oder auf das benachbarte Grundstück das Gebäude zu stützen, das Dienstbarkeitsrecht, einen Abwasserkanal zu errichten, die Dienstbarkeit, nicht höher bauen oder das Licht oder die Aussicht für das herrschende Grundstück nicht verbauen zu lassen.

Begründung

1121. Die Grunddienstbarkeiten werden durch Rechtsgeschäft oder durch Ersitzung begründet. Die Vorschriften über Ersitzung bei Grundstücken und Übereignung derselben durch Vereinbarung finden auch auf die Begründung der Grunddienstbarkeiten entsprechende Anwendung.

Mehrere Eigentümer

1122. Gehört das herrschende oder das dienende Grundstück mehreren, so ist zur Begründung einer Dienstbarkeit durch Rechtsgeschäft die Zustimmung aller erforderlich.

Ersitzung bei einer im Unterlassen bestehenden Dienstbarkeit

1123. Besteht die Dienstbarkeit in einem Unterlassen, so beginnt der Besitz zur außerordentlichen Ersitzung mit dem Zeitpunkt, in dem der Eigentümer des herrschenden Grundstücks dem Eigentümer des dienenden Grundstücks die Handlung verboten hat, deren Unterlassung den Inhalt der Dienstbarkeit bildet.

Umfang einer Dienstbarkeit

1124. Das Dienstbarkeitsrecht erstreckt sich nur bis zur Befriedigung des Bedürfnisses des herrschenden Grundstücks. Neue Bedürfnisse des herrschenden Grundstücks haben im Zweifel keine neue Belastung für den Eigentümer des dienenden Grundstücks zur Folge.

1125. Das Recht aus der Dienstbarkeit umfaßt jede zu ihrer Ausübung erforderliche Handlung des Berechtigten. Er hat aber sein Recht unter tunlicher Schonung der Interessen des Eigentümers des dienenden Grundstücks auszuüben.

Erhaltung einer Anlage auf dem dienenden Grundstück

1126. Wird auf dem dienenden Grundstück eine Anlage zur Ausübung der Dienstbarkeit unterhalten, so ist der Berechtigte verpflichtet, die Einrichtung in ordnungsmäßigem Zustande zu erhalten, soweit das Interesse des Eigentümers des dienenden Grundstücks es erfordert. Dient die Anlage auch dem Interesse des Eigentümers des dienenden Grundstücks, so fällt die Verpflichtung zur Unterhaltung der Einrichtung beiden, im Verhältnis des Interesses eines jeden, zur Last, es sei denn, daß ein anderes vereinbart wurde.

1127. Besteht die Dienstbarkeit in dem Rechte des Berechtigten, auf einer baulichen Anlage des dienenden Grundstücks eine bauliche Anlage zu halten, so ist, wenn nichts anderes vereinbart wurde, der Eigentümer des belasteten Grundstücks verpflichtet, seine eigene Anlage zu unterhalten, soweit das Interesse des Berechtigten es erfordert.

Änderung der Art der Ausübung einer Dienstbarkeit

1128. Der Eigentümer des dienenden Grundstücks ist berechtigt, gegen Vorschuß der notwendigen Kosten zu verlangen, daß die Art der Ausübung der Dienstbarkeit geändert wird, wenn ihr wirtschaftlicher Zweck durch eine solche Änderung in gleicher Weise erreicht wird und die Art der bisherigen Ausübung für ihn besonders beschwerlich ist.

Das gleiche gilt auch für die Änderung der Stelle, an der bisher die Dienstbarkeit an dem Grundstück ausgeübt wurde.

1129. Das Bestehen einer Dienstbarkeit schließt für den Eigentümer des dienenden Grundstücks das Recht nicht aus, das dienende Grundstück zum ähnlichen Gebrauch für sich selbst zu benutzen, es sei denn, daß ein anderes vereinbart wurde oder daß das dienende Grundstück zu einem solchen Gebrauch nicht ausreicht.

Gebrauch des dienenden Grundstücks durch den Eigentümer

1130. Wird das herrschende Grundstück geteilt, so besteht die Dienstbarkeit für die einzelnen Teile fort, ihre Ausübung aber darf nicht für den Eigentümer des dienenden Grundstücks beschwerlicher werden. Die Dienstbarkeit erlischt in Bezug auf den einzelnen Teil, dem sie keinen Vorteil bringt.

Teilung des herrschenden Grundstücks

1131. Wird das dienende Grundstück geteilt, so besteht die Dienstbarkeit an den einzelnen Teilen fort. Sie erlischt aber in Bezug auf den einzelnen Teil, auf dem nach der Natur der Dienstbarkeit oder auf Grund des Vertrages ihre Ausübung aufgehört hat.

Teilung des dienenden Grundstücks

1132. Der Inhaber einer Grunddienstbarkeit, bei mehreren Berechtigten auch jeder von ihnen, ist im Falle der Beeinträchtigung berechtigt, von dem Störer die Anerkennung der Dienstbarkeit und die Beseitigung der Beeinträchtigung und außerdem ihre Unterlassung für die Zukunft zu verlangen. Ein weiterer Anspruch auf Schadenersatz nach den Vorschriften über unerlaubte Handlungen ist nicht ausgeschlossen.

Schutz bei einer Dienstbarkeit

Das im vorigen Absatz bezeichnete Recht wird nicht gewährt, wenn der Störer kraft eines Rechtes gehandelt hat.

1133. Gegen den Besitzer des dienenden Grundstücks ohne gültigen oder putativen Titel genießt den Schutz im Sinne des vorangehenden Artikels auch derjenige, welcher den Besitz der Dienstbarkeit unter den Voraussetzungen der ordentlichen Ersitzung erworben hat, wenn er vor der Vollendung der Ersitzungszeit in ihrer Ausübung beeinträchtigt wird.

1134. Eine Dienstbarkeit erlischt durch einseitige Erklärung des Berechtigten, daß er die Dienstbarkeit aufgebe, welche entweder durch letztwillige Verfügung oder durch notarielle Beurkundung, die in das Transkriptionsbuch einzutragen ist, abgegeben werden kann. Hat ein Dritter an dem herrschenden Grundstück ein dingliches Recht, so ist auch seine Zustimmung erforderlich, sofern durch den Verzicht sein Recht beeinträchtigt wird.

Erlöschen einer Dienstbarkeit

1135. Die Dienstbarkeit erlischt durch den völligen Untergang des herrschenden oder des dienenden Grundstücks.

1136. Die Dienstbarkeit erlischt, soweit wegen tatsächlicher oder rechtlicher Gründe ihre Ausübung unmöglich wird.

1137. Die Dienstbarkeit erlischt, wenn das Eigentum des herrschenden und des dienenden Grundstücks in derselben Person zusammentreffen.

1138. Die Dienstbarkeit erlischt durch zwanzigjährige Nichtausübung. Bei mehreren Berechtigten genügt die Ausübung durch einen derselben.

1139. Bei Dienstbarkeiten, welche in Zeitabständen ausgeübt werden, beginnt die zwanzigjährige Frist von der letzten Ausübung ab. Bei Dienstbarkeiten, deren Inhalt in einer Dauerausübung besteht, beginnt sie von dem Zeitpunkt an, in dem auf dem dienenden Grundstück eine Anlage gemacht wurde, welche die Ausübung der Dienstbarkeit hindert.

Die Nichtausübung wird durch die Klageerhebung von seiten des Berechtigten unterbrochen.

1140. Das Erlöschen der Dienstbarkeit durch Nichtausübung wird durch ihre Ausübung in anderer Weise oder zu anderer Zeit als der für die Ausübung vorgesehenen nicht verhindert.

1141. Die Nichtausübung beginnt nicht und wird, wenn sie begonnen hat, nicht fortgesetzt für die Zeit, in der die Verjährung der Klage über den Schutz der Dienstbarkeit gehemmt oder die Vollendung dieser Verjährung dem Gesetz nach verhindert wird.

Achtes Kapitel

Persönliche Dienstbarkeiten

Begriff des Nießbrauchs

1142. Die persönliche Dienstbarkeit des Nießbrauchs besteht in dem dinglichen Recht des Nießbrauchers auf vollen Gebrauch und Fruchtgenuß einer fremden Sache, wobei die Substanz der Sache unberührt bleibt.

Entstehung

1143. Der Nießbrauch entsteht durch Rechtsgeschäft oder Ersitzung. Die Vorschriften über Ersitzung von beweglichen Sachen oder Grundstücken und über Übertragung des Eigentums an diesen durch Vereinbarung finden auch auf die Entstehung des Nießbrauchs an diesen entsprechende Anwendung.

1144. Nießbrauch kann auch an einem ideellen Teil einer Sache entstehen.

Feststellung des Zustandes der Sache

1145. Der Nießbraucher einer Sache ist berechtigt zu verlangen, daß auf seine Kosten durch Sachverständige, welche vom Gericht bestellt werden, der Zustand der Sache festgestellt wird. Das gleiche Recht hat auch der Eigentümer.

Verzeichnis bei Sachinbegriff

1146. Ist ein Inbegriff von Sachen Gegenstand des Nießbrauchs, so sind der Nießbraucher und der Eigentümer einander verpflichtet, zur Aufnahme eines Verzeichnisses der Sachen mitzuwirken. Die Kosten trägt derjenige, welcher dies verlangt.

1147. Der Nießbraucher ist zum Besitz der Sache berechtigt.

1148. Der Nießbraucher ist bei der Ausübung des Nießbrauchs verpflichtet, die bisherige wirtschaftliche Bestimmung der Sache aufrechtzuerhalten und mit dieser sorgfältig und nach den Regeln einer ordnungsmäßigen Wirtschaft zu verfahren. Er ist nicht berechtigt, wesentliche Veränderungen vorzunehmen. *Verpflichtungen des Nießbrauchers*

1149. Bei dem Nießbrauch an einem Walde oder Bergwerke oder einer Mine ist der Nießbraucher oder der Eigentümer berechtigt zu verlangen, daß die Ausbeutung durch einen Plan auf Kosten beider bestimmt wird.

1150. Früchte, welche vom Nießbraucher einer ordnungsmäßigen Wirtschaft zuwider oder infolge von außerordentlichen Ereignissen gezogen werden, fallen, soweit sie den ordnungsmäßigen Ertrag übersteigen, dem Eigentümer zu. *Übermäßige Fruchtziehung*

1151. Das Recht des Nießbrauchers erstreckt sich nicht auch auf den Anteil des Eigentümers an einem Schatz, der in der Sache entdeckt wurde. *Nießbraucher und Schatz*

1152. Der Nießbraucher ist verpflichtet, für die Ausbesserung und Erneuerung der Sache zu sorgen; er hat die Kosten dafür nur insoweit zu tragen, als sie zu der gewöhnlichen Unterhaltung der Sache gehören. *Ausbesserungen der Sache*

1153. Der Nießbraucher ist verpflichtet, dem Eigentümer unverzüglich über jede Beschädigung oder über die Notwendigkeit einer außerordentlichen Ausbesserung der Sache oder über eine Vorkehrung zum Schutze der Sache gegen eine nicht vorhergesehene Gefahr Anzeige zu machen. Das gleiche gilt, wenn sich ein Dritter ein Recht an der Sache anmaßt. *Verpflichtung zur Anzeige an den Eigentümer*

Vernachlässigt oder verweigert der Eigentümer Maßnahmen zur Abwendung des Schadens oder der Gefahr, so trifft sie der Nießbraucher auf Kosten des Eigentümers.

1154. Der Nießbraucher ist verpflichtet, die Sache auf eigene Kosten zugunsten des Eigentümers gegen Brand oder sonstige Gefahren für die Zeit des Nießbrauchs zu versichern, sofern dies nach den Regeln einer ordnungsmäßigen Wirtschaft geboten ist. Hat er die Sache versichert übernommen, so ist er unter denselben Bedingungen zur Prämienzahlung für die Dauer des Nießbrauchs verpflichtet. *Versicherungsverpflichtung*

1155. Der Nießbraucher ist dem Eigentümer gegenüber verpflichtet, für die Dauer des Nießbrauchs die auf der Sache ruhenden öffentlichen Lasten mit Ausschluß der außerordentlichen Lasten zu tragen. Besteht bei der Bestellung des Nießbrauchs eine Hypothek an der Sache, so haftet er während der Dauer des Nießbrauchs dem Eigentümer gegenüber für die Zinsen der Schuld oder für einen Teil der Zinsen im Verhältnis zu den anderen etwa für die Schuld bestehenden Hypotheken. *Verpflichtung zur Lastentragung*

1156. Der Nießbraucher eines ganzen Vermögens oder eines Bruchteils desselben ist verpflichtet, die Zinsen oder den entsprechenden Teil der Zinsen für die bei der Bestellung des Nießbrauchs bestehenden Schulden des Eigentümers zu entrichten.

Er ist auch verpflichtet, die wiederkehrenden Unterhaltsleistungen aus einer schon bei der Bestellung des Nießbrauchs begründeten Verpflichtung des Eigentümers zu entrichten.

Verwendungen, welche nicht dem Nießbraucher zur Last fallen

1157. Verwendungen des Nießbrauchers, zu denen er nicht verpflichtet war, hat derjenige, der Eigentümer der Sache in der Zeit war, in der sie gemacht wurden, nach den Vorschriften über Besorgung fremder Angelegenheiten zu ersetzen. Der Nießbraucher ist berechtigt, eine Einrichtung, mit der er die Sache versehen hat, wegzunehmen.

Verschlechterung infolge ordnungsmäßiger Fruchtziehung

1158. Der Nießbraucher haftet nicht für eine Veränderung oder Verschlechterung der Sache, welche durch die ordnungsmäßige Ausübung des Nießbrauchs herbeigeführt wurde.

Verpflichtung des Nießbrauchers zur Sicherheitsleistung

1159. Der Eigentümer der Sache ist berechtigt, wenn nicht ein anderes bestimmt wurde, von dem Nießbraucher Sicherheitsleistung zu verlangen, wenn die Ausübung des Nießbrauchs in einer Weise erfolgt, welche die Rechte des Eigentümers erheblich bedroht. Von der Sicherheitsleistung ist der Schenker befreit, welcher sich den Nießbrauch vorbehalten hat.

1160. Leistet der Nießbraucher nicht oder ist er nicht imstande, die angeordnete Sicherheit zu leisten, oder verletzt er in erheblichem Maße die Rechte des Eigentümers, so ordnet das Gericht auf Antrag des Eigentümers die Vermietung der Sache an oder überträgt die Ausübung des Nießbrauchs für Rechnung des Nießbrauchers einem Geschäftsführer. Zum Geschäftsführer kann auch der Eigentümer bestellt werden. Die Geschäftsführung wird aufgehoben, wenn Sicherheit geleistet wird oder der Grund weggefallen ist, durch den sie veranlaßt wurde.

Rückgabe der Sache nach Beendigung des Nießbrauchs

1161. Der Nießbraucher ist verpflichtet, die Sache nach der Beendigung des Nießbrauchs dem Eigentümer zurückzugeben. Im Verhältnis zwischen dem Nießbraucher und dem Eigentümer der Sache gilt zugunsten des Nießbrauchers der Besteller des Nießbrauchs als Eigentümer, es sei denn, daß der Nießbraucher weiß, der Besteller sei nicht Eigentümer.

1162. Der Nießbraucher eines landwirtschaftlichen Grundstücks hat bei der Beendigung des Nießbrauchs kein Recht auf die bei dieser Beendigung noch nicht getrennten Früchte. Er kann aber Ersatz für die Kosten verlangen, die bei ihrer Gewinnung entstanden sind, sofern sie den Wert der Früchte nicht übersteigen.

1163. Der Nießbraucher eines landwirtschaftlichen Grundstücks ist bei der Beendigung des Nießbrauchs verpflichtet, von den Erzeugnissen des Grundstücks, insbesondere von Samen, Heu und Dünger, soviel zurückzulassen, als zur ordnungsmäßigen Fortführung der Wirtschaft des Grundstücks bis zur neuen Ernte erforderlich ist. Soweit aber der Nießbraucher bei seinem Antritt auf dem Grundstück solche Erzeugnisse nicht übernommen hat, hat er für die zurückgelassenen Erzeugnisse einen Entschädigungsanspruch gegen den Eigentümer.

Schicksal der Vermietung bei Beendigung des Nießbrauchs

1164. Wird der Nießbrauch an einem Grundstück während der Dauer der vom Nießbraucher vorgenommenen Vermietung des Grundstücks beendigt, so finden in Bezug auf die Fortsetzung des Mietverhältnisses sowie auf den Vorschuß oder die Abtretung oder Pfändung von Mietzinsen die Vorschriften über Veräußerung des vermieteten Grundstücks während der Miete entsprechende Anwendung.

Verjährung

1165. Die Ansprüche des Eigentümers gegen den Nießbraucher wegen Veränderung oder Verschlechterung der Sache sowie die Ansprüche des Nießbrauchers auf Ersatz von Verwendungen oder Gestattung der Wegnahme einer Einrichtung verjähren in sechs Monaten vom Zeitpunkt der Rückgabe der Sache an.

Unübertragbarkeit des Nießbrauchs

1166. Der Nießbrauch ist nicht übertragbar, sofern nicht anders bestimmt wurde. Die Ausübung des Nießbrauchs kann einem anderen für eine Zeit, welche die Dauer des Nießbrauchs nicht übersteigt, unbeschadet der Vorschrift des Art. 1164, überlassen werden.

Erlöschen des Nießbrauchs

1167. Der Nießbrauch erlischt, sofern nicht ein anderes bestimmt wurde, mit dem Tode des Nießbrauchers. Der Nießbrauch zugunsten einer juristischen Person erlischt mit deren Auflösung.

1168. Der Nießbrauch erlischt, wenn er mit dem Eigentum in derselben Person zusammentrifft.

1169. Der Nießbrauch erlischt durch einseitige Erklärung des Berechtigten dem Eigentümer gegenüber, daß er den Nießbrauch aufgebe. Bei Grundstücken erfolgt die Erklärung durch notarielle Beurkundung, die dem Eigentümer zuzustellen und in das Transkriptionsbuch einzutragen ist.

1170. Die Erlöschensgründe der Grunddienstbarkeiten wegen Unterganges der dienenden Sache, wegen Unmöglichkeit der Ausübung und wegen Nichtausübung finden auch auf den Nießbrauch an einer Sache entsprechende Anwendung. Die zwanzigjährige Frist bei Nichtausübung läuft vom Zeitpunkt der letzten Ausübung an.

Untergang oder Zwangsenteignung einer Sache

1171. Der Nießbrauch an einer Sache erstreckt sich auch auf den für sie geschuldeten Ersatz oder auf die Entschädigungssumme, insbesondere wegen Untergangs oder Versicherungsvertrages oder Zwangsenteignung der Sache.

1172. Im Falle des vorangehenden Artikels ist der Eigentümer oder der Nießbraucher berechtigt zu verlangen, daß die empfangene Summe zur Wiederherstellung oder zur Ersetzung der Sache verwendet wird, sofern eine solche Handlung den Regeln einer ordnungsmäßigen Wirtschaft entspricht.

Schutz des Nießbrauchers

1173. Bei Verletzung des Rechtes des Nießbrauchers finden die Vorschriften über den Schutz des Eigentums entsprechende Anwendung.

Nießbrauch an verbrauchbaren Sachen

1174. Sind verbrauchbare Sachen Gegenstand des Nießbrauchs, so wird der Nießbraucher, wenn nicht ein anderes bestimmt wurde, Eigentümer der Sachen und ist verpflichtet, nach Beendigung des Nießbrauchs dem Besteller des Nießbrauchs nach dessen Wahl entweder den Wert zu ersetzen, den die Sachen zur Zeit der Bestellung des Nießbrauchs hatten, oder andere Sachen derselben Quantität und Qualität zurückzugeben.

1175. Beim Nießbrauch an verbrauchbaren Sachen ist der Nießbraucher, wenn nichts anderes bestimmt wurde, zur Sicherheitsleistung vor der Übergabe der Sachen verpflichtet. Von der Sicherheitsleistung wird der Nießbraucher befreit: 1. bei Geld, wenn es bei einer sicheren Bank oder bei einer anderen Kreditanstalt unter Vorbehalt des Nießbrauchrechts angelegt wird; 2. wenn Nießbraucher der Schenker ist, der die Schenkung unter Vorbehalt des Nießbrauchs für sich gemacht hat.

Nießbrauch an Inhaberpapieren

1176. Für den Nießbrauch an Inhaberpapieren gelten die Vorschriften über den Nießbrauch an einer Sache. Der Nießbraucher ist, wenn nichts anderes bestimmt wurde, vor der Übergabe zur Sicherheitsleistung verpflichtet. Von dieser ist er befreit: 1. wenn die Papiere bei einer sicheren Bank oder bei einer anderen Kreditanstalt unter Vorbehalt des Nießbrauchsrechts hinterlegt werden; 2. wenn Nießbraucher der Schenker ist, der die Schenkung unter Vorbehalt des Nießbrauchs für sich gemacht hat.

Zum Besitz der dazugehörigen Zins- und Dividendenscheine ist der Nießbraucher ohne Sicherheitsleistung berechtigt.

1177. Beim Nießbrauch an Aktien einer Gesellschaft ist der Nießbraucher, sofern nichts anderes bestimmt wurde, berechtigt, an den Versammlungen der Aktionäre der Gesellschaft teilzunehmen.

Nießbrauch an einem Rechte

1178. Nießbrauch kann auch an einem Rechte bestellt werden. Die Bestellung des Nießbrauchs an einem Rechte erfolgt in der Weise, in der auch die Übertragung des Rechts erfolgt. An Rechten, die nicht übertragbar sind, kann ein Nießbrauch nicht bestellt werden.

Insbesondere Nießbrauch an einer Forderung

1179. Der Nießbraucher einer Forderung ist zu ihrem Fruchtgenuß berechtigt.

Ist die Forderung keine Geldforderung, so ist er auch zu ihrer Einziehung berechtigt. Vom Zeitpunkt der Einziehung an gilt er als Nießbraucher einer Sache.

1180. Ist die Forderung, an der ein Nießbrauch bestellt wurde, eine Geldforderung, so sind zur Einziehung des Kapitals der Gläubiger und der Nießbraucher gemeinschaftlich berechtigt und verpflichtet. Statt der Einziehung oder nach der Einziehung ist jeder berechtigt, die sichere und zinsentragende Anlage des Kapitals unter Vorbehalt des Rechtes des Nießbrauchers zu verlangen. Die Art der Anlage bestimmt der Nießbraucher.

1181. Der Nießbraucher einer Leibrente ist berechtigt, die einzelnen Leistungen einzuziehen, welche dem Recht gebühren, an dem der Nießbrauch bestellt wurde.

1182. Im übrigen finden auf den Nießbrauch an einem Recht die Vorschriften über den Nießbrauch an Sachen entsprechende Anwendung, sofern sich aus dem Gesetz oder aus der Natur des Nießbrauchs am Recht nichts anderes ergibt.

Wohnungsrecht

1183. Die persönliche Dienstbarkeit des Wohnungsrechtes besteht in dem dinglichen und ausschließlichen Recht des Berechtigten, ein fremdes Gebäude oder einen Teil desselben als Wohnung zu benutzen.

1184. Derjenige, welchem das Wohnungsrecht zusteht, ist berechtigt, in dem Gebäude mit seiner Familie und dem seiner sozialen Stellung entsprechenden Dienstpersonal zu wohnen.

1185. Das Wohnungsrecht ist nicht übertragbar und erlischt mit dem Tode des Berechtigten.

1186. Bei dem Wohnungsrecht besteht kein Anspruch auf Sicherheitsleistung. Der Berechtigte ist nicht zur Versicherung des Gebäudes verpflichtet.

1187. Auf das Wohnungsrecht finden im übrigen die allgemeinen Vorschriften über den Nießbrauch an Grundstücken entsprechende Anwendung, sofern sie sich mit der Natur des Wohnungsrechtes vereinbaren lassen.

Andere persönliche Dienstbarkeiten

1188. An einem Grundstück kann das dingliche Recht einer persönlichen Dienstbarkeit bestellt werden, welches einer bestimmten Person eine Befugnis oder einen Nutzen gewährt (beschränkte persönliche Dienstbarkeiten).

Diese können auch in allem bestehen, was den Inhalt einer Grunddienstbarkeit bildet.

1189. Der Umfang einer beschränkten persönlichen Dienstbarkeit bestimmt sich im Zweifel nach den persönlichen Bedürfnissen des Berechtigten.

1190. Die beschränkte persönliche Dienstbarkeit ist, sofern nichts anderes bestimmt wurde, nicht übertragbar und erlischt mit dem Tode des Berechtigten oder mit der Auflösung der juristischen Person, zugunsten deren sie bestellt war.

1191. Auf die beschränkten persönlichen Dienstbarkeiten finden im übrigen die Vorschriften über Grunddienstbarkeiten Anwendung, sofern sie sich mit der Natur der persönlichen Dienstbarkeiten vereinbaren lassen.

Neuntes Kapitel

Transkription

Akte, die in das Transkriptionsbuch einzutragen sind

1192. Im Transkriptionsamt des Bezirkes, in dem sich das Grundstück befindet, werden in das Transkriptionsbuch eingetragen: 1. die Rechtsgeschäfte unter Lebenden, inbegriffen auch die Schenkungen von Todes wegen, durch die ein dingliches Recht an Grundstücken begründet, übertragen oder aufgehoben wird (dingliche Rechtsgeschäfte); 2. die gerichtlichen Zuerkennungen sowie die behördlichen Zuweisungen oder Zuschläge des Eigentums an einem Grundstück oder eines dinglichen Rechtes an diesem; 3. die Protokolle über die gerichtliche Teilung eines Grundstücks; 4. die rechtskräftigen Gerichtsentscheidungen, welche eine Verurteilung zur Abgabe einer Willenserklärung über ein dingliches Rechtsgeschäft in Bezug auf ein Grundstück enthalten.

Annahme einer Erbschaft oder eines Vermächtnisses

1193. In das Transkriptionsbuch des Transkriptionsamtes des Bezirkes, in dem sich das Grundstück befindet, ist auch jede Annahme einer Erbschaft oder eines Vermächtnisses einzutragen, sofern durch sie dem Erben oder dem Vermächtnisnehmer ein Grundstück des Nachlasses oder ein dingliches Recht an demselben oder ein dingliches Recht an einem fremden Grundstück zufällt oder ein solches Recht aufgehoben wird. Für die Transkription ist die Bestätigung des Todes des Erblassers erforderlich.

Wie die Transkription erfolgt

1194. Die Transkription besteht in der Eintragung eines Auszuges aus dem einzutragenden Akt in das Transkriptionsbuch nach der Zeitfolge der Vorlegung. Der Auszug enthält die Hauptmerkmale des Aktes. Die Eintragung wird auch auf der einzutragenden Urkunde bestätigt und diese wird im Transkriptionsamt aufbewahrt.

Die Transkription kann jeder verlangen, der ein rechtliches Interesse daran glaubhaft macht.

1195. Die in das Transkriptionsbuch einzutragende Annahme einer Erbschaft oder eines Vermächtnisses muß sich aus einer öffentlichen Urkunde ergeben. Statt der Annahme der Erbschaft kann in das Transkriptionsbuch der Erbschein eingetragen werden.

Mangel betreffend die Identität des Grundstücks

1196. Die Transkription ist nichtig, wenn sich aus dem Akt, welcher in das Transkriptionsbuch eingetragen ist, die Identität des Grundstücks nicht ergibt.

1197. Ergibt sich aus den Unterlagen über die Annahme der Erbschaft oder des Vermächtnisses nicht die Identität des Grundstücks und das dingliche Recht an ihm, auf das sich die Annahme bezieht, so muß derjenige, der die Transkription beantragt, dem Transkriptionsamt ein von ihm unterschriebenes Schriftstück einreichen, welches auch diese Erfordernisse enthält.

Unterlassung der Transkription

1198. Ohne Transkription erfolgt in den Fällen, in denen sie nach den Art. 1192 und 1193 erforderlich ist, keine Übertragung des Eigentums an dem Grundstück bzw. keine Begründung, Übertragung oder Aufhebung eines dinglichen Rechtes an diesem.

Eigentum des Erben oder des Vermächtnisnehmers

1199. Durch die Transkription nach dem Art. 1193 gilt das Eigentum oder ein anderes dingliches Recht an dem Grundstück als dem Erben oder Vermächtnisnehmer mit dem Zeitpunkt des Todes des Erblassers zugefallen, unbeschadet der Vorschriften über aufschiebende Bedingung oder Befristung.

Öffentlichkeit der Transkriptionsbücher

1200. Die Transkriptionsbücher sind öffentlich und jedem zugänglich, der sie einsehen will, unter Rücksicht auf die für ihre gute Erhaltung erforderlichen Bedingungen.

1201. Der Bewahrer der Transkriptionsbücher ist verpflichtet, demjenigen, der es verlangt, Abschriften, Bestätigungen oder Auszüge aus ihrem Inhalt zu erteilen.

Entscheidung über Nichtigkeit eines eingetragenen Rechtsgeschäfts

1202. Wurde ein in das Transkriptionsbuch eingetragenes Rechtsgeschäft durch rechtskräftige gerichtliche Entscheidung für nichtig erklärt, so wird dies auf Betreiben der obsiegenden Partei am Rande der betreffenden Seite des Transkriptionsbuches, auf der das Rechtsgeschäft eingetragen ist, vermerkt. Für jeden aus der Unterlassung entstehenden Schaden haftet diese Partei dem Beschädigten.

Nichtigkeitserklärung eines eingetragenen Vertrags über ein Grundstück

1203. Wurde ein in das Transkriptionsbuch eingetragener Vertrag über ein Grundstück aus Irrtum oder durch arglistige Täuschung oder Drohung abgeschlossen und nach Anfechtung durch rechtskräftige Entscheidung für nichtig erklärt, so treten die im Art. 184 vorgesehenen Folgen der Nichtigkeitserklärung von dem Zeitpunkt an ein, in dem diese Entscheidung am Rande der betreffenden Seite des Transkriptionsbuches, auf der der Vertrag eingetragen ist, vermerkt wird.

1204. Durch die Nichtigkeitserklärung eines Vertrages über ein Grundstück im Sinne des vorangehenden Artikels, welcher aus Irrtum oder durch arglistige Täuschung oder Drohung abgeschlossen und im Transkriptionsbuch eingetragen wurde, werden die von Dritten aus ihm erworbenen dinglichen Rechte nicht aufgehoben.

Zusammentreffen mehrerer Transkriptionen

1205. Treffen mehrere Transkriptionsanträge zusammen und kann der Bewahrer der Transkriptionsbücher an demselben Tage nicht alle in das Transkriptionsbuch eintragen, so errichtet er über die nicht eingetragenen ein Protokoll, in dem sie nach der Reihenfolge der Vorlegung vermerkt werden. Ihre Eintragung in das Transkriptionsbuch erfolgt nach der Reihenfolge, in der sie in das Protokoll eingetragen wurden; der Bewahrer kann keine anderen Transkriptionen vornehmen, bevor er diese nicht eingetragen hat.

Solche Transkriptionen gelten vom Tage der Errichtung des Protokolls an als erfolgt.

An dem gleichen Tage erfolgte Transkriptionen

1206. Unter mehreren am gleichen Tage erfolgten Transkriptionen über Rechte an demselben Grundstück geht diejenige vor, welche auf dem um eine, wenn auch nur kurze Zeit älteren Titel beruht.

Transkription und Hypothekeneintragung am gleichen Tage

1207. Werden am gleichen Tage eine Transkription und die Eintragung einer Hypothek an demselben Grundstück vorgenommen, so geht die um auch noch so kurze Zeit früher eingetragene vor.

Transkription von Mietverträgen

1208. In das Transkriptionsbuch des Bezirkes, in dem sich das Grundstück befindet, werden die Mietverträge über das Grundstück eingetragen, die neun Jahre übersteigen.

Zehntes Kapitel

Pfandrecht

Begriff

1209. An einer fremden beweglichen Sache kann ein Pfandrecht als dingliches Recht zur Sicherung einer Forderung durch privilegierte Befriedigung des Gläubigers aus der Sache bestellt werden.

Bestehen einer Forderung

1210. Das Pfandrecht ist ein akzessorisches Recht und kann auch für eine künftige oder eine bedingte Forderung bestellt werden.

Bestellung

1211. Zur Bestellung des Pfandrechts ist erforderlich, daß der Eigentümer die Sache dem Gläubiger übergibt und beide darüber einig sind, daß der Gläubiger an der Sache ein Pfandrecht erwerben soll. Die Einigung hat durch notarielle Beurkundung oder durch Privaturkunde mit sicherem Datum zu erfolgen und die Forderung zu bestimmen sowie die zum Pfand gegebene Sache zu bezeichnen. Statt der Bezeichnung im Texte der Urkunde genügt die Beifügung einer besonderen Liste zu dieser.

Durch Übergabe an einen Dritten

1212. Die Übergabe nach Maßgabe des vorangehenden Artikels kann auch an einen Dritten nach gemeinschaftlicher Zustimmung des Gläubigers und des Verpfänders erfolgen.

Unzulässigkeit des Besitzkonstituts

1213. Eine Vereinbarung zwischen dem Gläubiger und dem Verpfänder, wonach dieser die Detention der Sache kraft eines bestimmten Rechtsverhältnisses behalten soll, gilt nicht als Übergabe.

Bestellung durch Eintragung

1214. Allein durch die Vereinbarung wird das Pfandrecht ohne Übergabe bestellt, wenn diese Vereinbarung in einem zu diesem Zwecke durch Gesetz bestimmten öffentlichen Buch eingetragen wird.

Eigentumsmangel beim Verpfänder

1215. Gehört die Sache nicht dem Verpfänder, so wird das Pfandrecht unter den Bedingungen erworben, unter denen das Eigentum an einer beweglichen Sache von einem Nichteigentümer erworben wird. Die Vorschriften darüber finden entsprechende Anwendung.

1216. Das Pfandrecht kann auch an einem Bruchteil einer beweglichen Sache bestellt werden. Die Sache kann aber nicht im ganzen oder zu einem ideellen Teile in der Detention des Verpfänders verbleiben.

Pfandrecht an einem ideellen Teil

1217. Das Pfandrecht besteht, auch wenn es für eine künftige oder eine bedingte Forderung bestellt wurde, vom Zeitpunkt seiner Bestellung an.

Zeitpunkt, von dem an das Pfandrecht besteht

1218. Das Pfandrecht sichert die Forderung in ihrem ganzen Umfang, insbesondere die Zinsen, die Vertragsstrafe, die Ansprüche des Gläubigers wegen Verwendungen auf die Sache, die Gerichtskosten sowie die Pfandverkaufskosten.

Gesicherte Schuld

Wurde das Pfandrecht für eine fremde Schuld bestellt, so kann ein Rechtsgeschäft, welches zwischen dem Schuldner und dem Gläubiger nach der Verpfändung vorgenommen wurde, die Stellung des Verpfänders nicht verschlechtern.

1219. Der Verpfänder ist berechtigt, sofern im Gesetz nicht ein anderes bestimmt ist, dem Gläubiger gegenüber die dem Schuldner gegen die Forderung zustehenden Einreden geltend zu machen, auch wenn dieser auf sie verzichtet.

Einreden des Verpfänders

1220. Das Pfandrecht erstreckt sich nicht auch auf die Früchte, die von dem Pfande getrennt werden, sofern nicht ein anderes vereinbart wurde.

Früchte der Sache

1221. Es kann vereinbart werden, daß der Gläubiger die Nutzungen aus der verpfändeten Sache zieht. Bei einer von Natur fruchttragenden Sache ist im Zweifel anzunehmen, daß dem Gläubiger dieses Recht zusteht.

1222. Ist der Gläubiger berechtigt, die Nutzungen zu ziehen, so hat er für die Gewinnung der Nutzungen zu sorgen und Rechenschaft abzulegen. Der Reinertrag der Nutzungen wird, sofern nicht anders vereinbart wurde, zunächst zur Tilgung der Kosten, dann der Zinsen und endlich des Kapitals der Forderung verwendet.

1223. Das Pfandrecht an einer Sache erstreckt sich auch auf den für sie geschuldeten Ersatz oder auf die Entschädigungssumme, insbesondere wegen Untergangs oder Versicherungsvertrags oder Zwangsenteignung.

Untergang oder Zwangsenteignung des Pfandes

1224. Der Gläubiger ist zur Verwahrung der Sache verpflichtet. Ohne die Zustimmung des Verpfänders ist er nicht zum Gebrauch oder zur Weiterverpfändung des Pfandes berechtigt.

Verpflichtungen des Gläubigers

1225. Die vom Gläubiger auf die Sache gemachten Verwendungen werden nach den Vorschriften über Besorgung fremder Angelegenheiten ersetzt. Der Gläubiger ist berechtigt, eine Einrichtung, mit der er das Pfand versehen hat, wegzunehmen.

Verwendungen auf das Pfand

1226. Verletzt der Gläubiger die Rechte des Verpfänders, so kann dieser verlangen, daß die Sache an einen vom Gericht zu bestellenden Sequester herausgegeben oder öffentlich hinterlegt wird,

Verpflichtungsverletzung durch den Gläubiger

wenn sie sich zur Hinterlegung eignet. Die Kosten hat der Gläubiger zu tragen.

1227. Statt der Sequestration oder der Hinterlegung der Sache nach dem vorangehenden Artikel ist der Verpfänder berechtigt, die Rückgabe der Sache gegen Befriedigung des Gläubigers zu verlangen. Ist die Forderung unverzinslich und noch nicht fällig, so werden die Zinsen vom Zeitpunkt der Zahlung an bis zur Fälligkeit der Forderung abgezogen.

Gefährdung der Interessen des Gläubigers

1228. Wird durch den drohenden Untergang der Sache oder durch eine zu besorgende wesentliche Minderung ihres Wertes die Sicherheit des Gläubigers gefährdet, so ist dieser berechtigt, die Sache mit gerichtlicher Erlaubnis im Wege der Versteigerung zu verkaufen, es sei denn, daß der Verpfänder innerhalb der ihm bestimmten angemessenen Frist die Sicherheit ergänzt. Die Versteigerung erfolgt wie bei einer gepfändeten beweglichen Sache. Der Erlös tritt an die Stelle der verpfändeten Sache und wird öffentlich hinterlegt.

Bei Sachen, welche einen Börsenwert haben, erfolgt der Verkauf an der Börse.

1229. Im Falle des vorangehenden Artikels ist auch der Verpfänder selbst unter denselben Bedingungen berechtigt, eine gerichtliche Erlaubnis zum Verkauf der Sache zu erwirken oder ihre Rückgabe gegen Leistung einer anderen Sicherheit zu verlangen. Die Sicherheitsleistung durch Bürgen ist ausgeschlossen.

Gelegenheit eines günstigen Verkaufs

1230. Wurde dem Verpfänder die Gelegenheit eines günstigen Verkaufs des Pfandes geboten, so ist er auch vor der Fälligkeit der Schuld berechtigt, vom Gericht die Erlaubnis zum Verkauf des Pfandes zu verlangen. Das Gericht bestimmt die Verkaufsbedingungen und die Hinterlegung des Preises.

Unteilbarkeit des Pfandrechts

1231. Das Pfandrecht ist unteilbar. Besteht es an mehreren Sachen, so sichert jede die ganze Forderung.

Rückgabe des Pfandes nach Beendigung

1232. Der Gläubiger ist verpflichtet, die Sache nach dem Erlöschen des Pfandrechtes zurückzugeben.

1233. Mit Erlaubnis des Gerichts ist der Gläubiger berechtigt, auch nach dem Erlöschen seiner Forderung dem Schuldner die Rückgabe der Sache zu verweigern, wenn er gegen ihn eine andere Forderung hat, welche nach der Bestellung des Pfandrechts entstanden ist und vor der Fälligkeit der Forderung, für die das Pfandrecht bestellt wurde, fällig wird. Das gleiche Recht steht ihm auch gegen den Dritten zu, der ein Pfand gegeben hat, wenn ihm unter denselben Bedingungen gegen diesen eine Forderung zusteht.

1234. Der Dritte, der ein Pfand gegeben hat, ist berechtigt, wenn die Schuld fällig wird, sie selbst zu tilgen und die Sache zurückzuverlangen. Durch die Tilgung tritt er in die Rechte des Gläubigers ein.

1235. In sechs Monaten vom Zeitpunkt des Erlöschens des Pfandrechts an verjähren: 1. die Ansprüche des Verpfänders gegen den Gläubiger wegen Beschädigung oder Minderung des Wertes der Sache; 2. die Ansprüche des Gläubigers wegen Verwendungen auf die Sache oder auf Wegnahme einer Einrichtung, mit der das Pfand versehen wurde. *Verjährung*

1236. Auf die Beeinträchtigung des Pfandrechts finden die Vorschriften über Schutz des Eigentums entsprechende Anwendung. *Schutz des Pfandrechts*

1237. Der Gläubiger ist berechtigt, von dem Zeitpunkt an, in dem seine Forderung fällig wurde, das Pfand im Wege der Versteigerung zu verkaufen, wenn er einen vollstreckbaren Titel hat, oder eine gerichtliche Entscheidung zum Verkauf des Pfandes durch Versteigerung zu veranlassen. Der Verkauf erfolgt wie bei einer gepfändeten beweglichen Sache. *Recht des Gläubigers zum Verkauf*

Bei Sachen, welche einen Börsenwert haben, erfolgt der Verkauf an der Börse.

1238. Bei mehreren Pfändern ist der Gläubiger nur berechtigt, so viele Pfänder zum Verkauf zu bringen, als zu seiner Befriedigung erforderlich sind.

1239. Eine Vereinbarung, welche vor der Fälligkeit der gesicherten Schuld getroffen wurde, wonach das Eigentum an der Sache dem Gläubiger zufällt oder ihm übertragen werden muß, falls er nicht rechtzeitig befriedigt wird, ist nichtig. Das gleiche gilt auch für die Vereinbarung, durch welche der Gläubiger von den Formalitäten der Veräußerung des Pfandes im ganzen oder zum Teil befreit wird. *Verbotene Vereinbarungen*

1240. Durch die Versteigerung und den Zuschlag nach Maßgabe der Bedingungen des Gesetzes erwirbt der Käufer das Eigentum an der Sache frei von Lasten. Ein vor der Bestellung des Pfandrechts etwa begründeter Nießbrauch an der Sache erlischt jedoch nicht. *Rechte des Käufers bei der Versteigerung*

1241. Soweit der Erlös dem Gläubiger zur Berichtigung seiner Forderung gebührt, gilt die Forderung als vom Verpfänder berichtigt. In Bezug auf den Restbetrag tritt der Erlös an die Stelle des Pfandes. *Die Berichtigung der Schuld aus dem Erlös*

1242. Beim Verkauf des Pfandes durch den Gläubiger gilt zu dessen Gunsten der Verpfänder als Eigentümer, es sei denn, daß der Gläubiger weiß, dieser sei nicht Eigentümer.

1243. Das Pfandrecht erlischt insbesondere: 1. mit dem Erlöschen der Forderung, für die es bestellt wurde; 2. durch die Rückgabe des Pfandes von seiten des Gläubigers an den Verpfänder oder an den Eigentümer; 3. durch die einseitige Erklärung des Gläubigers an den Verpfänder oder an den Eigentümer, daß er auf das Pfandrecht verzichte; 4. durch die Vereinigung von Eigentum und Pfandrecht in derselben Person. *Erlöschen des Pfandrechts*

Pfandrecht an Inhaberpapieren

1244. Auf das Pfandrecht an Inhaberpapieren finden die Vorschriften über das Pfandrecht an beweglichen Sachen Anwendung. Sofern diese Papiere dem Pfandgläubiger übergeben wurden, erstreckt sich das Pfandrecht an ihnen auch auf die dazugehörigen Zins- und Dividendenscheine.

1245. Beim Pfandrecht an Aktien einer Gesellschaft ist der Verpfänder, sofern nichts anderes bestimmt wurde, berechtigt, auch während der Dauer des Pfandrechtes an den Versammlungen der Aktionäre teilzunehmen.

Gesetzliches Pfandrecht

1246. Die Vorschriften über das durch Rechtsgeschäft bestellte Pfandrecht finden auch auf das gesetzliche Pfandrecht entsprechende Anwendung.

Pfandrecht an einem Rechte

1247. Das Pfandrecht kann auch an einem Rechte bestellt werden, sofern dieses übertragbar ist. Die Bestellung wird in der Weise vorgenommen, in der auch die Übertragung des Rechts stattfindet. Es ist erforderlich, daß der Vertrag über die Bestellung des Pfandrechtes durch notarielle Beurkundung oder durch Privaturkunde mit sicherem Datum erfolgt.

Insbesondere Pfandrecht an einer Forderung

1248. Bei der Verpfändung einer Forderung ist noch dazu erforderlich, daß der Verpfänder dem Schuldner die Verpfändung anzeigt.

1249. Das Pfandrecht an einer Forderung erstreckt sich auch auf die nach der Bestellung des Pfandrechtes fälligen Zinsen der Forderung.

1250. Bestehen an derselben Forderung mehrere Pfandrechte, so wird der Vorrang nach der Zeit der Bestellung eines jeden Pfandrechtes geregelt.

Pfandrecht an Orderpapieren

1251. Zur Verpfändung eines Orderpapieres genügt seine Indossierung an die Order des Gläubigers, ohne daß eine andere schriftliche Vereinbarung erforderlich ist.

Einziehung einer verpfändeten Forderung

1252. Solange die gesicherte Schuld nicht fällig wurde, ist der Pfandgläubiger berechtigt, allein die verpfändete Forderung einzuziehen, wenn sie nicht eine Geldforderung ist. Vom Zeitpunkt der Einziehung an hat er ein Pfandrecht an einer Sache des Verpfänders.

1253. Ist im Falle des vorangehenden Artikels die verpfändete Forderung eine Geldforderung, so sind der Pfandgläubiger und der Verpfänder gemeinschaftlich zur Einziehung berechtigt und verpflichtet. Statt der Einziehung oder, wenn diese erfolgt ist, nach ihr, ist jeder berechtigt, die sichere und verzinsliche Anlage des Geldes unter Vorbehalt des Pfandrechtes zu verlangen. Die Art der Anlage bestimmt der Verpfänder.

1254. Ist die verpfändete Forderung keine Geldforderung, so kann sie der Pfandgläubiger nach der Fälligkeit der gesicherten Schuld allein einziehen und es treten dieselben Wirkungen wie bei der Verpfändung einer Sache des Verpfänders ein. Ist die verpfändete Forderung eine Geldforderung, so ist auch der Pfandgläubiger berechtigt, sie einzuziehen, aber nur bis zu der Summe, welche zu seiner Befriedigung erforderlich ist. Statt einer solchen Einziehung ist er berechtigt zu verlangen, daß ihm die Geldforderung an Zahlungsstatt abgetreten wird. Zu einer anderen Verfügung über die verpfändete Forderung ist der Pfandgläubiger nicht berechtigt.

1255. Ist ein Orderpapier Gegenstand des Pfandrechtes, so ist der Pfandgläubiger zur Einziehung allein berechtigt, auch wenn die gesicherte Schuld nicht fällig ist. Das gleiche gilt auch für Zins- und Dividendenscheine, welche zu verpfändeten und dem Gläubiger übergebenen Inhaberpapieren gehören. *Einziehung bei Orderpapieren*

Erfolgte die Einziehung vor dem Eintritt der Fälligkeit der gesicherten Schuld, so ist der Pfandgläubiger zur sicheren und verzinslichen Anlage der eingezogenen Gegenstände unter Vorbehalt des Pfandrechtes verpflichtet.

1256. Im übrigen finden auf die Verpfändung eines Rechtes die Vorschriften über Verpfändung einer Sache entsprechende Anwendung.

Elftes Kapitel

Hypothek

1257. An einem fremden Grundstück kann eine Hypothek als dingliches Recht zur Sicherung einer Forderung durch bevorzugte Befriedigung des Gläubigers aus der Sache bestellt werden. *Begriff*

1258. Die Hypothek ist ein akzessorisches Recht und kann auch für eine künftige oder eine bedingte Forderung erworben werden. *Bestehen einer Forderung*

1259. Die Hypothek kann nur an Grundstücken bestellt werden, die veräußert werden können, wie auch an dem Nießbrauch an solchen Grundstücken für die Zeit seiner Dauer. *Zur Bestellung einer Hypothek geeignete Grundstücke*

1260. Zum Erwerb einer Hypothek ist ein Titel, welcher das Hypothekenrecht begründet, und Eintragung in das Hypothekenbuch erforderlich. *Bedingungen für den Erwerb einer Hypothek*

1261. Titel, welche das Recht zum Hypothekerwerb begründen, sind das Gesetz, die gerichtliche Entscheidung und der Privatwille. *Titel*

1262. Einen Titel kraft Gesetzes zum Erwerb einer Hypothek haben: 1. der Fiskus an den Grundstücken seiner Schuldner für Forderungen aus rückständigen Steuern; 2. der Fiskus, die Städte, die Gemeinden, die religiösen oder gemeinnützigen Anstalten und die öffentlich-rechtlichen juristischen Personen an den Grundstücken ihrer Geschäftsführer oder deren Bürgen für ihre Forderungen aus der Geschäftsführung; 3. die unter väterlicher Gewalt oder Vormundschaft Stehenden an den Grundstücken des Vaters oder des *Gesetzlicher Titel*

Vormundes für das von diesen verwaltete Vermögen sowie für die Forderungen aus dieser Verwaltung; 4. die Ehefrau an den Grundstücken ihres Mannes für ihre Mitgift; 5. die Vermächtnisnehmer an den Grundstücken der Erbschaft für ihre Forderungen; 6. die Erben an den Grundstücken der Erbschaft für die Leistungen zum Ausgleich der Anteile sowie auch für die Eviktion des einem einzelnen unter ihnen Zugefallenen; 7. der Hypothekengläubiger an dem Hypothekengrundstück für die rückständigen Zinsen der Forderung und für die Kosten der Eintragung der Hypothek oder die Gerichtskosten, solange das Eigentum am Hypothekengrundstück nicht einem anderen übertragen wurde.

Titel aus gerichtlicher Entscheidung

1263. Einen Titel zur Eintragung einer Hypothek gewähren, sofern sie eine Geldleistung oder eine andere Leistung zuerkennen, die in Geld geschätzt werden kann, die rechtskräftigen Entscheidungen der Zivil-, Straf- und Verwaltungs- oder anderer besonderer Gerichte sowie auch die vollstreckbaren Entscheidungen von Schiedsrichtern oder von ausländischen Gerichten.

Grundstücke, auf die sich der Titel erstreckt

1264. Das Recht auf Eintragung einer Hypothek kraft eines gesetzlichen Titels oder eines Titels aus einer richterlichen Entscheidung erstreckt sich auf alle Grundstücke des Schuldners, sofern das Gesetz nicht ein anderes bestimmt. Die Eintragung erfolgt aber nur für eine bestimmte Summe und an bestimmten Grundstücken.

Von wem die Hypothek gewährt wird

1265. Das Recht auf Eintragung einer Hypothek wird von dem Schuldner oder von einem Dritten für den Schuldner gewährt. Es ist erforderlich, daß der Gewährende Eigentümer des Grundstückes ist.

1266. Das im vorstehenden Artikel bezeichnete Recht auf Eintragung einer Hypothek wird durch einseitige Erklärung vor einem Notar gewährt, in der das mit der Hypothek zu belastende Grundstück zu bestimmen ist.

1267. Wer bewußt seine Zustimmung zur Eintragung einer Hypothek an einem fremden Grundstück gibt oder dem Gläubiger die Beschränkungen und Lasten seines Eigentums verschweigt, ist zur sofortigen Tilgung der Schuld verpflichtet, wenn er nicht eine andere entsprechende Hypothek gewähren kann. Eine weitere Haftung seinerseits ist nicht ausgeschlossen.

Zeitpunkt, von dem an die Hypothek besteht

1268. Die Hypothek entsteht mit der gehörigen Eintragung in das Hypothekenbuch des Bezirkes, in dem das Grundstück liegt.

Die Hypothek wird nur für eine bestimmte Geldsumme eingetragen

1269. Die Eintragung der Hypothek erfolgt immer nur für eine bestimmte Geldsumme. Ist im Titel nicht ein bestimmter Betrag angegeben, so hat derjenige, welcher die Eintragung beantragt, den Betrag schätzungsweise annähernd zu bestimmen. Der Schuldner aber ist berechtigt, die Minderung des Betrages bis zu einem gehörigen Maße zu verlangen.

1270. Die kraft Gesetzes oder richterlicher Entscheidung an mehreren Grundstücken des Schuldners eingetragene Hypothek kann auf dessen Antrag auf diejenige Anzahl von Grundstücken beschränkt werden, deren Wert die Forderung genügend sichert. *Beschränkung der Eintragung*

1271. Die Eintragung einer Hypothek, die auf Privatwillen beruht, ist nichtig, sofern das Grundstück schon zu der Zeit der Eintragung nicht demjenigen gehört, der die Hypothek gewährt hat. Durch die Genehmigung nach der Eintragung oder den nachträglichen Erwerb wird die Eintragung nicht gültig. *Eigentumsmangel bei dem Gewährenden*

1272. Der Tag der Eintragung regelt den Vorrang der Hypotheken. *Rang der Hypotheken*

Alle Hypotheken, welche am gleichen Tag eingetragen wurden, haben denselben Rang.

1273. Die Eintragung der Hypothek unterbricht die Verjährung der Forderung zugunsten desjenigen, für dessen Rechte sie erfolgte. Wird die Hypothek gelöscht, so gilt die Verjährung als nicht unterbrochen. *Die Eintragung unterbricht die Verjährung*

1274. Mit Erlaubnis des Präsidenten des Landgerichts des Ortes, in dem das Grundstück liegt, kann der Gläubiger mit Bezug auf das Grundstück die Vormerkung einer Hypothek eintragen lassen. Die Erlaubnis bestimmt den zu sichernden Betrag und die Bedingungen, unter denen sie eventuell gewährt wird. *Vormerkung*

1275. Die auf Grund des vorangehenden Artikels erteilte Erlaubnis kann von dem Präsidenten im ganzen oder zum Teil unter Anordnung der Löschung der Vormerkung widerrufen werden, sofern diese nicht in eine Hypothek umgewandelt wurde.

1276. Die Vormerkung wird wie eine Hypothek eingetragen, mit dem Vermerk, daß diese vorgemerkt wird.

1277. Die Vormerkung gewährt nur ein Vorzugsrecht auf Hypothekenerwerb. Mit der rechtskräftigen Zuerkennung der Forderung wird die Vormerkung in eine Hypothek umgewandelt, welche vom Tag der Vormerkung an als eingetragen gilt. *Umwandlung der Vormerkung*

1278. Die Umwandlung der Vormerkung in eine Hypothek wird nicht dadurch verhindert, daß das Grundstück in das Eigentum eines Dritten übergegangen ist.

1279. Findet vor der Umwandlung der Vormerkung in eine Hypothek die Zwangsvollstreckung in das Grundstück statt, so kommt bei der Aufstellung des Teilungsplanes die Forderung, zugunsten deren die Vormerkung bestand, wie eine zweifelhafte Forderung zum Ansatz, und das Grundstück geht auf den Käufer unbelastet über.

1280. Die Vormerkung unterbricht die Verjährung der Forderung zugunsten desjenigen, für dessen Rechte sie erfolgte. Wird die Vormerkung gelöscht, so gilt die Verjährung als nicht unterbrochen. *Unterbrechung der Verjährung*

1281. Die Hypothek ist ein unteilbares Recht. *Unteilbarkeit der Hypothek*

Umfang der Hypothek

1282. Die Hypothek erstreckt sich auf das ganze Hypothekengrundstück sowie auf seine Bestandteile und das Zubehör.

1283. Wurde eine bewegliche Sache, welche einen Bestandteil oder Zubehör des Hypothekengrundstücks bildet, von dem Grundstück getrennt und das Eigentum an ihr einem Dritten übertragen, so ist der Hypothekengläubiger nicht berechtigt, sie von dem Dritten zu verlangen.

Verschlechterung des Hypothekengrundstücks

1284. Besteht infolge eines Verschuldens des Schuldners die Gefahr, daß das Hypothekengrundstück sich verschlechtert oder dessen Wert gemindert wird, so ist der Gläubiger berechtigt, entweder die Unterlassung oder Beseitigung der beeinträchtigenden Handlungen oder die sofortige Tilgung der Schuld oder endlich die Gewährung einer anderen entsprechenden Hypothek zu verlangen. Ein Schadenersatzanspruch nach den Vorschriften über unerlaubte Handlungen ist nicht ausgeschlossen.

Versicherung des Hypothekengrundstücks

1285. Bei einem Hypothekengebäude ist der Gläubiger berechtigt, es gegen Brand oder gegen eine andere Gefahr auf Kosten des Schuldners zu versichern. Bezahlt der Schuldner die Versicherungsprämie nicht, so ist der Gläubiger berechtigt, die sofortige Tilgung der Schuld zu verlangen.

1286. Die Vorschrift des vorangehenden Artikels findet auch auf die Versicherung jedes Hypothekengrundstücks Anwendung, wenn die Versicherung gegen die Gefahr nach den Regeln seiner ordnungsmäßigen Verwaltung geboten ist.

1287. Ist das Hypothekengrundstück versichert, so erstreckt sich das Hypothekenrecht auch auf die auf Grund der Versicherung geschuldete Entschädigung. Der Gläubiger ist verpflichtet, den Entschädigungsbetrag öffentlich zu hinterlegen, damit der Teilungsplan aufgestellt werden kann. Bei einem Gebäude aber ist der Schuldner berechtigt, innerhalb von sechs Monaten nach Eintritt der Gefahr zu verlangen, daß der Betrag zur Wiederherstellung des Gebäudes verwendet wird. Wurde dies innerhalb eines Jahres von dem Zeitpunkt an, in dem die Entschädigung gezahlt wurde, nicht verwirklicht, so wird der Betrag öffentlich hinterlegt und der Teilungsplan aufgestellt.

Zwangsenteignung

1288. Bei Zwangsenteignung des Hypothekengrundstücks wird das Hypothekenrecht am Entschädigungsbetrag ausgeübt. Er wird öffentlich hinterlegt und der Teilungsplan aufgestellt.

Eintragung des Kapitals als verzinslich

1289. Wurde das Kapital der Forderung, zugunsten deren die Hypothek bestellt ist, als verzinslich eingetragen, so sichert die Hypothek, gleichgültig in wessen Eigentum sich das Grundstück befindet, auf demselben Eintragungsrang auch die rückständigen Zinsen eines Jahres vor der Pfändung ohne Unterschied, von wem diese vorgenommen wurde, sowie die Zinsen nach der Pfändung bis zur Tilgung der Schuld oder bis zur Rechtskraft des Teilungsplanes.

Gewährung einer weiteren Hypothek

1290. Die Eintragung einer Hypothek schließt für den Eigentümer nicht das Recht aus, auch für einen anderen an demselben Grundstück eine Hypothek zu bestellen. Eine entgegenstehende Vereinbarung darüber gilt nur gegen die Erwerber einer Hypothek kraft Privatwillens und nur, wenn die Vereinbarung in das Hypothekenbuch eingetragen wurde.

Rechte des Hypothekengläubigers

1291. Der Gläubiger ist berechtigt, von dem Schuldner die Tilgung der Schuld durch beliebige Geltendmachung entweder des obligatorischen oder des dinglichen Anspruchs zu verlangen. Die Geltendmachung des obligatorischen Anspruchs schließt nicht den dinglichen Anspruch aus.

1292. Ist die Schuld fällig, so kann der Gläubiger ihre Tilgung im Wege der dinglichen Klage durch Zwangsverkauf des Hypothekengrundstücks betreiben.

1293. Der Gläubiger, welcher aus dem Hypothekengrundstück im ganzen oder zum Teil für seine Forderung nicht befriedigt wurde, ist berechtigt, sich mit der obligatorischen Klage gegen jeden zu wenden, der zur Zahlung verpflichtet ist.

Dritter als Eigentümer oder Besitzer

1294. Der Dritt-Eigentümer, der die Hypothek bestellt hat, sowie jeder Dritte, der das Hypothekengrundstück zu Recht besitzt, unterliegt der dinglichen Klage des Gläubigers durch die Zwangsvollstreckung in das Grundstück, wenn er nicht vorzieht, alle Hypothekenforderungen in dem Umfang zu tilgen, in dem sie durch die Hypothek gesichert sind.

1295. Die Vollstreckung gegen den Dritt-Eigentümer oder -Besitzer erfolgt nach den Vorschriften der Zivilprozeßordnung, und der Zahlungsbefehl ist auch ihm zuzustellen. Der Restbetrag aus dem Erlös wird diesem Dritten herausgegeben.

Umfang der Verpflichtung des Dritten

1296. Die Verpflichtung des Dritt-Eigentümers oder -Besitzers für die Hypotheken erstreckt sich nicht über den Wert des Hypothekengrundstücks hinaus, sofern er persönlich nicht haftet.

1297. Wird eine Hypothek zur Sicherung einer Bürgschaft gewährt, so ist der Dritt-Eigentümer oder -Besitzer des Hypothekengrundstücks berechtigt zu verlangen, daß der Hauptschuldner zuerst verklagt wird. Ausgenommen ist der Fall, in dem der Bürge auch Hauptschuldner ist.

Substitution des Dritten

1298. Tilgt der Dritt-Eigentümer oder -Besitzer des Hypothekengrundstücks die Hypothekenschuld oder räumt er das Grundstück infolge einer Zwangsversteigerung, so tritt er in die Rechte des Hypothekengläubigers ein.

Verschlechterung aus Verschulden des Dritten

1299. Besteht infolge Verschuldens des Dritt-Eigentümers oder -Besitzers des Hypothekengrundstücks die Gefahr einer Verschlechterung oder Verminderung seines Wertes, so ist der Gläubiger berechtigt, entweder die Unterlassung oder Beseitigung der beeinträchtigenden Handlungen oder die sofortige Tilgung der Schuld zu verlangen. Ein Schadenersatzanspruch nach den Vorschriften über unerlaubte Handlungen ist nicht ausgeschlossen.

Vorrang der Hypothekengläubiger

1300. Der Vorrang unter den Hypothekengläubigern regelt sich nach der Zeitfolge der Eintragung ihrer Hypotheken.

1301. Die Gläubiger, deren Hypotheken am gleichen Tage eingetragen wurden, werden verhältnismäßig befriedigt.

Berechtigung zur Stellung des Antrags auf Eintragung

1302. Ein jeder kann die Eintragung einer Hypothek für sich oder für einen anderen beantragen.

1303. Zum Antrag auf Eintragung einer Hypothek zugunsten eines anderen sind insbesondere berechtigt: 1. die Gläubiger des Schuldners, wenn dieser versäumt, die für ihn bestellte Hypothek eintragen zu lassen; 2. der Bürge, wenn der Gläubiger die Eintragung der zu seinen Gunsten bestellten Hypothek gegen den Hauptschuldner versäumt; 3. der Vormund, der Gegenvormund oder jeder Verwandte für die Eintragung einer Hypothek an den Grundstücken des Vormundes zugunsten des unter Vormundschaft Stehenden; 4. der Ehemann, derjenige, welcher die Mitgift bestellt hat, die Eltern der Frau und in Ermangelung von Eltern die Geschwister oder andere Aszendenten der Frau, für die Eintragung einer Hypothek an den Grundstücken des Mannes zugunsten der Mitgift.

Vereinbarung der Ehegatten über Nichteintragung

1304. Jede Vereinbarung der Ehegatten über Nichteintragung einer Hypothek zugunsten der Mitgift ist nichtig.

Unterlagen des Eintragungsantrags

1305. Wer die Eintragung einer Hypothek beantragt, hat den einzutragenden Titel und zwei Auszüge vorzulegen, wovon der eine auf die Abschrift des Titels geschrieben werden kann.

1306. Die Auszüge entsprechend dem vorangehenden Artikel enthalten: 1. den Vornamen, den Namen, den Wohnsitz und den Beruf des Gläubigers und des Schuldners; 2. das Datum und die Art des Titels; 3. den geschuldeten Betrag; 4. die Zeit der Fälligkeit der Schuld; 5. die Beschreibung des Grundstücks nach Art, Ort und Grenzen.

1307. Wer die Eintragung der Hypothek beantragt, hat den Auszügen die Urkunden oder die Beweise beizufügen, die den Antrag oder die Eintragung rechtfertigen.

Zustellung des Auszuges

1308. Der Gläubiger hat innerhalb von acht Tagen von der Eintragung an dem Schuldner eine Abschrift des bei ihm befindlichen Auszuges zuzustellen, sofern dieser an der Eintragung nicht mitgewirkt hat.

Eintragung bei Grundstücken eines Verstorbenen

1309. Bei den Grundstücken eines Verstorbenen kann die Eintragung auf dessen Namen ohne Erwähnung der Erben erfolgen.

Eintragung nach Pfändung

1310. Von der Zustellung der Pfändung eines Grundstücks an den Schuldner an kann die Eintragung einer Hypothek auf Grund eines auf Privatwillen beruhenden und nach der Zustellung der Pfändung entstandenen Titels nicht erfolgen. Jede andere Eintragung nach dieser Zustellung ist bis zur Eintragung der Pfändung im Hypothekenbuch erlaubt, aber den auf diese Weise eingetragenen Gläubigern wird das Versteigerungsprogramm nicht zugestellt.

Zusammentreffen mehrerer Eintragungsanträge

1311. Treffen mehrere Anträge auf Eintragung von Hypotheken und Vormerkungen zusammen und kann der Hypothekenbewahrer nicht alle Hypotheken und Vormerkungen am gleichen Tage in das Hypothekenbuch eintragen, so hat er über die nicht eingetragenen ein Protokoll aufzunehmen, in dem sie nach der Reihenfolge der Vorlegung vermerkt werden. Ihre Eintragung im Buche erfolgt nach der Reihenfolge, in der sie in dem Protokoll vermerkt sind.

Abtretung oder Verpfändung einer Hypothekenforderung

1312. Bei Abtretung oder Verpfändung einer Hypothekenforderung erfolgt auf Betreiben des Zessionars oder des Pfandgläubigers die Eintragung eines Vermerks über die Abtretung oder die Verpfändung in der betreffenden Spalte des Hypothekenbuches. Der Zessionar und der Pfandgläubiger haften für jeden durch die Unterlassung der Eintragung entstehenden Schaden.

Andere Vermerke im Buche

1313. Auf Antrag der Parteien können im Hypothekenbuch der entsprechenden Eintragung gegenüber verschiedene Vermerke eingetragen werden, welche insbesondere enthalten: 1. Berichtigungen von Auslassungen und Fehlern der Parteien oder des Hypothekenbewahrers bei der Eintragung; 2. Änderung des Wohnsitzes oder des Aufenthalts; 3. Verminderung des Betrages der gesicherten Forderung oder Befreiung eines Teils der Hypothekengrundstücke; 4. Änderung der Bedingungen der Hypothekenforderung.

Die Verminderung des Betrags oder die Befreiung eines Teiles der Hypothekengrundstücke sowie die Änderung der Bedingungen der Schuld werden nur auf Grund einer gerichtlichen Entscheidung oder der Zustimmung der Parteien, die durch notarielle Beurkundung zu erfolgen hat, vermerkt.

Berichtigungen von Fehlern und Auslassungen

1314. Fehler oder Auslassungen bei der Eintragung, welche auf Verschulden der Parteien beruhen, werden nur auf Grund von solchen Urkunden berichtigt, welche für die erste Eintragung erforderlich sind.

Die Berichtigungen gelten von dem Tage an, an dem sie vorgenommen wurden.

Datum der Eintragungen usw.

1315. Jede Eintragung einer Hypothek, jede Vormerkung oder jeder Vermerk im Hypothekenbuch und jede Abschrift oder jeder Auszug aus dem Buch müssen das Datum tragen, an dem sie vorgenommen bzw. erteilt wurden.

Wem die Kosten zur Last fallen

1316. Die Kosten der Eintragung der Hypothek fallen, wenn nicht das Gegenteil vereinbart wurde, dem Schuldner zur Last; sie werden aber von demjenigen, der die Eintragung beantragt, vorgestreckt. Das gleiche gilt auch für die Kosten der Vormerkung, wenn sie in eine Hypothek umgewandelt wurde.

Erlöschen der Hypothek

1317. Die Hypothek erlischt durch den auf irgendeine Weise erfolgenden Untergang der Forderung.

1318. Die Hypothek erlischt auch: 1. durch das völlige Verschwinden des Hypothekengrundstücks; 2. durch den Verzicht des Gläubigers; 3. durch Versteigerung des Hypothekengrundstücks und Entrichtung des Erlöses; 4. durch den Ablauf der Frist, für welche die Hypothek bestellt wurde.

Verzicht auf die Hypothek

1319. Der Verzicht auf das Hypothekenrecht erfolgt durch einseitige Erklärung vor einem Notar.

Dieser Verzicht hebt nicht den schuldrechtlichen Anspruch gegen jeden Verpflichteten auf.

Verjährung des Anspruchs

1320. Die Hypothek erlischt durch Verjährung des Anspruchs.

Konfusion

1321. Die Hypothek erlischt durch Vereinigung des Eigentums und des Hypothekenrechts in derselben Person.

Veränderung des Hypothekengrundstücks

1322. Die Veränderung des Hypothekengrundstücks oder die Änderung seiner Form oder seiner Art beeinträchtigt das Hypothekenrecht nicht.

Erlöschen der Vormerkung

1323. Die Vormerkung erlischt aus denselben Gründen wie die Hypothek und außerdem: 1. durch die rechtskräftige Entscheidung, welche die Forderung abweist; 2. wenn innerhalb von neunzig Tagen von der die Forderung zuerkennenden rechtskräftigen Entscheidung ab die Vormerkung nicht in eine Hypothek umgewandelt worden ist; 3. wenn die Vormerkungserlaubnis widerrufen wurde.

Löschung der Hypothek

1324. Die eingetragenen Hypotheken werden im Hypothekenbuch entweder mit Zustimmung des Gläubigers oder auf Grund rechtskräftiger Entscheidung gelöscht.

1325. Die Zustimmung des Gläubigers zur Löschung erfolgt einseitig vor einem Notar.

Hypothek zugunsten der Mitgift

1326. Bei einer Hypothek, die zur Sicherung der Mitgift eingetragen wurde, erfolgt die mit Zustimmung der Frau stattfindende Löschung der Hypothek nach Erlaubnis des Gerichts nach den Bedingungen der Art. 1417 und 1418, welche entsprechende Anwendung finden.

Entscheidung über Löschung

1327. Stimmt der Gläubiger der Löschung nicht zu, so ordnet sie das Gericht auf Klage desjenigen an, der daran ein Interesse hat.

1328. Das Gericht ordnet die Löschung an, wenn die Hypothek erloschen oder ihre Eintragung nichtig ist.

Nichtigkeit der Eintragung

1329. Die Eintragung der Hypothek ist nichtig: 1. wenn sich aus ihr Unsicherheit über die Person des Gläubigers oder des Schuldners oder über das Hypothekengrundstück oder über den Betrag der gesicherten Forderung ergibt; 2. wenn sie kein Datum trägt; 3. wenn sie auf Grund eines nichtigen Titels erfolgte.

1330. Die Vormerkung wird gelöscht: 1. durch Zustimmung des Gläubigers, welche wie bei der Löschung einer Hypothek zu erteilen ist; 2. wenn eine Entscheidung des Präsidenten des Landgerichts vorgelegt wird, welche die Erlaubnis widerruft oder die Löschung anordnet; 3. wenn eine rechtskräftige Entscheidung vorgelegt wird, welche die Forderung abweist; 4. wenn von der rechtskräftigen Zuerkennung der Forderung an neunzig Tage verstrichen sind, ohne daß sie in eine Hypothek umgewandelt worden ist. *Löschung der Vormerkung*

1331. Ist eine Hypothek gelöscht, so tritt an ihre Stelle die zur Zeit der Eintragung unmittelbar folgende Hypothek. *Folgen der Löschung*

1332. Die gelöschte Hypothek lebt nicht wieder auf, sondern gilt, wenn sie von neuem eingetragen wird, von dem Zeitpunkt der neuen Eintragung an. *Die Hypothek lebt ohne Eintragung nicht auf*

1333. In den Hypothekenämtern werden die Eintragungen und Vormerkungen von Hypotheken und ihre Löschung vorgenommen. Die Errichtung, Tätigkeit und Leitung der Hypothekenämter wird durch Gesetz bestimmt. *Hypothekenamt*

1334. Der Hypothekenbewahrer ist verpflichtet, das Hypothekenbuch zu bewahren, in ihm genau und nach der Zeitfolge die Eintragungen, Vormerkungen und Vermerke einzutragen, welche dem Gesetz nach zulässig und einzutragen sind, und sorgfältig die ihm nach dem Gesetz übergebenen Urkunden aufzubewahren.

1335. Die Akten des Hypothekenamtes, welche innerhalb der Gesetzesbestimmungen entstanden sind, sowie die Abschriften aus dem Hypothekenbuch haben die Kraft öffentlicher Urkunden. *Kraft der Akten des Hypothekenamtes*

1336. Die Hypothekenbücher sind vor Beginn der jeweils ersten Eintragung nach Seiten zu zählen und vom Präsidenten des Landgerichts mit seinem Handzeichen zu versehen; am Schluß ist von ihm die Seitenzahl zu bestätigen. In jedem Hypothekenamt ist auch ein alphabetisches Register des Hypothekenbuches zu führen. *Zählung und Signierung der Seiten*

1337. Alle Beträge, die im Buche eingetragen werden, sind in Zahlen und in Worten einzutragen. Der Bewahrer hat alle Eintragungen, Vormerkungen und Durchstreichungen eigenhändig zu unterschreiben und die Auszüge sowie die anderen Urkunden, welche für die Eintragung erforderlich sind, in besonderen Bänden zusammenzubinden. *Andere Formalitäten*

1338. Im Hypothekenbuch werden die Streichungen den betreffenden Eintragungen gegenüber auf der rechten Seite vorgenommen. Im Texte der Eintragung sind Radierungen, Anmerkungen zwischen den Zeilen und Einschaltungen verboten; verboten ist auch das Hinzufügen und die Wegnahme von Blättern des Buches. *Streichungen, Radierungen usw.*

1339. Die Hypothekenbücher sind öffentlich und jedem zugänglich, der sie einsehen will, unter Rücksicht auf die für ihre gute Erhaltung erforderlichen Bedingungen. *Öffentlichkeit der Bücher*

Erteilung von Abschriften, Zeugnissen usw.

1340. Der Hypothekenbewahrer hat den Antragstellern genaue Abschriften oder Auszüge aus dem Hypothekenbuche zu erteilen.

Die Abschriften der Eintragungen und der Vormerkungen müssen auch alle im Buche enthaltenen Vermerke angeben, die sich auf diese beziehen.

1341. Die Eintragungen von Hypotheken und die Vormerkungen, die gelöscht wurden, werden in den zu erteilenden Abschriften oder in den Auszügen nicht erwähnt, es sei denn, daß der Antragsteller dies verlangt.

1342. Ist an bestimmten Grundstücken keine Hypothek oder keine Vormerkung eingetragen, so hat der Bewahrer dem Antragsteller hierüber ein Zeugnis zu erteilen.

1343. Alle Abschriften, Auszüge und Zeugnisse des Hypothekenbewahrers haben seine Unterschrift und den Stempel des Hypothekenamtes zu tragen.

Haftung des Hypothekenbewahrers

1344. Der Hypothekenbewahrer haftet dem Beschädigten für Schadenersatz hinsichtlich jeder Handlung oder Unterlassung, welche die Erfüllung der ihm auferlegten Verpflichtungen betrifft.

Nichthaftung des Staates

1345. Den Staat trifft keinerlei Haftung aus irgendwelcher Handlung oder Unterlassung des Hypothekenbewahrers bei der Ausführung seiner Pflichten.

Viertes Buch

Familienrecht

Erstes Kapitel

Verlöbnis

1346. Der Vertrag über eine künftige Ehe (Verlöbnis) begründet nicht eine Klage zur Erzwingung der Ehe. *Begriff*

Das Versprechen einer Strafe für den Fall, daß die Eingehung der Ehe unterbleibt, ist nichtig.

1347. Ein Verlobter, der ohne wichtigen Grund von dem Verlöbnis zurücktritt, ist verpflichtet, dem anderen Verlobten oder dessen Eltern sowie jedem Dritten, welcher an Stelle der Eltern gehandelt hat, mit Rücksicht auch auf die besonderen Umstände den Schaden zu ersetzen, den sie dadurch erlitten, daß sie in Erwartung der Ehe Aufwendungen gemacht haben oder Maßnahmen getroffen worden sind. *Einseitige Auflösung*

Die gleiche Verpflichtung fällt auch dem Verlobten zur Last, welcher schuldhaft die gerechtfertigte Auflösung des Verlöbnisses durch den anderen Verlobten veranlaßt hat.

1348. Unterbleibt die Eheschließung, so ist jeder Verlobte berechtigt, von dem anderen die Herausgabe desjenigen, was er ihm geschenkt oder zum Zeichen des Verlöbnisses gegeben hat, nach den Vorschriften über ungerechtfertigte Bereicherung zu verlangen. *Folgen der Auflösung*

Beim Tode eines der Verlobten gilt im Zweifel die Rückforderung des Gegebenen als ausgeschlossen.

1349. Die Ansprüche aus dem Verlöbnis verjähren in zwei Jahren von dem Schluß des Jahres an, in dem das Verlöbnis aufgelöst wurde. *Verjährung*

Zweites Kapitel

Ehe

1350. Zur Eingehung einer Ehe ist erforderlich, daß der Mann das achtzehnte, die Frau das vierzehnte Lebensjahr vollendet hat. Außerdem ist die Zustimmung der Eheschließenden erforderlich, die persönlich und ohne Bedingung oder Frist zu erklären ist. *Bedingungen zur Eingehung der Ehe*

1351. Der Geschäftsunfähige kann eine Ehe nicht eingehen. *Fähigkeit*

1352. Der Minderjährige, welcher in der Geschäftsfähigkeit beschränkt ist, bedarf zur Eingehung einer Ehe der Einwilligung desjenigen, welcher die väterliche Gewalt ausübt, oder der Mutter, die für ihn sorgt, oder desjenigen, der die Vormundschaft oder die Kuratel über ihn hat. Verweigern diese Personen die Einwilligung, so kann das Gericht nach Anhörung der näheren Verwandten, sofern dies möglich ist, die Erlaubnis zur Eingehung der Ehe erteilen, wenn es im Interesse des Minderjährigen als geboten erscheint.

Hindernis des Religionsunterschieds

1353. Die Ehe zwischen einem Christen und einem Andersgläubigen ist verboten.

Wegen Bestehens einer Ehe

1354. Die Eingehung einer anderen Ehe ist verboten, bevor die bestehende Ehe durch Entscheidung, gegen die kein Rechtsmittel mehr eingelegt werden kann, aufgelöst oder für nichtig erklärt worden ist. Die Ehegatten können die Eingehung der Ehe miteinander wiederholen, auch bevor die Ehe für nichtig erklärt wurde.

Wegen Vorbestehens dritter Ehe

1355. Die vierte Ehe ist verboten, sofern eine gültige dritte Ehe vorbestanden hat.

Wegen Blutsverwandtschaft

1356. Die Ehe zwischen Blutsverwandten in gerader Linie ohne Rücksicht auf den Grad, in der Seitenlinie bis zum vierten Grad inbegriffen, ist verboten.

Wegen Schwägerschaft

1357. Die Ehe zwischen verschwägerten Verwandten in gerader Linie ohne Rücksicht auf den Grad, in der Seitenlinie bis zum dritten Grad inbegriffen, ist verboten.

1358. Die Ehe eines Blutsverwandten des einen Ehegatten bis zum zweiten Grad inbegriffen mit einem Blutsverwandten des anderen Ehegatten bis zum zweiten Grad einschließlich ist verboten.

Das Hindernis besteht auch nach der Auflösung oder der Nichtigkeitserklärung der Ehe, aus der es entstanden ist.

Wegen außerehelicher Verwandtschaft

1359. Verwandtschaft in Bezug auf die Ehehindernisse besteht auch zwischen dem unehelichen Kinde oder dessen Abkömmlingen und dem Vater, wenn er das Kind anerkannt hat, oder dessen Blutsverwandten.

Wegen Annahme an Kindesstatt

1360. Eine Ehe zwischen dem an Kindesstatt Annehmenden oder dessen Abkömmlingen und dem an Kindesstatt Angenommenen ist verboten. Das Hindernis besteht auch nach der Aufhebung der Annahme an Kindesstatt.

Wegen Taufpatenschaft

1361. Die Ehe zwischen dem Taufpaten und dem Patenkinde oder dessen Mutter ist verboten.

Wegen Vormundschaft

1362. Die Ehe zwischen dem Vormund oder seinen Abkömmlingen und dem Mündel ist bis zur endgültigen Rechenschaftsablegung des Vormundes verboten.

Wegen Ehebruchs

1363. Die Ehe zwischen Personen, welche wegen Ehebruchs miteinander verurteilt wurden, ist verboten.

Geistliche und Mönche

1364. Die Ehe der Geistlichen ohne Rücksicht auf die Stufe und der Mönche der griechisch-orthodoxen Kirche ist verboten.

Aufschiebendes Hindernis

1365. Die Eingehung einer Ehe ist einer Frau vor dem Ablauf von zehn Monaten seit der Auflösung oder der Nichtigkeitserklärung ihrer früheren Ehe durch Entscheidung, gegen die kein Rechtsmittel mehr eingelegt werden kann, nicht erlaubt.

Dieses Verbot gilt nicht, wenn die Frau vor dem Ablauf der zehn Monate geboren hat.

Unterschied der Religion oder der Konfession

1366. Die Vorschriften, welche die materiellen Voraussetzungen der Ehe betreffen, finden Anwendung, sofern im Gesetz nichts anderes bestimmt ist, unabhängig von der Religion oder der Konfession der die Ehe eingehenden Personen.

Nicht bestehende Ehe

1367. Die Ehe der Angehörigen der griechisch-orthodoxen Kirche besteht ohne kirchliche Trauung durch einen Priester dieser Kirche nicht. Das gleiche gilt auch bei der Ehe eines Christen der griechisch-orthodoxen Konfession mit einem Christen einer anderen Konfession (H e t e r o d o x e n).

Die Zustimmung der die Ehe eingehenden Personen wird von beiden gleichzeitig vor dem Priester bei der Eheschließung erklärt.

Erlaubnis des Bischofs

1368. Zur Eheschließung ist die Erlaubnis des Bischofs erforderlich. Die Vornahme der Eheschließung ohne Erlaubnis hat keine Nichtigkeit zur Folge.

Bekanntmachung über die Eingehung der Ehe

1369. Vor der Eheschließung wird an einem Sonntag in der Kirche vom Priester des Pfarramts des letzten Wohnsitzes derjenigen, welche die Ehe eingehen wollen, ein Auszug aus dem Eheantrag bekanntgemacht, welcher genaue Angaben über ihren Namen, ihren Beruf, ihren Geburtsort, ihren letzten Wohnsitz, den Namen ihrer Eltern und den Ort der Eheschließung zu enthalten hat. Die Bekanntmachung ist zu wiederholen, wenn die Ehe innerhalb von sechs Monaten, seitdem jene erfolgt ist, nicht geschlossen wird.

Diese Bekanntmachung erfolgt in den großen Städten durch die örtliche Tagespresse des letzten Wohnsitzes derjenigen, welche die Ehe eingehen wollen.

1370. Die Eheerlaubnis wird nach vorheriger Untersuchung, ob die gesetzlichen Voraussetzungen für die beantragte Ehe vorliegen und ob die Bekanntmachung vorangegangen ist, erteilt. Aus wichtigen Gründen kann diese Bekanntmachung unterbleiben.

Eheschließung zwischen Personen anderer Konfession oder anderer Religion

1371. Bei der Eheschließung zwischen Personen, die einer anderen als der griechisch-orthodoxen Konfession angehören oder zwischen Angehörigen einer anderen Religion, erfolgt die kultische Handlung, wie es die Konfession oder die Religion einer jeden der die Ehe eingehenden Personen erfordert, sofern diese Konfession oder diese Religion im Inland anerkannt ist.

Drittes Kapitel

Nichtige und anfechtbare Ehe

Nichtige Ehe

1372. Nichtig ist nur eine unter Verletzung der Art. 1350 bis 1364 geschlossene Ehe.

1373. Die Nichtigkeit der Ehe wird aufgehoben: 1. wenn im Falle des Art. 1350 S. 1 das Zusammenleben bis zum gesetzlichen Alter fortgesetzt wurde; 2. wenn im Falle des Art. 1350 S. 2 die volle und freie Zustimmung nachgefolgt ist; 3. wenn im Falle des Art. 1351 der Geschäftsunfähige, nachdem er geschäftsfähig wurde, die geschlossene Ehe anerkannt hat; 4. wenn im Falle des Art. 1352 der Vater oder die Mutter oder derjenige, der die Sorge für die Person hat, oder das Gericht, oder die Person selbst, nachdem sie geschäftsfähig wurde, die Ehe genehmigt haben; 5. wenn im Falle des Art. 1362 die Genehmigung der endgültigen Rechenschaftsablegung des Vormundes nachgefolgt ist.

Wegen Irrtums anfechtbare Ehe

1374. Die Anfechtung einer geschlossenen Ehe ist zulässig wegen Irrtums in Bezug auf die Identität der Person des anderen Ehegatten.

Die Anfechtung ist ausgeschlossen, wenn der Ehegatte nach Entdeckung des Irrtums die Ehe anerkannt hat.

Wegen Drohung

1375. Die Anfechtung der geschlossenen Ehe ist zulässig, wenn der Ehegatte widerrechtlich oder gegen die guten Sitten durch Drohung zur Eingehung der Ehe bestimmt worden ist.

Die Anfechtung ist ausgeschlossen, wenn der Bedrohte, nachdem die Drohung weggefallen ist, die Ehe anerkannt hat.

Wie die Nichtigerklärung erfolgt

1376. Bei der nichtigen sowie bei der infolge Irrtums oder durch Drohung geschlossenen Ehe ist gerichtliche Entscheidung über ihre Nichtigerklärung erforderlich.

1377. Die Nichtigerklärung während des Bestehens der Ehe kann nur durch Anfechtungsklage erfolgen. Nach der Auflösung der Ehe kann ihre Nichtigkeit, sofern sie von jemandem geltend gemacht wird, der ein rechtliches Interesse daran hat, vom Gericht auch im Wege der Zwischenfeststellung geprüft werden.

Das gleiche gilt, wenn die Ehe aufgelöst wurde, auch für die wegen Irrtums oder Drohung geltend gemachte Anfechtung, sofern sie von demjenigen geltend gemacht wird, dem das Recht auf Erhebung der Anfechtungsklage zusteht.

Wer auf Nichtigerklärung klagen kann

1378. Auf Nichtigerklärung der Ehe kann geklagt werden: 1. in den Fällen der Art. 1350—1361, 1363 und 1364 von den Ehegatten und von jedem, der daran ein rechtliches Interesse hat, sowie vom Staatsanwalt von Amts wegen; 2. im Falle des Art. 1362 nur vom Mündel; 3. in den Fällen der Art. 1374 und 1375 nur vom

Ehegatten, der dem Irrtum oder der Drohung zum Opfer gefallen ist, nicht aber auch von seinen Erben.

1379. Die Klage auf Anfechtung der Ehe kann von einem Vertreter nur erhoben werden, wenn er besonders dazu ermächtigt worden ist.

Verjährung

1380. Eine Verjährung der Klage auf Anfechtung der Ehe findet nur bei der Anfechtung wegen Irrtums oder Drohung statt.

Die Verjährung ist vollendet nach Ablauf von sechs Monaten vom Zeitpunkt an, in dem die Erhebung der Klage möglich wurde. Die Anfechtungsklage ist in jedem Falle ausgeschlossen nach Ablauf von drei Jahren von der Eingehung der Ehe an.

Folgen der Nichtigerklärung

1381. Durch die keinem Rechtsmittel mehr unterliegende gerichtliche Entscheidung über die Nichtigerklärung der Ehe werden deren Folgen aufgehoben, gleichgültig aus welchem Grunde die Nichtigerklärung erfolgte.

1382. Die Kinder aus einer für nichtig erklärten Ehe behalten die Eigenschaft der ehelichen Kinder. Erfolgte die Nichtigerklärung wegen der zwischen den Ehegatten bestehenden Blutsverwandtschaft in gerader Linie oder zweiten Grades in der Seitenlinie, so werden die Kinder aus der für nichtig erklärten Ehe freiwillig anerkannten Kindern gleichgestellt.

Nichtige Ehen in gutem Glauben

1383. Befand sich bei der Schließung einer nichtigen Ehe der eine Ehegatte in gutem Glauben, indem er die Nichtigkeit nicht kannte, so kann er, wenn die Ehe für nichtig erklärt wird, gegen den anderen Ehegatten, der schon damals die Nichtigkeit kannte, die Vermögensansprüche geltend machen, welche bei der Ehescheidung dem unschuldigen Ehegatten gegen den schuldigen zustehen. Das gleiche gilt auch, wenn die nichtige Ehe durch den Tod eines Ehegatten aufgelöst wurde.

1384. Die im vorigen Artikel bezeichneten Ansprüche werden auch dem Ehegatten gewährt, welcher zur Eingehung der Ehe durch Drohung widerrechtlich oder gegen die guten Sitten bestimmt worden ist, wenn die Ehe für nichtig erklärt oder durch den Tod des anderen Ehegatten aufgelöst wurde.

Rechte Dritter

1385. Die Nichtigerklärung der Ehe beeinträchtigt nicht die Rechte Dritter, welche in gutem Glauben mit einem der Ehegatten Rechtsgeschäfte vorgenommen haben.

Viertes Kapitel

Persönliche Rechtsbeziehungen zwischen den Ehegatten

Verpflichtung zum Zusammenleben

1386. Die Ehe begründet für die Ehegatten die gegenseitige Verpflichtung zur ehelichen Lebensgemeinschaft, sofern der Anspruch darauf sich nicht als Rechtsmißbrauch darstellt.

Der Mann, Familienoberhaupt

1387. Der Mann ist das Familienoberhaupt und es steht ihm die Entscheidung in allen das gemeinschaftliche eheliche Leben betreffenden Angelegenheiten zu, sofern seine Entscheidung sich nicht als Rechtsmißbrauch darstellt.

1388. Die Frau erhält den Familiennamen des Mannes.

Schlüsselgewalt der Frau

1389. Unbeschadet der Vorschrift des Art. 1387 steht der Frau die Leitung des gemeinsamen Haushalts zu. Rechtsgeschäfte der Frau mit Dritten für die laufenden Bedürfnisse der Hauswirtschaft verpflichten den Mann, es sei denn, daß er der Frau die Vornahme solcher Rechtsgeschäfte verbietet und das Verbot dem Dritten vor der Vornahme des Rechtsgeschäfts bekanntmacht.

Gegenseitige Haftung

1390. Die Ehegatten haben bei der Erfüllung der sich aus der Ehe ergebenden gegenseitigen Verpflichtungen nur für diejenige Sorgfalt einzustehen, welche sie in ihren eigenen Angelegenheiten anzuwenden pflegen.

Verpflichtung zum Unterhalt

1391. Der Mann ist verpflichtet, der Frau einen seiner sozialen Stellung, seinem Vermögen oder Einkommen entsprechenden Unterhalt zu gewähren.

1392. Die Frau ist verpflichtet, sofern der Mann außerstande ist sich selbst zu unterhalten, ihm einen ihrem Vermögen oder Einkommen entsprechenden Unterhalt zu gewähren.

1393. Der dem berechtigten Ehegatten geschuldete Unterhalt ist in der durch die eheliche Lebensgemeinschaft gebotenen Weise zu gewähren. Die Vorschriften der Art. 1489 bis 1491 finden entsprechende Anwendung.

Unterbrechung des Zusammenlebens

1394. Hat ein Ehegatte aus einem gerechtfertigten Grunde die eheliche Lebensgemeinschaft aufgegeben, so ist der ihm von dem anderen geschuldete Unterhalt durch eine Geldrente monatlich im voraus zu entrichten. Die Frau ist außerdem berechtigt, aus dem gemeinschaftlichen Haushalt auch die zur Führung eines abgesonderten Haushalts erforderlichen Sachen zu nehmen, es sei denn, daß sie für den Mann unentbehrlich sind oder, daß sich solche Sachen in dem der Verfügung der Frau unterliegenden Vermögen befinden.

1395. Die Unterhaltspflicht gemäß dem vorangehenden Artikel kann wegfallen oder ihr Betrag gemindert werden, und zwar so, wie es nach den Umständen geboten erscheint.

Vermutung bei beweglichen Sachen

1396. Zugunsten des Mannes und seiner Gläubiger wird vermutet, daß die im Besitz oder in der Detention eines der Ehegatten oder beider Ehegatten befindlichen beweglichen Sachen dem Manne gehören.

Für die zum persönlichen Gebrauch der Frau bestimmten beweglichen Sachen, insbesondere für Kleider, Schmucksachen und Arbeitsgeräte gilt im Verhältnis der Ehegatten zueinander und zu den Gläubigern die Vermutung, daß die Sachen der Frau gehören.

Fünftes Kapitel

Vermögensrechtliche Beziehungen der Ehegatten im allgemeinen

1397. Die Ehe hat keine Änderung an der Selbständigkeit des Vermögens der Ehegatten zur Folge. *Selbständigkeit des Vermögens der Ehegatten*

1398. Der Mann hat die Lasten der Ehe zu tragen. *Die Lasten der Ehe*

1399. Kann der Mann den ehelichen Aufwand nicht bestreiten, so hat die Frau zu diesem im Verhältnis zu ihrem eigenen Vermögen oder ihrem Einkommen überhaupt beizutragen. Für vergangene Zeit hat der Mann einen solchen Anspruch nur, wenn der Tatbestand, der den Anspruch begründet, seit dieser Zeit besteht und Verzug vorliegt.

Dieser Anspruch des Mannes kann nicht abgetreten werden.

1400. Nimmt die Frau zur Bestreitung des ehelichen Aufwandes aus ihrem Vermögen Aufwendungen vor oder überläßt sie dem Manne zu diesem Zwecke etwas aus ihrem Vermögen, so ist im Zweifel anzunehmen, daß sie nicht die Absicht hat, hierfür Ersatz zu verlangen.

1401. Hat die Frau ihrem Manne die Verwaltung ihres freien Vermögens ohne besondere Bedingung über Rechenschaftsablegung eingeräumt, so sind der Mann oder seine Erben zur Herausgabe der Einkünfte aus einer solchen Verwaltung nicht verpflichtet. *Freies Vermögen der Frau*

Diese Vorschrift findet keine Anwendung, wenn die Frau einer solchen Verwaltung schriftlich widersprochen hat.

1402. Die Ehegatten können durch Vertrag vor der Ehe, unbeschadet der Vorschriften der Art. 1403 bis 1405, ihre vermögensrechtlichen Beziehungen hinsichtlich der Ehe regeln (Ehevertrag). *Ehevertrag*

Die Eheverträge können nur durch notarielle Beurkundung abgeschlossen werden.

In Bezug auf die Geschäftsfähigkeit gilt die Vorschrift des Art. 1352.

1403. Der Ehevertrag kann nicht auf Gewohnheiten oder ein nicht geltendes oder ausländisches Gesetz verweisen.

1404. Durch den Ehevertrag kann die Frau von ihrer im Art. 1399 bezeichneten Verpflichtung nicht befreit werden.

1405. Eine Änderung der Bedingungen des Ehevertrags nach der Eheschließung ist durch Vereinbarung der Ehegatten vor einem Notar nach Erlaubnis des Gerichts zulässig. *Änderung des Vertrags*

Sechstes Kapitel

Mitgift

1406. Mitgift ist das Vermögen, welches von der Frau oder von einem anderen zugunsten der Frau dem Manne zur Bestreitung der Lasten der Ehe zugewendet wird. *Begriff und Bestellung*

Die Mitgift wird durch Vertrag mit dem Manne oder durch letztwillige Verfügung bestellt und unterliegt den Bestimmungen der Art. 1402 Abs. 2, 3 bis 1405, sofern sich aus den Vorschriften dieses Kapitels nicht ein anderes ergibt.

1407. Wurde dem Manne durch letztwillige Verfügung etwas zum Zwecke der Mitgiftbestellung hinterlassen, so kann die Annahme durch den Mann nur durch notarielle Beurkundung innerhalb einer angemessenen Frist erfolgen, welche von der Frau bestimmt wird. Eine solche Annahme gilt als Bestellung der Mitgift.

Nach erfolglosem Ablauf der Frist gelangt das Hinterlassene an die Frau.

Haftung des Bestellers

1408. Wer eine Mitgift bestellt, haftet für Sach- und Rechtsmängel des als Mitgift gegebenen Gegenstandes nach den Vorschriften über den Kauf.

Haftung für Zinsen oder Früchte

1409. Wer eine Mitgift bestellt, schuldet ohne weiteres, wenn nicht ein anderes bestimmt wurde, Zinsen und Früchte von der Eheschließung an, wenn die Mitgift vor der Eheschließung bestellt wurde, und von der Bestellung der Mitgift an, wenn sie nach der Eingehung der Ehe bestellt wurde oder wenn ihre Ausfolgung einer Frist unterliegt.

Gegenstand der Mitgift

1410. Gegenstand der Mitgift kann entweder ein gegenwärtiges Vermögen oder ein künftiges, besonders zu bestimmendes Vermögen sein.

Die Früchte vor der Ehe

1411. Ist die Mitgift dem Manne vor der Ehe übergeben worden, so vermehren die bis zur Eheschließung gezogenen Früchte die Mitgift, wenn nichts anderes bestimmt wurde.

Rechte des Mannes auf die Mitgift

1412. Der Mann erwirbt, wenn im Dotalvertrag nichts anderes bestimmt wurde, das Eigentum an den beweglichen Sachen, welche als Mitgift gegeben wurden, gleichgültig, von wem die Mitgift bestellt worden ist.

Dem Manne steht, wenn im Dotalvertrag nicht ein anderes bestimmt wurde, die Verwaltung und der Nießbrauch an den Grundstücken zu, die als Mitgift eingebracht wurden, gleichgültig, von wem die Mitgift bestellt worden ist.

1413. Wurde dem Manne das Eigentum an den Dotalsachen übertragen, so ist Gegenstand der Mitgift ihr im Dotalvertrag vereinbarter Geldwert. Wurde der Wert nicht bestimmt oder wurde er nicht genau bestimmt, so kommt der wirkliche Wert zur Zeit des Abschlusses des Dotalvertrages in Betracht.

1414. Wurde dem Manne das Eigentum an den Dotalsachen nicht übertragen, so steht ihm während der Ehe die Verwaltung und der Nießbrauch an diesen Sachen und der Frau das bloße Eigentumsrecht an jeder Art von Mitgift zu, gleichgültig, von wem sie bestellt wurde. Die Rechte und Verpflichtungen des Mannes sind den Vorschriften über den Nießbrauch unterworfen, sofern durch die Bestimmungen über Mitgift nichts anderes bestimmt ist.

Dotalklagen während der Ehe

1415. Während des Bestehens der Ehe übt der Mann als Verwalter der Dotalgegenstände das Klagerecht aus und tritt für diese vor Gericht auf.

Veräußerung von beweglichen Gegenständen

1416. Der Mann kann mit Zustimmung der Frau ohne andere Formalität die Dotalmobilien veräußern, insbesondere Wertpapiere, über die ihm nach den Vorschriften über Nießbrauch nicht zu verfügen gestattet ist. Von der Veräußerung an wird Gegenstand der Mitgift der Geldwert des veräußerten Gegenstandes zur Zeit der Veräußerung.

Veräußerung von Grundstücken

1417. Der Mann kann ein Dotalgrundstück mit Erlaubnis des Gerichts veräußern. Die Erlaubnis wird erteilt, wenn die Frau zustimmt und der Fall einer unabwendbaren Notwendigkeit oder eines offenkundigen Vorteils gegeben ist. Die Zustimmung der Frau ist notariell zu beurkunden oder durch Erklärung vor Gericht zu erteilen.

1418. Das Gericht kann mit der Erteilung der Veräußerungserlaubnis irgendwelche Sicherungsbedingungen, unter anderem auch die Unpfändbarkeit des Verkaufspreises, stellen. Es kann vor jeder Entscheidung auch das Anhören der näheren Verwandten der Frau, sofern dies möglich ist, anordnen.

1419. Bei der Veräußerung des Dotalgrundstücks im Falle eines offenkundigen Vorteils wird der Verkaufspreis, bei der Veräußerung wegen eines Notfalls der Restbetrag Dotalgut.

Nichtigkeit der Veräußerung

1420. Die Veräußerung eines Dotalgrundstücks ist nichtig, wenn sie ohne Einhaltung der gesetzlichen Formalitäten erfolgte oder ohne Beachtung der durch die Entscheidung für den Dritten gestellten Bedingungen. Die Veräußerung, welche aus einem gesetzlichen, wenn auch nicht wahren Grund gestattet wurde, ist gültig.

Zwangsenteignung eines Grundstücks

1421. Im Falle der Zwangsenteignung oder Versteigerung des Dotalgrundstücks wegen öffentlichen Interesses oder einer Hypothek oder gerichtlicher Teilung wird der Preis Dotalgut; dieser wird dem Manne nur nach Entscheidung des Gerichts ausgehändigt. Die Entscheidung kann irgendwelche Sicherungsbedingungen, darunter auch die Unpfändbarkeit des Preises, stellen.

1422. Die Vorschrift des vorangehenden Artikels findet Anwendung auch auf den Betrag, der für den Dotalanspruch der Frau in dem Teilungsplan über den Erlös aus einem Grundstück des Mannes angesetzt wurde, sowie auf die Entschädigung, welche wegen Untergangs oder Beschädigung des Dotalgrundstücks geschuldet wird.

Tausch der Mitgift

1423. Der Tausch des Dotalgegenstandes gegen eine andere Sache, entweder des einen der Ehegatten oder eines Dritten, erfolgt durch Vereinbarung der Ehegatten vor einem Notar nach Erlaubnis des Gerichts.

Beim Tausch eines Dotalgrundstücks finden die Vorschriften über seine Veräußerung Anwendung.

Haftung des Mannes

1424. Der Mann hat bei der Verwaltung der Mitgift für diejenige Sorgfalt einzustehen, welche er in eigenen Angelegenheiten anzuwenden pflegt.

Sicherheitsleistung für die Mitgift

1425. Unbeschadet des Art. 1262 Nr. 4 ist die Frau berechtigt, von dem Manne Sicherheitsleistung zu verlangen, wenn begründete Besorgnis besteht, daß durch die Verwaltungsweise des Mannes die Mitgift gefährdet wird. Im übrigen finden, wenn der Mann an den Dotalgegenständen den Nießbrauch hat, die Vorschriften über die Verpflichtung des Nießbrauchers zur Sicherheitsleistung keine Anwendung.

Die Mitgift nach Auflösung der Ehe

1426. Nach der Auflösung der Ehe wird die Mitgift der Frau oder ihren Erben herausgegeben; das Recht zur Verwaltung sowie zum Nießbrauch des Mannes an den Dotalgegenständen erlischt.

1427. Besteht die herauszugebende Mitgift in Geld oder ist ihr Schätzungswert herauszugeben, so erfolgt die Rückgabe ein Jahr nach der Auflösung der Ehe; von deren Auflösung an werden ohne weiteres gesetzliche Zinsen geschuldet. Während der Dauer des Jahres ist die Frau, nicht aber ihre Erben, berechtigt, die sofortige Entrichtung der Zinsen zu verlangen.

Verwendungen auf die Dotalsachen

1428. Der Mann ist bei der Rückgabe der Mitgift nicht berechtigt, Ersatz für die während der Ehe auf die Dotalsachen gemachten Verwendungen zu verlangen, welche nach den Vorschriften über den Nießbrauch dem Nießbraucher zur Last fallen.

Früchte während der Ehe

1429. Der Mann ist nach Auflösung der Ehe nicht zur Rückgabe der Früchte verpflichtet, die er während der Ehe gezogen hat, auch wenn dies einer ordnungsmäßigen Bewirtschaftung der Dotalgegenstände zuwider oder auf Grund außerordentlicher Umstände geschehen ist.

Rückgabe der Mitgift während der Ehe

1430. Die Rückgabe der Mitgift während der Ehe an die Frau im ganzen oder zum Teil befreit den Mann von der Dotalverbindlichkeit nicht. Diese Vorschrift findet bei erlaubter Veräußerung des Dotalgrundstücks wegen unabwendbarer Notwendigkeit keine Anwendung.

Trennung der Mitgift

1431. Die Frau kann die Trennung der Mitgift durch das Gericht verlangen: 1. wenn wegen Verminderung des Vermögens des Mannes die Mitgift gefährdet wird; 2. wenn der Mann die Mitgift schlecht verwaltet oder wenn er den seiner Frau und seinen Abkömmlingen zustehenden Unterhalt nicht gewährt oder wenn dieser Unterhalt für die Zukunft ernstlich bedroht wird; 3. wenn während der Ehe für die Verwaltung des Vermögens des Mannes ein Vormund bestellt wurde.

Jede Vereinbarung über außergerichtliche Trennung ist nichtig.

1432. Bei Eröffnung des Konkurses über das Vermögen des Mannes erfolgt die Trennung der Mitgift ohne weiteres mit der Rechtskraft der Entscheidung, welche den Konkurs eröffnet.

Wirkungen

1433. Die Wirkungen der Entscheidung, welche die Trennung der Mitgift anordnet, treten rückwirkend mit dem Tag des Trennungsantrages ein.

Die Kosten des Trennungsprozesses und der Vollstreckung der Entscheidung fallen dem Manne zur Last.

1434. Durch die Entscheidung über Trennung der Mitgift übernimmt die Frau die Verwaltung und den Fruchtgenuß der Dotalgegenstände, wobei sie die Rechte des Mannes an der Mitgift ausübt. Der Mann ist verpflichtet, die Dotalgegenstände der Frau zu übergeben.

1435. Von der Trennung der Mitgift an kann die Frau die Dotalgrundstücke nach den für diese Grundstücke geltenden Vorschriften ohne Zustimmung des Mannes veräußern. Sie kann auch die Dotalmobilien ohne seine Zustimmung veräußern.

Die Einkünfte aus der Mitgift hat die Frau zur Bestreitung der Ehelasten zu verwenden.

Die Gläubiger der Frau

1436. Die Gläubiger der Frau können nicht ohne deren Zustimmung die Trennung der Mitgift verlangen.

Aufhebung der Trennung

1437. Haben in den Fällen des Art. 1431 Abs. 1 Nr. 1 und 3 die Gründe, aus welchen die Trennung der Mitgift angeordnet wurde, aufgehört zu bestehen, so kann das Gericht auf Antrag beider Ehegatten die Aufhebung der Trennung anordnen. Durch diese Entscheidung wird der Mann in die Verwaltung und Nutznießung der Mitgift wieder eingesetzt. Die Entscheidung wird in der gleichen Weise veröffentlicht, in der auch die Entscheidung über die Trennung der Mitgift veröffentlicht wurde.

Siebentes Kapitel

Ehescheidung

Wie sie erfolgt

1438. Die Scheidung ist nur aus den in den Art. 1439 bis 1446 angegebenen Gründen zulässig und wird durch Entscheidung ausgesprochen, gegen die kein Rechtsmittel mehr eingelegt werden kann.

Ehebruch oder Doppelehe

1439. Jeder Ehegatte kann die Scheidung wegen Ehebruchs oder Doppelehe des anderen Ehegatten verlangen. Die Klage des Ehegatten, der zu dem Ehebruch oder zu der Doppelehe des anderen Ehegatten zugestimmt hat, ist unzulässig.

Trachten nach dem Leben

1440. Jeder der Ehegatten kann die Scheidung verlangen, wenn der andere Ehegatte ihm nach dem Leben trachtet.

Böswilliges Verlassen

1441. Jeder der Ehegatten kann die Scheidung wegen zweijährigen böswilligen Verlassens verlangen.

Zerrüttung des ehelichen Verhältnisses

1442. Jeder der Ehegatten kann die Scheidung verlangen, wenn durch Verschulden des anderen Ehegatten im ehelichen Verhältnis eine so starke Zerrüttung eingetreten ist, daß nach den Umständen die Fortsetzung der ehelichen Lebensgemeinschaft für den die Scheidung beantragenden Ehegatten unerträglich wird. Ein Scheidungsrecht besteht zugunsten des Antragstellers nicht, wenn dieses Verschulden beiden Ehegatten zur Last fällt, die Zerrüttung des ehelichen Verhältnisses aber hauptsächlich der Antragsteller verschuldet hat.

Geisteskrankheit

1443. Jeder der Ehegatten kann die Scheidung verlangen, wenn der andere Ehegatte in Geisteskrankheit verfallen ist, und zwar in einem Grade, der die geistige Gemeinschaft zwischen den Ehegatten aufhebt, und die Geisteskrankheit während der Ehe mindestens vier Jahre gedauert hat.

Aussatz

1444. Jeder der Ehegatten kann die Scheidung verlangen, wenn der andere Ehegatte an Aussatz leidet.

Verschollenheit

1445. Jeder der Ehegatten kann die Scheidung verlangen, wenn der andere Ehegatte für verschollen erklärt worden ist.

Unfähigkeit zum Geschlechtsverkehr

1446. Jeder der Ehegatten kann die Scheidung wegen Unfähigkeit des anderen zum Geschlechtsverkehr verlangen, wenn diese bei der Eheschließung bestanden hat, dem Beantragenden unbekannt war, drei Jahre nach der Eheschließung gedauert hat und bei der Erhebung der Klage fortbesteht.

Verzeihung

1447. In den Fällen der Art. 1439 bis 1442 erlischt das Scheidungsrecht durch Verzeihung.

Die Verzeihung kann entweder vor oder nach der Erhebung der Klage bis zur Rechtskraft der Entscheidung erfolgen. Das Gericht aber ist berechtigt, die Einwendung der Verzeihung nicht in Betracht zu ziehen, wenn sie einmal geltend gemacht und nicht bewiesen wurde.

Ausschlußfrist

1448. In den Fällen der Art. 1439, 1440 und 1442 ist das Scheidungsrecht nach Ablauf eines Jahres, seitdem der verletzte Ehegatte von dem Scheidungsgrund Kenntnis erlangte, ausgeschlossen, in jedem Falle aber nach zehn Jahren, seitdem der Scheidungsgrund eingetreten ist.

Überholte Scheidungsgründe

1449. Tatsachen, welche für sich nicht mehr zur Begründung einer Scheidungsklage herangezogen werden können, dürfen zur Unterstützung einer auf andere Gründe gestützten Scheidungsklage geltend gemacht werden.

Angabe des schuldigen Teils

1450. Wird die Ehe aus einem der in den Art. 1439 bis 1442 bestimmten Gründe geschieden, so ist in der Entscheidung auszusprechen, daß der Beklagte die Schuld an der Scheidung trägt.

Verschulden des Klägers

1451. Auch der Kläger kann auf Antrag des Beklagten an der Scheidung für schuldig erklärt werden: 1. wenn einer Widerklage auf Scheidung stattgegeben wurde, die auf einen der in den Art. 1439 bis 1442 bestimmten Gründe gestützt ist; 2. wenn Tatsachen bewiesen wurden, die wegen Verzeihung oder Zeitablaufs nicht mehr Scheidungsgrund sein können, die aber dem Beklagten ein Scheidungsrecht zur Zeit des Eintritts des von dem Kläger gegen ihn geltend gemachten Scheidungsgrundes gewährt hätten.

Folgen der Scheidung

1452. Die geschiedene Frau nimmt ihren Mädchennamen wieder an.

Immaterieller Schaden

1453. Hat sich die Tatsache, die den Scheidungsgrund bildete, unter solchen Umständen ereignet, daß für die Person des unschuldigen Ehegatten eine schwere Beleidigung erfolgt ist, so kann das Gericht durch das Scheidungsurteil den allein schuldigen Ehegatten verpflichten, dem unschuldigen Ehegatten eine Geldsumme wegen immateriellen Schadens zu entrichten.

Unterhalt des Unschuldigen

1454. Der allein für schuldig an der Scheidung erklärte Mann ist verpflichtet, der geschiedenen Frau einen entsprechenden Unterhalt zu gewähren, sofern sie sich nicht aus den Einkünften ihres eigenen Vermögens unterhalten kann oder aus einer Arbeit, die sie nach den Verhältnissen, in denen die Ehegatten gelebt haben, ausführen könnte.

1455. Die allein für schuldig erklärte Frau ist verpflichtet, dem geschiedenen Manne einen entsprechenden Unterhalt zu gewähren, sofern er sich selbst nicht unterhalten kann.

1456. Die Unterhaltspflicht des Schuldigen hört auf oder der Betrag wird gemindert, sooft dies den Umständen nach oder aus Billigkeitsgründen geboten erscheint.

1457. Die Unterhaltspflicht des Schuldigen hört mit der Wiederverheiratung des Berechtigten auf; sie erlischt nicht mit dem Tode des Verpflichteten.

1458. Der Unterhalt kann auf Antrag des Berechtigten auch auf einmal entrichtet werden, wenn dazu ein wichtiger Grund vorliegt.

Im übrigen finden die Vorschriften über Unterhalt von Aszendenten und Abkömmlingen der Art. 1484, 1485, 1489 sowie die des Art. 1491 für den Fall des Todes des Berechtigten entsprechende Anwendung.

Unterhalt bei Scheidung wegen Geisteskrankheit

1459. Erfolgte die Scheidung wegen Geisteskrankheit eines der Ehegatten, so ist der andere Ehegatte verpflichtet, ihm Unterhalt zu gewähren wie ein für allein schuldig erklärter Ehegatte.

Widerruf von Schenkungen

1460. Ist die Scheidung wegen Verschuldens nur des einen der Ehegatten ausgesprochen, so ist der andere Ehegatte berechtigt, jede diesem während des Verlöbnisses oder während der Ehe gemachte Schenkung zu widerrufen.

Das Widerrufsrecht erlischt mit dem Ablauf eines Jahres nach der Scheidung sowie durch den Tod des Schenkers oder des Beschenkten.

Unterhalt eines gemeinschaftlichen Kindes der Geschiedenen

1461. Die geschiedene Frau hat dem Manne für den Unterhalt des gemeinschaftlichen Kindes einen angemessenen Beitrag aus den Einkünften ihres Vermögens oder aus dem Ertrag ihrer Arbeit zu gewähren, sofern die dem Manne aus dem Vermögen des Kindes zufließenden Einkünfte zum Unterhalt nicht genügen. Der Anspruch des Mannes ist nicht übertragbar.

1462. Die Vorschriften über die Scheidung sowie alle diejenigen Vorschriften, welche sich auf die aus der Ehe entstehenden Verhältnisse beziehen, finden, sofern nichts anderes bestimmt ist, unabhängig von der Religion oder der Konfession der Eheschließenden Anwendung.

Achtes Kapitel

Verwandtschaft

Begriff

1463. Personen sind miteinander blutsverwandt in gerader Linie, wenn die eine von der anderen abstammt (Verwandtschaft zwischen Aszendenten und Deszendenten). Sie sind Blutsverwandte in Seitenlinie, wenn beide, ohne Verwandte in gerader Linie zu sein, von derselben dritten Person abstammen. Der Grad der Verwandtschaft bestimmt sich nach der Zahl der die Personen vermittelnden Geburten.

Das uneheliche Kind gilt, soweit im Gesetz nichts anderes bestimmt ist, nicht als Blutsverwandter seines Vaters, der es anerkannt hat.

Schwägerschaft

1464. Die Blutsverwandten des einen der Ehegatten sind in derselben Linie und in demselben Grad Schwägerschaftsverwandte mit dem anderen.

Die Schwägerschaft besteht auch nach Auflösung oder Nichtigkeitserklärung der Ehe, aus der sie entstanden ist, fort.

Neuntes Kapitel

Eheliche Abstammung eines Kindes

Eheliches Kind Kritische Zeit

1465. Ein während der Ehe empfangenes Kind hat als Vater den Mann der Frau, die es geboren hat (eheliches Kind).

Als Empfängniszeit gilt die Zeit zwischen dem dreihundertsten und dem einhundertachtzigsten Tage vor der Geburt.

Vermutung

1466. Als während der Ehe empfangen gilt ein Kind, welches nach Ablauf von einhundertachtzig Tagen von der Eingehung der Ehe an und vor dem Ablauf von dreihundert Tagen von ihrer Auflösung oder Nichtigerklärung an geboren wurde. Der Tag der Eingehung der Ehe sowie der Tag ihrer Auflösung oder Nichtigerklärung werden in diesen Fristen nicht mitgerechnet.

Kollision zweier Vermutungen

1467. Wurde innerhalb von dreihundert Tagen seit der Auflösung oder Nichtigerklärung der Ehe ein Kind von einer Frau geboren, welche eine neue Ehe eingegangen hat, so gilt das Kind als eheliches Kind des ersten Mannes, wenn es innerhalb von zweihundertsiebzig Tagen seit der Auflösung oder Nichtigerklärung der früheren Ehe, und als eheliches Kind des zweiten Mannes, wenn es nach dieser Zeit geboren wurde.

Vor der Ehe empfangenes Kind

1468. Ein Kind, welches vor dem Ablauf von einhundertachtzig Tagen seit der Eingehung der Ehe geboren wurde, gilt als ehelich, es sei denn, daß der Mann innerhalb von drei Monaten, seitdem er von der Geburt Kenntnis erlangte, seine Vaterschaft durch Zustellung einer Erklärung gegenüber dem Standesamt des Geburtsortes bestreitet. Ein Auszug aus der Erklärung wird auf der betreffenden Seite des Geburtenbuches vermerkt. Ist der Mann während der dreimonatigen Frist gestorben, so sind seine Erben berechtigt, innerhalb zweier Monate von seinem Tode an die Ehelichkeit zu bestreiten.

Von der Bestreitung der Vaterschaft an kann sich jeder, der daran ein rechtliches Interesse hat, auf die Unehelichkeit des Kindes berufen.

1469. Die Bestreitung der Vaterschaft gemäß dem vorangehenden Artikel ist ausgeschlossen oder bleibt, wenn sie erfolgte, ohne Wirkung: 1. wenn der Mann vor der Ehe die Schwangerschaft kannte; 2. wenn aus der betreffenden Seite des Geburtenbuches sich ergibt, daß der Mann während der Geburt persönlich anwesend oder durch einen besonders Bevollmächtigten vertreten war, ohne seine Vaterschaft zu bestreiten; 3. wenn bewiesen wird, daß in der kritischen Empfängniszeit der Mann, der Frau, die geboren hat, beigewohnt hat; 4. wenn der Mann das geborene Kind auf irgendeine Weise als eigenes anerkannt hat.

Nach dem 300. Tag geborenes Kind

1470. Wurde das Kind nach dem dreihundertsten Tage seit der Auflösung oder Nichtigerklärung der Ehe geboren, so ist jeder, der daran ein rechtliches Interesse hat, berechtigt, sich auf die Unehelichkeit des Kindes zu berufen.

Ablehnung

1471. Der Mann kann das während der Ehe innerhalb der Frist des Art. 1466 empfangene Kind als eheliches Kind ablehnen, wenn er beweist, daß es während der kritischen Empfängniszeit offenbar unmöglich war, daß die Frau, welche geboren hat, von ihm empfangen hat, namentlich wegen seiner Zeugungsunfähigkeit oder seiner Abwesenheit.

1472. Die Ablehnung erfolgt durch die Ablehnungsklage, welche gegen den besonderen Vormund des Kindes zu richten ist und die von dem Manne oder von seinem besonderen Vertreter bzw. von den Erben des Mannes erhoben werden muß. Steht der Mann unter Vormundschaft, so kann der Vormund die Klage nach Erlaubnis des Gerichts erheben.

Dritte, welche daran ein rechtliches Interesse haben, können sich auf die Unehelichkeit des Kindes nur berufen, wenn die Ablehnungsklage erhoben wurde.

1473. Ist das Kind gestorben, so erfolgt die Ablehnung durch Erklärung gemäß den Bestimmungen des Artikels 1468.

1474. Die Ablehnung und die Ablehnungsklage sind nach Ablauf eines Jahres, seitdem der Mann von der Geburt Kenntnis erlangte, ausgeschlossen. Ist dieser während der Jahresfrist, ohne das Ablehnungsrecht zu verlieren, gestorben, so kann die Klage von seinen Erben innerhalb von drei Monaten seit seinem Tode erhoben werden.

1475. Die Ablehnung ist ausgeschlossen, wenn der Mann bis zur rechtskräftigen Entscheidung über die Klage das Kind als eigenes anerkannt hat.

Zehntes Kapitel

Gesetzlicher Unterhalt

Zwischen Aszendenten und Abkömmlingen

1476. Aszendenten und Abkömmlinge sind gegenseitig nach den Bedingungen der Art. 1477 bis 1491 zum Unterhalt verpflichtet.

Unterhaltsbedingungen

1477. Unterhaltsberechtigt ist nur, wer außerstande ist, sich selbst zu unterhalten.

Ein minderjähriges unverheiratetes Kind ist seinen Eltern gegenüber, auch wenn es Vermögen hat, zum Unterhalt berechtigt, soweit die Einkünfte seines Vermögens oder der Ertrag seiner Arbeit zu seinem Unterhalte nicht ausreichen.

1478. Unterhaltspflichtig ist nicht, wer bei Berücksichtigung seiner sonstigen Verpflichtungen außerstande ist, ohne Gefährdung seines eigenen Unterhaltes den Unterhalt zu gewähren.

Rang der Verpflichteten

1479. Zum Unterhalt sind zuerst die Abkömmlinge nach der Reihenfolge der gesetzlichen Erbfolgeordnung, und zwar jeder nach dem Verhältnis seines Erbteils verpflichtet.

1480. Sind keine Abkömmlinge vorhanden, so sind zum Unterhalt die näheren Aszendenten verpflichtet, welche zu gleichen Teilen haften, wenn mehrere des gleichen Grades vorhanden sind. Der Vater haftet jedoch vor der Mutter, es sei denn, daß die Mutter die väterliche Gewalt ausübt und den Nießbrauch an dem Vermögen des Kindes hat.

1481. Soweit ein Aszendent oder ein Abkömmling außerstande ist, Unterhalt zu gewähren, trifft die Verpflichtung den Nächstverpflichteten. Das gleiche gilt auch dann, wenn die gerichtliche Verfolgung des Verpflichteten im Inland ausgeschlossen oder erheblich erschwert ist. In diesem Falle tritt derjenige, welcher den Unterhalt gewährt hat, ohne weiteres in die Rechte des Empfängers ein.

1482. Die Abkömmlinge und Aszendenten sind zum Unterhalt nach dem Ehegatten verpflichtet, es sei denn, daß dieser unter Berücksichtigung seiner sonstigen Verpflichtungen außerstande ist, ohne Gefährdung seines eigenen Unterhaltes den Unterhalt zu gewähren, oder daß die gerichtliche Verfolgung gegen ihn im Inland ausgeschlossen oder erheblich erschwert ist.

Das gleiche gilt auch für den geschiedenen Ehegatten, wenn er für schuldig an der Scheidung erklärt wurde.

Rang bei mehreren Berechtigten

1483. Sind mehrere Unterhaltsberechtigte vorhanden und ist der Unterhaltspflichtige außerstande, allen Unterhalt zu gewähren, so gehen die Abkömmlinge nach der gesetzlichen Erbfolgeordnung vor. Sind die mehreren Berechtigten Aszendenten, so gehen die näheren vor.

Der Ehegatte steht in Bezug auf das Unterhaltsrecht den minderjährigen unverheirateten Abkömmlingen gleich und geht den übrigen Abkömmlingen oder anderen Verwandten vor. Das gleiche gilt auch für den geschiedenen Ehegatten, sofern er unterhaltsberechtigt ist.

Unterhaltsmaß

1484. Das Maß des Unterhalts bestimmt sich nach der sozialen Stellung des Berechtigten (s t a n d e s m ä ß i g e r U n t e r h a l t).

Der Unterhalt umfaßt den gesamten Lebensbedarf und außerdem die Kosten der Erziehung und der Vorbildung des Berechtigten zu einem Beruf.

Änderung der Bedingungen

1485. Ist seit der Entscheidung, welche den Unterhalt bestimmt, eine Änderung der Unterhaltsbedingungen eingetreten, so kann das Gericht anders entscheiden oder auch die Einstellung des Unterhalts anordnen.

Verminderter Unterhalt

1486. Die Abkömmlinge, die Aszendenten und der Ehegatte sind nur zum notdürftigen Unterhalt berechtigt, welcher das unbedingt zum Leben Notwendige umfaßt, wenn sie dem Unterhaltspflichtigen gegenüber sich einer Verfehlung schuldig machten, welche die Enterbung rechtfertigt.

Zeit der Gewährung

1487. Der Unterhalt ist in Geld monatlich im voraus zu entrichten. Liegen besondere Gründe vor, so kann dem Verpflichteten die Gewährung des Unterhalts in anderer Art gestattet werden.

1488. Haben Eltern einem unverheirateten Kinde Unterhalt zu gewähren, so sind sie berechtigt zu bestimmen, in welcher Art und für welche Zeit im voraus der Unterhalt gewährt werden soll. Aus besonderen Gründen kann das Gericht auf Antrag des Kindes anders entscheiden.

1489. Unterhalt für die Vergangenheit wird nicht geschuldet, es sei denn, daß Verzug vorliegt.

Verzicht

1490. Für die Zukunft kann auf den Unterhalt nicht verzichtet werden.

Die Vorauszahlung des Unterhalts befreit den Verpflichteten nur für die in den Art. 1487 und 1488 bestimmte Zeitdauer.

Erlöschen

1491. Der Unterhaltsanspruch erlischt mit dem Tode des Berechtigten oder des Verpflichteten, soweit er nicht auf die Vergangenheit oder auf Raten, die zur Zeit des Todes fällig sind, gerichtet ist.

Zwischen Geschwistern

1492. Ein Bruder oder eine Schwester können nach billigem Ermessen des Gerichts zum Unterhalt eines Bruders oder einer Schwester verpflichtet werden, wenn der Beantragende aus besonderen Gründen, insbesondere wegen Alters, schwerer Krankheit oder Gebrechlichkeit außerstande ist, sich selbst zu unterhalten.

Der Unterhalt umfaßt das unbedingt zum Leben Notwendige und außerdem die Kosten der Erziehung und der Vorbildung zu einem Beruf.

Die Vorschriften der Art. 1478, 1487, 1489 bis 1491 finden auch hier Anwendung.

Elftes Kapitel

Rechtsbeziehungen zwischen Eltern und Kindern
Väterliche Gewalt

1493. Das Kind erhält den Familiennamen des Vaters.

Verpflichtung des Kindes zu Dienstleistungen

1494. Das Kind ist, solange es dem väterlichen Hausstand angehört und in ihm unterhalten wird, verpflichtet, seinen Kräften und seiner sozialen Stellung entsprechend den Eltern im Haushalt oder in der Ausübung ihres Berufes Dienste zu leisten.

Verpflichtung der Eltern zur Bestellung einer Mitgift

1495. Der Vater ist verpflichtet, zugunsten seiner Tochter im Falle ihrer Verheiratung eine seinem Vermögen, der Zahl seiner Kinder und seiner sozialen Stellung und außerdem der sozialen Stellung des Mannes der Tochter entsprechende Mitgift zu bestellen. Von dieser Verpflichtung ist der Vater befreit, soweit er bei Berücksichtigung seiner sonstigen Verpflichtungen nicht imstande ist, ohne Gefährdung seines eigenen standesgemäßen Unterhalts eine Mitgift zu bestellen oder soweit die Tochter ein Vermögen zur Bestellung einer entsprechenden Mitgift besitzt.

1496. Ist der Vater gestorben oder ist er nicht imstande, eine Mitgift zu bestellen, so trifft diese Verpflichtung die Mutter.

Die Tochter hat keinen Anspruch auf Bestellung einer Mitgift, wenn schon für ihre frühere Ehe von dem Vater oder von der Mutter eine Mitgift bestellt wurde.

1497. Der Vater und die Mutter sind berechtigt, die Bestellung einer Mitgift zu verweigern, wenn sich die Tochter ohne ihre dem Gesetze nach erforderliche Einwilligung verheiratet oder wenn sie sich ihnen gegenüber einer Verfehlung schuldig gemacht hat, welche die Enterbung rechtfertigt.

1498. Der Anspruch der Tochter auf Bestellung einer Mitgift ist nicht übertragbar und verjährt nach Ablauf von fünf Jahren von der Eingehung der Ehe an.

Zuwendungen der Eltern an das Kind

1499. Das von dem Vater oder von der Mutter dem Kinde entweder zu einer selbständigen wirtschaftlichen oder beruflichen Niederlassung oder zur Bestellung einer Mitgift Zugewendete gilt nur insoweit als Schenkung, als es das den Umständen entsprechende Maß übersteigt. Die Haftung des Zuwendenden wegen Sach- und Rechtsmängel dem Kinde gegenüber bestimmt sich jedoch immer nach den Vorschriften über die Haftung des Schenkers.

Väterliche Gewalt

1500. Dem Vater steht die väterliche Gewalt über das minderjährige Kind zu. Ist der Vater nicht imstande diese auszuüben, so tritt die Mutter an seine Stelle.

Sorge für das Kind und Vertretung desselben

1501. Der Vater hat kraft der väterlichen Gewalt das Recht und die Pflicht, für die Person des Kindes zu sorgen und sein Vermögen zu verwalten. Er vertritt das Kind in jedem Rechtsgeschäft, welches dessen persönliche Stellung oder Vermögen betrifft. Kollidieren die Interessen des Kindes mit denen des Vaters oder von dessen Frau oder mit den Interessen eines Verwandten des Vaters in gerader Linie auf Grund von Blutsverwandtschaft oder Schwägerschaft, so ist ein besonderer Vormund zu bestellen.

1502. Die Sorge für die Person des Kindes umfaßt insbesondere seine Erziehung, Beaufsichtigung und Ausbildung, die Bestimmung seines Wohnsitzes und die Anwendung der im Notfall erforderlichen Zuchtmittel.

Auf Antrag der Mutter oder des Staatsanwalts entscheidet das Gericht oder in dringenden Fällen der Präsident des Landgerichts, ob die Ausübung des Rechtes des Vaters als Rechtsmißbrauch zu betrachten ist.

Sorge für das Kind im Falle der Scheidung

1503. Ist die Ehe geschieden und sind beide Ehegatten am Leben, so steht die Sorge für die Person des Kindes dem Ehegatten zu, der die Scheidung beantragt hat, wenn er an der Scheidung nicht schuldig ist. Ist die Ehe wegen Verschuldens beider Ehegatten geschieden, so steht die Sorge für eine Tochter und für einen Sohn, welcher das zehnte Lebensjahr nicht überschritten hat, der Mutter, für einen Sohn, welcher das zehnte Lebensjahr überschritten hat, dem Vater zu. Das Gericht oder in dringenden Fällen der Präsident des Landgerichts kann eine abweichende Anordnung treffen, wenn es im Interesse des Kindes geboten ist, insbesondere einem Dritten die Sorge für das Kind übertragen. Die Entscheidung kann geändert werden, wenn sich neue Tatsachen ergeben.

1504. Der Elternteil, dem nach der Scheidung die Sorge für die Person des Kindes nicht zusteht, behält das Recht, mit dem Kind persönlich zu verkehren. Den Verkehr regelt im einzelnen das Gericht.

Sorge bei Nichtigerklärung der Ehe

1505. Ist Nichtigerklärung der Ehe erfolgt, so finden in Ansehung der Sorge für die Person des Kindes die Vorschriften der zwei vorangehenden Artikel über Scheidung wegen Verschuldens beider Ehegatten Anwendung.

1506. Während des Ehescheidungs- oder des Nichtigerklärungsprozesses kann das Gericht oder in dringenden Fällen der Präsident des Landgerichts den Ehegatten bestimmen, dem die Sorge für die Person des Kindes vorläufig zustehen soll.

Vermögen des Kindes aus Testament oder Schenkung

1507. Die Verwaltung des Vaters erstreckt sich nicht auch auf das Vermögen, welches das Kind kraft letztwilliger Verfügung oder Schenkung mit der Bestimmung erwirbt, daß es der Verwaltung des Vaters entzogen sein soll. Für die Verwaltung dieses Vermögens bestellt das Gericht einen besonderen Vormund, wenn der Erblasser oder der Schenker die Person nicht bestimmt hat.

1508. Hat der Erblasser oder der Schenker die Art der Verwaltung für die dem Kinde hinterlassenen oder zugewendeten Gegenstände bestimmt, so ist eine Abweichung mit Zustimmung des Schenkers zulässig, wenn er lebt und seine Zustimmung erreichbar ist. In jedem anderen Falle ist eine Abweichung nur mit Erlaubnis des Gerichts zulässig, wenn sie im Interesse des Kindes geboten ist.

Verwaltungshandlungen des Vaters Inventar

1509. Der Vater ist für jedes Vermögen, welches dem Kinde zufällt und seiner väterlichen Verwaltung unterliegt, zur Errichtung eines Inventars verpflichtet.

Schenkungen

1510. Der Vater kann nicht aus dem Vermögen des Kindes Schenkungen machen. Ausgenommen sind Schenkungen, durch die einer besonderen sittlichen Pflicht oder einer auf den Anstand zu nehmenden Rücksicht entsprochen wird.

Gewinnbringende Anlage von Bargeld

1511. Der Vater ist verpflichtet, das seiner Verwaltung unterliegende Bargeld des Kindes unverzüglich gewinnbringend oder vorteilhaft anzulegen, soweit es nicht notwendig erscheint, dieses zur Bestreitung von Ausgaben bereit zu halten.

Das Gericht kann eine andere Anlage des Bargeldes anordnen. Steht dem Vater an dem Bargeld ein Nießbrauch zu, so kann ihm das Gericht auch erlauben, daß er dieses für eigene Rechnung verwendet.

Einschränkung der Verwaltung

1512. Der Vater kann nicht ohne Erlaubnis des Gerichts im Namen des Kindes Handlungen vornehmen, welche auch dem Vormunde eines Minderjährigen ohne Erlaubnis des Gerichts verboten sind.

Die Erlaubnis des Gerichts wird erteilt, wenn eine unabwendbare Notwendigkeit besteht oder ein offenkundiger Vorteil zu erwarten ist.

1513. Der Vater nimmt die dem Kind zufallende Erbschaft immer mit der Rechtswohltat des Inventars an.

Relative Nichtigkeit

1514. Die unter Verletzung der Art. 1510 bis 1513 vom Vater vorgenommenen Handlungen sind nichtig. Die Nichtigkeit können nur der Vater, das Kind und dessen Gesamt- und Sondernachfolger geltend machen.

Konkurs des Vaters

1515. Die Verwaltung des Vermögens des Kindes wird dem Vater von dem Zeitpunkt an entzogen, in dem über dessen Vermögen rechtskräftig Konkurs eröffnet wurde. Das Gericht bestellt einen Vormund.

Nach der Rehabilitierung des Vaters kann das Gericht diesem die Verwaltung wieder überlassen.

Aufwendungen für die Verwaltung

1516. Der Vater ist berechtigt, Ersatz für die von ihm bei der Sorge für die Person oder das Vermögen des Kindes gemachten Aufwendungen zu verlangen, sofern er diese den Umständen nach als notwendig ansehen durfte und sie nicht zu den Aufwendungen gehören, die ihm selbst zur Last fallen.

Nießbrauch des Vaters

1517. Dem Vater steht, sofern er die Verwaltung des Vermögens hat, auch der Nießbrauch an dem Vermögen zu. Das Recht des Nießbrauchs ist nicht übertragbar.

Dem Nießbrauch nicht unterliegendes Vermögen

1518. Vermögen des Kindes, welches dem Nießbrauch des Vaters nicht unterliegt (f r e i e s V e r m ö g e n), ist: 1. alles, was das Kind durch seine eigene Arbeit verdient oder was ihm zu eigenem Gebrauch oder zu freier Verfügung überlassen worden ist; 2. alles, was dem Kind aus letztwilliger Verfügung oder Schenkung mit der Bedingung zufällt, daß es dem Nießbrauch oder der Verwaltung des Vaters entzogen sein soll.

Verpflichtungen des Vaters aus dem Nießbrauch

1519. Der Vater ist zur Ausbesserung oder Erneuerung der seinem Nießbrauch unterliegenden Sachen des Kindes auf eigene Kosten verpflichtet, sofern die Ausbesserung oder Erneuerung zur gewöhnlichen Erhaltung der Sache gehört.

1520. Solange der Nießbrauch dauert und soweit die Nutzung aus dem Nießbrauch reicht, haftet der Vater dem Kinde gegenüber: 1. für die dem Kinde obliegenden Steuern mit Ausnahme der außerordentlichen Steuern und derjenigen, welche das dem Nießbrauch nicht unterliegende Vermögen des Kindes betreffen; 2. für die Zinsen und die Amortisationsquoten jeder Schuld des Kindes seit Beginn des Nießbrauchs sowie für die schon entstandenen und in wiederkehrenden Leistungen bestehenden Verpflichtungen des Kindes zum Unterhalt; 3. für Gerichtskosten bei Prozessen des Kindes, welche nicht sein dem Nießbrauch nicht unterliegendes Vermögen betreffen.

Rechte der Gläubiger des Kindes

1521. Die Gläubiger des Kindes sind berechtigt, ohne Rücksicht auf den väterlichen Nießbrauch Befriedigung aus dem gesamten Vermögen des Kindes zu verlangen.

Erlöschen des Nießbrauchs

1522. Der Nießbrauch des Vaters erlischt mit der Eingehung einer neuen Ehe. Er erlischt auch mit der Erklärung des Vaters vor dem Sekretär des Gerichts, über die ein Protokoll aufgenommen wird, daß er auf den Nießbrauch verzichtet.

Haftung des Vaters

1523. Der Vater hat bei der Ausübung der väterlichen Gewalt und der Verwaltung des Vermögens des Kindes für diejenige Sorgfalt einzustehen, welche er in eigenen Angelegenheiten anzuwenden pflegt.

1524. Vernachlässigt oder verletzt der Vater die mit der väterlichen Gewalt verbundenen Pflichten der Sorge für die Person des Kindes oder wird das Vermögen des Kindes durch den Vermögensverfall oder die schlechte Verwaltung des Vaters gefährdet, so kann das Gericht auf Antrag der Mutter oder der näheren Verwandten des Kindes oder des Staatsanwalts jede erforderliche Maßnahme anordnen, insbesondere einen Dritten mit der Vertretung des Kindes oder mit der Sorge für dieses beauftragen oder einen Vormund zur Verwaltung seines Vermögens bestellen.

Ende der väterlichen Gewalt

1525. Der Vater verwirkt die väterliche Gewalt, wenn er rechtskräftig zu einer Gefängnisstrafe von mindestens einem Monat wegen einer vorsätzlich verübten, das Leben, die Gesundheit oder die Sittlichkeit des Kindes gefährdenden strafbaren Handlung verurteilt worden ist.

1526. Die väterliche Gewalt endigt: 1. durch Verwirkung nach dem vorangehenden Artikel; 2. mit dem Tode oder der Verschollenheitserklärung entweder des Vaters oder des Kindes; 3. durch Emanzipation oder Volljährigkeit des Kindes.

Folgen

1527. Hat die väterliche Gewalt oder das Recht des Vaters zur Verwaltung des Vermögens des Kindes aufgehört zu bestehen, so hat der Vater Rechenschaft abzulegen und das Vermögen des Kindes herauszugeben.

1528. Ist die väterliche Gewalt oder das Recht des Vaters zur Verwaltung des Vermögens des Kindes beendet, so ist der Vater zur Fortführung der mit der Sorge für die Person und das Vermögen des Kindes verbundenen Geschäfte berechtigt, bis er von der Beendigung Kenntnis erlangt. Dritte aber sind nicht berechtigt, sich auf dieses Recht des Vaters zu berufen, wenn sie die Beendigung der väterlichen Gewalt oder Verwaltung kannten oder kennen mußten.

1529. Hat die väterliche Gewalt infolge des Todes des Kindes aufgehört zu bestehen, so ist der Vater zur Besorgung derjenigen Geschäfte, die nicht aufgeschoben werden können, verpflichtet, bis die Erben in der Lage sind, anderweitig Fürsorge zu treffen.

Zwölftes Kapitel

Uneheliche Kinder

Begriff

1530. Das nicht eheliche Kind (uneheliches Kind) hat im Verhältnis zur Mutter und zu den Verwandten der Mutter die rechtliche Stellung eines ehelichen Kindes.

Familienname des unehelichen Kindes

1531. Das uneheliche Kind erhält den Familiennamen der Mutter. Der Ehemann der Mutter kann durch notarielle Beurkundung dem Kinde seinen Familiennamen geben, wenn die Mutter und das Kind in derselben Form zustimmen.

Anerkennung eines unehelichen Kindes

1532. Der Vater kann das uneheliche Kind als eigenes anerkennen. Ist der Vater gestorben oder für verschollen erklärt oder leidet er an einer Geisteskrankheit, so kann die Anerkennung durch den Großvater der väterlichen Seite erfolgen.

Freiwillige Anerkennung

1533. Die Anerkennung durch den Vater oder den Großvater der väterlichen Seite erfolgt durch einseitige Erklärung vor einem Notar oder durch Testament (freiwillige Anerkennung).

1534. Die freiwillige Anerkennung hat persönlich und ohne Bedingung oder Frist zu erfolgen. Der Widerruf der freiwilligen Anerkennung ist unwirksam.

1535. Die Mutter, das Kind oder seine Erben oder jeder, der daran ein Interesse hat, sind berechtigt, die freiwillige Anerkennung aus dem Grunde anzufechten, daß der Anerkennende nicht der Vater oder Großvater des Kindes sei.

1536. Die Anfechtung der Anerkennung ist nach drei Monaten, seitdem der Anfechtende von ihr Kenntnis erlangte, ausgeschlossen. In jedem Falle aber ist die Anfechtung zwei Jahre nach der Anerkennung unzulässig.

Folgen der freiwilligen Anerkennung

1537. Das uneheliche Kind erhält durch die freiwillige Anerkennung den Familiennamen des Vaters und hat, sofern im Gesetz nichts anderes bestimmt ist, die Rechte und Pflichten eines ehelichen Kindes.

1538. Ist der Vater zur Zeit der Anerkennung verheiratet, so kann das anerkannte Kind im ehelichen Haushalt nur mitwohnen, wenn die Ehefrau des Vaters zustimmt.

1539. Das Erbrecht des freiwillig anerkannten unehelichen Kindes dem Vater gegenüber beschränkt sich auf die Hälfte, wenn es mit ehelichen Abkömmlingen oder Eltern oder mit der Frau des Vaters zusammentrifft.

Gerichtliche Anerkennung

1540. Die Mutter des unehelichen Kindes ist berechtigt, im Wege der Klage die Anerkennung der Vaterschaft zu verlangen. Das gleiche Recht hat auch das Kind.

Die Klage ist gegen den Vater oder gegen seine Erben zu erheben, wenn dieser vor oder nach der Geburt des Kindes gestorben ist.

1541. Wird bewiesen, daß innerhalb der kritischen Empfängniszeit der als Vater Beklagte der Mutter beigewohnt hat, so wird seine Vaterschaft vermutet.

1542. War die Mutter während der Empfängniszeit verheiratet, so kann eine Klage auf Anerkennung nicht erhoben werden, bevor die Ablehnung des Kindes erfolgt ist.

Unzulässigkeit

1543. Die Klage auf Anerkennung der Vaterschaft ist unzulässig, wenn bewiesen wird, daß die Mutter zur Empfängniszeit ein ausschweifendes Leben führte.

Verjährung

1544. Die Klage des Kindes oder der Mutter auf Anerkennung der Vaterschaft verjährt nach Ablauf von fünf Jahren nach der Geburt.

Im Falle des Art. 1542 beginnt die Verjährung mit dem Zeitpunkt der Rechtskraft der Entscheidung über die Ablehnung.

Folgen. Unterhalt und dessen Bedingungen

1545. Das gerichtlich anerkannte Kind ist berechtigt, vom Vater einen der sozialen Stellung der Mutter und dem Vermögen des Vaters entsprechenden Unterhalt zu verlangen. Zur Regelung des geschuldeten Unterhalts wird insbesondere auch die Unterhaltspflicht berücksichtigt, die der Vater etwa gegenüber seiner Frau oder einem ehelichen Abkömmling hat.

1546. Die Unterhaltspflicht besteht nur, sofern das Kind nicht imstande ist, sich aus eigenen Mitteln zu unterhalten. Die Verpflichtung dauert auch nach der Volljährigkeit des Kindes fort, wenn es wegen körperlicher Gebrechlichkeit oder Geisteskrankheit sich selbst nicht unterhalten kann.

1547. Der Unterhalt umfaßt das zum Leben Notwendige und außerdem die Kosten der Erziehung und der entsprechenden Vorbildung des Kindes zu einem Beruf.

Änderung der Bedingungen

1548. Ist seit der Entscheidung, welche den Unterhalt bestimmt, eine Änderung der Unterhaltsvoraussetzungen eingetreten, so kann das Gericht anders entscheiden oder auch die Einstellung des Unterhalts anordnen.

Verminderter Unterhalt

1549. Hat sich das Kind dem Vater gegenüber einer Verfehlung schuldig gemacht, welche die Enterbung rechtfertigen würde, so beschränkt sich die Unterhaltspflicht des Vaters nur auf den notdürftigen Unterhalt, welcher das zum Leben unbedingt Notwendige umfaßt.

Den Unterhalt regelnde Vereinbarung

1550. Der Vater oder seine Erben können durch Vereinbarung mit dem gerichtlich anerkannten Kinde oder mit demjenigen, der es gesetzlich vertritt, eine zur vollen Tilgung des gesetzlich geschuldeten Unterhalts im ganzen zu entrichtende Summe bestimmen. Die Vereinbarung gilt, wenn sie vom Gericht bestätigt wird.

Kosten der Entbindung

1551. Die Mutter ist berechtigt, von demjenigen, der als Vater anerkannt wurde, auch wenn das Kind tot geboren ist, Ersatz für die Kosten der Entbindung sowie für die Kosten des Unterhalts für zwei Monate vor und vier Monate nach der Entbindung zu verlangen.

Der Anspruch der Mutter verjährt nach Ablauf von drei Jahren seit der Entbindung.

Vorläufige Zubilligung des Unterhalts

1552. Ist die Vaterschaft höchst wahrscheinlich und befindet sich die Mutter in Armut, so kann das Gericht oder in dringenden Fällen der Präsident des Landgerichts auch vor jeder Entscheidung über Anerkennung den Vater verpflichten, dem Vormunde des Kindes bis zu dieser Entscheidung einen entsprechenden Betrag auf den geschuldeten Unterhalt des Kindes monatlich vorzuschießen.

Die Verpflichtung im Falle des Todes des Vaters

1553. Die Verpflichtung des Vaters für den Unterhalt und die Kosten der Entbindung gegenüber dem Kinde und der Mutter erlischt nicht, wenn der Vater vor oder nach der Entbindung gestorben ist.

Bei Verheiratung des Kindes

1554. Das Unterhaltsrecht des Kindes erlischt, wenn es eine Ehe eingeht.

Vollkommene gerichtliche Anerkennung

1555. Die gerichtliche Anerkennung der Vaterschaft hat, sofern die Anerkennungsklage zu Lebzeiten des Vaters erhoben wurde, alle Folgen der freiwilligen Anerkennung: 1. wenn die Empfängnis des Kindes nach einem vorherigen Verlöbnis mit der Mutter oder infolge von Notzucht oder Entführung oder Verführung der Mutter im Sinne der Vorschriften des Strafgesetzbuches erfolgte; 2. wenn der Vater zur Empfängniszeit Vormund der Mutter war oder sie unter seiner Sorge oder in Abhängigkeitsverhältnis zu ihm stand oder er mit ihr zusammenlebte.

Legitimation durch nachfolgende Ehe

1556. Ein uneheliches Kind wird durch die nachfolgende Ehe zwischen seinen Eltern legitimiert.

1557. Die Eltern des Kindes sind verpflichtet, nach der Eheschließung das Kind als eigenes anzumelden. Die Anmeldung erfolgt gegenüber dem Standesamt des Ortes der Eheschließung.

Die Unterlassung der Anmeldung beeinträchtigt nicht die Stellung des von ihnen erzeugten Kindes. Die gerichtliche Anerkennung des Vaters, welcher sich mit der Mutter des Kindes verheiratet hat, wirkt als Legitimationserklärung.

1558. Durch die nachfolgende Ehe zwischen den Eltern des unehelichen Kindes werden seine ehelichen Abkömmlinge legitimiert, wenn es vor der Ehe gestorben ist.

1559. Das durch die nachträgliche Ehe legitimierte Kind erlangt in jeder Beziehung beiden Eltern gegenüber die rechtliche Stellung eines ehelichen Kindes.

Gerichtliche Legitimation

1560. Das uneheliche Kind kann durch gerichtliche Entscheidung auf Antrag des Vaters, der persönlich vor Gericht zu erscheinen hat, legitimiert werden.

Bedingungen

1561. Die Legitimation durch gerichtliche Entscheidung ist nur unter folgenden Bedingungen zulässig: 1. wenn der Vater keine ehelichen Abkömmlinge hat; 2. wenn wegen Todes der Mutter oder aus einem anderen Grund die Legitimation durch nachfolgende Ehe unmöglich ist; 3. wenn das Kind oder derjenige, welcher es gesetzlich vertritt, der Legitimation zustimmt. Die Zustimmung wird vor Gericht erteilt.

Legitimation durch einen verheirateten Vater

1562. Ist der Vater, welcher die Legitimation beantragt, verheiratet, so ist auch die Zustimmung seiner Frau notwendig, die vor einem Notar zu erfolgen hat, es sei denn, daß die Zustimmung wegen Geisteskrankheit der Frau oder aus einem anderen Grunde unmöglich ist.

Legitimation nach dem Tode des Kindes

1563. Die Legitimation durch gerichtliche Entscheidung auf Antrag des Vaters ist unter denselben Bedingungen auch zugunsten der Abkömmlinge des Kindes zulässig, wenn es gestorben ist.

Legitimation nach dem Tode des Vaters

1564. Ist der Vater gestorben, so ist Legitimation durch gerichtliche Entscheidung auf Antrag des Kindes zulässig, wenn beim Tode des Vaters die Bedingungen des Art. 1561 Nr. 1 und 2 erfüllt waren und er selbst das Kind als eigenes im Testament oder in einer öffentlichen Urkunde bezeichnet hat.

Kind aus verbotener Ehe

1565. Die Legitimation durch gerichtliche Entscheidung ist nicht zulässig, wenn die Eltern des Kindes Blutsverwandte in gerader Linie oder zweiten Grades in der Seitenlinie sind.

1566. Die Legitimation kann nicht unter einer Bedingung oder einer Befristung erfolgen.

Wirkungen der gerichtlichen Legitimation

1567. Das durch gerichtliche Entscheidung legitimierte Kind hat in jeder Beziehung dem Vater gegenüber die rechtliche Stellung eines ehelichen Kindes. Erfolgte die Legitimation nach dem Tode des Vaters, so hat diese die Wirkungen, die sie haben würde, wenn sie bei Lebzeiten des Vaters erfolgt wäre.

Dreizehntes Kapitel

Annahme an Kindesstatt

Wer an Kindesstatt annehmen kann

1568. Wer keine ehelichen Abkömmlinge hat, kann, wenn er das fünfzigste Lebensjahr vollendet hat und geschäftsfähig ist, einen anderen an Kindesstatt annehmen.

1569. Die Eltern können nicht ihr uneheliches Kind an Kindesstatt annehmen.

Annahme mehrerer an Kindesstatt

1570. Der Annehmende kann nicht zu Lebzeiten des adoptierten Kindes noch einen anderen an Kindesstatt annehmen. Durch denselben Akt kann der Annehmende mehrere zusammen an Kindesstatt annehmen.

Annahme an Kindesstatt durch den Vormund

1571. Der Vormund kann nicht das Mündel vor der endgültigen Rechenschaftsablegung an Kindesstatt annehmen.

Annahme an Kindesstatt durch mehrere

1572. Ein an Kindesstatt angenommenes Kind kann nicht bei Lebzeiten des Annehmenden und solange die Annahme an Kindesstatt andauert, von einem anderen an Kindesstatt angenommen werden, mit Ausnahme des Falles, daß ein Kind von zwei Ehegatten angenommen wird.

1573. Ein Verheirateter kann an Kindesstatt weder annehmen noch angenommen werden ohne die Zustimmung des Ehegatten, welche durch notarielle Beurkundung oder durch Erklärung gegenüber dem Gericht bei der Vollziehung der Annahme an Kindesstatt zu erteilen ist. Die Zustimmung ist nicht erforderlich, wenn sie wegen Geisteskrankheit des Ehegatten oder aus einem anderen Grunde unmöglich ist. *Annahme eines Verheirateten an Kindesstatt*

1574. Der Annehmende muß mindestens achtzehn Jahre älter sein als das Kind, welches an Kindesstatt angenommen wird. *Altersunterschied*

1575. Die Annahme an Kindesstatt unter einer Bedingung oder Fristbestimmung ist nicht zulässig.

1576. Die Annahme an Kindesstatt erfolgt durch gerichtliche Entscheidung unter persönlichem Erscheinen und Zustimmung des Annehmenden. *Verfahren*

1577. Zur Annahme an Kindesstatt ist erforderlich, daß derjenige, welcher an Kindesstatt angenommen wird, seine Zustimmung erteilt. Ist er minderjährig, so ist die Zustimmung seiner Eltern oder eines Elternteiles vor Gericht erforderlich, sofern die Zustimmung des anderen wegen Geisteskrankheit oder aus einem anderen Grund unmöglich ist. Hat er keine Eltern, so ist die vor Gericht zu erteilende Zustimmung des Vormundes oder des Kurators und die Erlaubnis des Familienrates erforderlich. In jedem Falle hat auch der Minderjährige, der an Kindesstatt angenommen wird, zur Zustimmung persönlich zu erscheinen, sofern er das sechzehnte Lebensjahr vollendet hat.

1578. Das Gericht erlaubt die Annahme an Kindesstatt nach Prüfung der Frage, ob die Bedingungen des Gesetzes erfüllt sind und ob nach der Persönlichkeit des Annehmenden und seiner Vermögenslage die Annahme an Kindesstatt im Interesse derjenigen Person liegt, die angenommen werden soll.

1579. Durch die Annahme an Kindesstatt erlangt das Kind die rechtliche Stellung eines ehelichen Kindes dem Annehmenden gegenüber. Der Annehmende hat dem angenommenen Kinde gegenüber kein Erbrecht. *Wirkungen für die Familie des Annehmenden*

1580. Das Kind, welches von beiden Ehegatten an Kindesstatt angenommen wird, erlangt die rechtliche Stellung eines gemeinschaftlichen ehelichen Kindes der Ehegatten. Das gleiche gilt auch, wenn der eine der Ehegatten das Kind des anderen an Kindesstatt annimmt.

1581. Die Abkömmlinge des an Kindesstatt angenommenen Kindes, welche nach der Annahme an Kindesstatt geboren werden, erlangen die rechtliche Stellung eines ehelichen Abkömmlings des Annehmenden.

Im übrigen wird kein Verwandtschaftsverhältnis zwischen dem angenommenen Kinde und den Verwandten desjenigen begründet, welcher an Kindesstatt angenommen hat; das gleiche gilt im umgekehrten Fall.

1582. Das angenommene Kind erhält den Familiennamen des Annehmenden. Das Kind ist aber berechtigt, diesem auch seinen eigenen Familiennamen hinzuzufügen.

Wirkungen für die natürliche Familie

1583. Die aus der Verwandtschaft sich ergebenden Rechte und Verpflichtungen zwischen dem an Kindesstatt angenommenen Kinde und seiner natürlichen Familie bleiben unberührt, sofern im Gesetz nichts anderes bestimmt ist.

1584. Mit der Annahme an Kindesstatt wird die väterliche Gewalt des leiblichen Vaters oder die Kuratel oder die Vormundschaft, unter der das an Kindesstatt angenommene Kind stand, durch die väterliche Gewalt des Annehmenden und bei Annahme an Kindesstatt durch eine Frau durch ihre Vormundschaft kraft Gesetzes ersetzt.

1585. Hört während der Minderjährigkeit des an Kindesstatt angenommenen Kindes die väterliche Gewalt oder die Kuratel oder die Vormundschaft des Annehmenden aus irgendeinem Grunde auf, so geht sie nicht wieder auf den leiblichen Elternteil über. Dieser hat aber in diesem Falle das Recht, für die Person des Kindes zu sorgen.

1586. In der Verpflichtung zum Unterhalt des an Kindesstatt angenommenen Kindes geht der Annehmende den Blutsverwandten des Kindes vor.

Erlöschen der Annahme an Kindesstatt

1587. Die Annahme an Kindesstatt erlischt durch gerichtliche Entscheidung infolge einer Klage des Annehmenden oder des an Kindesstatt angenommenen Kindes, wenn eine Verfehlung bewiesen wird, welche die Enterbung rechtfertigt.

Durch die Entscheidung wird das Verhältnis der Annahme an Kindesstatt aufgehoben.

1588. Die Annahme an Kindesstatt erlischt und das aus ihr entstandene Verhältnis wird aufgehoben, wenn dem Gesetz zuwider zwischen dem Annehmenden und dem an Kindesstatt Angenommenen eine Ehe geschlossen wird. Ist die Ehe für nichtig erklärt, so bleiben aus dem Rechtsverhältnis der Annahme an Kindesstatt nur die vermögensrechtlichen Ansprüche des an Kindesstatt Angenommenen bestehen.

Vierzehntes Kapitel

Vormundschaft über Minderjährige

Unter Vormundschaft stehende Personen

1589. Der nicht emanzipierte Minderjährige, welcher nicht unter väterlicher Gewalt steht, steht unter Vormundschaft.

Der Vormundschaft untersteht auch der unter väterlicher Gewalt stehende Minderjährige, wenn der Vater außerstande ist, die väterliche Gewalt auszuüben und die Mutter entweder nicht lebt oder nicht in der Lage ist, ihn zu ersetzen.

1590. Die Mutter ist gesetzlich zur Vormundschaft des Kindes berufen, wenn der Vater die väterliche Gewalt verwirkt hat oder für verschollen erklärt wurde oder gestorben ist.

Vormundschaft der Mutter

1591. Der Vater kann kraft der väterlichen Gewalt durch Testament oder durch Erklärung vor dem Amtsrichter oder vor einem Notar für die zur Vormundschaft berufene Mutter einen Berater bestellen.

Berater der Mutter

Hat der Vater die Handlungen nicht näher bestimmt, für welche die Mutter der Zustimmung des Beraters bedarf, so bedarf jede ihrer Handlungen, die sich auf die Vormundschaft bezieht, seiner Zustimmung, welche nur vor oder bei der Vornahme der jeweiligen Handlung erteilt werden kann.

Hat der Vater für dieselben Handlungen mehrere Berater bestellt, so bestimmt das Gericht einen von diesen.

1592. Übernimmt die Mutter zu Lebzeiten des Vaters wegen seiner Verwirkung der väterlichen Gewalt die Vormundschaft des Kindes, so kann das Gericht auf Antrag der Verwandten und nach vorherigem Gutachten des Familienrates der Mutter in ihrer Eigenschaft als Vormund einen Berater bestellen.

1593. Der Berater ist zum Schadenersatz verpflichtet, wenn er aus Vorsatz oder grober Fahrlässigkeit Handlungen zugestimmt hat, welche dem Minderjährigen Schaden zugefügt haben.

Der Mangel der Zustimmung des Beraters schadet nicht denjenigen, welche in gutem Glauben mit der die Vormundschaft führenden Mutter in Geschäftsverbindung getreten sind.

1594. Ist die Frau zur Zeit des Todes ihres Mannes schwanger, so bestellt das Gericht auf Antrag eines jeden, der daran ein Interesse hat, und nach Gutachten des Familienrates einen Pfleger für die Leibesfrucht, damit er diese überwacht und Maßnahmen für die Erhaltung ihres Vermögens trifft.

Pfleger für die Leibesfrucht

1595. Die Mutter, welche Vormund ist und eine neue Ehe eingehen will, hat vorher die Bestellung eines Vormundes für ihr Kind zu veranlassen. Die Mutter behält die Vormundschaft, bis das Gericht sie in der Vormundschaft bestätigt oder einen anderen Vormund bestellt und dieser die Vormundschaft übernommen hat.

Vormundschaft der zum zweiten Male verehelichten Mutter

1596. Hat die Mutter die Bestellung eines Vormundes nach dem vorangehenden Artikel unterlassen, so hört kraft Gesetzes ihre Vormundschaft auf und sie sowie der neue Ehegatte haften als Gesamtschuldner für die Führung der Vormundschaft vor und während der Ehe.

1597. Hat das Gericht im Falle des Art. 1595 die Mutter in der Vormundschaft belassen oder hat es sie von neuem bestellt, so

Mitvormundschaft des Ehegatten

hat es ihren Ehegatten als Mitvormund zu bestellen; er haftet als Gesamtschuldner für die Führung der Vormundschaft.

1598. Hört im Falle des vorangehenden Artikels die Mitvormundschaft des neuen Ehegatten auf oder wird er aus irgendeinem Grund mit Ausnahme von Geisteskrankheit davon befreit, so hört kraft Gesetzes die Vormundschaft der Mutter auf. Endigt die Vormundschaft der Mutter aus irgendeinem Grunde, so endigt kraft Gesetzes auch die Mitvormundschaft des anderen Ehegatten.

Vormundschaft aus letztwilliger Verfügung

1599. Der Vater kann kraft der väterlichen Gewalt durch letztwillige Verfügung dem Kinde einen Vormund bestellen, wenn keine Mutter vorhanden ist oder wenn diese die Sorge für den Minderjährigen nicht übernehmen kann.

Das gleiche Recht hat auch die Mutter, wenn sie bei Nichtvorhandensein des Vaters Vormund ist oder den Vater in der Ausübung der väterlichen Gewalt ersetzt.

Erlangt der Vater die Ausübung der väterlichen Gewalt oder die Mutter die Sorge für die Person des Kindes wieder, so wird die durch den anderen Teil erfolgte Bestellung eines Vormundes hinfällig.

1600. Die Bestellung eines Vormundes durch den Vater oder durch die Mutter mittels letztwilliger Verfügung erfolgt entweder in der Form eines Testaments oder durch Erklärung vor einem Amtsrichter oder einem Notar.

Benennt die Bestellung mehrere Vormünder, so bestimmt das Gericht einen von diesen als den Vormund aus letztwilliger Verfügung.

Gesetzliche Vormundschaft

1601. Lebt die Mutter nicht mehr oder ist die Bestellung eines Vormundes auf Grund letztwilliger Verfügung nicht erfolgt, so sind zur Vormundschaft in folgender Reihe kraft Gesetzes berufen: väterlicherseits der Großvater, mütterlicherseits der Großvater, väterlicherseits oder mütterlicherseits die Großmutter, die beiden letzteren nur, sofern sie eine neue Ehe nicht eingegangen sind. Die Vorschriften der Art. 1595 bis 1598 gelten auch in Bezug auf die Großmutter.

Übertragene Vormundschaft

1602. Der Vormund wird vom Gericht bestellt (übertragene Vormundschaft), wenn ein Vormund nach den Art. 1590, 1599 und 1601 nicht vorhanden ist oder wenn der vorhandene von der Vormundschaft befreit oder entlassen wurde oder auf sie verzichtet hat. Ist die Vormundschaft der Mutter wegen ihrer Minderjährigkeit unmöglich, so wird ebenfalls vom Gericht dem Kinde ein Vormund bis zur Volljährigkeit der Mutter bestellt.

1603. Die Bestellung eines Vormundes durch das Gericht erfolgt auf Betreiben der Verwandten oder eines jeden, der daran ein Interesse hat, oder des Staatsanwalts nach Gutachten des Familienrats. In dringenden Fällen wird ein vorläufiger Vormund durch den Staatsanwalt bei diesem Gericht bestellt.

1604. Das Gericht bestellt nur einen Vormund, auch wenn mehrere minderjährige Kinder desselben Elternteils vorhanden sind. Bei Interessenkollision zwischen den mehreren Minderjährigen wird ein besonderer Vormund für jeden von denen bestellt, deren Interessen kollidieren.

Vormundschaft über mehrere minderjährige Geschwister

1605. Eine übertragene Vormundschaft im Sinne der beiden vorigen Artikel ist auch in jedem Falle zulässig, in dem das Gesetz über Bestellung eines Vormundes oder eines besonderen Vormundes bestimmt.

1606. Bei jeder Vormundschaft ist ein Gegenvormund vorhanden, der durch das Gericht nach Gutachten des Familienrates zu bestellen ist. Bei übertragener Vormundschaft wird er gleichzeitig mit dem Vormund bestellt.

Gegenvormund

Bei Bestellung eines besonderen Vormundes wird kein Gegenvormund bestellt.

1607. Der Gegenvormund überwacht die Geschäftsführung des Vormunds und ersetzt ihn bei der Vornahme von Handlungen, bei denen die Interessen des Minderjährigen mit denen des Vormundes oder seiner Frau oder eines Blutsverwandten von ihm in gerader Linie oder eines Verwandten aus Schwägerschaft in gerader Linie oder eines Blutsverwandten in der Seitenlinie zweiten Grades kollidieren.

1608. Der Vormund hat, bevor er seine Tätigkeit übernimmt, die Bestellung eines Gegenvormundes zu veranlassen.

Bei Unterlassung kann das Gericht nach Gutachten des Familienrats den Vormund absetzen.

1609. In Bezug auf die Person des Gegenvormundes ist die Meinung des Vormundes nicht maßgebend.

Der Gegenvormund darf nicht aus der Linie, zu der der Vormund gehört, bestellt werden, es sei denn, daß er und der Minderjährige vollbürtige Geschwister sind.

1610. Die Tätigkeit des Gegenvormundes hört auf, wenn die Vormundschaft endigt.

Ruht die Vormundschaft, so hat der Gegenvormund unverzüglich die Bestellung eines neuen Vormundes zu veranlassen.

1611. Die Vorschriften der Art. 1622 und 1627 finden auch auf die Gegenvormünder Anwendung. Der Vormund kann aber nicht die Entlassung des Gegenvormundes veranlassen und kann auch nicht Mitglied des Familienrates sein, der zu diesem Zwecke einberufen wird.

1612. Der Familienrat wird am Orte des Wohnsitzes des Vaters des Minderjährigen gebildet und besteht aus dem Amtsrichter als Vorsitzendem und den sechs nächsten Verwandten des Minderjährigen, welche zur Hälfte den väterlichen und zur anderen Hälfte

Familienrat

den mütterlichen Verwandten zu entnehmen sind. Aus den Schwägerschaftsverwandten werden die in gerader Linie jedes Grades und bei Verwandten aus der Seitenlinie die des zweiten Grades berufen. Der Blutsverwandte wird dem Schwägerschaftsverwandten des gleichen Grades vorgezogen; bei Verwandten des gleichen Grades wird der ältere vorgezogen. Die vollbürtigen Geschwister und Aszendenten des Minderjährigen sind alle berufen.

1613. Sind keine Verwandten im Sinne des vorangehenden Artikels vorhanden oder ist ihre Berufung oder Anwesenheit unmöglich oder aus wichtigen Gründen offenbar schwierig, so werden zum Ersatz Freunde der Eltern des Minderjährigen am Orte des Wohnsitzes der Eltern berufen.

1614. Hat der Vormund seinen Wohnsitz an einem anderen Ort als der Vater des Minderjährigen oder verlegt er seinen Wohnsitz an einen anderen Ort, so kann das bis dahin zuständige Gericht auf Antrag des Vormundes als Ort der Bildung des Familienrates den Wohnsitz des Vormundes bestimmen.

Unfähigkeit zur Teilnahme am Familienrat

1615. Die zur Vormundschaft Unfähigen können nicht Mitglieder des Familienrates sein. Hingegen kann die Mutter, auch wenn sie minderjährig ist, dessen Mitglied sein.

Der Vormund und der Gegenvormund nehmen am Familienrat ohne Stimmrecht teil, es sei denn, daß sie Mitglieder des Familienrates sind. Der Minderjährige, welcher das sechzehnte Lebensjahr vollendet hat, ist berechtigt, ohne Stimmrecht teilzunehmen.

Jedes Mitglied ist berechtigt, sich durch einen besonderen Bevollmächtigten vertreten zu lassen. Dieser kann nur ein Mitglied vertreten.

Wie der Familienrat einberufen wird

1616. Der Familienrat wird vom Amtsrichter entweder von Amts wegen oder auf Antrag der Verwandten oder des Staatsanwalts einberufen und ist beschlußfähig, wenn außer dem Amtsrichter von den Geladenen vier Mitglieder erschienen sind. Die Kosten fallen dem Vermögen des Minderjährigen zur Last.

Anzeige über das Vorhandensein Minderjähriger

1617. Gibt es in der Familie zur Zeit des Todes eines Elternteils minderjährige Kinder, so ist die Behörde, welche den standesamtlichen Akt über den Tod aufsetzt, verpflichtet, sofern ein Bevormundungsfall vorliegt, dies unverzüglich dem Amtsrichter anzuzeigen. Dieselbe Verpflichtung trifft den Pfarrer der Pfarrgemeinde.

Wie die Beschlüsse gefaßt werden

1618. Die Beschlüsse des Familienrates werden mit Mehrheit gefaßt. Bei Stimmengleichheit entscheidet die Stimme des Amtsrichters. Bilden sich mehr als zwei Meinungen, so finden die Vorschriften der Zivilprozeßordnung über Zustandekommen von Entscheidungen mehrgliedriger Gerichte entsprechende Anwendung.

Die Meinungen müssen begründet sein; insbesondere ist die Meinung des Amtsrichters zu begründen. Der Amtsrichter ist verpflichtet, zu diesem Zweck jede zweckdienliche Auskunft von zuständigen Behörden oder von Privatleuten einzuholen.

1619. Die Mitglieder des Familienrates haben die mit ihrer Teilnahme an der Sitzung verbundenen Kosten selbst zu tragen; für jede Abwesenheit ohne triftigen Grund hat der Amtsrichter ihnen eine unanfechtbare Geldstrafe zwischen fünfzig und tausend Drachmen aufzuerlegen.

Haftung der Mitglieder

1620. Für jede Verletzung ihrer Pflichten aus Vorsatz oder Fahrlässigkeit haften die Mitglieder des Familienrates dem Minderjährigen für Schadenersatz.

Mangelhafte Beschlüsse

1621. Jeder den Art. 1612 bis 1616 zuwider gefaßte Beschluß des Familienrats kann vom Gericht für nichtig erklärt werden, wenn es im Interesse des Minderjährigen geboten ist.

Gründe für Vormundschaftsunfähigkeit

1622. Unfähig zur Übernahme oder Weiterführung einer Vormundschaft sind: 1. die Minderjährigen; 2. die gerichtlich Entmündigten und die unter gerichtliche Beistandschaft Gestellten; 3. die in Konkurs Geratenen und nicht Rehabilitierten; 4. die Frauen, mit Ausnahme der Mutter und der Großmutter des Minderjährigen; 5. die Geistlichen jeder Stufe mit Ausnahme der Vormundschaft über ihre eigenen Abkömmlinge; 6. die Ausländer in Bezug auf einen inländischen Minderjährigen; 7. diejenigen, welche selbst oder deren Aszendenten oder Abkömmlinge oder Ehegatten Prozesse mit dem Minderjährigen führen; 8. diejenigen, welche wegen Verbrechens oder eines entehrenden Vergehens verurteilt wurden; 9. diejenigen, welche wegen schlechten Lebenswandels bekannt sind, und diejenigen, welche aus einer Geschäftsführung wegen Untreue oder Unterschlagung entlassen wurden; 10. diejenigen, welche von der Vormundschaft durch letztwillige Verfügung desjenigen ausgeschlossen wurden, der gemäß Art. 1599 als Elternteil des Minderjährigen gilt.

Gründe zur Entlassung des Vormundes

1623. Taucht der Unfähigkeitsgrund nach dem Beginn der Vormundschaft auf, so erfolgt in den Fällen 2, 3, 5 und 8 des vorangehenden Artikels kraft Gesetzes die Entlassung des Vormundes. In jedem anderen Falle wird die Entlassung durch das Gericht auf Antrag des Gegenvormundes oder der Blutsverwandten des Minderjährigen bis zum vierten Grad inbegriffen oder des Staatsanwalts und nach vorherigem Gutachten des Familienrats ausgesprochen.

1624. Das Gericht kann auf Grund eines Gutachtens des Familienrats den Vormund entlassen, wenn die Fortführung der Vormundschaft durch ihn, insbesondere wegen eines Benehmens, welches gegen seine Pflichten verstößt, die Interessen des Minderjährigen gefährdet.

Gründe zur Befreiung des Vormundes

1625. Von der Vormundschaft werden befreit: 1. die Mitglieder der königlichen Familie; 2. die Minister, die Mitglieder der gesetzgebenden Körperschaft, die Präfekten, die Staatsanwälte und Unterstaatsanwälte; 3. diejenigen, welche außerhalb der Landesgrenzen im öffentlichen Dienst tätig sind; 4. die aktiven Angehörigen des Heeres und der Kriegsmarine.

1626. Taucht der Grund der Befreiung von der Vormundschaft nach ihrem Beginn auf, so gewährt er das Recht zum Verzicht auf die Vormundschaft.

Der auf Befreiung oder Verzicht gerichtete Antrag wird dem Gericht innerhalb eines Monats eingereicht, seitdem der Antragsteller davon Kenntnis erlangte, daß er zur Vormundschaft berufen wurde oder seitdem der Befreiungsgrund aufgetaucht ist.

1627. Von der Vormundschaft oder von ihrer weiteren Führung können befreit werden: 1. der Nichtverwandte oder Nichtverschwägerte des Minderjährigen, wenn es im Hause des Minderjährigen einen zur Vormundschaft fähigen Verwandten oder Verschwägerten von diesem gibt; 2. die Mutter oder die Großmutter des Minderjährigen; 3. derjenige, welcher das fünfundsechzigste Lebensjahr vollendet hat; 4. derjenige, welcher an schwerer chronischer Krankheit leidet; 5. der Vater von fünf ehelichen lebenden Kindern, wobei die im Dienst des Heeres oder der Kriegsmarine gefallenen bzw. gestorbenen mitzurechnen sind; 6. derjenige, welcher mit zwei Vormundschaften belastet ist oder nur mit einer Vormundschaft, wenn er Ehegatte oder Vater ist; 7. derjenige, welcher einen öffentlichen Dienst weit von dem Wohnsitz des Minderjährigen versieht, wenn dadurch die Erfüllung der Aufgaben des Vormundes erschwert wird.

Auf den Antrag über Befreiung findet Abs. 2 des vorangehenden Artikels Anwendung.

Sorge für den Minderjährigen

1628. Die Sorge für die Person des Minderjährigen, wie sie im Art. 1502 Abs. 1 bezeichnet wird, steht kraft Gesetzes der Mutter zu, wenn diese nicht unter die Fälle 2, 7, 8 und 9 des Art. 1622 fällt. Dieses Recht behält die Mutter, auch wenn sie eine neue Ehe eingeht, es sei denn, daß das Gericht auf Grund eines Gutachtens des Familienrats anders entscheidet.

1629. Der zuletzt ablebende Elternteil kann durch letztwillige Verfügung bestimmen, wem die Sorge für die Person des Minderjährigen überlassen werden soll. Die Mutter hat ein solches Recht nicht, sofern die Sorge für das Kind nicht ihr zusteht.

Hat der nachversterbende Elternteil nichts bestimmt, so trifft das Gericht die Bestimmung nach Gutachten des Familienrats.

1630. Wer die Sorge für die Person des Minderjährigen hat, ist berechtigt, im Notfall die erforderlichen Zuchtmittel durch das Gericht anordnen zu lassen.

Der Vormund und der Gegenvormund, denen diese Sorge nicht zusteht, sowie jeder Blutsverwandte bis zum vierten Grad inbegriffen sind verpflichtet, die Erziehung des Minderjährigen zu überwachen, wobei sie sich gegebenenfalls an den Familienrat oder an das Gericht zu wenden haben.

1631. Der Vormund vertritt den Minderjährigen bei jedem Rechtsgeschäft, welches dessen persönliche Stellung oder Vermögen betrifft. *Vertretung des Minderjährigen*

1632. Die Verwaltung des Vormundes erstreckt sich nicht auf das, was der Minderjährige kraft letztwilliger Verfügung oder durch Schenkung unter der Bedingung erwirbt, daß es der Verwaltung des Vormundes entzogen sein soll. Für dessen Verwaltung bestellt das Gericht einen besonderen Vormund, wenn der Erblasser oder der Schenker keine Person bestimmt hat. *Fall besonderer Verwaltung*

1633. Hat der Erblasser oder der Schenker eine Verwaltungsart für das dem Minderjährigen Hinterlassene oder Zugewendete bestimmt, so ist eine Abweichung mit Zustimmung des Schenkers zulässig, wenn er lebt und seine Zustimmung erreichbar ist. In jedem anderen Falle ist eine Abweichung nur mit Erlaubnis des Gerichts zulässig, sofern sie im Interesse des Minderjährigen geboten ist.

1634. Der Vormund haftet bei schuldhafter Verletzung seiner Pflichten für jeden Schaden, der dem Minderjährigen entstanden ist. Das gleiche gilt auch für den Gegenvormund. *Haftung des Vormundes*

1635. Der Vormund hat seine Tätigkeit von dem Zeitpunkt an zu übernehmen, in dem er davon Kenntnis erhält, daß er zur Vormundschaft berufen wurde. Von der Haftung aus der Vormundschaft wird er nicht befreit, wenn er einen Befreiungsgrund geltend macht, sondern nur dann, wenn der Befreiungsantrag vom Gericht angenommen wird. *Beginn der Vormundschaft*

1636. Der die Vormundschaft übernehmende Vormund kann nach Gutachten des Familienrats und Entscheidung des Gerichts zur Sicherheitsleistung verpflichtet werden. Die Entscheidung bestimmt die Art und den Betrag der Sicherheit und kann während der Vormundschaft geändert werden. Verweigert der Vormund oder ist er nicht imstande Sicherheit zu leisten, so wird er ersetzt. *Beginn der Tätigkeit des Vormundes*

1637. Der Vormund ist in Anwesenheit des Gegenvormundes zur Errichtung eines Inventars über das vorhandene oder später dem Minderjährigen zufallende und der Verwaltung des Vormundes unterstehende Vermögen verpflichtet.

1638. Der Vormund hat beim Beginn der Vormundschaft einen Beschluß des Familienrates zu veranlassen, welcher überschlagsweise die jährlichen Aufwendungen für die Sorge für die Person und das Vermögen des Minderjährigen bestimmt.

1639. Gehört zum Vermögen des Minderjährigen Bargeld oder fällt solches während der Vormundschaft an, so ist der Vormund verpflichtet, den nach Abzug der jährlichen Kosten verbleibenden Betrag unverzüglich gewinnbringend oder vorteilhaft anzulegen. Übersteigt dieser Betrag fünfzigtausend Drachmen, so bestimmt *Bargeld des Minderjährigen* das Gericht nach vorherigem Gutachten des Familienrates die Art, in der es nutzbringend anzulegen ist.

1640. Der Vormund ist in jedem Falle verpflichtet, bis zur nutzbringenden Anlage jeden Geldbetrag im Namen des Minderjährigen verzinslich bei einer sicheren Bank oder bei einer anderen Kreditanstalt anzulegen.

Wertpapiere und Kostbarkeiten

1641. Der Vormund hat die sich im Vermögen des Minderjährigen befindenden öffentlichen Wertpapiere, Schuldverschreibungen oder Aktien von Aktiengesellschaften oder Kostbarkeiten im Namen des Minderjährigen bei einer sicheren Bank oder bei einer anderen Kreditanstalt zu hinterlegen. Ihre Veräußerung erfolgt nur mit Erlaubnis des Gerichts nach vorherigem Gutachten des Familienrats.

Geschäftsführungsbefugnis des Vormundes

1642. Der Vormund nimmt, sofern im Gesetz nichts anderes bestimmt ist, jede Handlung ordnungsmäßiger Verwaltung in Bezug auf das Vermögen des Minderjährigen vor, unter anderem auch die Tilgung seiner Schulden und die Einziehung von Forderungen.

Schenkungen

1643. Der Vormund kann keine Schenkungen aus dem Vermögen des Minderjährigen machen. Ausgenommen sind die Schenkungen, durch die einer besonderen sittlichen Pflicht oder einer auf den Anstand zu nehmenden Rücksicht entsprochen wird.

Erwerb aus dem verwalteten Vermögen

1644. Der Vormund und der Gegenvormund können bei freiwilligem Verkauf oder bei Verkauf im Wege der Zwangsversteigerung bewegliche oder unbewegliche Sachen des Minderjährigen nur dann kaufen, wenn sie Miteigentümer der zu verkaufenden Sache sind.

1645. Der Vormund und der Gegenvormund können nicht durch Abtretung gegen denjenigen, welcher ihrer Vormundschaft untersteht oder unterstanden hat, eine Forderung erwerben, welche vor der Volljährigkeit besteht.

Eigenverwendung von Bargeld des Minderjährigen

1646. Der Vormund kann nicht Vermögen des Minderjährigen, insbesondere dessen Bargeld, für eigene Rechnung verwenden.

Handlungen unter Formalitäten

1647. Der Vormund kann nur mit Erlaubnis des Gerichts, der ein Gutachten des Familienrates vorauszugehen hat, im Namen des Minderjährigen: 1. ein Grundstück oder ein dingliches Recht an einem fremden Grundstück veräußern; 2. einen Anspruch abtreten, der die Übertragung eines Grundstücks an den Minderjährigen oder die Begründung eines dinglichen Rechtes an einem Grundstück zugunsten des Minderjährigen zum Gegenstand hat; 3. über das Vermögen des Minderjährigen als Ganzes oder über einen Teil davon verfügen; 4. für den Minderjährigen ein Darlehen aufnehmen; 5. eine Erbschaft, die dem Minderjährigen zufällt, annehmen oder ausschlagen oder ein Vermächtnis, welches ihm zufällt, ausschlagen;

6. ein Vermächtnis oder eine Schenkung annehmen, welche Lasten mit sich bringt.

1648. Der Vormund kann nur mit Erlaubnis des Gerichts, der ein Gutachten des Familienrates vorauszugehen hat, im Namen des Minderjährigen: 1. ein Gebäudegrundstück des Minderjährigen über drei Jahre oder ein Feldgrundstück über fünf Jahre oder jede Art von Grundstück über die Dauer der Minderjährigkeit hinaus, vermieten bzw. verpachten; das gleiche gilt auch für die Teilpacht; 2. ein Grundstück im Namen des Minderjährigen für eine Dauer von über drei Jahren mieten; 3. einen Vergleich oder Schiedsvertrag über einen Gegenstand schließen, dessen Wert fünfzigtausend Drachmen übersteigt; 4. eine fremde Schuld übernehmen, insbesondere Bürgschaft gewähren; 5. ein in das Vermögen des Minderjährigen übergegangenes Handels- oder Industrieunternehmen veräußern; 6. auf eine Sicherheit zugunsten einer Forderung des Minderjährigen verzichten oder eine solche Sicherheit vermindern; 7. ein den Minderjährigen betreffendes Dienstverhältnis über zwei Jahre eingehen.

1649. In den Fällen, die in den zwei vorigen Artikeln bezeichnet wurden, wird die Erlaubnis des Gerichts nur wegen unabwendbarer Notwendigkeit oder offenkundigen Vorteils erteilt. Bei Veräußerung bestimmt die Entscheidung, ob sie durch Versteigerung oder durch Vereinbarung erfolgen soll.

Erbschaftsannahme

1650. Der Vormund nimmt die dem Minderjährigen zufallende Erbschaft immer mit der Rechtswohltat des Inventars an.

Erhebung von Klagen

1651. Der Vormund kann nicht ohne Beschluß des Familienrats eine dingliche Klage über ein Grundstück oder eine andere Klage über einen Gegenstand, dessen Wert fünfzigtausend Drachmen übersteigt oder eine die persönliche Stellung des Minderjährigen betreffende Klage erheben. Das gleiche gilt auch für die Klage des Minderjährigen über Teilung eines gemeinschaftlichen Gegenstandes. Der Mangel wird vom Gericht auch von Amts wegen berücksichtigt.

Die Vorschriften des vorigen Absatzes finden auch auf die Zurücknahme einer erhobenen Klage Anwendung.

Nichtige Handlungen

1652. Jede Handlung des Vormundes, welche ohne Beachtung der im Gesetz zugunsten des Minderjährigen bestimmten Formalitäten vorgenommen wurde, ist nichtig. Die Nichtigkeit können nur der Vormund, der Minderjährige und seine Gesamt- oder Sondernachfolger geltend machen.

1653. Der Elternteil des Minderjährigen ist berechtigt, den von ihm durch letztwillige Verfügung bestellten Vormund von der Formalität des Art. 1641 zu befreien sowie ihn von der Verpflichtung zur jährlichen Rechenschaftslegung zu entbinden. Das Gericht kann diese Bestimmung des Elternteils als ungültig betrachten, wenn durch sie die Interessen des Minderjährigen gefährdet werden könnten.

Aufwendungen für die Vormundschaft

1654. Der Vormund ist berechtigt, für jede Aufwendung, die zur Durchführung der Vormundschaft notwendig ist, nach den Vorschriften über den Auftrag Vorschuß bzw. Ersatz zu verlangen.

Die Vormundschaft ist unentgeltlich und obligatorisch

1655. Das Amt des Vormundes ist obligatorisch und unentgeltlich. Das Gericht kann den Umständen nach auf Antrag des Vormundes eine dem verwalteten Vermögen und den Bemühungen entsprechende Vergütung bestimmen.

Herausgabe des Vermögens und Rechenschaftsablegung

1656. Der Vormund ist nach Beendigung der Vormundschaft verpflichtet, das von ihm verwaltete Vermögen herauszugeben und Rechenschaft über seine ganze Verwaltung abzulegen.

1657. Der Vormund ist verpflichtet, auch während der Dauer der Vormundschaft jährlich in Anwesenheit des Gegenvormundes dem Familienrat über seine Verwaltung Rechenschaft abzulegen.

1658. Jedes Rechtsgeschäft zwischen dem Vormund und dem volljährig gewordenen Minderjährigen, das diesen irgendwie verpflichtet oder den zu seiner Sicherung erlassenen gesetzlichen Schutzvorschriften zuwiderläuft, ist nichtig, sofern nicht mindestens zehn Tage vor seiner Vornahme schriftliche Rechenschaftsablegung über die Verwaltung des Vormundes vorausgegangen ist.

Verjährung

1659. Jede Klage gegen den Vormund wegen seiner Verwaltung verjährt in zehn Jahren von der Volljährigkeit oder dem Tod des Minderjährigen an gerechnet. Von dieser Verjährung ist der Anspruch auf den Restbetrag aus der Rechenschaftsablegung ausgenommen.

Handlungen des Vormundes nach Beendigung der Vormundschaft

1660. Der Vormund ist auch nach Beendigung der Vormundschaft zur Vornahme von Handlungen berechtigt, welche sich auf die Sorge für die Person oder das Vermögen des Minderjährigen beziehen bis zu dem Zeitpunkt, in dem er Kenntnis von der Beendigung erlangt. Dritte aber dürfen sich auf dieses Recht des Vormundes nicht berufen, wenn sie die Beendigung der Vormundschaft kannten oder kennen mußten.

1661. Ist die Vormundschaft wegen des Todes des Minderjährigen beendigt, so ist der Vormund zur Besorgung derjenigen Angelegenheiten, die nicht aufgeschoben werden können, verpflichtet, bis die Erben in der Lage sind, dafür Sorge zu tragen.

Vormundschaft über ein uneheliches Kind

1662. Das minderjährige uneheliche Kind steht unter Vormundschaft; dabei handelt es sich immer um eine übertragene Vormundschaft. Als Vormund kann auch die Mutter bestellt werden. Bei freiwilliger oder gerichtlicher Anerkennung der Vaterschaft kann auch der Vater als Vormund bestellt werden.

1663. Die Sorge für die Person des unehelichen Kindes steht der Mutter zu. Das Gericht kann etwas anderes anordnen.

1664. Der Elternteil, welchem die Sorge für das uneheliche Kind nicht zusteht, behält das Recht, mit dem Kinde zu verkehren. Das Nähere darüber regelt das Gericht.

1665. Die Vorschriften über Vormundschaft von Minderjährigen finden in den Fällen, in denen das Gesetz nichts anderes bestimmt, auch auf die Vormundschaft über uneheliche Kinder Anwendung, gleichgültig, ob diese anerkannt sind oder nicht. Die Pflichten des Familienrates nimmt der Amtsrichter wahr.

Fünfzehntes Kapitel

Kuratel über emanzipierte Minderjährige

1666. Der emanzipierte Minderjährige steht unter Kuratel. *Die unter Kuratel Stehenden*

1667. Der Minderjährige, welcher eine Ehe geschlossen hat, ist kraft Gesetzes emanzipiert. *Emanzipation wegen Ehe*

1668. Der Minderjährige kann nach Vollendung des achtzehnten Lebensjahres durch seinen Vater oder, wenn er unter Vormundschaft steht, von seiner Mutter nach vorheriger Erlaubnis des Familienrats emanzipiert werden. *Emanzipation durch den Vater oder die Mutter*

Die Emanzipation erfolgt durch Erklärung des emanzipierenden Elternteils vor dem Amtsrichter in öffentlicher Sitzung.

1669. Der Minderjährige, dessen Mutter gestorben ist und der unter Vormundschaft steht, kann durch Beschluß des Familienrats emanzipiert werden, wenn er das achtzehnte Lebensjahr vollendet hat. *Emanzipation durch den Familienrat*

Der Familienrat wird zu diesem Zweck auf Antrag des Minderjährigen, des Vormundes oder der Blutsverwandten des Minderjährigen bis zum vierten Grade inbegriffen, einberufen.

1670. Zur Kuratel ist kraft Gesetzes der Vater berufen. Auf die übrigen zur Kuratel berufenen Personen sowie auch hinsichtlich ihrer Unfähigkeit oder Befreiung oder Absetzung finden die Vorschriften über Vormundschaft Anwendung. Zur Kuratel kann nicht durch letztwillige Verfügung berufen werden. *Kuratel*

Die minderjährige Frau, deren Vater gestorben ist, erhält ihren Mann als Kurator.

1671. Der Emanzipierte kann nicht die Rechenschaftsablegung des Vormundes ohne die Zustimmung des Kurators genehmigen. Ist der Kurator Vormund des Minderjährigen gewesen, so bestellt das Gericht auf Grund eines Gutachtens des Familienrates zu einer solchen Zustimmung einen besonderen Kurator. *Genehmigung der Rechenschaftsablegung durch den Emanzipierten*

1672. In den Fällen, in denen die Interessen des Minderjährigen mit denen des Kurators oder seiner Frau oder eines Verwandten von diesem in gerader Linie aus Blutsverwandtschaft oder Schwäger- *Besonderer Kurator* schaft kollidieren, bestellt das Gericht nach Gutachten des Familienrats einen besonderen Kurator.

Schenkungen

1673. Der emanzipierte Minderjährige kann keine Schenkungen machen. Ausgenommen sind die Schenkungen, durch die einer besonderen sittlichen Pflicht oder einer auf den Anstand zu nehmenden Rücksicht entsprochen wird.

Handlungen durch den Emanzipierten selbst

1674. Der emanzipierte Minderjährige kann allein jede Handlung vornehmen, welche zur Erhaltung oder Aufbesserung seines Vermögens oder zu seiner eigenen Erhaltung oder Ausbildung erforderlich ist.

1675. Der emanzipierte Minderjährige kann allein seine Grundstücke, die Gebäudegrundstücke bis drei Jahre, die Feldgrundstücke bis fünf Jahre, vermieten bzw. verpachten. Das gleiche gilt auch für die Teilpacht. Er kann ferner die Einkünfte seines ganzen Vermögens einziehen.

Prozesse, welche sich auf diese Handlungen beziehen, kann der Emanzipierte allein führen.

Handlungen mit Zustimmung des Kurators

1676. Der emanzipierte Minderjährige kann nicht ohne Zustimmung des Kurators: 1. Kapitalien seines Vermögens einziehen oder solche abtreten; 2. seine beweglichen Sachen verkaufen; 3. über seine Kapitalien oder Einkünfte, welche ihm nach Abzug der laufenden Kosten übriggeblieben sind, verfügen oder sie nutzbringend anlegen; 4. vor Gericht auftreten in Prozessen, die sich nicht auf Handlungen beziehen, welche er allein vornehmen kann.

Erbschafts-Annahme

1677. Der emanzipierte Minderjährige kann jede ihm anfallende Erbschaft nur mit Zustimmung des Kurators annehmen oder ausschlagen. Die Annahme erfolgt immer mit der Rechtswohltat des Inventars.

Handlungen unter Zustimmung des Kurators und Erlaubnis des Gerichts

1678. Der emanzipierte Minderjährige kann nicht ohne Zustimmung des Kurators und Erlaubnis des Gerichts, der ein Gutachten des Familienrates vorauszugehen hat: 1. Darlehen aufnehmen; 2. eine fremde Schuld und insbesondere eine Bürgschaft übernehmen; 3. ein Gebäudegrundstück über drei Jahre oder ein Feldgrundstück über fünf Jahre vermieten bzw. verpachten; das gleiche gilt auch für die Teilpacht; 4. öffentliche Wertpapiere oder Aktien oder Obligationen von Aktiengesellschaften veräußern; 5. ein ihm gehörendes Grundstück oder ein dingliches Recht an einem fremden Grundstück veräußern; 6. einen Vergleich oder Schiedsvertrag über einen Gegenstand, dessen Wert fünfzigtausend Drachmen übersteigt, abschließen; 7. eine Erbschaft oder eine Schenkung annehmen, welche Lasten mit sich bringt.

Widerruf der Emanzipation

1679. Die Emanzipation kann von denjenigen, welchen das Emanzipationsrecht zusteht, widerrufen werden. Der Widerruf erfolgt auf dieselbe Weise wie die Emanzipation und wird auf der Niederschrift über die Emanzipation vermerkt.

Die Emanzipation infolge Ehe kann nicht widerrufen werden.

1680. Durch den Widerruf der Emanzipation kommt der Minderjährige wieder unter die väterliche Gewalt oder unter Vormundschaft. Bis zu seiner Volljährigkeit ist eine erneute Emanzipation nur durch Eheschließung möglich.

Handel treibende Emanzipierte

1681. Der emanzipierte Minderjährige, welcher Handel treibt, gilt in Bezug auf die Handlungen, welche sich auf den Handel beziehen, als volljährig.

1682. Die Zustimmung des Kurators kann in den Fällen, in denen sie erforderlich ist, nur vor oder bei der Vornahme der Handlung erteilt werden.

Verweigert der Kurator die Zustimmung, so entscheidet das Gericht auf Antrag des Emanzipierten.

Nichtige Handlungen

1683. Die Handlungen des emanzipierten Minderjährigen, für die das Gesetz die Zustimmung des Kurators oder die Beachtung anderer Formalitäten zu seinen Gunsten fordert, sind nichtig, wenn sie ohne diese vorgenommen werden. Die Nichtigkeit können nur der Minderjährige und seine Gesamt- und Sondernachfolger geltend machen.

Emanzipation eines unehelichen Kindes

1684. Das unter Vormundschaft stehende uneheliche minderjährige Kind kann, wenn es das achtzehnte Lebensjahr vollendet hat, gleichgültig ob Anerkennung der Vaterschaft erfolgte oder nicht, durch seinen Vormund emanzipiert werden. Die Emanzipation erfolgt durch Erklärung vor dem Amtsrichter in öffentlicher Sitzung.

1685. Die Vorschriften betreffend die Kuratel Emanzipierter finden in den Fällen, in denen nichts anderes bestimmt ist, auch auf emanzipierte uneheliche Kinder Anwendung. Als Kurator kann auch die Mutter oder der Vater, sofern freiwillige oder gerichtliche Anerkennung der Vaterschaft erfolgte, bestellt werden.

Sechzehntes Kapitel

Vormundschaft über Entmündigte

Wer entmündigt wird

1686. Gerichtlich kann entmündigt werden: 1. derjenige, welcher wegen dauernder Geisteskrankheit, die den Gebrauch der Vernunft ausschließt, außerstande ist, für sich oder für sein Vermögen zu sorgen; 2. derjenige, welcher wegen körperlicher Gebrechlichkeit, insbesondere weil er von Geburt taub, blind oder stumm ist, nicht für sich oder sein Vermögen sorgen kann.

1687. Der Minderjährige, der unter väterlicher Gewalt oder Vormundschaft steht oder einen Kurator erhalten hat, kann bei Vorhandensein der Bedingungen der Entmündigung entmündigt werden, wenn dies in seinem Interesse geboten ist.

Entmündigungsverfahren

1688. Die Entmündigung wird durch Entscheidung des Gerichts auf Antrag jedes Verwandten, des Ehegatten des Erkrankten, seines Vormundes oder Kurators oder des Staatsanwalts erklärt.

1689. Dem Entmündigungsantrag ist ein Gutachten des Familienrats über die Notwendigkeit der Entmündigung beizulegen.

1690. Der Familienrat wird so wie auch für den unter Vormundschaft stehenden Minderjährigen zusammengesetzt. Der Ehegatte des zu Entmündigenden und der die Entmündigung Beantragende werden zum Rat berufen, um Auskünfte über den zu Entmündigenden zu erteilen; sie nehmen aber an der Beratung nicht teil und begutachten nicht.

Zweifelhafte Zurechnungsfähigkeit

1691. Schließt die Geisteskrankheit nicht vollständig den Gebrauch der Vernunft aus und besteht ein Zustand zweifelhafter Zurechnungsfähigkeit, so ordnet das Gericht statt Entmündigung gerichtliche Beistandschaft an. Das gleiche gilt auch bei körperlicher Gebrechlichkeit, wenn aus ihr nicht völlige Unmöglichkeit des Gebrechlichen entsteht, für sich und für seine Angelegenheiten zu sorgen.

Vorläufiger Verwalter

1692. Das Gericht kann in jeder Lage des Entmündigungsverfahrens einen vorläufigen Verwalter bestellen. Die Befugnisse desselben erstrecken sich auf alle erhaltenden Maßnahmen für das Vermögen und die Person des zu Entmündigenden.

Folgen der Entmündigung

1693. Der Entmündigte ist von der Verkündung der Entmündigungsentscheidung an geschäftsunfähig.

1694. Mit der Rechtskraft der Entmündigungsentscheidung steht der Entmündigte unter Vormundschaft. Der Vormund und der Gegenvormund werden nach den Vorschriften über übertragene Vormundschaft bestellt.

Handlungen eines an Geisteskrankheit Verstorbenen

1695. Die Erben des Verstorbenen können nur dann wegen Geisteskrankheit die Unwirksamkeit der von ihm oder von anderen ihm gegenüber vorgenommenen entgeltlichen Rechtsgeschäfte geltend machen: 1. wenn die Entmündigung zu seinen Lebzeiten erklärt oder veranlaßt wurde; 2. wenn das Rechtsgeschäft zur Zeit seiner Behandlung in einer Irrenanstalt vorgenommen wurde; 3. wenn der Beweis der Geisteskrankheit sich aus dem beanstandeten Rechtsgeschäft selbst ergibt.

Vormundschaft aus dem Gesetz

1696. Die Vormundschaft über die entmündigte Frau steht kraft Gesetzes ihrem Manne zu.

Die Frau kann zum Vormund des entmündigten Mannes bestellt werden.

Mitgift oder Niederlassung eines Kindes

1697. Der Vormund des Entmündigten kann auf Grund eines Gutachtens des Familienrates und der Erlaubnis des Gerichts eine Mitgift zugunsten einer Tochter des Entmündigten bestellen oder einem seiner Kinder eine Vermögenszuwendung machen, damit es eine eigene Niederlassung begründe.

1698. Die Vorschriften über Vormundschaft über Minderjährige finden in den Fällen, in denen nichts anderes bestimmt ist, auch auf die Vormundschaft über Entmündigte Anwendung.

Aufhebung der Entmündigung

1699. Sind die Gründe, welche die Entmündigung begründet haben, weggefallen, so wird diese durch Entscheidung des Gerichts nach demselben Verfahren aufgehoben, wie sie erfolgt ist.

Gesetzliche Entmündigung

1700. Wer wegen eines Verbrechens verurteilt wurde, ist von der Rechtskraft der Entscheidung an, solange die Strafe dauert, kraft Gesetzes entmündigt

Die Vorschriften der Art. 1694 und 1696 bis 1698 finden auch auf die gesetzliche Entmündigung Anwendung. Mit der Rechtskraft der Entscheidung ist der Entmündigte geschäftsunfähig.

Siebzehntes Kapitel

Vormundschaft über einen Abwesenden

Voraussetzungen

1701. Ist ein Volljähriger abwesend und unbekannten Aufenthalts und ist sein Vermögen fürsorgebedürftig, so bestellt das Gericht einen Vormund zur Verwaltung seines Vermögens. Das gleiche gilt auch, wenn der Aufenthalt des Abwesenden bekannt, er aber an der Rückkehr und Verwaltung seines Vermögens verhindert ist.

Hat der Abwesende einen Vertreter, so wird ein Vormund nur dann bestellt, wenn den Umständen nach der Widerruf der Vertretungsmacht geboten ist.

1702. Das Gericht kann dem Abwesenden einen Vormund unter Umständen nur für eine besondere Angelegenheit bestellen.

Aufhebung der Vormundschaft

1703. Die Vormundschaft über einen Abwesenden wird durch das Gericht nach demselben Verfahren aufgehoben: 1. wenn die Gründe, die sie veranlaßt haben, weggefallen sind; 2. wenn der Abwesende gestorben ist.

Die Vormundschaft über einen Abwesenden wird kraft Gesetzes aufgehoben, wenn er für verschollen erklärt wird.

1704. Im übrigen finden auf die Vormundschaft über einen Abwesenden die Vorschriften über Vormundschaft bei Minderjährigen Anwendung.

Achtzehntes Kapitel

Gerichtliche Beistandschaft

Wem ein Beistand bestellt wird

1705. Ein gerichtlicher Beistand kann bestellt werden: 1. demjenigen, welcher wegen Geisteskrankheit, die den Gebrauch der Vernunft nicht vollständig ausschließt, sich in einem Zustand zweifelhafter Zurechnungsfähigkeit befindet; 2. demjenigen, welcher wegen körperlicher Gebrechlichkeit, insbesondere weil er taub, blind oder stumm ist, teilweise nicht für sich und seine Angelegenheiten sorgen kann; 3. demjenigen, welcher wegen Verschwendung sich oder seine Familie der Gefahr des Notstandes aussetzt; 4. demjenigen, welcher infolge von Trunk- oder Rauschgiftsucht seine Angelegenheiten nicht zu besorgen vermag oder sich oder seine Familie der Gefahr des Notstandes aussetzt oder die Sicherheit anderer gefährdet.

Verfahren

1706. Auf den Antrag, gerichtliche Beistandschaft anzuordnen, und auf das Verfahren finden die Vorschriften über gerichtliche Entmündigung Anwendung. Das gleiche gilt auch für die Aufhebung der gerichtlichen Beistandschaft.

Handlungen mit Zustimmung des Beistandes

1707. Der unter gerichtlicher Beistandschaft Stehende kann nicht ohne Zustimmung des Beistandes: 1. vor Gericht auftreten; 2. Einziehung einer Forderung vornehmen und eine Quittung ausstellen; 3. Darlehen aufnehmen; 4. ein eigenes Grundstück oder ein dingliches Recht an einem fremden Grundstück veräußern; 5. öffentliche Wertpapiere oder Aktien oder Obligationen von Aktiengesellschaften veräußern; 6. Vergleiche oder Schiedsverträge schließen; 7. eine fremde Schuld übernehmen und insbesondere Bürgschaft leisten; 8. eine Erbschaft annehmen oder ausschlagen oder ein Vermächtnis ausschlagen, oder ein Vermächtnis oder eine Schenkung annehmen, welche Lasten mit sich bringt. Die Annahme der Erbschaft erfolgt immer mit der Rechtswohltat des Inventars.

1708. Die Zustimmung des Beistandes kann in den Fällen, in denen sie erforderlich ist, nur vor oder bei der Vornahme der Handlung erteilt werden

Verweigert der Beistand die Zustimmung, so entscheidet das Gericht auf Antrag des unter Beistandschaft Stehenden.

Nichtige Handlungen

1709. Die Handlungen desjenigen, dem ein gerichtlicher Beistand bestellt wurde, für die das Gesetz die Zustimmung des Beistandes erfordert, sind nichtig, wenn sie ohne diese Zustimmung vorgenommen wurden. Die Nichtigkeit können nur der Beistand, derjenige, für den die Beistandschaft angeordnet wurde, und dessen Gesamt- und Sondernachfolger geltend machen.

Fünftes Buch

Erbrecht

Erstes Kapitel

Erbfolge im allgemeinen

1710. Mit dem Tode einer Person geht deren Vermögen als Ganzes (Erbschaft) kraft Gesetzes oder kraft Testaments auf eine oder mehrere andere Personen (Erben) über. *Begriff*

Die gesetzliche Erbfolge tritt ein, wenn kein Testament vorhanden ist oder wenn die testamentarische Erbfolge ganz oder zum Teil wegfällt.

1711. Erbe kann nur derjenige sein, der zur Zeit des Anfalls der Erbschaft lebt oder wenigstens erzeugt ist. Als Zeit des Anfalls ist die des Todes des Erblassers anzusehen. *Vorhandensein von Erben*

1712. Der Erblasser kann durch einseitige Verfügung von Todes wegen (Testament, letztwillige Verfügung) einen Erben einsetzen. *Inhalt des Testaments*

1713. Der Erblasser kann durch Testament, ohne in ihm einen Erben einzusetzen, einen bestimmten Verwandten oder den Ehegatten von der gesetzlichen Erbfolge ausschließen, unbeschadet der Vorschriften über den Pflichtteil.

1714. Der Erblasser kann durch Testament einem anderen, ohne ihn als Erben einzusetzen, einen Vermögensvorteil zuwenden (Vermächtnis).

1715. Der Erblasser kann durch Testament den Erben oder einen Vermächtnisnehmer zu einer Leistung verpflichten, ohne einem anderen ein Recht auf die Leistung zuzuwenden (Auflage).

Zweites Kapitel

Errichtung, Widerruf und Eröffnung des Testaments

1716. Das Testament kann nur persönlich und nur nach den im Gesetz bestimmten Formalitäten errichtet werden. *Persönliche Errichtung*

1717. Mehrere Personen können nicht durch dieselbe Urkunde ein Testament errichten. *Gemeinsames Testament ist unzulässig*

1718. Ein Testament, bei dessen Errichtung die Vorschriften der Art. 1719 bis 1757 nicht beachtet wurden, ist nichtig, wenn das Gesetz nichts anderes bestimmt.

Zur Errichtung eines Testaments Unfähige

1719. Unfähig zur Errichtung eines Testaments sind: 1. wer das achtzehnte Lebensjahr nicht vollendet hat; 2. die gerichtlich Entmündigten; 3. diejenigen, denen wegen Verschwendung ein gerichtlicher Beistand bestellt wurde; 4. wer zur Zeit der Errichtung des Testaments sich im Zustand der Bewußtlosigkeit befindet oder infolge Geisteskrankheit der Vernunft beraubt ist.

Die Unfähigkeit des gerichtlich Entmündigten oder unter gerichtliche Beistandschaft Gestellten beginnt mit der Einreichung des Antrages, auf Grund dessen die Entmündigung oder die Anordnung der Beistandschaft erfolgt.

1720. Hat der Entmündigte ein Testament errichtet, bevor die Entscheidung, welche die Entmündigung ausspricht, rechtskräftig wird, so beeinflußt die Entmündigung die Gültigkeit des Testaments nicht, wenn der Entmündigte vor der Rechtskraft der Entscheidung stirbt. Das gleiche gilt, wenn der Entmündigte ein Testament nach der Einreichung des Antrages auf Aufhebung der Entmündigung errichtet hat und die Entmündigung dem Antrag gemäß aufgehoben wurde.

Diese Vorschriften finden auch auf den unter gerichtlichen Beistand gestellten Verschwender Anwendung.

Eigenhändiges Testament

1721. Das eigenhändige Testament ist vom Erblasser vollständig handschriftlich zu schreiben, zu datieren und durch ihn zu unterschreiben. Aus dem Datum muß sich der Tag, der Monat und das Jahr ergeben.

Das eigenhändige Testament unterliegt keiner anderen Formalität.

Eine bewußt falsche oder irrtümlich vorgenommene Datierung hat von sich aus keine Nichtigkeit des eigenhändigen Testamentes zur Folge.

Einfache Zusätze am Rande oder in einer Nachschrift sind vom Erblasser zu unterschreiben, sonst gelten sie als nicht geschrieben. Durchstreichen, Einschaltungen, Radierungen oder ähnliche äußerliche Mängel können, wenn sie vom Gericht, welches das Testament eröffnet hat, festgestellt werden, nach dem Ermessen des Gerichts die Nichtigkeit des Testamentes im ganzen oder zum Teil zur Folge haben.

Hinterlegung des eigenhändigen Testaments

1722. Das eigenhändige Testament kann vom Erblasser bei einem Notar zur Aufbewahrung nach den allgemeinen Vorschriften über Hinterlegung von Urkunden hinterlegt werden.

Unfähigkeit zur Errichtung eines eigenhändigen Testaments

1723. Der Minderjährige und derjenige, welcher Handgeschriebenes nicht lesen kann, können kein eigenhändiges Testament errichten.

1724. Das öffentliche Testament wird errichtet, indem der Erblasser seinen letzten Willen vor einem Notar in Anwesenheit von drei Zeugen oder eines zweiten Notars und eines Zeugen und nach den Vorschriften der Art. 1725 bis 1737 erklärt. *Öffentliches Testament*

1725. Als Notar oder Zeuge kann nicht zur Errichtung eines Testaments mitwirken: 1. der Ehegatte oder derjenige, welcher Ehegatte des Erblassers gewesen ist; 2. wer mit dem Erblasser in gerader Linie oder bis zum dritten Grade einschließlich in der Seitenlinie blutsverwandt oder verschwägert ist. *Mitwirkende Personen*

1726. Als Notar oder Zeuge kann nicht zur Errichtung des Testaments der in ihm Bedachte oder derjenige mitwirken, welcher in ihm als Vollstrecker bestellt wird, oder derjenige, welcher zu dem Bedachten oder zu dem als Vollstrecker im Testament Bestellten in einem der im vorangehenden Artikel angegebenen Verhältnisse steht.

Die Mitwirkung einer Person, die nach dem vorangehenden Artikel ausgeschlossen ist, hat nur die Nichtigkeit der Bestimmung zur Folge, die zugunsten des Bedachten oder des Vollstreckers getroffen wurde.

1727. Als zweiter Notar oder Zeuge kann zur Errichtung eines Testaments nicht derjenige mitwirken, welcher zu dem das Testament aufsetzenden Notar in einem der im Art. 1725 angegebenen Verhältnisse steht.

Die Zeugen und der zweite Notar dürfen nicht zueinander in einem der im Art. 1725 angegebenen Verhältnisse stehen; die Verletzung dieser Bestimmung des vorliegenden Absatzes hat jedoch nicht die Nichtigkeit des Testaments zur Folge.

1728. Als Zeugen bei der Errichtung eines Testaments können nicht mitwirken: 1. diejenigen, welche der Sehkraft oder des Gehörs vollkommen beraubt sind; 2. die Schreiber oder die Diener des Notars; 3. Minderjährige; 4. Frauen.

Als Zeugen dürfen zur Errichtung eines Testaments nicht zugezogen werden Ausländer und die zur Zeugenschaft hinsichtlich notarieller Urkunden unfähigen Personen, solange diese Unfähigkeit dauert; die Verletzung dieser Bestimmung des vorliegenden Absatzes hat jedoch nicht die Nichtigkeit des Testaments zur Folge.

1729. Der Erblasser und die Zeugen sollen dem das Testament beurkundenden Notar bekannt sein. *Notar, der den Erblasser oder die Zeugen nicht kennt*

Ist der Erblasser nach der Versicherung des Notars ihm nicht bekannt, so sollen die Zeugen die Identität des Erblassers bestätigen.

Wirkt zur Errichtung eines Testaments auch ein anderer Notar mit, so genügt es, wenn der Erblasser ihm bekannt ist.

Der Beweis allein, daß der Notar tatsächlich den Erblasser oder die Zeugen nicht kannte, oder die Zeugen den Erblasser nicht kannten oder dessen Identität nicht von ihnen bestätigt wurde, hat nicht die Nichtigkeit des Testaments zur Folge.

Willenserklärung des Erblassers

1730. Der Erblasser erklärt mündlich seinen letzten Willen vor dem Notar und den übrigen mitwirkenden Personen. Der Erblasser kann aus einem Entwurf diktieren oder Gebrauch von Notizen machen.

Die bei der Errichtung des Testaments mitwirkenden Personen müssen während der ganzen Dauer des Aktes zugegen sein.

Bei der Errichtung des Testaments ist die Anwesenheit jeder anderen Person außer der des Erblassers und der mitwirkenden Personen verboten.

Eidesleistung der Zeugen

1731. Die Zeugen schwören vor dem Notar und dem Erblasser, daß sie die Bestimmungen des Testaments bis zu seiner Eröffnung geheimhalten werden. Die Verletzung dieser Vorschrift hat nicht die Nichtigkeit des Testaments zur Folge.

Protokoll über das öffentliche Testament

1732. Über das Testament wird ein Protokoll aufgenommen, welches enthalten muß: 1. den Tag, den Monat und das Jahr seiner Errichtung; 2. die Bezeichnung des Erblassers, so daß über seine Identität kein Zweifel besteht; 3. den Vornamen und den Familiennamen des Notars und der übrigen mitwirkenden Personen und, ohne daß sonst Nichtigkeit die Folge wäre, den Sitz des Notars und den Wohnsitz und Beruf der übrigen mitwirkenden Personen; 4. die Erklärung des letzten Willens des Erblassers und die Feststellung, daß die im Art. 1730 enthaltenen Bestimmungen beachtet wurden.

Das Protokoll soll erwähnen, daß die in den Art. 1729 und 1731 enthaltenen Bestimmungen beachtet wurden; die Unterlassung der Formalität dieses Absatzes hat jedoch keine Nichtigkeit des Testaments zur Folge.

Verlesen und Unterschreiben des Protokolls

1733. Das Protokoll muß dem Erblasser so vorgelesen werden, daß es auch für die mitwirkenden Personen vernehmbar ist; es muß in ihm festgestellt werden, daß dies geschehen ist.

Das Protokoll muß vom Erblasser und von den mitwirkenden Personen unterschrieben werden. Bei mehrblättrigen Protokollen muß auch jedes einzelne Blatt am Ende unterschrieben werden. Erklärt der Erblasser, daß er nicht unterschreiben kann, so wird seine Unterschrift durch die Feststellung dieser Erklärung im Protokoll ersetzt.

Andere Formalitäten

1734. Die allgemeinen Vorschriften über notarielle Urkunden finden auch auf das öffentliche Testament Anwendung, sofern nichts anderes bestimmt ist.

Tauber Erblasser

1735. Erklärt der Erblasser, daß er taub ist, so muß ihm außerdem das Protokoll zum Lesen gegeben und im Protokoll festgestellt werden, daß dies geschehen ist.

1736. Erklärt der Erblasser, daß er taub ist und daß er nicht imstande ist, Handgeschriebenes zu lesen, so wird das Testament vor fünf Zeugen oder vor einem zweiten Notar und drei Zeugen errichtet.

Erblasser, der der griechischen Sprache nicht mächtig ist

1737. Ist der Erblasser nach der Überzeugung des Notars der griechischen Sprache nicht mächtig oder erklärt der Erblasser, daß er der griechischen Sprache nicht mächtig sei, so wird ein Dolmetscher zugezogen. In Bezug auf den Dolmetscher finden die Vorschriften der Art. 1725 bis 1728 über Zeugen entsprechende Anwendung.

Der Dolmetscher muß den Eid darauf leisten, daß er den Willen des Erblassers getreu wiedergeben und das Protokoll vor der Unterzeichnung in die Sprache, in der sich der Erblasser ausdrückt, allen Beteiligten hörbar übersetzen wird.

Der Dolmetscher soll der Wahl des Erblassers entsprechen und den Eid darauf leisten, daß er die Bestimmungen des Testaments bis zu seiner Eröffnung geheimhalten werde; die Verletzung dieser Vorschrift hat jedoch nicht die Nichtigkeit des Testaments zur Folge.

Das Protokoll muß außer den in den Art. 1732 und 1733 enthaltenen Bestimmungen den Vornamen und den Familiennamen des Dolmetschers und die Feststellung, daß die in den Abs. 1 und 2 des vorliegenden Artikels enthaltenen Bestimmungen beachtet wurden, enthalten und auch vom Dolmetscher unterschrieben werden. Es hat auch, ohne daß sonst Nichtigkeit des Testaments die Folge wäre, die Feststellung zu enthalten, daß die Bestimmungen des Abs. 3 des vorliegenden Artikels beachtet wurden.

Geheimes Testament

1738. Das geheime Testament wird durch Überreichung einer Urkunde durch den Erblasser an einen Notar in Anwesenheit von drei Zeugen oder eines zweiten Notars und eines Zeugen errichtet, mit der mündlichen Erklärung, daß diese Urkunde seinen letzten Willen enthält.

1739. Die Vorschriften der Art. 1725 bis 1729 in Bezug auf den Notar und die übrigen mitwirkenden Personen finden auch auf das geheime Testament Anwendung.

Überreichte Urkunde

1740. Die überreichte Urkunde, die von dem Erblasser oder einer anderen Person geschrieben ist, muß, unbeschadet des Falles des Art. 1744, die Unterschrift des Erblassers tragen. Ist sie von einem anderen ganz oder zum Teil geschrieben, so muß sie die Unterschrift des Erblassers auch auf jedem Halbblatt tragen.

Die Vorschrift des Art. 1721 Abs. 4 findet auch hier Anwendung.

Versiegelung

1741. Ist die überreichte Urkunde oder ihr Umschlag nicht in der Weise versiegelt, daß sie nicht ohne Bruch oder Verletzung der Versiegelung geöffnet werden kann, so muß sie auf diese Weise vor dem Erblasser und den mitwirkenden Personen versiegelt werden.

Vermerk auf der Urkunde

1742. Auf der gemäß dem vorangehenden Artikel versiegelten oder zu versiegelnden Urkunde oder auf ihrem Umschlag muß der Notar den Vornamen und den Familiennamen des Erblassers und das Datum der Überreichung vermerken; dieser Vermerk muß von dem Erblasser und den mitwirkenden Personen unterschrieben werden. Erklärt der Erblasser, daß er nicht unterschreiben kann, so wird seine Unterschrift durch die Feststellung dieser Erklärung in dem Vermerk ersetzt.

Die Vorschrift des Art. 1730 Abs. 2 findet auch in diesem Falle Anwendung.

Protokoll über das geheime Testament

1743. Über die Errichtung eines geheimen Testaments muß ein Protokoll aufgenommen werden.

Auf dieses Protokoll finden die Vorschriften der Art. 1732 Abs. 1 Nr. 1, 2, 3, 1733, 1734 und 1735 entsprechende Anwendung. Im Protokoll muß außerdem festgestellt werden, daß die Bestimmungen der Art. 1730 Abs. 2, 1738, 1741 und 1742 beachtet wurden.

Der Notar soll auf der ihm überreichten Urkunde oder auf ihrem Umschlag, die dem Protokoll als Anlage beizufügen sind, auch die Nummer des Protokolls vermerken. Die Verletzung der Bestimmungen des vorliegenden Absatzes hat jedoch nicht die Nichtigkeit des Testaments zur Folge.

Erblasser, der nicht unterschreiben kann

1744. Erklärt der Erblasser, daß er Handgeschriebenes lesen, daß er aber nicht schreiben kann, oder daß er seine Unterschrift auf der Urkunde, welche seinen letzten Willen enthält, nicht hat leisten können, so muß er außerdem vor dem Notar und den mitwirkenden Personen erklären, daß er die Urkunde gelesen hat und den Grund angeben, aus dem er verhindert wurde, sie zu unterschreiben. Alles dies muß im Protokoll festgestellt werden.

Stummer oder taubstummer Erblasser

1745. Wer nach der Überzeugung des Notars stumm oder taubstumm oder sonstwie am Sprechen behindert ist, kann ein geheimes Testament errichten. Dazu muß er auf die Urkunde, welche überreicht wird, oder auf den sie enthaltenden Umschlag eigenhändig die Erklärung schreiben, daß die Urkunde sein Testament ist und wenn die Urkunde von einem anderen geschrieben wurde, auch daß sie von dem Erblasser gelesen wurde.

Diese Erklärung muß vom Erblasser vor dem Notar und den übrigen mitwirkenden Personen geschrieben und dies im Protokoll festgestellt werden.

Erblasser, der der griechischen Sprache nicht mächtig ist

1746. Ist der Erblasser nach der Überzeugung des Notars der griechischen Sprache nicht mächtig oder erklärt er, daß er der griechischen Sprache nicht mächtig sei, so finden auch auf das geheime Testament die Vorschriften des Art. 1737 entsprechende Anwendung.

Geheimes Testament, welches als eigenhändig gilt

1747. Ein nichtiges geheimes Testament gilt als eigenhändiges Testament, wenn es als solches gültig ist.

Zur Errichtung eines geheimen Testaments Unfähige

1748. Der Minderjährige und derjenige, welcher Handgeschriebenes nicht lesen kann, können nicht ein geheimes Testament errichten.

Testamente auf Schiffen

1749. Wer sich während einer Seereise an Bord eines griechischen Schiffes befindet, kann ein Testament durch mündliche Erklärung errichten, welche zu erfolgen hat: bei Kriegsschiffen vor dem Leiter der Wirtschaftsabteilung des Schiffes und in Ermangelung oder Verhinderung eines solchen vor dem Kommandanten oder dessen Vertreter; bei den anderen Schiffen vor dem Kapitän und in Ermangelung oder Verhinderung eines solchen vor seinem Vertreter.

1750. An Bord von Kriegsschiffen kann der Leiter der Wirtschaftsabteilung des Schiffes ein Testament unter den im vorangehenden Artikel erwähnten Umständen vor dem Kommandanten oder dessen Vertreter errichten; der Kommandant kann in Ermangelung eines Leiters der Wirtschaftsabteilung des Schiffes oder bei dessen Verhinderung ein Testament vor dem ihm selbst im Dienstrang Nachfolgenden errichten. An Bord von Handelsschiffen kann der Kapitän unter denselben Umständen ein Testament vor dem ihm im Dienstrang Nachfolgenden errichten.

1751. Das während einer Seereise errichtete Testament wird immer vor zwei Zeugen errichtet. Über die Errichtung des Testaments muß eine Urkunde aufgesetzt werden. In der Urkunde wird die eventuelle Abwesenheit oder der Grund der Verhinderung der Person erwähnt, welche vor demjenigen, der die Beurkundung vornimmt, zur Beurkundung berufen gewesen wäre; die Verletzung dieser Formalität hat jedoch nicht die Nichtigkeit des Testaments zur Folge. Die Unterschrift eines der beiden Zeugen ist unerläßlich; ist der andere Zeuge des Schreibens unkundig oder aus einem anderen Grunde außerstande zu unterschreiben, so wird dies sowie der Grund erwähnt. Im übrigen finden auch auf diese Form des Testaments die Vorschriften der Art. 1725 bis 1737 entsprechende Anwendung.

1752. Die Vorschriften über das Testament während einer Seereise finden keine Anwendung, wenn das Schiff sich in einem inländischen Hafen befindet, in dem es einen Notar gibt, es sei denn, daß derjenige, welcher das Testament aufsetzt, in ihm bestätigt, daß der Erblasser das Schiff nicht verlassen kann.

Testament während eines Feldzuges

1753. Militärpersonen und im allgemeinen diejenigen, welche nach den Vorschriften der militärischen Strafgesetze der Zuständigkeit der Feldgerichte unterworfen sind, können im Falle eines Feldzuges, einer Blockade oder Belagerung oder Gefangenschaft ihren letzten Willen mündlich vor einem Offizier in Anwesenheit eines anderen Offiziers oder in Anwesenheit von zwei Zeugen erklären.

Bei Verwundeten oder Kranken kann der Offizier, vor dem das Testament zu errichten ist, durch den Direktor eines Krankenhauses, das mit Genehmigung des Staates besteht, ersetzt werden.

In Bezug auf die mitwirkenden Personen finden die Vorschriften der Art. 1725 bis 1728 entsprechende Anwendung.

1754. Über die Errichtung des Testaments gemäß dem vorangehenden Artikel wird eine Urkunde aufgesetzt. Die Urkunde, die auch das Datum ihrer Errichtung zu tragen hat, wird dem Erblasser so vorgelesen, daß es auch den mitwirkenden Personen vernehmbar ist, und es wird festgestellt, daß dies geschehen ist; die Urkunde wird vom Erblasser, von demjenigen, welcher das Testament aufsetzt, und von den übrigen mitwirkenden Personen unterschrieben. Erklärt der Erblasser, daß er nicht schreiben kann, so wird seine Unterschrift durch die Feststellung dieser seiner Erklärung in der Urkunde ersetzt. Die Unterschrift des einen der beiden Zeugen ist unentbehrlich und, wenn der andere Zeuge erklärt, daß er nicht schreiben kann, wird seine Unterschrift durch die Feststellung dieser seiner Erklärung in der Urkunde ersetzt.

Dieses Testament unterliegt keiner anderen Formalität.

1755. Diejenigen, welche sich an Bord eines Kriegsschiffes im Kriegseinsatz befinden, können ein Testament auch nach den Vorschriften über Testamente während eines Feldzuges errichten.

Bestimmungen über Offiziere des Schiffes

1756. Bestimmungen, welche in einem während einer Seereise errichteten Testament stehen und Offiziere des Schiffes begünstigen, die mit dem Erblasser nicht verwandt oder verschwägert sind, sind nichtig.

Das gleiche gilt auch, wenn solche Bestimmungen in einem eigenhändigen Testament enthalten sind, welches unter denselben Umständen errichtet wurde.

Testament des in Quarantäne Befindlichen

1757. Wer sich an einem Orte aufhält, der infolge des Ausbruches einer Krankheit oder infolge sonstiger außerordentlicher Umstände dergestalt abgesperrt ist, daß die Errichtung eines öffentlichen oder geheimen Testaments nach den gewöhnlichen Formalitäten unmöglich oder wesentlich erschwert ist, kann ein Testament vor einem Notar, Amtsrichter, Bürgermeister, Beirat des Bürgermeisters, Gemeindevorsitzenden, Polizeikommissar, Direktor eines Krankenhauses oder Seuchenlazarettes oder einem Sanitätsinspektor errichten, im übrigen unter Beachtung der Vorschriften über das Testament während einer Seereise.

Zur Errichtung eines derartigen Testaments können als Zeugen auch Frauen und außerdem Minderjährige, welche das sechzehnte Lebensjahr vollendet haben, zugezogen werden.

Zeitliche Grenzen der Gültigkeit des außerordentlichen Testaments

1758. Ein nach den Art. 1749 bis 1757 errichtetes Testament (außerordentliches Testament) gilt als nicht errichtet, wenn drei Monate verstrichen sind, seitdem für den Erblasser die

Umstände zu bestehen aufgehört haben, welche seine Errichtung gestatten und der Erblasser noch lebt.

Beginn und Lauf der Frist sind gehemmt, solange der Erblasser außerstande ist, ein öffentliches oder geheimes Testament nach den gewöhnlichen Formalitäten zu errichten.

1759. Befindet sich der Erblasser im Falle der Errichtung eines außerordentlichen Testamentes vor dem Ablauf der Frist des vorangehenden Artikels von neuem in derselben Lage, so wird die Frist unterbrochen; nach der Beseitigung dieser Umstände beginnt die ganze Frist von neuem zu laufen.

1760. Wer ein außerordentliches Testament beurkundet, hat den Erblasser darauf aufmerksam zu machen, daß seine Gültigkeit nur drei Monate beträgt; dies ist im Protokoll zu erwähnen. Die Unterlassung der Erwähnung hat jedoch nicht die Nichtigkeit des Testaments zur Folge.

Übergabe des außerordentlichen Testaments

1761. Wer ein außerordentliches Testament beurkundet hat, übergibt es einem Notar im Inland oder einer griechischen Konsularbehörde im Ausland.

Der Überbringer des Testaments hat gleichzeitig dem Notar oder der Konsularbehörde den etwa eingetretenen Tod des Erblassers sowie jede andere ihm bekannte Auskunft über den Ort des letzten Wohnsitzes oder Aufenthalts des Erblassers bekanntzugeben; ein Vermerk hierüber ist in das Übergabeprotokoll aufzunehmen.

Über die Übergabe des Testaments wird auf einfachem Papier ein Protokoll aufgenommen, welches sowohl vom Empfänger als auch vom Überbringer des Testaments unterschrieben wird. Der das Testament empfangende Notar oder die Konsularbehörde ist verpflichtet, eine Abschrift dieses Protokolls unverzüglich dem Justizministerium zuzuleiten.

Das übergebene Testament wird vom Notar oder von der Konsularbehörde aufbewahrt; es wird nach dem Tode des Erblassers eröffnet.

Die Nichtbeachtung der Bestimmungen dieses Artikels hat nicht die Nichtigkeit des Testaments zur Folge.

1762. Wer in den Fällen eines Feldzuges, einer Blockade, einer Belagerung oder Gefangenschaft ein Testament beurkundet, hat außerdem die Errichtung des Testaments unverzüglich schriftlich an die unmittelbar vorgesetzte Militärbehörde zu melden.

Über die Errichtung eines Testaments während einer Seereise erfolgt eine Eintragung im Tagebuch des Schiffes.

Die Nichtbeachtung der Bestimmungen dieses Artikels hat nicht die Nichtigkeit des Testaments zur Folge.

Widerruf eines Testaments

1763. Jedes Testament kann widerrufen werden: 1. durch Widerrufserklärung in einem nachfolgenden Testament; wird dieses nachfolgende Testament widerrufen, so wirkt das Testament, als ob es nicht widerrufen wäre; 2. durch Erklärung vor einem Notar in Anwesenheit von drei Zeugen und nach den übrigen Formalitäten der notariellen Beurkundung. Wird diese Erklärung auf dieselbe Weise widerrufen, so wirkt das Testament, als ob es nicht widerrufen wäre.

1764. Ein nachfolgendes Testament hebt durch seinen Inhalt das frühere nur insoweit auf, als es im Widerspruch zu diesem steht.

Wird das nachfolgende Testament widerrufen, so wirkt das frühere, als ob es nicht aufgehoben wäre.

Widerruf eines eigenhändigen Testaments

1765. Ein eigenhändiges Testament kann außerdem dadurch widerrufen werden, daß der Erblasser in der Absicht, es zu widerrufen, die Testamentsurkunde vernichtet oder an ihr Veränderungen vornimmt, durch die der Wille, eine schriftliche Willenserklärung zu widerrufen, ausgedrückt zu werden pflegt.

Hat der Erblasser die Testamentsurkunde vernichtet oder in der bezeichneten Weise verändert, so wird vermutet, daß er den Widerruf des Testaments beabsichtigt habe.

Widerruf eines geheimen Testaments

1766. Ein geheimes Testament gilt als widerrufen, wenn der Erblasser die dem Notar übergebene und versiegelte Urkunde, welche seinen letzten Willen enthält, zurücknimmt. Diese Vorschrift findet auch in dem Falle Anwendung, in dem diese Urkunde als gültiges eigenhändiges Testament angesehen wird.

Der Erblasser kann jederzeit die Rücknahme vornehmen. Die Rückgabe der Urkunde kann nur an den Erblasser persönlich erfolgen. Über die Rückgabe wird nach den allgemeinen Vorschriften ein Protokoll am Schluß des Aktes über die Errichtung des geheimen Testaments aufgenommen.

1767. Ein eigenhändiges Testament, welches bei einem Notar zur Verwahrung hinterlegt wurde, kann auf die im vorangehenden Artikel bezeichnete Weise zurückgenommen werden. Die Rücknahme gilt aber nicht als Widerruf.

Andere Widerrufsbedingungen

1768. Die Vorschriften der Art. 1716 bis 1720 finden auch auf den Widerruf eines Testaments entsprechende Anwendung.

Die wegen Verschwendung unter gerichtlichen Beistand Gestellten können ein Testament widerrufen, nicht aber auch den Widerruf widerrufen.

Eröffnung eines Testaments

1769. Ein Notar, bei dem ein Testament vorhanden ist, hat unverzüglich, sobald er von dem Tode des Erblassers Kenntnis erlangt, bei einem öffentlichen Testament eine Abschrift desselben dem Sekretär des zuständigen Landgerichts zu schicken und bei einem geheimen oder außerordentlichen Testament das Original dem Landgericht in öffentlicher Sitzung persönlich zu übergeben. Zuständig ist das Landgericht, in dessen Bezirk der Notar seinen Sitz hat. Bei einem Notar aber, der seinen Sitz im Bezirk eines Amtsgerichts hat, welches außerhalb des Sitzes des Landgerichts liegt, kann diese Übergabe auch an den Amtsrichter erfolgen.

Das auf diese Weise übergebene geheime oder außerordentliche Testament wird, unbeschadet des Falles des Art. 1770 Abs. 2, in derselben Sitzung eröffnet; das an den Sekretär des Landgerichts gesandte öffentliche Testament wird in der nächsten Sitzung eröffnet.

Besonderheiten beim geheimen Testament

1770. Bei einem geheimen Testament erfolgt in Anwesenheit des Notars vor der Entsiegelung zum Zwecke der Eröffnung die Feststellung, daß die Siegel nicht beschädigt sind. Bei der Feststellung, daß die Siegel unbeschädigt sind, kann jeder, der daran ein Interesse hat, erscheinen und sie auf Antrag prüfen.

Das Gericht kann vor der Entsiegelung auf Antrag oder auch von Amts wegen die Zeugen, welche bei der Errichtung des Testaments mitgewirkt haben, vernehmen; sie werden zu diesem Zwecke auf Betreiben des Antragstellers oder des Gerichtssekretärs geladen.

Eröffnungsprotokoll

1771. Über die Eröffnung des Testaments wird ein Protokoll aufgenommen, in dem der Wortlaut des Testaments abschriftlich enthalten und die Feststellung über das Bestehen oder Nichtbestehen äußerlicher Mängel nach Art. 1721 Abs. 4 getroffen ist. Das Original mit seinem Umschlag wird bei einem geheimen oder außerordentlichen Testament im Archiv des Gerichts hinterlegt, nachdem vorher sogleich nach der Eröffnung der Vorsitzende oder der Amtsrichter auf dem Original des Testaments und auf seinem Umschlag das Wort „gesehen" eigenhändig vermerkt und den Sichtvermerk datiert und unterschrieben hat. Eine Abschrift dieses Protokolls wird, falls die Eröffnung durch einen Amtsrichter erfolgt, gleich nach der Eröffnung von dessen Sekretär an den Sekretär des zuständigen Gerichts geschickt.

1772. Hatte der Erblasser seinen letzten Wohnsitz oder Aufenthalt nicht im Bezirk des Land- oder Amtsgerichts, welches das Testament eröffnete, so wird eine Abschrift des Eröffnungsprotokolls von dem Gerichtssekretär an den Staatsanwalt beim Landgericht des letzten Wohnsitzes oder Aufenthalts des Erblassers gesandt, damit es im Archiv dieses Gerichts hinterlegt werde; hierüber ist ein Protokoll aufzunehmen, das der Staatsanwalt und der die Abschrift des Eröffnungsprotokolls empfangende Gerichtssekretär unterschreiben.

Eine weitere Abschrift des Eröffnungsprotokolls wird ebenfalls in jedem Falle an den Sekretär des Landgerichts in der Hauptstadt des Staates geschickt.

Eröffnung durch die Konsularbehörde

1773. Eine Konsularbehörde, bei der ein Testament vorhanden ist, hat, sobald sie von dem Tode des Erblassers Kenntnis erlangte, wenn bei ihr ein mehrgliedriges Konsulargericht seinen Sitz hat, das Testament in öffentlicher Sitzung dieses Konsulargerichts gemäß den Bestimmungen der Art. 1769 bis 1771 zu eröffnen; in jedem anderen Falle hat sie das Testament in der Konsularkanzlei vor zwei Zeugen und dem Sekretär des Konsulats, wenn ein solcher vorhanden ist, zu eröffnen; darüber ist ein Protokoll aufzunehmen, in dem der Wortlaut des Testaments abschriftlich enthalten ist. Das Protokoll unterschreiben der Vorsteher der Konsularbehörde, der Sekretär und die Zeugen. Bei eigenhändigem, geheimem und außerordentlichem Testament wird das Original mit dem etwa vorhandenen Umschlag, nachdem beides von dem Vorsteher der Konsularbehörde gemäß Art. 1771 mit einem Sichtvermerk versehen ist, dem Protokoll als Anlage beigefügt und im Archiv des Konsulats aufbewahrt.

Eine doppelte Abschrift des Protokolls wird von der Konsularbehörde dem Justizministerium übermittelt; dieses sendet die eine Abschrift dem Staatsanwalt beim Landgericht des letzten Wohnsitzes oder Aufenthalts des Erblassers, damit sie im Archiv des Landgerichts gemäß Art. 1772 hinterlegt werden kann. Die andere Abschrift geht dem Sekretär des Landgerichts in der Hauptstadt des Staates zu.

Eröffnung eines eigenhändigen Testaments

1774. Jeder, der ein eigenhändiges Testament besitzt, hat unverzüglich, sobald er von dem Tode des Erblassers Kenntnis erlangt, das Testament dem Landgericht entweder des letzten Wohnsitzes oder Aufenthalts des Erblassers oder seines eigenen Aufenthalts zur Eröffnung vorzulegen. Die Eröffnung erfolgt nach dem Art. 1771. Die Vorschrift des Art. 1772 findet auch in diesem Falle Anwendung.

1775. Hält sich derjenige, welcher ein eigenhändiges Testament besitzt, im Auslande auf, so kann er das Testament auch dem Vorsteher der Konsularbehörde zur Eröffnung vorlegen, wobei die Vorschriften des Art. 1773 Anwendung finden.

Über die erfolgte Übergabe des Testaments an den Vorsteher der Konsularbehörde zur Eröffnung wird ein Protokoll aufgenommen, das der Empfangende und derjenige, welcher das Testament übergeben hat, unterschreiben.

Erklärung zum Haupttestament

1776. Wer die Eröffnung eines eigenhändigen Testaments vor einem Gericht beantragt, kann bei dessen Eröffnung drei Zeugen mitbringen, die unter Eid über die Echtheit der Schrift und der Unterschrift des Erblassers Zeugnis ablegen. Das Gericht kann nach deren Anhörung neben der Eröffnung des Testaments dieses außerdem zum Haupttestament erklären.

1777. Es wird vermutet, daß ein eigenhändiges Testament, welches eröffnet und zum Haupttestament erklärt wurde, echt ist, wenn innerhalb fünf Jahren seit seiner Eröffnung die Echtheit des Testaments in einem Prozeß zwischen jemandem, der aus ihm Rechte ableitet, und einem anderen, welcher durch sein Bestehen beeinträchtigt wird, nicht bestritten wurde.

1778. Die Sekretäre der Landgerichte und die Konsularbehörden führen ein Register über die eröffneten Testamente; der Sekretär des Landgerichts in der Hauptstadt des Staates führt ein Register über die vor diesem Landgericht, vor den übrigen Landgerichten und vor den Konsularbehörden eröffneten Testamente. *Eröffnungsregister*

1779. Die Nichtbeachtung der Vorschriften der Art. 1769 bis 1778 hat nicht die Nichtigkeit des Testamentes zur Folge.

1780. Die Gebühren für die in den Art. 1769 bis 1778 angegebenen Protokolle und übrigen Urkunden und Abschriften werden vom Staat vorgeschossen und aus der Erbschaft eingezogen. *Eröffnungsgebühren*

Drittes Kapitel

Inhalt des Testaments

1781. Die Verfügung in einem Testament zugunsten einer Person, die so unbestimmt bezeichnet wurde, daß ihre Bestimmung unmöglich ist, ist nichtig. *Verfügung zugunsten einer unbestimmten Person*

1782. Eine Verfügung in einem Testament ist anfechtbar, wenn sie infolge einer widerrechtlichen oder gegen die guten Sitten verstoßenden Drohung getroffen wurde. *Verfügung infolge von Drohung oder Arglist*

Sie ist auch anfechtbar, wenn sie die Folge einer arglistigen Täuschung ist, ohne die der Erblasser die Verfügung nicht getroffen hätte.

1783. Eine Verfügung in einem Testament ist anfechtbar, wenn der Erblasser über die Identität entweder desjenigen, den er bedenken, oder des Gegenstandes, den er zuwenden wollte, sich im Irrtum befand. Die falsche Benennung oder Beschreibung einer Person oder eines Gegenstandes beeinträchtigt die Gültigkeit der Verfügung nicht. *Verfügung infolge Irrtums*

1784. Eine Verfügung in einem Testament ist anfechtbar, wenn sie durch falsche Beweggründe veranlaßt wurde, welche im Testament erwähnt werden und sich auf die Vergangenheit, die Gegenwart oder die Zukunft beziehen und ohne die der Erblasser zu der Verfügung nicht veranlaßt worden wäre.

1785. Die Verfügung des Erblassers in einem Testament zugunsten seines Ehegatten ist im Zweifel anfechtbar, wenn die zwischen ihnen bestehende Ehe nichtig ist oder bei Lebzeiten des Erblassers aufgelöst wurde oder, wenn der Erblasser auf Scheidung wegen Verschuldens des bedachten Ehegatten zu klagen berechtigt war und die Scheidungsklage erhoben hatte. *Verfügung zugunsten des Ehegatten*

Übergehung eines Pflichtteilsberechtigten

1786. Das Testament ist anfechtbar, wenn der Erblasser einen bei seinem Tode vorhandenen Pflichtteilsberechtigten übergangen hat, dessen Vorhandensein ihm bei der Errichtung des Testaments nicht bekannt war oder welcher nach dessen Errichtung geboren oder Pflichtteilsberechtigter wurde. Die Anfechtung ist ausgeschlossen, wenn bewiesen wird, daß der Erblasser das Testament errichtet hätte, auch wenn er die bestehende oder die eingetretene Sachlage gekannt hätte.

Anfechtungsberechtigter

1787. Die Nichtigerklärung der in einem Testament enthaltenen Verfügung kann in den Fällen der Art. 1782 bis 1785 nur derjenige, dem die Nichtigerklärung der Verfügung unmittelbar zugutekommen würde, und im Falle des vorangehenden Artikels nur der übergangene Pflichtteilsberechtigte verlangen. Die Vorschrift des Art. 145 findet auf die Anfechtung einer Verfügung eines Testaments keine Anwendung.

Verjährung

1788. Das Recht zur Anfechtung einer letztwilligen Verfügung verjährt in zwei Jahren seit der Eröffnung des Testaments.

Abhängigkeit einer Verfügung von der Entscheidung eines anderen ist unzulässig

1789. Der Erblasser kann die Gültigkeit einer letztwilligen Verfügung nicht von der Entscheidung eines anderen abhängig machen. Er kann auch nicht einem anderen die Bestimmung entweder der bedachten Person oder der zugewendeten Sache überlassen.

Verfügung zugunsten von „Verwandten" usw.

1790. Hat der Erblasser ohne nähere Bestimmung im Testament seine „Intestat-" oder seine „gesetzlichen" Erben oder seine „Verwandten" bedacht, so gelten im Zweifel als Bedachte diejenigen, welche zur Zeit des Anfalls als Intestaterben berufen wären, und zwar nach dem Verhältnis ihres gesetzlichen Erbteils.

Verfügung zugunsten eines Abkömmlings

1791. Hat der Erblasser in seinem Testament seinen Abkömmling bedacht, so treten an dessen Stelle, wenn er aus irgendeinem Grunde wegfällt, insoweit dessen Abkömmlinge, als sie bei der gesetzlichen Erbfolge berufen wären.

Verfügung zugunsten der Armen

1792. Das für die Armen ohne nähere Bestimmung Hinterlassene gilt im Zweifel als dem Armenhaus der Stadt oder der Gemeinde hinterlassen, in welcher der Erblasser seinen letzten Wohnsitz oder Aufenthalt hatte. In Ermangelung eines solchen fällt das Hinterlassene einer anderen wohltätigen Anstalt der angegebenen Stadt oder Gemeinde zu. In Ermangelung auch einer solchen fällt es der Kasse der Stadt oder der Gemeinde zu und wird für die Armen ausgegeben.

Ungenaue Bezeichnung des Bedachten

1793. Paßt die vom Erblasser gemachte Bezeichnung des Bedachten auf mehrere Personen und kann nicht ermittelt werden, wer von ihnen bedacht werden sollte, so gelten alle diese Personen als zu gleichen Teilen bedacht.

Unverständliche Bedingung

1794. Die einer letztwilligen Verfügung hinzugefügten unverständlichen Bedingungen gelten als nicht geschrieben.

1795. Die einer letztwilligen Verfügung hinzugefügte Bedingung der Ehelosigkeit gilt als nicht geschrieben. Die Bedingung des Witwenstandes bei einer Verfügung des einen Ehegatten zugunsten des anderen ist jedoch gültig. *Bedingung der Ehelosigkeit*

1796. Die durch letztwillige Verfügung, unter der Bedingung einer gegenseitigen testamentarischen Bedenkung von seiten des Erben oder des Vermächtnisnehmers, erfolgte Zuwendung ist nichtig. *Zuwendung unter der Bedingung gegenseitiger Leistung*

1797. Die in einem Testament unter einer aufschiebenden Bedingung gemachte Zuwendung gilt im Zweifel nur, wenn der durch sie Bedachte beim Eintritt der Bedingung lebt. *Aufschiebende Bedingung*

1798. Die durch letztwillige Verfügung gemachte Zuwendung unter der Bedingung, daß der Bedachte während eines Zeitraums von unbestimmter Dauer etwas unterläßt oder fortgesetzt tut, gilt im Zweifel als unter der auflösenden Bedingung mit gegenteiligem Inhalt gemacht. *Bedingung der Unterlassung*

1799. Ist zum Eintritt der Bedingung, unter der der Bedachte eingesetzt wurde, die Mitwirkung eines Dritten erforderlich und verweigert dieser seine Mitwirkung, so gilt im Zweifel die Bedingung als eingetreten. *Bedingung, welche als eingetreten gilt*

1800. Hat der Erblasser dem Bedachten sein ganzes Vermögen oder einen Bruchteil desselben zugewendet, so gilt dieser als Erbe eingesetzt, auch wenn er als solcher nicht bezeichnet wurde. *Eigenschaft als Bedachte*

Sind dem Bedachten nur einzelne Gegenstände zugewendet, so gilt er im Zweifel als Vermächtnisnehmer, auch wenn er als Erbe bezeichnet wurde.

1801. Wurde nur ein Erbe eingesetzt und auf einen Bruchteil der Erbschaft beschränkt, so tritt in Ansehung des übrigen Teils die gesetzliche Erbfolge ein. *Einsetzung auf einen Bruchteil der Erbschaft*

Das gleiche gilt auch, wenn mehrere Erben eingesetzt wurden und jeder von ihnen auf einen Bruchteil beschränkt wurde, sofern die Bruchteile die Erbschaft nicht erschöpfen.

1802. Sind die eingesetzten Erben nach dem Willen des Erblassers als die alleinigen Erben bestimmt und ist jeder von ihnen auf einen Bruchteil eingesetzt, so tritt eine verhältnismäßige Erhöhung der Bruchteile ein, wenn diese die Erbschaft nicht erschöpfen.

1803. Ist jeder der eingesetzten Erben auf einen Bruchteil eingesetzt und übersteigen die Bruchteile die Erbschaft, so tritt eine verhältnismäßige Minderung der Bruchteile ein. *Die Bruchteile übersteigen das Ganze*

1804. Sind mehrere Erben ohne Bestimmung des Erbteils eingesetzt, so gelten alle als zu gleichen Teilen, mit Ausschluß der Fälle der Art. 1790 und 1791, eingesetzt. *Unbestimmte Einsetzung*

Einsetzungen mit und ohne Bestimmung der Erbteile

1805. Sind mehrere Erben vorhanden, von denen einige auf Bruchteile und andere ohne Bestimmung der Erbteile eingesetzt wurden, so erhalten die unbestimmt eingesetzten Erben den nach dem Abzug der Bruchteile freibleibenden Teil der Erbschaft.

Erschöpfen die Bruchteile die Erbschaft, so tritt eine verhältnismäßige Minderung der Bruchteile in der Weise ein, daß jeder der unbestimmt eingesetzten Erben soviel erhält wie der mit dem geringsten Bruchteil bedachte Erbe.

Einsetzung auf einen gemeinschaftlichen Bruchteil

1806. Sind einige von mehreren Erben auf einen und denselben Bruchteil der Erbschaft eingesetzt (g e m e i n s c h a f t l i c h e r E r b t e i l), so finden in Ansehung des gemeinschaftlichen Erbteils die Vorschriften der Art. 1802 bis 1805 entsprechende Anwendung.

Anwachsung

1807. Sind mehrere in der Weise eingesetzt, daß die gesetzliche Erbfolge ausgeschlossen wird und fällt einer der Erben vor oder nach dem Anfall der Erbschaft weg, so wächst dessen Erbteil den übrigen Erben nach dem Verhältnis ihrer Erbteile an. Sind einige der Erben auf einen gemeinschaftlichen Erbteil eingesetzt, so tritt die Anwachsung zunächst unter ihnen ein.

Wurde durch die Erbeinsetzung nur über einen Teil der Erbschaft verfügt und findet in Ansehung des übrigen Teils die gesetzliche Erbfolge statt, so tritt die Anwachsung unter den eingesetzten Erben nur ein, soweit sie auf einen gemeinschaftlichen Erbteil eingesetzt sind.

Der Erblasser kann die Anwachsung ausschließen.

1808. Der durch Anwachsung einem Erben anfallende Erbteil gilt in Ansehung der Vermächtnisse und Auflagen, mit denen dieser Erbe oder der wegfallende Erbe beschwert ist, sowie in Ansehung der Ausgleichungspflicht als besonderer Erbteil.

Gemeine Substitution

1809. Der Erblasser kann für den Fall, daß der eingesetzte Erbe vor oder nach dem Anfall der Erbschaft wegfällt, einen anderen als Ersatzerben einsetzen.

1810. Der Ersatzerbe gilt im Zweifel sowohl für den Fall als eingesetzt, daß der zunächst berufene Erbe nicht Erbe sein kann, als auch für den Fall, daß er nicht Erbe sein will.

Gegenseitige Substitution

1811. Sind die Erben gegenseitig oder sind für einen von ihnen die übrigen als Ersatzerben eingesetzt, so ist im Zweifel anzunehmen, daß sie nach dem Verhältnis ihrer Erbteile als Ersatzerben eingesetzt sind.

Sind die Erben gegenseitig als Ersatzerben, einige von ihnen aber auf einen gemeinschaftlichen Erbteil eingesetzt, so gehen im Zweifel die so eingesetzten Erben als Ersatzerben für diesen Erbteil den anderen vor.

Substitution und Anwachsung

1812. Das Recht aus der Substitution geht dem Anwachsungsrechte vor.

Viertes Kapitel

Gesetzliche Erbfolge

1813. Als gesetzliche Erben in der ersten Ordnung sind die Abkömmlinge des Erblassers berufen. Der nächste von diesen schließt die entfernteren desselben Stammes aus. *Erste Ordnung*

An die Stelle eines zur Zeit des Anfalls der Erbschaft nicht mehr lebenden Abkömmlings treten die durch ihn mit dem Erblasser verwandten Abkömmlinge (Erbfolge nach Stämmen).

Kinder erben zu gleichen Teilen.

1814. In der zweiten Ordnung sind gemeinschaftlich die Eltern des Erblassers, die Geschwister sowie die Kinder und die Enkel von vorverstorbenen Geschwistern des Erblassers berufen. Die Eltern und die Geschwister erben zu gleichen Teilen, die Kinder und Enkel vorverstorbener Geschwister nach Stämmen. Die Kinder vorverstorbener Geschwister schließen die Enkel desselben Stammes aus. *Zweite Ordnung*

1815. Halbbürtige Geschwister, welche mit Eltern oder mit vollbürtigen Geschwistern oder mit deren Kindern oder Enkeln erben, erhalten die Hälfte des vollbürtigen Geschwistern gebührenden Erbteils. Ebenfalls die Hälfte erhalten auch die Kinder und die Enkel vorverstorbener halbbürtiger Geschwister. *Halbbürtige Geschwister*

1816. In der dritten Ordnung sind die Großeltern des Erblassers und von deren Abkömmlingen die Kinder und die Enkel berufen. *Dritte Ordnung*

Leben zur Zeit des Anfalls der Erbschaft die Großeltern beider Linien, so erben nur sie, und zwar zu gleichen Teilen. Lebt zur Zeit des Anfalls der Erbschaft aus der väterlichen oder mütterlichen Linie der Großvater oder die Großmutter nicht, so treten an die Stelle des Verstorbenen seine Kinder und Enkel. Sind keine Kinder oder Enkel vorhanden, so fällt der Erbteil des Verstorbenen dem noch lebenden Großvater oder der noch lebenden Großmutter derselben Linie zu, und wenn ein solcher nicht vorhanden ist, dessen Kindern und Enkeln. Leben zur Zeit des Anfalls der Erbschaft der Großvater und die Großmutter entweder von der väterlichen oder von der mütterlichen Linie nicht und sind von den Verstorbenen keine Kinder und Enkel vorhanden, so erben allein die Großeltern der anderen Linie oder deren Kinder und Enkel.

Die Kinder erben zu gleichen Teilen und schließen die Enkel desselben Stammes aus. Die Enkel erben nach Stämmen.

1817. In der vierten Ordnung sind die Urgroßväter und die Urgroßmütter des Erblassers berufen. *Vierte Ordnung*

Die zur Zeit des Anfalls der Erbschaft lebenden Urgroßväter und Urgroßmütter erben zu gleichen Teilen, ohne Unterschied, ob sie derselben Linie oder verschiedenen Linien angehören.

Recht aus mehreren Stämmen

1818. Wer im Falle der Erbfolge nach Stämmen mehreren Stämmen angehört, erhält den in jedem dieser Stämme ihm zufallenden Anteil. Jeder Anteil gilt als besonderer Erbteil.

Rangfolge der Ordnungen

1819. Ein Verwandter ist nicht zur Erbfolge berufen, solange ein anderer Verwandter einer vorhergehenden Ordnung vorhanden und als Erbe berufen ist.

Überlebender Ehegatte

1820. Der überlebende Ehegatte ist neben Verwandten der ersten Ordnung zu einem Viertel, neben Verwandten der übrigen Ordnungen zur Hälfte der Erbschaft als gesetzlicher Erbe berufen.

Hat der überlebende Ehegatte mit Verwandten der zweiten, der dritten oder der vierten Ordnung als gesetzlicher Erbe geerbt, so erhält er außer seinem Erbteil als Vorausvermächtnis die Möbel, Geräte, Kleider und andere ähnliche zum Haushalt gehörende Gegenstände, welche entweder vom Überlebenden allein oder von beiden Ehegatten benutzt wurden.

Fünfte Ordnung

1821. Sind keine Verwandten der ersten, zweiten, dritten und vierten Ordnung vorhanden, so ist der überlebende Ehegatte als gesetzlicher Erbe der ganzen Erbschaft berufen.

Ausschluß des Ehegatten

1822. Das Erbrecht und das Recht auf den Voraus des überlebenden Ehegatten sind ausgeschlossen, wenn der Erblasser wegen Verschuldens des anderen Ehegatten die Scheidung zu begehren berechtigt war und die Scheidungsklage erhoben hatte.

Anwachsung

1823. Fällt der gesetzliche Erbe vor oder nach dem Anfall weg und erhöht sich infolgedessen der Erbteil eines anderen gesetzlichen Erben, so gilt der Teil, um welchen sich der Erbteil erhöht, in Ansehung der Vermächtnisse und Auflagen, mit denen dieser Erbe oder der Weggefallene beschwert ist sowie in Ansehung der Ausgleichungspflicht als besonderer Erbteil.

Sechste Ordnung

1824. Ist zur Zeit des Anfalls der Erbschaft weder ein durch Gesetz berufener Verwandter noch der Ehegatte des Erblassers vorhanden, so ist als gesetzlicher Erbe der Fiskus berufen.

Fünftes Kapitel

Pflichtteil

Höhe des Pflichtteils

1825. Die Abkömmlinge und die Eltern des Erblassers sowie der überlebende Ehegatte, welche als gesetzliche Erben berufen wären, haben ein Pflichtteilsrecht gegen den Nachlaß. Der Pflichtteil besteht in der Hälfte des gesetzlichen Erbteils.

In Ansehung dieser Quote gilt der Pflichtteilsberechtigte als Erbe.

Nachfolge im Pflichtteil

1826. Wurde ein Pflichtteilsberechtigter ganz oder zum Teil rechtmäßig enterbt oder hat er auf den Pflichtteil verzichtet oder ist er wegen Erbunwürdigkeit weggefallen, so üben das Pflichtteilsrecht die nach der Reihe der gesetzlichen Erbfolge berufenen Pflichtteilsberechtigten aus.

1827. Ist einem Pflichtteilsberechtigten ein Erbteil hinterlassen, der geringer ist als der Pflichtteil, so steht ihm das Recht zu, das am Pflichtteil Fehlende zu verlangen.

Ergänzung des Pflichtteils

1828. Ist dem Pflichtteilsberechtigten ein Vermächtnis hinterlassen, so kann er es ausschlagen und sein Recht auf den Pflichtteil im Ganzen geltend machen. Schlägt er das Vermächtnis nicht aus, so kann er sein Pflichtteilsrecht in Ansehung des fehlenden Teils geltend machen.

Vermächtnis zugunsten eines Pflichtteilsberechtigten

Der mit dem Vermächtnis beschwerte Erbe ist berechtigt, dem Pflichtteilsberechtigten eine angemessene Frist zur Ausschlagung des Vermächtnisses zu bestimmen. Mit dem erfolglosen Ablauf der Frist fällt das Recht zur Ausschlagung weg.

1829. Jede Beschränkung des Pflichtteilsberechtigten auf Grund des Testaments gilt, soweit sie den Pflichtteil beschwert, als nicht geschrieben.

Beschränkungen des Pflichtteils

1830. Bei der Feststellung des für die Berechnung des Pflichtteils maßgebenden Erbteils werden diejenigen Personen mitgezählt, welche im Testament enterbt sind oder die Erbschaft ausgeschlagen haben oder für erbunwürdig erklärt worden sind.

Berechnung eines Erbteils

1831. Der Berechnung des Pflichtteils wird der Bestand und der Wert des Nachlasses zur Zeit des Todes des Erblassers nach Abzug der Schulden und der Kosten seiner Beerdigung und des Inventars der Erbschaft zugrunde gelegt. Dem Nachlaß wird auf Grund des Wertes zur Zeit der Leistung alles zugerechnet, was nach Art. 1833 auf den Pflichtteil jedes Pflichtteilsberechtigten angerechnet wird, sowie jede Schenkung zu Lebzeiten des Erblassers, sofern sie innerhalb von zehn Jahren vor seinem Tode gemacht wurde und nicht einer besonderen sittlichen Pflicht oder einer auf den Anstand zu nehmenden Rücksicht entsprach.

Berechnung des Nachlasses

Bei der Berechnung des Pflichtteils der Eltern des Erblassers bleibt der dem überlebenden Ehegatten gebührende Voraus außer Ansatz.

1832. Der Wert des Nachlasses ist, soweit erforderlich, durch Schätzung zu ermitteln. Eine vom Erblasser getroffene Wertbestimmung ist nicht maßgebend.

Schätzung des Nachlasses

Rechte und Verbindlichkeiten des Nachlasses, die von einer aufschiebenden Bedingung abhängig sind, bleiben außer Ansatz, und diejenigen, welche von einer auflösenden Bedingung abhängig sind, kommen als unbedingte in Ansatz. Tritt die Bedingung ein, so hat die der veränderten Rechtslage entsprechende Ausgleichung zu erfolgen.

Für ungewisse und unsichere Rechte sowie für zweifelhafte Verbindlichkeiten des Nachlasses gilt das gleiche wie für Rechte und Verbindlichkeiten, die von einer aufschiebenden Bedingung abhängig sind.

Was auf den Pflichtteil angerechnet wird

1833. Auf den Pflichtteil wird nach dem Werte zur Zeit der Leistung die Mitgift sowie alles angerechnet, was der Erblasser durch Rechtsgeschäft unter Lebenden dem Pflichtteilsberechtigten mit der Bestimmung zugewendet hat, daß es auf den Pflichtteil angerechnet werden soll. Die Anrechnung erfolgt auch, wenn an die Stelle des Abkömmlings, der etwas erhalten hat, ein anderer Abkömmling als Pflichtteilsberechtigter tritt.

Berechnung im Ausgleichungsfall

1834. Besteht im Falle der gesetzlichen Erbfolge bei Vorhandensein mehrerer Abkömmlinge die Verpflichtung zur Ausgleichung, so bestimmt sich der Pflichtteil eines jeden Abkömmlings nach dem, was als gesetzlicher Erbteil unter Berücksichtigung der Ausgleichungspflicht auf ihn entfallen würde. Der Erblasser kann nicht zum Schaden des Pflichtteilsberechtigten eine solche Berechnung bei einer Leistung der im Art. 1895 Nr. 1 und 2 bezeichneten Art ausschließen.

Ist eine nach dem vorigen Absatz zu berücksichtigende Zuwendung zugleich nach Art. 1883 auf den Pflichtteil anzurechnen, so kommt sie auf diesen nur mit der Hälfte des Wertes zur Anrechnung.

Anfechtung einer den Pflichtteil verletzenden Schenkung

1835. Jede Schenkung zu Lebzeiten des Erblassers, welche nach Art. 1831 der Erbschaft zugerechnet wird, unterliegt insoweit der Anfechtung, als die zur Zeit des Todes des Erblassers vorhandene Erbschaft nicht genügt, um den Pflichtteil zu decken.

Bei aufeinanderfolgenden Schenkungen unterliegt die frühere insoweit der Anfechtung, als die Anfechtung der späteren Schenkung nicht genügt.

1836. Die Klage kann vom Pflichtteilsberechtigten oder von seinen Erben nur gegen den Beschenkten oder seine Erben zwecks Anfechtung der Schenkung in Ansehung des Teils, der am Pflichtteil fehlt, gerichtet werden. Der Beschenkte kann die Anfechtung durch Entrichtung des fehlenden Betrags abwenden.

Die Klage verjährt in zwei Jahren seit dem Tode des Erblassers.

1837. Der Beschenkte oder seine Erben haften in Ansehung des Teils, für den die Anfechtung der Schenkung erfolgte, auch für die Früchte seit dem Tode des Erblassers.

1838. Ist der Beschenkte selbst pflichtteilsberechtigt, so ist die Anfechtung der Schenkung nur für den Teil zulässig, um den das Empfangene den ihm gebührenden Pflichtteil übersteigt.

Enterbung

1839. Der Erblasser kann aus im Gesetz bestimmten Gründen dem Pflichtteilsberechtigten den Pflichtteil entziehen (E n t e r b u n g). Die Enterbung erfolgt durch letztwillige Verfügung.

Gründe für einen Aszendenten

1840. Der Erblasser kann einem Abkömmling den Pflichtteil entziehen, wenn dieser: 1. dem Erblasser, dem Ehegatten oder einem anderen Abkömmling des Erblassers nach dem Leben getrachtet hat; 2. sich einer vorsätzlichen körperlichen Mißhandlung des Erblassers oder seines Ehegatten, von dem der Abkömmling abstammt, schuldig gemacht hat; 3. sich eines Verbrechens oder eines schweren vorsätzlich begangenen Vergehens gegen den Erblasser oder dessen Ehegatten schuldig gemacht hat; 4. die ihm dem Erblasser gegenüber gesetzlich obliegende Unterhaltspflicht böswillig verletzt hat; 5. einen ehrlosen oder unsittlichen Lebenswandel wider den Willen des Erblassers führt. Die Enterbung aus diesem Grunde ist nichtig, wenn der Abkömmling zur Zeit des Todes des Erblassers von dem ehrlosen oder unsittlichen Lebenswandel sich endgültig abgewendet hat.

Gründe für einen Abkömmling

1841. Der Erblasser kann einem Elternteil den Pflichtteil entziehen, wenn dieser sich eines der im vorangehenden Artikel unter Nr. 1, 3 und 4 angegebenen Enterbungsgründe schuldig gemacht hat.

Gründe für einen Ehegatten

1842. Der Erblasser kann seinen Ehegatten enterben, wenn der Ehegatte sich einer Verfehlung schuldig gemacht hat, auf Grund deren der Erblasser zur Zeit seines Todes auf Scheidung klagen konnte.

Wann der Grund bestehen muß

1843. Der Grund der Enterbung muß zur Zeit der Errichtung des Testaments bestehen und in diesem angegeben werden.

Wer sich auf die Enterbung beruft, hat ihren Grund zu beweisen.

Verzeihung des Grundes

1844. Das Recht zur Entziehung des Pflichtteils erlischt durch Verzeihung. Eine Verfügung, durch die der Erblasser die Entziehung angeordnet hat, wird durch die Verzeihung unwirksam.

Enterbung in guter Absicht

1845. Führt ein pflichtteilsberechtigter Abkömmling ein verschwenderisches Leben oder ist er überschuldet, so kann der Erblasser entweder im Testament anordnen, daß der Pflichtteil dieses Pflichtteilsberechtigten dessen Abkömmlingen nach dem Verhältnis ihrer gesetzlichen Erbteile zufalle oder einen Testamentsvollstrecker zu seiner Verwaltung bestimmen oder auch beides.

Im Testament muß der Grund angegeben und für den Unterhalt des Pflichtteilsberechtigten Sorge getragen werden. Wer sich auf die Bestimmung des Testaments beruft, hat ihren Grund zu beweisen.

Die Bestimmung des Testaments gilt nicht, wenn zur Zeit des Todes des Erblassers ihr Grund zu bestehen aufgehört hat.

Sechstes Kapitel

Annahme und Ausschlagung der Erbschaft

Erwerb kraft Gesetzes

1846. Der Erbe erwirbt kraft Gesetzes die Erbschaft mit dem Anfall, unbeschadet der Vorschrift des Art. 1198.

Ausschlagung

1847. Der Erbe kann die Erbschaft innerhalb einer Frist von vier Monaten ausschlagen, welche mit dem Zeitpunkt beginnt, in dem er von dem Anfall und dem Grunde der Berufung Kenntnis erlangte. Bei dem Anfall aus einem Testament beginnt die Frist nicht vor der Eröffnung des Testaments.

Hatte der Erblasser seinen letzten Wohnsitz im Ausland oder erhielt der Erbe von dem Anfall Kenntnis, während er sich im Ausland aufhielt, so beträgt die Frist ein Jahr.

Die Frist wird aus denselben Gründen gehemmt, aus denen auch die Verjährung gehemmt wird.

Ausschlagungserklärung

1848. Die Ausschlagung erfolgt durch Erklärung beim Sekretär des Gerichts der Erbschaft. Bei der Ausschlagung durch einen Vertreter ist eine besondere Vollmacht, die notariell zu beurkunden ist, erforderlich.

Der Fiskus kann die ihm als gesetzlichem Erben angefallene Erbschaft nicht ausschlagen.

1849. Die Ausschlagung ist nichtig, wenn eine ausdrückliche oder stillschweigende Erklärung des Erben über die Annahme der Erbschaft erfolgte. Jedoch enthält die Aufnahme eines Inventars über die Erbschaft allein keine solche Erklärung.

1850. Die Ausschlagung ist nichtig, wenn sie nach Ablauf der für die Ausschlagung vorgeschriebenen Frist erfolgt. Ist diese Frist verstrichen, so gilt die Erbschaft als angenommen.

Ausschlagung vor dem Anfall

1851. Die Annahme oder Ausschlagung der Erbschaft ist nichtig, wenn sie vor dem Anfall oder im Irrtum über den Berufungsgrund erfolgte. Sie ist ebenfalls nichtig, wenn sie unter einer Bedingung oder Fristsetzung oder zum Teil erfolgte.

Ausschlagung und Annahme aus einem anderen Grunde

1852. Wer die ihm aus einem Testament angefallene Erbschaft ausgeschlagen hat, kann sie, wenn sie ihm nachher auf Grund der gesetzlichen Erbfolge zufällt, aus diesem Grunde annehmen.

Bei mehreren Erbteilen

1853. Wird der Erbe zu mehreren Erbteilen aus demselben oder aus verschiedenen Gründen berufen, so kann er jeden von ihnen getrennt annehmen oder ausschlagen, es sei denn, daß der Erblasser ein anderes bestimmt hat.

Die Erben des Erben

1854. Das Recht zur Ausschlagung der Erbschaft geht auf die Erben des Erben über.

1855. Stirbt der Erbe vor dem Ablauf der Ausschlagungsfrist, so endigt die Frist nicht vor dem Ablauf der für die Erbschaft des Erben vorgeschriebenen Ausschlagungsfrist.

Von mehreren Erben des Erben kann jeder den seinem Erbteil entsprechenden Teil der Erbschaft ausschlagen.

Folgen der Ausschlagung

1856. Schlägt der Erbe die Erbschaft aus, so gilt der Anfall an den Ausschlagenden als nicht erfolgt. Die Erbschaft fällt demjenigen an, welcher berufen sein würde, wenn der Ausschlagende zur Zeit des Todes des Erblassers nicht gelebt hätte. Der Anfall gilt als mit dem Tode des Erblassers erfolgt.

Unwiderruflichkeit der Ausschlagung

1857. Die Annahme oder Ausschlagung der Erbschaft ist unwiderruflich.

Die wegen Irrtums oder infolge Drohung oder arglistiger Täuschung erfolgte Annahme oder Ausschlagung der Erbschaft wird nach den Vorschriften über Rechtsgeschäfte beurteilt; die Anfechtungsklage verjährt in sechs Monaten.

Der Irrtum in Ansehung der Aktiva oder Passiva der Erbschaft gilt nicht als wesentlich.

Die Vorschriften des vorliegenden Artikels finden auch auf die Annahme, die sich aus der Versäumung der Ausschlagungsfrist ergibt, Anwendung.

1858. Solange dem Erben das Recht zur Ausschlagung der Erbschaft zusteht, kann ein Anspruch, der sich gegen die Erbschaft richtet, nicht gegen ihn gerichtlich geltend gemacht werden, es sei denn, daß die Bestellung eines Pflegers für die ruhende Erbschaft erfolgte. *Klagen gegen die Erbschaft*

1859. Eine Geschäftsführungshandlung, welche von dem Ausschlagenden vor der Ausschlagung der Erbschaft vorgenommen wurde, wird dem Erben gegenüber nach den Vorschriften über die Besorgung fremder Angelegenheiten beurteilt. *Geschäftsführung vor der Ausschlagung*

Die Verfügung über einen Nachlaßgegenstand durch den Ausschlagenden vor der Ausschlagung der Erbschaft, sofern sie nicht ohne Nachteil für den Nachlaß verschoben werden konnte, sowie das seitens eines Dritten dem Ausschlagenden gegenüber als Erben vorgenommene einseitige Rechtsgeschäft bleiben auch nach der Ausschlagung gültig.

Siebentes Kapitel

Erbunwürdigkeit

1860. Erbunwürdig ist: 1. wer den Erblasser, die Kinder, die Eltern oder den Ehegatten des Erblassers vorsätzlich getötet oder zu töten versucht hat; 2. wer verurteilt wurde, weil er den Erblasser wegen eines Verbrechens falsch angeschuldigt hat; 3. wer den Erblasser vorsätzlich und widerrechtlich verhindert hat, ein Testament zu errichten oder zu widerrufen; 4. wer den Erblasser durch arglistige Täuschung bestimmt oder widerrechtlich oder gegen die guten Sitten durch Drohung gezwungen hat, ein Testament zu errichten oder zu ändern; 5. wer das schon errichtete Testament des Erblassers verändert oder beiseite geschafft hat. *Gründe*

1861. Die Erbunwürdigkeit ist aufgehoben, wenn der Erblasser in einer öffentlichen Urkunde oder in einem Testament dem Erbunwürdigen verziehen hat. *Verzeihung*

1862. Die Erbunwürdigkeit wird durch gerichtliche Entscheidung ausgesprochen; Klage darauf zu erheben ist jeder berechtigt, welcher an der Ausschließung des Erbunwürdigen entweder allein oder auch eines anderen, der nach ihm berufen wäre, ein rechtliches Interesse hat. *Erbunwürdigkeitserklärung*

Die Klage verjährt nach Ablauf von zwei Jahren seit dem Anfall der Erbschaft an den Erbunwürdigen und bei einem unwürdigen Nacherben seit dem Anfall an den Erben.

Folgen

1863. Mit der Rechtskraft der Entscheidung, welche die Erbunwürdigkeit erklärt, gilt der Anfall an den Erbunwürdigen als nicht erfolgt. Die Erbschaft fällt demjenigen an, welcher berufen sein würde, wenn der Erbunwürdige zur Zeit des Anfalls nicht gelebt hätte. Der Anfall gilt als mit dem Tode des Erblassers erfolgt.

1864. Die Vorschriften über Erbunwürdigkeit finden ebenso auf den Pflichtteilsberechtigten wie auch auf den Vermächtnisnehmer Anwendung.

Achtes Kapitel

Ruhende Erbschaft

Fälle

1865. Ist der Erbe unbekannt oder ist es nicht sicher, ob er die Erbschaft angenommen hat, so bestellt das Nachlaßgericht auf Antrag desjenigen, welcher daran ein rechtliches Interesse hat, oder auch von Amts wegen einen Pfleger. In dringenden Fällen wird durch den Staatsanwalt beim Landgericht ein vorläufiger Nachlaßpfleger bestellt. Dieser hat unverzüglich die Bestellung eines endgültigen Pflegers durch das Gericht zu veranlassen.

Befugnis des Pflegers

1866. Der Nachlaßpfleger vertritt den Erben und verwaltet die Erbschaft; er ist verpflichtet, die Versiegelung und Inventarerrichtung der Erbschaft vorzunehmen und alle Erhaltungsmaßnahmen zu treffen sowie die Forderungen einzuziehen und das Bargeld bei einer sicheren Bank verzinslich anzulegen. Ohne Erlaubnis des Nachlaßgerichts kann er nicht Erbschaftsgegenstände veräußern, Darlehen aufnehmen und Vergleiche schließen und auch nicht bewegliche oder unbewegliche Gegenstände der Erbschaft länger als zwei Jahre vermieten.

Mutter eines erzeugten Erben

1867. Ist der Erbe zur Zeit des Todes des Erblassers erzeugt, so kann die Mutter, falls sie außerstande ist, sich selbst zu unterhalten, entsprechenden standesgemäßen Unterhalt bis zur Entbindung aus dem Erbteil des Kindes verlangen. Bei der Bemessung des Erbteils ist anzunehmen, daß nur ein Kind geboren wird.

Nichtermittlung des Erben

1868. Wird der Erbe nicht innerhalb einer den Umständen entsprechenden Frist ermittelt, so hat das Nachlaßgericht festzustellen, daß ein anderer Erbe als der Fiskus nicht vorhanden ist. Die Feststellung begründet die Vermutung, daß der Fiskus gesetzlicher Erbe sei.

1869. Das Gericht ordnet vor der Feststellung die Veröffentlichung einer Aufforderung zur Anmeldung derjenigen an, welche ein Erbrecht beanspruchen, und bestimmt gleichzeitig die Art der Veröffentlichung und die Anmeldungsfrist. Sind die Kosten der öffentlichen Aufforderung dem Bestande des Nachlasses gegenüber unverhältnismäßig groß, so kann statt dessen eine besondere Aufforderung an die wahrscheinlichen Erben ergehen.

Hat sich innerhalb der bestimmten Frist kein Erbe gemeldet oder wird das Recht dessen, der sich innerhalb der Frist gemeldet hat, als unbegründet beurteilt, so nimmt das Gericht die im vorigen Artikel bezeichnete Feststellung vor.

1870. Bevor das Gericht festgestellt hat, daß kein anderer Erbe vorhanden ist, kann ein Recht durch den Fiskus als gesetzlichen Erben oder gegen den Fiskus als gesetzlichen Erben nicht geltend gemacht werden.

Neuntes Kapitel

Erbschaftsklage

1871. Der Erbe ist berechtigt, von demjenigen, der als Erbe Gegenstände der Erbschaft vorenthält (Erbschaftsbesitzer), die Anerkennung des Erbrechtes und die Herausgabe der Erbschaft oder eines Gegenstandes aus ihr zu verlangen. *Beklagter*

1872. Als Gegenstände der Erbschaft im Sinne des vorangehenden Artikels gelten auch: 1. diejenigen, an denen der Erblasser zur Zeit seines Todes ein Besitz- oder Detentionsrecht hatte, auch wenn er zu seinen Lebzeiten aus dem Besitz oder der Detention verdrängt war; 2. alles, was der Erbschaftsbesitzer durch Rechtsgeschäft mit Mitteln der Erbschaft erwirbt. Empfängt der Erbe das durch ein solches Rechtsgeschäft Erworbene, so wird das Rechtsgeschäft gültig, wenn es ungültig war. *Gegenstand*

1873. Ist der Erbschaftsbesitzer zur Herausgabe in Natur außerstande, so haftet er nach den Vorschriften über ungerechtfertigte Bereicherung. *Bei Nichtherausgabe in Natur*

1874. Der gutgläubige Erbschaftsbesitzer haftet für Herausgabe der vor der Erhebung der Klage gezogenen Nutzungen sowie für jede Vermehrung der Erbschaftsgegenstände nur insoweit, als er durch diese bereichert ist. Die Verpflichtung zur Herausgabe erstreckt sich auch auf Früchte, an denen der Besitzer das Eigentum erworben hat. *Gutgläubiger Besitzer. Nutzungen*

1875. Der gutgläubige Erbschaftsbesitzer ist berechtigt, Ersatz für jede auf die Erbschaft oder die Erbschaftsgegenstände gemachte Verwendung zu verlangen, soweit diese Verwendung durch Anrechnung auf die herauszugebende Bereicherung nach Art. 1873 nicht gedeckt wird. Zu den Verwendungen gehört auch alles, was der Besitzer zur Bestreitung von Lasten oder zur Berichtigung von Verbindlichkeiten der Erbschaft aufgewendet hat. *Verwendungen*

Der Besitzer ist wegen des Anspruches auf Ersatz der Verwendungen zur Zurückbehaltung der körperlichen Gegenstände der Erbschaft berechtigt.

Zustellung der Klage

1876. Der gutgläubige Erbschaftsbesitzer haftet, wenn nach der Zustellung der Klage die zur Erbschaft gehörenden Sachen verschlechtert oder untergegangen sind oder aus einem anderen Grunde nicht herausgegeben werden können, nach den Vorschriften über die Haftung des Besitzers einer Sache nach der Zustellung der Eigentumsklage.

Das gleiche gilt auch für die nach der Zustellung der Klage gezogenen Nutzungen oder die Vermehrung der körperlichen Gegenstände der Erbschaft sowie auch für die Ansprüche des Besitzers auf Ersatz von Verwendungen, welche nach der Zustellung der Klage gemacht wurden.

Bösgläubiger Besitzer

1877. War der Erbschaftsbesitzer bei dem Beginn des Erbschaftsbesitzes nicht in gutem Glauben, oder hat er später erfahren, daß er nicht Erbe ist, so haftet er von diesem Zeitpunkt an nach den Bestimmungen des vorangehenden Artikels.

Eine weitere Haftung des Erbschaftsbesitzers wegen Verzugs ist nicht ausgeschlossen.

1878. Hat der Erbschaftsbesitzer den Besitz eines Erbschaftsgegenstandes durch eine strafbare Handlung erworben, so haftet er nach den Vorschriften über unerlaubte Handlungen.

Ersitzung einem Erben gegenüber

1879. Der Erbschaftsbesitzer kann sich dem Erben gegenüber, solange nicht die Erbschaftsklage verjährt ist, nicht auf die Ersitzung einer Sache berufen, die er als zur Erbschaft gehörend im Besitze hat.

Verpflichtung zur Erteilung von Auskünften

1880. Der Erbschaftsbesitzer ist verpflichtet, dem Erben über den Bestand der Erbschaft sowie über den Verbleib der Erbschaftsgegenstände Auskunft zu erteilen. Die gleiche Verpflichtung hat auch: 1. wer, ohne Erbschaftsbesitzer zu sein, eine Sache aus dem Nachlaß in Besitz nimmt, bevor der Erbe den Besitz tatsächlich ergriffen hat; 2. wer zur Zeit des Todes des Erblassers sich mit ihm in häuslicher Gemeinschaft befand.

Erhebung einer speziellen Klage

1881. Der Erbschaftsbesitzer haftet nach den Vorschriften über die Erbschaftsklage, auch wenn der Erbe gegen ihn die vorgeschriebenen besonderen Klagen wegen der Erbschaftsgegenstände erhebt.

Der vom Besitzer Erwerbende

1882. Als Erbschaftsbesitzer gilt dem Erben gegenüber auch derjenige, welcher die Erbschaft von ihrem Besitzer durch Vertrag erwirbt.

Bei Verschollenheit

1883. Kehrt der für verschollen Erklärte zurück, so kann er die Herausgabe seines Vermögens nach den Vorschriften über die Erbschaftsklage verlangen.

Solange der für verschollen Erklärte noch lebt, wird die Verjährung seines Anspruches nicht vollendet, bevor er erfährt, daß er für verschollen erklärt wurde, und seitdem ein Jahr verstrichen ist.

Das gleiche gilt auch, wenn der Tod einer Person ohne Verschollenheitserklärung zu Unrecht angenommen worden ist.

Zehntes Kapitel

Rechtsverhältnis der Erben untereinander

Gemeinschaft

1884. Sind mehrere Erben vorhanden, so wird die Erbschaft gemeinschaftlich nach dem Verhältnis des Erbteils eines jeden. Auf die Miterbengemeinschaft finden, sofern im Gesetz nichts anderes bestimmt ist, die allgemeinen Vorschriften über die Gemeinschaft Anwendung.

Teilung der Forderungen und der Schulden

1885. Die Forderungen und die Schulden der Erbschaft verteilen sich kraft Gesetzes unter die Erben nach dem Verhältnis ihrer Erbteile.

Verfügung über den Anteil

1886. Jeder der Miterben kann über seinen Anteil an dem Nachlaß oder an den einzelnen Nachlaßgegenständen verfügen.

Teilung

1887. Jeder Miterbe ist jederzeit berechtigt, die Teilung des Nachlasses zu verlangen. Der Erblasser kann nicht die Auseinandersetzung für eine Zeitdauer ausschließen, welche über zehn Jahre nach seinem Tode hinausgeht.

1888. Jeder Miterbe kann seinen Anteil an den beweglichen und unbeweglichen Sachen des Nachlasses in Natur verlangen.

Urkunden, welche die persönlichen Verhältnisse des Erblassers oder seiner Familie oder den ganzen Nachlaß betreffen, verbleiben gemeinschaftlich; sie werden einem der Miterben, welcher durch das Gericht der Auseinandersetzung bestimmt wird, zur Aufbewahrung übergeben.

Bei einem landwirtschaftlichen Unternehmen

1889. Ist in dem zu teilenden Nachlaß ein landwirtschaftliches Unternehmen vorhanden, welches ein wirtschaftliches Ganzes bildet, so kann das Gericht bei gerichtlicher Auseinandersetzung das ganze zu teilende Unternehmen demjenigen von den Miterben zuerkennen, der zur nützlichen Bewirtschaftung als der Fähigste beurteilt wird. Die Zuerkennung erfolgt auf dessen Antrag und unter Zahlung des Marktwertes des Unternehmens zur Zeit des Todes des Erblassers.

Diese Vorschrift findet Anwendung auch auf eine Auseinandersetzung, die sich nur auf ein landwirtschaftliches Unternehmen bezieht, wenn es auf Grund einer Bestimmung des Testaments mehreren zugefallen ist.

Art der Auseinandersetzung im Testament

1890. Der Erblasser kann durch Testament die Art der Auseinandersetzung bestimmen. Er kann insbesondere die Art der Auseinandersetzung dem billigen Ermessen eines Dritten überlassen.

Elterliche Teilung

1891. Der Aszendent kann bei Lebzeiten sein Vermögen unter seine Abkömmlinge verteilen (elterliche Teilung). Die Teilung erfolgt durch Vertrag und umfaßt nur das gegenwärtig vorhandene Vermögen. Durch eine solche Teilung wird aber der Aszendent in Ansehung der Bestimmungen seines Testaments nicht gebunden.

1892. Vermögensgegenstände, die von der elterlichen Teilung nicht betroffen sind, werden geteilt, wie das Gesetz bestimmt.

1893. Die elterliche Teilung, bei der ein pflichtteilsberechtigter Abkömmling übergangen wurde, ist in Ansehung des Übergangenen in der Höhe des Pflichtteils nichtig.

1894. Wurde durch die elterliche Teilung der Pflichtteil eines Abkömmlings verletzt, so findet die Vorschrift des Art. 1827 Anwendung.

Elftes Kapitel

Ausgleichungspflicht

Was ausgeglichen wird

1895. Abkömmlinge, die als gesetzliche Erben zur Erbfolge gelangen, sind verpflichtet, bei der Auseinandersetzung untereinander zur Ausgleichung zu bringen: 1. jede Zuwendung, welche sie durch den Erblasser zu seinen Lebzeiten entweder durch Bestellung einer Mitgift oder zur Errichtung eines eigenen Haushalts oder zum Beginn oder zur Fortführung einer Berufslaufbahn erhalten haben, es sei denn, daß der Erblasser bei der Zuwendung etwas anderes angeordnet hat; 2. jede Aufwendung, welche für die Vorbildung des Abkömmlings zu einem Beruf gemacht wurde, sofern diese Aufwendung das den Verhältnissen des Erblassers entsprechende Maß überstiegen hat, es sei denn, daß dieser bei der Zuwendung etwas anderes angeordnet hat; 3. jede Schenkung an sie, sofern der Erblasser die Ausgleichung oder die Anrechnung auf ihren Erbteil angeordnet hat.

Ausgleichung an Stelle eines anderen

1896. Fällt ein Abkömmling, der als Erbe zur Ausgleichung verpflichtet sein würde, vor oder nach dem Tode des Erblassers weg, so ist wegen der ihm gemachten Zuwendungen der an seine Stelle tretende Abkömmling zur Ausgleichung verpflichtet.

Hat der Erblasser für den wegfallenden Abkömmling einen Ersatzerben eingesetzt, so ist im Zweifel der Ersatzerbe verpflichtet, die dem Weggefallenen gemachten Zuwendungen zur Ausgleichung zu bringen.

Ausgleichung bei der testamentarischen Erbfolge

1897. Hat der Erblasser als Erben seine Abkömmlinge nach demselben Erbteilsverhältnis eingesetzt, nach dem sie auch ohne Testament erben würden, so besteht im Zweifel die Verpflichtung zur Ausgleichung in demselben Umfang, in dem sie auch bei der gesetzlichen Erbfolge festgelegt ist.

Zuwendung an einen entfernteren Abkömmling

1898. Eine Zuwendung, die ein entfernterer Abkömmling vor dem Wegfalle des ihn von der Erbfolge ausschließenden näheren Abkömmlings oder ein an die Stelle eines Abkömmlings als Ersatzerbe tretender Abkömmling von dem Erblasser erhalten hat, ist nicht zur Ausgleichung zu bringen, es sei denn, daß der Erblasser bei der Zuwendung die Ausgleichung angeordnet hat.

Das gleiche gilt, wenn ein Abkömmling, bevor er die rechtliche Stellung eines solchen erlangte, eine Zuwendung von dem Erblasser erhalten hat.

Wie die Ausgleichung erfolgt

1899. Die Ausgleichung erfolgt durch Anrechnung des Wertes der auszugleichenden Zuwendung auf den unter den Abkömmlingen zu teilenden Nachlaß und dann durch Abzug dieses Wertes aus dem Erbteil des zur Ausgleichung Verpflichteten.

Für die Bestimmung des Wertes der Zuwendung wird die Zeit in Betracht gezogen, in der diese erfolgt ist.

Höherer Zuwendungs- als Erbteilswert

1900. Übersteigt der Wert der Zuwendung, die durch den Abkömmling zur Ausgleichung zu bringen ist, den ihm gehörenden Erbteil, so ist er zur Herauszahlung des Mehrbetrages nicht verpflichtet. Der Nachlaß wird in diesem Fall unter die übrigen Erben geteilt, ohne daß die durch den Abkömmling zur Ausgleichung zu bringende Zuwendung angerechnet wird.

Zwölftes Kapitel

Inventarerbe

Haftung des gewöhnlichen Erben

1901. Der Erbe haftet auch mit seinem eigenen Vermögen für die Nachlaßverbindlichkeiten. Die Erfüllung von Vermächtnissen und die Vollziehung von Auflagen erfolgt nach der Erfüllung der übrigen Verbindlichkeiten.

Annahme mit der Rechtswohltat des Inventars

1902. Solange der Erbe berechtigt ist, die Erbschaft auszuschlagen, kann er erklären, daß er sie mit der Rechtswohltat des Inventars annimmt. Die Erklärung erfolgt bei dem Sekretär des Gerichts der Erbschaft.

Die Annahmeerklärung gilt als mit der Rechtswohltat des Inventars erfolgt, wenn der Erbe zu den Personen gehört, für welche die Annahme der Erbschaft dem Gesetz nach mit der Rechtswohltat des Inventars erfolgt.

Inventarfrist

1903. Der Inventarerbe hat das Inventar des Nachlasses innerhalb von vier Monaten seit der Erklärung gemäß dem vorangehenden Artikel fertigzustellen.

Haftung des Inventarerben

1904. Der Inventarerbe haftet für die Verbindlichkeiten des Nachlasses bis zum Nachlaßwert. Dem Nachlaß gegenüber tritt keine Konfusion seiner Rechte und Verpflichtungen ein.

Der Nachlaß als Sondervermögen

1905. Von der Erklärung über die Annahme der Erbschaft mit der Rechtswohltat des Inventars an werden die Rechte und Verbindlichkeiten des Nachlasses kraft Gesetzes von dem Vermögen des Erben getrennt und bilden ein Sondervermögen.

Eintragung einer Hypothek

1906. Ist Annahme der Erbschaft mit der Rechtswohltat des Inventars erfolgt, so gewährt die Eintragung einer Hypothek oder Vormerkung an einem Erbschaftsgrundstück nach dem Tode des

Erblassers ohne Unterschied, auf welchem Titel sie beruht, den Gläubigern des Nachlasses gegenüber kein Vorzugsrecht.

Erbschaftsverwaltung

1907. Der Inventarerbe verwaltet das Erbschaftssondervermögen, haftet für jede Fahrlässigkeit und hat Rechenschaft abzulegen.

Veräußerung von Grundstücken und Wertpapieren

1908. Der Inventarerbe kann nicht Erbschaftsgrundstücke oder öffentliche Wertpapiere oder Aktien oder Schuldverschreibungen von Aktiengesellschaften ohne Erlaubnis des Gerichts veräußern. Die Grundstücke werden im Wege der Versteigerung veräußert, es sei denn, daß das Gericht etwas anderes anordnet.

Vermögensüberlassung

1909. Der Inventarerbe ist berechtigt, das Erbschaftsvermögen den Erbschaftsgläubigern und Vermächtnisnehmern nach den Vorschriften der Zivilprozeßordnung zu überlassen. Durch diese Überlassung wird er von jeder Verbindlichkeit ihnen gegenüber befreit.

Klagen des Erben gegen die Erbschaft

1910. Die Klagen des Inventarerben gegen die Erbschaft richten sich gegen die übrigen Erben; wenn keine anderen Erben vorhanden sind, wird nach den Vorschriften über die ruhende Erbschaft ein besonderer Pfleger zur Prozeßführung bestellt.

Verwirkung der Rechtswohltat

1911. Der Erbe verwirkt die Rechtswohltat des Inventars: 1. wenn er nicht rechtzeitig ein Inventar errichtet hat; 2. wenn er vorsätzlich ein unrichtiges Inventar errichtet hat; 3. wegen Arglist bei der Verwaltung des Erbschaftssondervermögens; 4. wenn er Grundstücke oder öffentliche Wertpapiere oder Aktien oder Schuldverschreibungen von Aktiengesellschaften ohne Erlaubnis des Gerichts veräußert hat.

1912. Bei geschäftsunfähigen Personen oder bei Personen mit beschränkter Geschäftsfähigkeit, für welche die Annahme der Erbschaft dem Gesetz nach mit der Rechtswohltat des Inventars erfolgt, tritt die Verwirkung der Rechtswohltat wegen Nichterrichtung des Inventars ein, wenn sie innerhalb eines Jahres, nachdem sie unbeschränkt geschäftsfähig wurden, das Inventar nicht errichtet haben.

Dreizehntes Kapitel

Gerichtliche Liquidation der Erbschaft

Wann sie angeordnet wird

1913. Das Nachlaßgericht kann auf Antrag jedes Nachlaßgläubigers die Liquidation des Nachlasses anordnen.

Die Liquidation kann angeordnet werden, auch wenn die Erbschaft ruht oder der Erbe sie mit der Rechtswohltat des Inventars angenommen hat.

Das Gericht kann den Antrag zurückweisen, wenn der Erbe zugunsten des beantragenden Gläubigers Sicherheit leistet.

Der Nachlaß Sondervermögen

1914. Mit der Verkündung der Entscheidung, welche die Liquidation anordnet, werden die Rechte und Verbindlichkeiten des Nachlasses kraft Gesetzes von dem Vermögen des Erben getrennt und bilden ein Sondervermögen unter der Verwaltung eines Liquidators; die Eintragung einer Hypothek oder Vormerkung an den Nachlaßgrundstücken nach dem Tode des Erblassers ohne Unterschied, auf welchem Titel sie beruht, gewährt den Gläubigern des Nachlasses gegenüber kein Vorzugsrecht.

Bestellung eines Liquidators

1915. In der Entscheidung, welche die Liquidation anordnet, wird ein Liquidator für die Erbschaft bestellt. Als Liquidator kann auch der Erbe oder einer von mehreren Erben bestellt werden, wenn er voll geschäftsfähig ist.

Aufforderung der Erbschaftsgläubiger

1916. Der Liquidator veröffentlicht durch die Presse innerhalb eines Monats seit der Zustellung der Entscheidung an ihn einen Auszug aus der Entscheidung mit Aufforderung an die Erbschaftsgläubiger, ihre Forderungen und die sie begründenden Tatsachen anzumelden.

Die Entscheidung, welche die Liquidation anordnet, bestimmt die Art der Veröffentlichung. In jedem Falle wird der Auszug mit der Aufforderung an die Gläubiger in einer Zeitung des letzten Wohnsitzes oder Aufenthalts des Erblassers veröffentlicht.

Gläubigeranmeldung

1917. Jeder, der für sich die Eigenschaft des Erbschaftsgläubigers beansprucht, hat innerhalb von vier Monaten seit der letzten Veröffentlichung nach dem vorangehenden Artikel seine Forderung mit den Unterlagen, die sie begründen, dem Liquidator anzumelden.

Auf Grund der angemeldeten Forderungen ist der Liquidator verpflichtet, innerhalb von drei Monaten nach dem Ablauf der Anmeldefrist das Inventar der Erbschaft zu errichten. Diese Frist kann durch das Nachlaßgericht aus wichtigen Gründen verlängert werden.

Aufgabe des Liquidators

1918. Der Liquidator verwaltet das Erbschaftssondervermögen, haftet für jede Fahrlässigkeit und hat Rechenschaft abzulegen.

Bis zur Beendigung der Inventarerrichtung hat er die Erbschaftsverbindlichkeiten festzustellen, die Forderungen einzuziehen und die beweglichen und unbeweglichen Sachen der Erbschaft zu veräußern.

Jeder eingezogene Geldbetrag ist verzinslich bei einer sicheren Bank anzulegen.

Auf die Veräußerung von Grundstücken oder öffentlichen Wertpapieren oder Aktien oder Schuldverschreibungen von Aktiengesellschaften findet die Vorschrift des Art. 1908 Anwendung.

Vergütung des Liquidators

1919. Der Liquidator ist berechtigt, eine entsprechende Vergütung zu fordern, welche durch das Nachlaßgericht bestimmt wird. Das Gericht hört vorher den Erben, wenn es nicht unmöglich oder außerordentlich schwierig ist.

Unzulänglichkeit der Erbschaft

1920. Ergibt sich aus dem Inventar, daß die Aktiva der Erbschaft zur Tilgung ihrer Verbindlichkeiten nicht genügen, so ist der Liquidator vor jeder Befriedigung eines Gläubigers verpflichtet, durch das Nachlaßgericht die Regelung der verhältnismäßigen Befriedigung aller Gläubiger zu veranlassen unter Berücksichtigung der kraft Gesetzes erworbenen Vorzugsrechte oder der vor dem Tode des Erblassers eingetragenen Hypotheken und bestellten Pfandrechte.

Gläubiger, deren Forderungen von einer Bedingung abhängig sind, kommen als bedingte Gläubiger in Betracht.

Nicht angemeldete Gläubiger

1921. Die nicht rechtzeitig gemäß Art. 1917 angemeldeten Erbschaftsgläubiger werden nur befriedigt, sofern nach der Befriedigung der angemeldeten Gläubiger Erbschaftsvermögen übrigbleibt.

Liquidation und Haftungsbeschränkung

1922. Die Entscheidung, welche die Liquidation der Erbschaft anordnet, hat nicht die Beschränkung der Haftung des Erben für die Verbindlichkeiten der Erbschaft zur Folge, sofern er nicht Erbe mit der Rechtswohltat des Inventars ist. Hat er aber eine solche Eigenschaft, so hören mit der Verkündung der Entscheidung seine Pflichten als Inventarerbe auf.

Vierzehntes Kapitel

Fideikommiß

Begriff

1923. Der Erblasser kann den Erben verpflichten, daß er mit dem Eintritt eines bestimmten Ereignisses oder Zeitpunktes die von ihm erworbene Erbschaft oder einen Bruchteil derselben einem anderen (Nacherben) herausgebe.

Eine solche Verpflichtung kann einem Nacherben nicht auferlegt werden.

Einsetzung einer noch nicht erzeugten Person

1924. Hat der Erblasser eine zur Zeit seines Todes noch nicht erzeugte Person als Erbe eingesetzt, so gilt der Eingesetzte als Nacherbe.

Das gleiche gilt auch, wenn eine zur Zeit des Todes des Erblassers noch nicht entstandene juristische Person als Erbe eingesetzt wird.

Einsetzung unter aufschiebender Bedingung oder Frist

1925. Hat der Erblasser einen Erben unter einer aufschiebenden Bedingung eingesetzt, die zur Zeit des Todes des Erblassers noch nicht eingetreten, oder unter einer aufschiebenden Befristung, die zur Zeit seines Todes noch nicht abgelaufen ist, so gilt der Eingesetzte als Nacherbe.

Das gleiche gilt auch, wenn die Bestimmung der Persönlichkeit des Erben von einem erst nach dem Tode des Erblassers eintretenden Ereignis abhängig ist.

Einsetzung unter auflösender Bedingung oder Frist

1926. Hat der Erblasser einen Erben unter auflösender Bedingung oder Befristung eingesetzt, ohne den Nacherben zu bestimmen, so gilt als solcher die Person, welche der gesetzliche Erbe des Erblassers sein würde, wenn dieser zur Zeit des Eintritts der Bedingung oder des Ablaufs der Frist gestorben wäre.

Verbot der Veräußerung oder Verfügung

1927. Hat der Erblasser dem Erben die Veräußerung der Erbschaft oder ihre Zuwendung durch letztwillige Verfügung verboten, so gelten im Zweifel die gesetzlichen Erben des Erblassers als Nacherben.

1928. Hat der Erblasser dem Erben die Veräußerung der Erbschaft oder ihre Zuwendung durch letztwillige Verfügung verboten und gleichzeitig die Person bestimmt, zu deren Gunsten er das Verbot erlassen hat, so gilt die auf diese Weise bestimmte Person als Nacherbe.

Familienfideikommiß

1929. Hat der Erblasser, welcher einen Erben eingesetzt hat, bestimmt, daß die Erbschaft oder ein Bruchteil derselben in seiner Familie erhalten bleiben soll, so gelten im Zweifel, unbeschadet der Vorschrift des Art. 1923 Abs. 2, als Nacherben nach dem Tode des Eingesetzten alle Personen, welche die gesetzlichen Erben des Erblassers sein würden, wenn er zur Zeit des Todes des Eingesetzten gestorben wäre.

Für andere, entferntere Verwandte des Erblassers gilt das Familienfideikommiß nicht.

1930. Hat der Erblasser, welcher einen Erben eingesetzt hat, bestimmt, daß die Erbschaft oder ein Bruchteil derselben in der Familie des Erben erhalten bleiben soll, so gelten im Zweifel, unbeschadet des Art. 1923 Abs. 2, als Nacherben nach dem Tode des Eingesetzten alle Personen, welche die gesetzlichen Erben des Erben sein würden.

Für andere, entferntere Verwandte des Erben gilt das Familienfideikommiß nicht.

Besonderer Fall eines Beschwerten

1931. In den Fällen der Art. 1924 und 1925 tritt bis zum Anfall der Erbschaft an den Nacherben in Bezug auf dessen Erbteil die gesetzliche Erbfolge in Kraft.

Stillschweigende Substitution

1932. Wer als Nacherbe eingesetzt wurde, gilt im Zweifel auch als Ersatzerbe des Erben eingesetzt.

Kinderloser Abkömmling als Beschwerter

1933. Hat der Erblasser einen Nacherben für den Fall des Todes seines Abkömmlings eingesetzt, der zur Zeit der Errichtung des Testaments kinderlos war, so gilt der Nacherbe als für den Fall eingesetzt, daß der Abkömmling ohne Kinder stirbt.

Erstreckung des Fideikommisses

1934. Das Recht des Nacherben erstreckt sich im Zweifel auch auf den Erbteil, den der Vorerbe infolge des Wegfalls eines Miterben erworben hat. Dieses Recht umfaßt im Zweifel jedoch nicht auch ein dem Vorerben hinterlassenes Vorausvermächtnis.

Anfallszeit

1935. Die Erbschaft fällt dem Nacherben, sofern der Erblasser nicht ein anderes Ereignis oder einen anderen Zeitpunkt bestimmt hat, mit dem Tode des Vorerben an.

In den Fällen des Art. 1924 erfolgt der Anfall mit der Geburt oder mit der Entstehung der juristischen Person.

Vorhandensein des Bedachten

1936. Nacherbe kann nur werden, wer zur Zeit des Anfalls der Erbschaft an ihn lebt oder mindestens erzeugt ist.

Lebt zu dieser Zeit der Nacherbe nicht oder ist er noch nicht erzeugt, so verbleibt die Erbschaft, sofern der Erblasser nicht etwas anderes bestimmt hat, dem Erben.

Rechte des Beschwerten

1937. Bis zum Anfall der Erbschaft an den Nacherben erhebt der Vorerbe die Erbschaftsklagen und verwaltet die Erbschaft; er hat dem Nacherben gegenüber für diejenige Sorgfalt einzustehen, welche er in eigenen Angelegenheiten anzuwenden pflegt.

Eine Verfügung über Gegenstände der Erbschaft ist, sofern der Erblasser nicht etwas anderes bestimmt hat, nur zulässig, wenn es nach den Regeln ordnungsmäßiger Verwaltung geboten erscheint oder der Nacherbe seine Zustimmung dazu gegeben hat, oder im Falle des Art. 1939. Jede andere Verfügung wird mit dem Anfall an den Nacherben nichtig.

Aufwendungen

1938. Bis zum Anfall an den Nacherben hat der Vorerbe nur die notwendigen und die zur Fruchtgewinnung erforderlichen Aufwendungen sowie die ordentlichen Lasten der Erbschaftsgegenstände zu tragen. Jede andere Aufwendung wird nach den Vorschriften über die Besorgung fremder Angelegenheiten beurteilt.

Herausgabe des Überrestes

1939. Wurde der Nacherbe auf dasjenige eingesetzt, was von der Erbschaft zur Zeit des Anfalls an ihn übrigbleibt, oder hat der Erblasser dem Erben freie Verfügung erlaubt, so ist dieser zu jeder Verfügung über die Gegenstände der Erbschaft berechtigt.

Annahme oder Ausschlagung eines Fideikommisses

1940. Mit dem Anfall der Erbschaft an den Nacherben ist dieser berechtigt, die Erbschaft nach den für ihre Annahme oder Ausschlagung geltenden Vorschriften anzunehmen oder auszuschlagen.

Herausgabe und Folgen

1941. Mit dem Anfall der Erbschaft an den Nacherben hört der Vorerbe auf, Erbe zu sein, und ist verpflichtet, die Erbschaft in dem Zustande herauszugeben, in dem sie sich nach ordnungsmäßiger Verwaltung befinden würde, mit Ausschluß der bis zum Anfall erzeugten Früchte. Der Nacherbe ist berechtigt, Rechenschaftsablegung zu verlangen.

Die durch Konfusion erloschenen Rechte und Verbindlichkeiten leben kraft Gesetzes wieder auf.

Fünfzehntes Kapitel

Erbschaftskauf

Erbschaftskauf

1942. Der Erbe kann die ihm angefallene Erbschaft im ganzen oder zu einem Bruchteil verkaufen.

Der Verkauf ist notariell zu beurkunden.

Was er umfaßt

1943. Jeder Vorteil, welcher sich aus dem Wegfall eines Vermächtnisses oder einer Auflage oder eines Fideikommisses oder aus der Ausgleichungspflicht eines Miterben ergibt, gebührt dem Käufer.

1944. Ein Erbteil, der dem Verkäufer nach dem Abschluß des Kaufes durch Nacherbfolge oder infolge des Wegfalles eines Miterben anfällt, sowie ein dem Verkäufer zugewendetes Vorausvermächtnis ist im Zweifel nicht als mitverkauft anzusehen.

Das gleiche gilt von Familienpapieren und Kleinodien.

Verpflichtungen des Verkäufers

1945. Der Verkäufer ist verpflichtet, dem Käufer die zur Zeit des Verkaufes vorhandenen Erbschaftsgegenstände mit Einschluß dessen herauszugeben, was er vor dem Verkauf auf Grund eines zur Erbschaft gehörenden Rechtes oder als Ersatz für die Beschädigung, Zerstörung oder Entziehung eines Erbschaftsgegenstandes oder durch ein Rechtsgeschäft erlangt hat, das sich auf die Erbschaft bezog.

1946. Hat der Verkäufer vor dem Verkauf einen Erbschaftsgegenstand verbraucht oder unentgeltlich veräußert, so ist er verpflichtet, dem Käufer den entsprechenden Wert zur Zeit des Verbrauches oder der Veräußerung zu ersetzen, es sei denn, daß dem Käufer beim Abschluß des Kaufes der Verbrauch oder die Veräußerung bekannt war.

Der Käufer ist nicht berechtigt, wegen Verschlechterung, Untergangs oder wegen einer aus einem anderen Grunde eingetretenen Unmöglichkeit der Herausgabe eines Erbschaftsgegenstandes Ersatz zu verlangen.

Fehler, Rechtsmängel, Lasten

1947. Der Verkäufer der Erbschaft haftet nicht für Sach- oder Rechtsmängel der einzelnen Gegenstände.

Der Verkäufer haftet dafür, daß ihm das Erbrecht zusteht, sowie daß es von einem Fideikommiß, einem Vermächtnis oder einer Auflage oder Pflichtteilslast oder Ausgleichungspflicht, von der Ernennung eines Testamentsvollstreckers und von einer die Teilung betreffenden Bestimmung des Erblassers frei ist.

Der Verkäufer haftet auch für den Verlust der Rechtswohltat des Inventars.

Die durch Konfusion erloschenen Rechte und Verbindlichkeiten

1948. Rechte und Verbindlichkeiten, welche mit dem Anfall der Erbschaft wegen Konfusion erloschen sind, gelten im Verhältnis zwischen dem Verkäufer und dem Käufer als nicht erloschen.

Verpflichtungen des Käufers

1949. Der Käufer ist dem Verkäufer gegenüber verpflichtet, die Nachlaßverbindlichkeiten zu erfüllen, mit Ausschluß derjenigen, für die nach Art. 1947 der Verkäufer haftet. Der Käufer haftet dem Verkäufer gegenüber auch für die Steuern, welche den Nachlaß belasten.

Hat der Verkäufer vor dem Verkauf eine Nachlaßverbindlichkeit erfüllt, so kann er von dem Käufer Ersatz verlangen.

Nutzungen, Lasten, Gefahr

1950. Die vor dem Verkauf des Nachlasses gezogenen Nutzungen verbleiben dem Verkäufer, der auch die in diese Zeit fallenden Lasten trägt, mit Einschluß der Zinsen der Nachlaßverbindlichkeiten.

1951. Der Käufer trägt von dem Abschluß des Kaufes an die Gefahr des zufälligen Untergangs und einer zufälligen Verschlechterung der Erbschaftsgegenstände. Von diesem Zeitpunkt an gebühren ihm die Nutzungen und trägt er die Lasten.

Aufwendungen

1952. Der Käufer ist verpflichtet, dem Verkäufer die notwendigen Aufwendungen zu ersetzen, die der Verkäufer vor dem Verkauf auf die Erbschaft gemacht hat. Für jede andere vor dem Verkauf gemachte Aufwendung hat der Käufer insoweit Ersatz zu leisten, als die durch sie hervorgerufene Werterhöhung der Erbschaft zur Zeit des Verkaufs noch vorhanden ist.

Haftung gegenüber den Gläubigern

1953. Der Käufer haftet von dem Abschluß des Kaufes an den Nachlaßgläubigern, unbeschadet der Fortdauer der Haftung des Verkäufers. Dies gilt auch von den Verbindlichkeiten, zu deren Erfüllung der Käufer dem Verkäufer gegenüber nach den Art. 1949 und 1950 nicht verpflichtet ist.

Eine Vereinbarung zwischen dem Verkäufer und dem Käufer, welche den Käufer von der Haftung befreit oder diese beschränkt, ist den Gläubigern gegenüber unwirksam.

Rechtswohltat des Inventars

1954. Der Käufer kann das Recht zur Annahme der Erbschaft mit der Rechtswohltat des Inventars geltend machen, sofern dieses Recht beim Abschluß des Kaufes dem Verkäufer zustand.

Die Errichtung des Inventars durch den Verkäufer oder den Käufer kommt beiden Teilen zustatten.

Andere Veräußerungsverträge

1955. Die Vorschriften über den Erbschaftskauf finden entsprechende Anwendung auch auf jeden anderen Vertrag, der sich auf die Veräußerung einer Erbschaft richtet.

Im Falle einer Schenkung haftet der Schenker nicht für den Verbrauch oder die unentgeltliche Veräußerung vor der Schenkung und auch nicht für die Mängel oder die Beschränkungen des Erbrechts, es sei denn, daß er diese arglistig verschwiegen hat.

Sechzehntes Kapitel

Erbschein

Begriff

1956. Das Nachlaßgericht erteilt dem Erben auf dessen Antrag ein Zeugnis über sein Erbrecht und über die Größe des ihm gebührenden Erbteils (Erbschein).

Inhalt des Antrags

1957. Wer die Erteilung des Erbscheins beantragt, hat im Antrag anzugeben: 1. die Zeit des Todes des Erblassers; 2. das Testament und seinen Inhalt oder das Verwandtschaftsverhältnis, auf welchem er sein Erbrecht stützt; 3. daß keine anderen Personen vorhanden sind, welche sein Erbrecht ausschließen oder beschränken, oder daß die vorhandenen weggefallen sind, sowie die Gründe, aus denen sie weggefallen sind; 4. im Falle, daß andere Testamente vorhanden sind, ihren Inhalt; 5. ob ein Rechtsstreit über das Erbrecht anhängig ist.

Nachweis

1958. Der Antragsteller hat die Richtigkeit der nach dem vorangehenden Artikel gemachten Angaben durch öffentliche Urkunden nachzuweisen. Ist die Vorlegung einer öffentlichen Urkunde unmöglich oder außerordentlich schwierig, so kann das Gericht andere Beweismittel zulassen; zugleich verpflichtet das Gericht den Antragsteller, unter Eid zu versichern, daß ihm keine Tatsache bekannt ist, welche der Richtigkeit seiner Angaben entgegensteht.

Untersuchung von Amts wegen durch das Gericht

1959. Das Gericht ist zwecks Feststellung der Angaben des Antragstellers zu jeder Untersuchung von Amts wegen berechtigt, insbesondere ist es befugt, die Veröffentlichung des Antrages anzuordnen, wobei es die Art der Veröffentlichung bestimmt. Es ist auch berechtigt, die Ladung und Anhörung von Personen anzuordnen, welche wahrscheinlich Erbrechte beanspruchen, insbesondere von Personen, die für den Fall der Nichtigkeit der letztwilligen Verfügung Erben sein würden, oder von Personen, die einen Prozeß über dasselbe Erbrecht führen.

Bei mehreren Erben

1960. Sind mehrere Erben vorhanden, so ist auf Antrag irgendeines von ihnen ein gemeinschaftlicher Erbschein zu erteilen. In diesem Falle muß der Antragsteller die Namen und die Erbteile aller Erben angeben, sowie, daß sie die Erbschaft angenommen haben; er hat auch die Richtigkeit dieser Angaben nachzuweisen.

Das Gericht kann von allen Miterben unter Eid die Versicherung verlangen, daß ihnen keine Tatsache bekannt ist, welche den Angaben entgegensteht.

Inhalt des Erbscheins

1961. Der Erbschein ist nur zu erteilen, wenn das Nachlaßgericht die Angaben des Antrags für nachgewiesen erachtet.

Der Erbschein gibt den Erben an, bei mehreren Erben auch den Erbteil eines jeden, außerdem den Testamentsvollstrecker sowie den Nacherben und die Bedingungen, unter denen dieser bestimmt wird.

Vermutung der Erbeneigenschaft

1962. Es wird vermutet, daß demjenigen, welcher in dem Erbschein als Erbe bezeichnet ist, das in dem Erbschein angegebene Erbrecht zusteht und daß er nicht durch andere als die im Erbschein angegebenen Anordnungen beschränkt ist.

Gültigkeit der Rechtsgeschäfte

1963. Jedes Rechtsgeschäft des im Erbschein als Erben Bezeichneten mit einem Dritten oder des Dritten einem solchen Erben gegenüber ist zugunsten des Dritten gültig, soweit sich die Vermutung des vorangehenden Artikels erstreckt, es sei denn, daß der Dritte die Unrichtigkeit des Erbscheins oder seinen gerichtlichen Widerruf kannte.

Unrichtiger Erbschein

1964. Der wirkliche Erbe oder der Testamentsvollstrecker kann von dem Besitzer eines unrichtigen Erbscheins die Herausgabe desselben an das Nachlaßgericht verlangen.

Derjenige, welchem ein unrichtiger Erbschein erteilt worden ist, hat dem wirklichen Erben über den Bestand der Erbschaft und den Verbleib der Erbschaftsgegenstände Auskunft zu erteilen.

Einziehung oder Kraftloserklärung des Erbscheins

1965. Ist der erteilte Erbschein unrichtig, so ordnet das Nachlaßgericht seine Einziehung an. Mit der Einziehung wird der Erbschein kraftlos.

Ist die Einziehung des Erbscheins nicht sofort möglich, so hat ihn das Nachlaßgericht durch Entscheidung für kraftlos zu erklären. Ein Auszug aus der Entscheidung wird durch die Presse nach der in der Entscheidung bestimmten Weise veröffentlicht. In jedem Falle wird der Auszug in eine Zeitung des letzten Wohnsitzes oder Aufenthalts des Erblassers eingerückt. Mit dem Ablauf eines Monats nach der letzten Einrückung wirkt die Entscheidung, welche den Erbschein für kraftlos erklärt, gegen jedermann.

1966. Das Nachlaßgericht ist berechtigt, von Amts wegen über die Richtigkeit eines erteilten Erbscheines Ermittlungen vorzunehmen und diesen zu widerrufen oder abzuändern.

Siebzehntes Kapitel

Vermächtnisse

Wer beschwert werden kann

1967. Mit einem Vermächtnis kann der Erbe, der Nacherbe und ein Vermächtnisnehmer beschwert werden.

Sofern nicht der Erblasser etwas anderes bestimmt hat, ist der Erbe beschwert.

Mehrere Beschwerte

1968. Sind mehrere Erben oder Vermächtnisnehmer beschwert, so ist im Zweifel ein jeder der Erben im Verhältnis seines Erbteils, ein jeder der Vermächtnisnehmer im Verhältnis des Wertes des ihm Vermachten beschwert.

Das gleiche gilt auch, wenn mehrere mit einem Vermächtnis alternativ beschwert sind.

Vorausvermächtnis

1969. Das einem Erben zugewendete Vermächtnis (Vorausvermächtnis) gilt als Vermächtnis auch insoweit, als der Erbe selbst beschwert ist.

Stillschweigendes Vermächtnis

1970. Hat der Erblasser bestimmt, daß ein bestimmter Erbschaftsgegenstand nicht dem im Testament Eingesetzten zufallen soll, so gilt dieser Gegenstand als dem gesetzlichen Erben vermacht.

Bestimmung durch den Beschwerten oder einen Dritten

1971. Wurde als Vermächtnisnehmer eine Person aus einem bestimmten Kreis nach der Wahl des Beschwerten oder eines Dritten bedacht, so erfolgt die Bestimmung der Person durch Erklärung des Beschwerten dieser gegenüber bzw. durch Erklärung des Dritten gegenüber dem Beschwerten. Im Zweifel gilt die Bestimmung als dem Beschwerten überlassen.

Kann der Beschwerte oder der Dritte die Bestimmung nicht treffen oder ist die zu diesem Zweck durch das Gericht festgesetzte Frist erfolglos verstrichen, so gelten alle Personen als Gesamtgläubiger; ein Rückgriff gegen denjenigen, der das Vermächtnis erhalten hat, ist nicht zulässig.

1972. Hat der Erblasser mit einem Vermächtnis mehrere bedacht und dem Beschwerten oder einem Dritten dasjenige zu bestimmen überlassen, was jeder aus dem Vermachten erhalten soll, so erfolgt die Festsetzung nach der in dem vorangehenden Artikel bestimmten Weise.

Kann der Beschwerte oder der Dritte die Festsetzung nicht treffen oder ist die zu diesem Zwecke durch das Gericht gesetzte Frist erfolglos verstrichen, so sind die Bedachten zu gleichen Teilen aus dem Vermächtnis berechtigt.

1973. Hat der Erblasser bestimmt, daß der Bedachte einen von mehreren Gegenständen erhalten soll, und ist die Wahl einem Dritten überlassen, so erfolgt sie durch Erklärung gegenüber dem Beschwerten. Kann der Dritte die Wahl nicht treffen oder ist die dazu durch das Gericht gesetzte Frist erfolglos verstrichen, so geht das Wahlrecht auf den Beschwerten über.

Bestimmung nach billigem Ermessen

1974. Der Erblasser kann die Bestimmung des vermachten Gegenstandes dem billigen Ermessen des Beschwerten oder eines Dritten überlassen, sofern er den Zweck des Vermächtnisses bestimmt hat. Auf ein solches Vermächtnis finden die für Verträge über eine Leistung geltenden Vorschriften, welche durch den einen der Vertragschließenden oder einen Dritten zu bestimmen ist, entsprechende Anwendung.

An mehrere vermachter Gegenstand

1975. Ist mehreren derselbe Gegenstand vermacht, so finden die Vorschriften der Art. 1802 bis 1806 Anwendung.

Anwachsung beim Vermächtnis

1976. Ist mehreren derselbe Gegenstand vermacht und ist einer von ihnen vor oder nach dem Tode des Erblassers weggefallen, so wächst sein Anteil den übrigen Bedachten nach dem Verhältnis ihrer Anteile an. Dies gilt auch dann, wenn der Erblasser die Anteile der Bedachten bestimmt hat. Sind einige der Bedachten zu demselben Anteil berufen, so tritt die Anwachsung zunächst unter ihnen ein.

1977. Der durch Anwachsung einem Vermächtnisnehmer anfallende Anteil gilt in Ansehung der Vermächtnisse und Auflagen, mit denen dieser oder der wegfallende Vermächtnisnehmer beschwert ist, als besonderes Vermächtnis.

Tod des Vermächtnisnehmers vor dem Erbfall

1978. Ein Vermächtnis wird ungültig, wenn der Bedachte zur Zeit des Todes des Erblassers nicht mehr lebt.

Wegfall des Beschwerten

1979. Wird der Beschwerte nicht Erbe oder Vermächtnisnehmer, so bleibt im Zweifel das Vermächtnis wirksam und beschwert denjenigen, welchem der Wegfall des zunächst Beschwerten unmittelbar zustatten kommt.

Unerfüllbares Vermächtnis

1980. Ein Vermächtnis, das auf eine zur Zeit des Todes des Erblassers unmögliche Leistung gerichtet ist oder gegen das Gesetz verstößt, ist unwirksam.

Vereitelung eines Vermächtnisses

1981. Ein nichtiges oder nicht mehr durchführbares Vermächtnis kommt dem Beschwerten zustatten, sofern nicht ein Fall der Substitution oder Anwachsung gegeben ist.

Zubehör einer vermachten Sache

1982. Das Vermächtnis einer Sache umfaßt im Zweifel auch das zur Zeit des Todes des Erblassers vorhandene Zubehör.

Hat der Erblasser wegen einer nach der Anordnung des Vermächtnisses erfolgten Beschädigung der Sache einen Anspruch auf Ersatz des Schadens, so erstreckt sich im Zweifel das Vermächtnis auch auf diesen Anspruch.

Lasten des vermachten Gegenstandes

1983. Ist ein zur Erbschaft gehörender Gegenstand vermacht, so ist der Beschwerte im Zweifel nicht verpflichtet, die auf dem Gegenstand ruhenden Lasten zu beseitigen.

Steht dem Erblasser ein Anspruch auf die Beseitigung zu, so erstreckt sich im Zweifel das Vermächtnis auch auf diesen Anspruch.

Vermächtnis über einen fremden Gegenstand

1984. Das Vermächtnis eines bestimmten Gegenstandes, welcher zur Zeit des Todes des Erblassers nicht zur Erbschaft gehört, ist nichtig, es sei denn, daß dieser Gegenstand auch für den Fall zugewendet sein soll, daß er nicht zur Erbschaft gehört. Als nicht zur Erbschaft gehörig gilt auch dasjenige, was der Erblasser einem anderen zu übertragen verpflichtet ist.

Hat der Erblasser zur Zeit seines Todes nur den Besitz der vermachten Sache, so gilt im Zweifel der Besitz als vermacht.

Ist der Erblasser berechtigt, den vermachten Gegenstand von einem Dritten zu verlangen, so gilt im Zweifel dieser Anspruch als vermacht. Das gleiche gilt auch, wenn der Erblasser berechtigt ist, wegen eines nach Anordnung des Vermächtnisses erfolgten Untergangs oder wegen nach Anordnung des Vermächtnisses erfolgter Entziehung des vermachten Gegenstandes Entschädigung zu verlangen.

1985. Ist das Vermächtnis eines Gegenstandes, der zur Zeit des Todes des Erblassers nicht zur Erbschaft gehört, nach dem vorangehenden Artikel gültig, so ist der Beschwerte verpflichtet, den Gegenstand dem Bedachten zu verschaffen.

Ist der Beschwerte zur Verschaffung des Gegenstandes außerstande oder sind dazu unverhältnismäßige Aufwendungen erforderlich, so ist sein Wert zu entrichten.

Verbindung oder Vermischung der vermachten Sache

1986. Hat der Erblasser nach der Anordnung des Vermächtnisses die vermachte Sache mit einer anderen in solcher Weise verbunden oder vermischt, daß das Eigentum an der anderen Sache sich auch auf sie erstreckt oder Miteigentum eintritt, und besteht dieser Zustand zur Zeit des Todes des Erblassers, so ist das Vermächtnis nichtig.

Ist die Verbindung oder Vermischung durch einen anderen als den Erblasser erfolgt und hat der Erblasser dadurch Miteigentum erworben, so gilt im Zweifel das Miteigentum als vermacht.

Steht dem Erblasser ein Recht zur Wegnahme der verbundenen Sache zu, so gilt im Zweifel dieses Recht als vermacht.

Verarbeitung oder Umbildung

1987. Hat der Erblasser nach der Anordnung des Vermächtnisses durch Verarbeitung oder Umbildung der vermachten Sache eine neue Sache hergestellt, so daß der Hersteller dem Gesetz nach Eigentümer der Sache wird, so ist das Vermächtnis nichtig.

Ist diese Umgestaltung durch einen anderen als den Erblasser erfolgt, so findet die Vorschrift des Art. 1984 Abs. 3 Anwendung.

Vermächtnis einer eingezogenen Forderung

1988. Hat der Erblasser eine ihm zustehende Forderung vermacht, so ist, wenn vor dem Tode des Erblassers die Leistung erfolgt und der geleistete Gegenstand noch in der Erbschaft vorhanden ist, im Zweifel anzunehmen, daß dieser Gegenstand vermacht wurde. War die Forderung auf Zahlung einer Geldsumme gerichtet, so gilt im Zweifel die entsprechende Geldsumme als vermacht, auch wenn sich eine solche in der Erbschaft nicht vorfindet.

Der Gattung nach bestimmte Sache

1989. Hat der Erblasser eine der Gattung nach bestimmte Sache vermacht, so ist der Vermächtnisnehmer berechtigt, eine seinen Verhältnissen entsprechende Sache zu verlangen.

1990. Ist eine nur der Gattung nach bestimmte Sache vermacht und die Bestimmung der Sache dem Vermächtnisnehmer oder einem Dritten überlassen, so erfolgt die Bestimmung durch Erklärung dieser Personen gegenüber dem Beschwerten. Können diese die Bestimmung nicht treffen oder ist die dazu durch das Gericht bestimmte Frist erfolglos verstrichen oder ist die getroffene Bestimmung nicht eine solche, wie sie nach dem vorangehenden Artikel sein soll, so erfolgt die Bestimmung durch das Nachlaßgericht.

1991. Ist eine nur der Gattung nach bestimmte Sache vermacht, so finden in Ansehung der Verpflichtungen des Beschwerten wegen Rechts- und Sachmängel die entsprechenden Vorschriften über die Verpflichtungen des Verkäufers Anwendung. Das gleiche gilt im Zweifel auch beim Vermächtnis eines bestimmten Gegenstandes, welcher nicht zu der Erbschaft gehört, unbeschadet der im Art. 1985 Abs. 2 angeführten Beschränkung.

Ist der Gegenstand des Vermächtnisses ein Grundstück, so haftet im Zweifel der Beschwerte nicht dafür, daß das Grundstück frei von Dienstbarkeiten oder von anderen dinglichen Belastungen sei.

Vermächtnis aller Forderungen

1992. Hat der Erblasser alle seine Forderungen vermacht, so umfaßt das Vermächtnis im Zweifel nur die Geldforderungen, nicht aber andere Forderungen oder Inhaberpapiere oder Anlagen bei Banken und Sparkassen.

Vermächtnis einer Schuld

1993. Hat der Erblasser dasjenige, was er dem Vermächtnisnehmer schuldet, vermacht, so ist im Zweifel der Beschwerte verpflichtet, die Schuld zu tilgen, ohne berechtigt zu sein, sich auf eine Bedingung oder Frist oder eine Einwendung zu berufen.

1994. Hat der Erblasser unter Verschweigung seiner Schuld eine Geldsumme seinem Gläubiger vermacht, so gilt im Zweifel das Vermächtnis nicht als zur Tilgung der Schuld hinterlassen.

Das Recht aus dem Vermächtnis

1995. Der Vermächtnisnehmer erwirbt durch das Vermächtnis das obligatorische Recht, von dem Beschwerten die Leistung des vermachten Gegenstandes zu fordern.

1996. Ist mit dem Vermächtnis der Erbe beschwert und ist der Gegenstand des Vermächtnisses eine bestimmte Sache oder ein dem Erblasser zustehendes Recht, so wird der vermachte Gegenstand, sofern der Erblasser nichts anderes bestimmt hat, sofort und kraft Gesetzes vom Vermächtnisnehmer erworben, unbeschadet der Vorschrift des Art. 1198. Besteht das Vermächtnis in der Befreiung von einer dinglichen Belastung oder von einer Verbindlichkeit dem Erblasser gegenüber, so tritt die Befreiung sofort und kraft Gesetzes zugunsten des Vermächtnisnehmers ein.

Zeit des Anfalls oder des Erwerbs

1997. Der Anspruch aus dem Vermächtnis wird mit dem Tode des Erblassers erworben (Anfall des Vermächtnisses). Der Vermächtnisnehmer ist berechtigt, das Vermächtnis auszuschlagen.

Bei einer Bedingung oder Frist

1998. Bei einem Vermächtnis unter aufschiebender Bedingung oder Frist, welche nach dem Tode des Erblassers eintritt bzw. abläuft, erfolgt der Anfall des Vermächtnisses mit dem Eintritt der Bedingung oder mit dem Ablauf der Frist.

1999. Ist der Vermächtnisnehmer zur Zeit des Todes des Erblassers noch nicht erzeugt oder wird seine Persönlichkeit durch ein erst nach dem Tode des Erblassers eintretendes Ereignis bestimmt, so erfolgt der Anfall des Vermächtnisses im ersteren Falle mit der Geburt, im letzteren mit dem Eintritt des Ereignisses.

2000. In den Fällen der zwei vorangehenden Artikel finden für die Zeit zwischen dem Tod des Erblassers und dem Anfall des Vermächtnisses die Vorschriften über aufschiebende Bedingung Anwendung.

Ausschlagung des Vermächtnisses

2001. Der Vermächtnisnehmer kann nicht nach der Annahme das Vermächtnis ausschlagen.

Die Annahme und die Ausschlagung des Vermächtnisses erfolgen durch Erklärung gegenüber dem Beschwerten. Die Erklärung kann erst nach dem Anfall des Vermächtnisses abgegeben werden; sie ist nichtig, wenn sie unter einer Bedingung oder einer Zeitbestimmung oder nur für einen Teil des vermachten Gegenstandes abgegeben wird.

Die für die Annahme oder die Ausschlagung einer Erbschaft geltenden Vorschriften der Art. 1854, 1855 Abs. 2 und 1856 finden auch auf ein Vermächtnis entsprechende Anwendung.

2002. Ist die Zeit der Erfüllung eines Vermächtnisses dem freien Belieben des Beschwerten überlassen, so wird die Leistung im Zweifel mit dem Tode des Beschwerten fällig.

Früchte des vermachten Gegenstandes

2003. Ist ein bestimmter, zur Erbschaft gehörender Gegenstand vermacht, so hat der Beschwerte dem Vermächtnisnehmer auch die seit dem Anfall des Vermächtnisses gezogenen Früchte sowie das sonst auf Grund des vermachten Rechtes Erlangte herauszugeben. Für Nutzungen, die nicht zu den Früchten gehören, hat der Beschwerte nicht Ersatz zu leisten.

Verwendungen

2004. Ist eine bestimmte zur Erbschaft gehörende Sache vermacht, so kann der Beschwerte für die nach dem Tode des Erblassers auf die Sache gemachten Verwendungen sowie für Aufwendungen, die er nach dem Tode des Erblassers zur Bestreitung von Lasten der Sache gemacht hat, Ersatz nach den Vorschriften verlangen, die für das Verhältnis zwischen dem Besitzer und dem Eigentümer gelten.

Beschwerter Vermächtnisnehmer

2005. Ist ein Vermächtnisnehmer mit einem Vermächtnis oder einer Auflage beschwert, so ist er zur Erfüllung erst dann verpflichtet, wenn er die Erfüllung des ihm zugewendeten Vermächtnisses zu verlangen berechtigt ist.

2006. Ein Vermächtnisnehmer, der mit einem Vermächtnis oder einer Auflage beschwert ist, kann die Erfüllung auch nach der Annahme des ihm zugewendeten Vermächtnisses insoweit verweigern, als dasjenige, was er aus dem Vermächtnis erhält, zur Erfüllung nicht ausreicht.

Tritt nach Art. 1979 ein anderer an die Stelle des beschwerten Vermächtnisnehmers, so haftet er nicht weiter, als der Vermächtnisnehmer haften würde.

Kürzung des Vermächtnisses

2007. Wird die einem Vermächtnisnehmer gebührende Leistung nach Maßgabe der Vorschriften über den Pflichtteil oder nach Maßgabe des vorangehenden Artikels gekürzt, so ist im Zweifel auch der Vermächtnisnehmer berechtigt, die ihm auferlegten Beschwerungen verhältnismäßig zu kürzen.

Substitution

2008. Hat der Erblasser für den Fall, daß der zunächst Bedachte das Vermächtnis nicht erwirbt, den Gegenstand des Vermächtnisses einem anderen zugewendet, so finden die für die Einsetzung eines Ersatzerben geltenden Vorschriften der Art. 1810 bis 1812 entsprechende Anwendung.

Fideikommissarische Substitution

2009. Die Anordnung des Erblassers, daß der vermachte Gegenstand von einem nach dem Erwerb des Vermächtnisses eintretenden bestimmten Zeitpunkt oder Ereignis an einem anderen zufallen soll (fideikommissarische Substitution), gilt nur zugunsten eines gemeinnützigen Zweckes oder der Blutsverwandten des Erblassers in gerader Linie oder bis zum dritten Grade einschließlich in der Seitenlinie, die zur Zeit des Todes des beschwerten ersten Vermächtnisnehmers noch vorhanden sind. Zugunsten weiterer Personen gilt eine Substitution nicht.

Familienvermächtnis

2010. Muß nach dem Willen des Erblassers der vermachte Gegenstand für immer in seiner eigenen Familie erhalten bleiben, so gelten als Substitutionsbedachte auf Grund des Vermächtnisses nur die im vorigen Artikel angeführten Verwandten, welche die gesetzlichen Erben des Erblassers sein würden, wenn er zur Zeit des Todes des beschwerten ersten Vermächtnisnehmers gestorben wäre.

Achtzehntes Kapitel

Auflage

2011. Enthält die letztwillige Verfügung eine Auflage, so finden die Vorschriften der Art. 1789, 1967, 1968, 1973, 1974, 1979, 1980, 1989 und 2002 entsprechende Anwendung.

Person des Begünstigten

2012. Der Erblasser kann eine Auflage für einen bestimmten Zweck anordnen und dem Beschwerten oder einem Dritten die Bestimmung der Person, an welche die Leistung erfolgen soll, überlassen.

Bestimmung durch den Beschwerten oder einen Dritten

2013. Wurde im Falle des vorangehenden Artikels die Bestimmung der Person dem Beschwerten überlassen und ist die zu diesem Zweck durch das Gericht gesetzte Frist erfolglos verstrichen, so erfolgt die Bestimmung durch denjenigen, welcher die Klage erhoben hat.

Ist die Bestimmung der Person einem Dritten überlassen, so erfolgt sie durch Erklärung gegenüber dem Beschwerten. Kann der Dritte die Bestimmung nicht treffen, oder ist die zu diesem Zweck durch das Gericht gesetzte Frist ergebnislos verstrichen, so erfolgt die Bestimmung durch den Beschwerten. Die gerichtliche Frist kann auch auf Antrag des Beschwerten bestimmt werden.

Wer die Vollziehung verlangen kann

2014. Die Vollziehung einer Auflage zu verlangen sind berechtigt: der Testamentsvollstrecker, der Erbe, der Miterbe und derjenige, welchem der Wegfall des mit der Auflage zunächst Beschwerten unmittelbar zustatten kommen würde.

Liegt die Vollziehung der Auflage im öffentlichen Interesse, so kann auch die Behörde die Vollziehung verlangen.

Nichtigkeit einer Auflage

2015. Ist eine Auflage nichtig, so ist die zugunsten des Beschwerten vorgenommene Zuwendung nur dann nichtig, wenn dies dem Willen des Erblassers entspricht.

Unmöglichkeit der Vollziehung einer Auflage

2016. Wird die Vollziehung einer Auflage infolge eines Verschuldens des Beschwerten unmöglich, so kann derjenige, welchem der Wegfall des zunächst Beschwerten zustatten kommen würde, die

Herausgabe der Zuwendung nach den Vorschriften über ungerechtfertigte Bereicherung insoweit fordern, als die Zuwendung zur Vollziehung der Auflage hätte verwendet werden müssen.

Neunzehntes Kapitel

Testamentsvollstrecker

2017. Der Erblasser kann im Testament als Testamentsvollstrecker eine oder mehrere natürliche oder juristische Personen ernennen. Der Erblasser kann den Testamentsvollstrecker ermächtigen, andere als Mitvollstrecker oder Nachfolger zu ernennen. *Ernennung*

2018. Die Ernennung eines Testamentsvollstreckers ist nichtig, wenn er zu der Zeit, zu welcher er das Amt anzutreten hat, geschäftsunfähig oder in der Geschäftsfähigkeit beschränkt ist. *Befähigung*

2019. Das Amt des Testamentsvollstreckers beginnt mit der Annahme des Amtes. *Beginn, Annahme, Ablehnung*

Die Annahme sowie die Ablehnung erfolgt durch Erklärung gegenüber dem Sekretär des Nachlaßgerichts, worüber ein Protokoll aufzunehmen ist. Die Erklärung ist nichtig, wenn sie vor dem Anfall der Erbschaft oder unter einer Bedingung oder einer Zeitbestimmung abgegeben wird.

Der Präsident des Nachlaßgerichts bestimmt dem Ernannten auf Antrag eines jeden, der daran ein Interesse hat, eine Frist zur Erklärung über die Annahme; mit dem erfolglosen Ablauf der Frist gilt das Amt als abgelehnt.

2020. Aufgabe des Testamentsvollstreckers ist die Ausführung der Bestimmungen des Testaments. *Befugnis eines Testamentsvollstreckers*

Der Testamentsvollstrecker ist zu jeder Handlung berechtigt, die entweder von dem Erblasser ausdrücklich gestattet wurde oder zur Ausführung seiner Bestimmungen unerläßlich ist. Unter denselben Bedingungen ist er zur Verwaltung des Nachlasses im ganzen oder zum Teil berechtigt.

2021. Ist in den Fällen des vorangehenden Artikels die Veräußerung von Grundstücken der Erbschaft oder öffentlichen Wertpapieren oder Aktien oder Obligationen von Aktiengesellschaften, die Aufnahme eines Darlehens oder der Abschluß eines Vergleichs oder eine Ausgabe, welche hunderttausend Drachmen übersteigt, erforderlich und stimmt der Erbe nicht zu, so ist der Testamentsvollstrecker zur Vornahme dieser Handlungen mit Erlaubnis des Nachlaßgerichts berechtigt. Das Gericht hat vorher den Erben zu hören, sofern es nicht unmöglich oder außerordentlich schwierig ist. *Handlungen nach Erlaubnis des Gerichts*

2022. Der Erblasser kann durch ausdrückliche Erklärung im Testament den Testamentsvollstrecker von den Beschränkungen des vorangehenden Artikels befreien.

Haftung des Testamentsvollstreckers

2023. Der Testamentsvollstrecker haftet bei der Erfüllung seiner Verpflichtungen für jede durch sein Verschulden entstehende Beeinträchtigung der Erbschaft den Erben gegenüber nach den Regeln über den Auftrag. Im Falle einer Verwaltung ist er zur Rechenschaftsablegung verpflichtet.

Mehrere Testamentsvollstrecker haften wegen gemeinschaftlichen Verschuldens als Gesamtschuldner.

Mehrere Testamentsvollstrecker

2024. Mehrere Testamentsvollstrecker führen das Amt gemeinschaftlich, und bei Wegfall eines von ihnen führen die übrigen das Amt allein. Bei einer Meinungsverschiedenheit entscheidet die Mehrheit und bei Stimmengleichheit entscheidet das Gericht nach freiem Ermessen. Der Erblasser kann abweichende Anordnungen treffen.

Erhaltungsmaßregeln kann auch jeder der Testamentsvollstrecker allein treffen.

Erbschaftsklagen

2025. Die Ansprüche der Erbschaft werden von dem Erben geltend gemacht.

Der Testamentsvollstrecker kann die Erbschaftsansprüche geltend machen, sofern ihm die Verwaltung der Erbschaft oder das Recht zur Geltendmachung dieser Ansprüche zusteht.

Ansprüche gegen die Erbschaft

2026. Die Ansprüche, welche sich gegen die Erbschaft richten, werden gegen den Erben geltend gemacht.

Der Testamentsvollstrecker ist zur gerichtlichen Intervention berechtigt.

Vergütung

2027. Der Testamentsvollstrecker kann verlangen, sofern der Erblasser nichts anderes bestimmt hat, daß das Nachlaßgericht eine angemessene Vergütung anordnet.

Das Gericht hat vorher den Erben zu hören, sofern dies nicht unmöglich oder außerordentlich schwierig ist.

Erlöschen des Amtes

2028. Das Amt des Testamentsvollstreckers erlischt, wenn der Erbe eine dem Ermessen des Gerichts nach hinreichende Sicherheit bietet, daß er die Verfügungen des Testaments, für die der Testamentsvollstrecker ernannt wurde, ausführen werde.

2029. Das Amt des Testamentsvollstreckers erlischt durch seinen Tod oder wenn er geschäftsunfähig oder beschränkt geschäftsfähig wird.

2030. Der Testamentsvollstrecker kann auf das Amt jederzeit durch Erklärung verzichten, welche gegenüber dem Sekretär des Nachlaßgerichts zu erfolgen hat und über die ein Protokoll aufzunehmen ist. Der Verzicht erfolgt ohne Bedingung oder Zeitbestimmung und ist dem Erben bekanntzumachen.

2031. Aus wichtigen Gründen, insbesondere wegen grober Verletzung seiner Pflichten oder Unfähigkeit zur Geschäftsführung kann das Gericht auf Antrag derjenigen, welche ein Interesse daran haben, den Testamentsvollstrecker nach seiner vorherigen Anhörung, sofern sie nicht unmöglich oder außerordentlich schwierig ist, entlassen.

Zwanzigstes Kapitel

Schenkung von Todes wegen

2032. Wurde eine Schenkung unter der aufschiebenden Bedingung, daß der Schenker vor dem Beschenkten stirbt oder daß beide Vertragschließenden gleichzeitig sterben, vereinbart, ohne daß der Beschenkte inzwischen im Genuß des Geschenkten ist (Schenkung von Todes wegen), so finden die Vorschriften über Schenkungen Anwendung, sofern das Gesetz nicht ein anderes bestimmt. *Begriff*

2033. Die Schenkung von Todes wegen kann vom Schenker jederzeit widerrufen werden. *Widerruf*

Die Widerrufserklärung ist notariell zu beurkunden und dem Beschenkten bekanntzumachen; sie bedarf der Transkription, wenn sie sich auf die Schenkung eines Grundstücks bezieht.

Durch den Widerruf wird die Schenkung kraft Gesetzes aufgehoben.

2034. Ist eine Schenkung von Todes wegen als unwiderruflich vereinbart, so kann ihr Widerruf nur in den Fällen und in der Weise erfolgen, in der jede andere Schenkung widerrufen werden kann. *Vereinbarung über Unwiderruflichkeit*

2035. Auf Schenkungen von Todes wegen, die das Vermögen des Schuldners zu Lasten der Gläubiger mindern oder das Pflichtteilsrecht der Pflichtteilsberechtigten verletzen, finden die Vorschriften über Vermächtnisse Anwendung. *Recht der Gläubiger oder Pflichtteilsberechtigten*

Schlußartikel

Das Zivilgesetzbuch tritt am 1. Juli 1941 in Kraft.

Athen, den 15. März 1940.

GEORG II

Der Ministerrat:

Der Ministerpräsident:
Johann Metaxas

Die Minister:

....

Gesehen und mit dem großen Staatssiegel versehen.

Athen, den 15. März 1940.

Der Justizminister:
Agis Tambakopulos

Einführungsgesetz zum Zivilgesetzbuch

Erstes Kapitel

Übergangsvorschriften

Art. 1. Mit dem Inkrafttreten (Einführung) des Zivilgesetzbuches werden alle Vorschriften von Gesetzen oder von allgemeinen oder örtlichen Gewohnheiten, welche seinen Vorschriften oder den Vorschriften des Einführungsgesetzes widersprechen oder sich auf einen Sachverhalt beziehen, welcher von diesen Vorschriften geregelt wird, außer Kraft gesetzt.

2. Die Gültigkeit von Vorschriften bürgerlichen Rechts oder internationalen Privatrechts, die auf internationalen Verträgen beruhen, sowie von Vorschriften über Moratorien und Mieterschutzgesetze wird durch die Einführung des Zivilgesetzbuches nicht beeinflußt.

3. In den Fällen, in denen in der geltenden Gesetzgebung auf Vorschriften verwiesen wird, welche durch das Einführungsgesetz außer Kraft gesetzt werden, finden statt der aufgehobenen die entsprechenden Vorschriften des Zivilgesetzbuches Anwendung.

4. In den Fällen, in denen die Vorschriften des Zivilgesetzbuches oder des Einführungsgesetzes auch auf die vor seiner Einführung entstandenen Tatbestände oder Rechtsverhältnisse Anwendung finden, werden durch diese Anwendung rechtskräftige Entscheidungen oder Vergleiche nicht beeinflußt.

5. Durch die Einführung des Zivilgesetzbuches werden insbesondere aufgehoben: 1. die Verordnung vom 23. Februar/7. März 1835 „über Zivilgesetz"; 2. das Ionische Zivilgesetzbuch und die Gesetze, welche es ändern; 3. das Zivilgesetzbuch von Kreta und die Gesetze, welche es ändern; 4. die Art. 8 und 9 des auf Kreta geltenden Gesetzes Nr. 10 vom 26. Mai 1899 über Einführung gerichtlicher Gesetzgebung; 5. die zur Zeit der Einführung des Zivilgesetzbuches geltenden Vorschriften der kretischen „Prozeßordnung für Familien- und Erbrecht der auf Kreta lebenden Christen usw." vom 16. April 1880; 6. das Zivilgesetzbuch von Samos und die Gesetze, welche es ändern; 7. die Art. 1 bis 13 und 91 bis 94 des Gesetzes *ΤϞΑ'* vom 29. Oktober/15. November 1856; 8. die Art. 2 bis 3 des Gesetzes 147 vom 5. Januar/1. Februar 1914 „über die in den annektierten Gebieten anzuwendende Gesetzgebung usw.".

6. Durch die Einführung des Zivilgesetzbuches tritt außer Kraft der Art. 4 des Gesetzes 147 vom 5. Januar 1914 in Bezug auf die griechischen Israeliten sowie die Gerichtsbarkeit ihrer religiösen Behörden oder Gerichte über griechische Israeliten in Ansehung von Angelegenheiten, für welche die Art. 12 und 13 des Gesetzes 2456 von 27. Juli/2. August 1920 „über israelitische Gemeinden" gelten, wie sie durch spätere Gesetze geändert wurden; die griechischen Israeliten unterliegen in Zukunft dem gemeinen Recht. Die bei der Veröffentlichung des Einführungsgesetzes rechtshängigen Prozesse vor den israelitischen religiösen Behörden oder Gerichten in Bezug auf Angelegenheiten, welche von den außer Kraft gesetzten Vorschriften geregelt werden, werden jedoch vor ihnen gemäß diesen aufgehobenen Vorschriften fortgeführt.

7. Von der Einführung des Zivilgesetzbuches an werden außer Kraft gesetzt: 1. die Art. 27, 28, 81 bis 88, 410, 411 und 1088 der Zivilprozeßordnung; 2. die Art. 2 Abs. 4 und 5 sowie Art. 3 des Gesetzes 3222 vom 28. August 1924 „über Außerkraftsetzung des Artikels 686 der Zivilprozeßordnung"; 3. die Art. 27, 28, 86 bis 93 und 550 der kretischen Zivilprozeßordnung.

8. Mit der Einführung des Zivilgesetzbuches wird Art. 100 des Handelsgesetzbuches außer Kraft gesetzt.

9. Es bleiben in Kraft die bei der Einführung des Zivilgesetzbuches geltenden besonderen Vorschriften, welche sich auf Beschränkungen des Erwerbes oder der Ausübung von bürgerlichen Rechten durch ausländische natürliche oder juristische Personen im Inland beziehen.

Von der Einführung des Zivilgesetzbuches an wird das Gesetz *ΧΠΑ'* vom 10./12. August 1861 „über Anerkennung der französischen Aktiengesellschaften in Griechenland", wie es durch das Gesetz *ϡΚΑ'* vom 13./17. März 1881 geändert wurde, außer Kraft gesetzt.

10. Von der Einführung des Zivilgesetzbuches an wird das Gesetz 292 vom 27./29. September 1914 „über Verschollenheit" außer Kraft gesetzt.

Der unter der Geltung des Art. 18 dieses Gesetzes bestellte Pfleger gilt als Vormund eines Abwesenden und es gelten in Bezug auf ihn die Vorschriften der Art. 1701 bis 1704 des Zivilgesetzbuches.

11. Ein vor der Einführung des Zivilgesetzbuches begonnenes Verfahren über Verschollenheitserklärung wird nach den entsprechenden Vorschriften des Zivilgesetzbuches fortgeführt und beendigt.

Die Vermutung des Art. 38 des Zivilgesetzbuches findet keine Anwendung auf die vor seiner Einführung erfolgten Sterbefälle. Diese unterliegen insoweit dem bisher geltenden Recht.

12. Mit der Einführung des Zivilgesetzbuches werden die Art. 1 bis 11, 24 bis 28, 31, 34 bis 38 des Gesetzes 281 vom 21./25. Juni 1914 „über Körperschaften" sowie die Gesetze, welche diese Vorschriften ändern, außer Kraft gesetzt. Im übrigen bleiben seine Vorschriften sowie die besonderen Gesetze und Vorschriften über jede Art gewerblicher Körperschaften in Kraft, auch solcher mit dem Zweck gegenseitiger Hilfeleistung, ferner Gesetze und Vorschriften über besondere juristische Personen, insbesondere Genossenschaften und Kammern. Es bleibt ebenfalls in Kraft das Notgesetz 2189 von 1940 „über Körperschaften, die ausdrücklich als wohltätig anerkannt wurden usw."

13. Die bei der Einführung des Zivilgesetzbuches rechtmäßig bestehenden juristischen Personen bestehen fort; für sie gelten in Bezug auf die Rechts- und Geschäftsfähigkeit und die Verwaltung oder die Tätigkeit die entsprechenden Vorschriften des Zivilgesetzbuches.

14. Auch nach der Einführung des Zivilgesetzbuches bleiben die Gesetze über geistiges Eigentum und Urheberrechte an Theaterwerken sowie über das Recht an Erfindungen in Kraft.

15. Auch nach der Einführung des Zivilgesetzbuches bleiben in Kraft die bei seiner Einführung geltenden besonderen Gesetze über Verbot von dinglichen Rechtsgeschäften an Grundstücken sowie über Ratifizierung oder Regelung von „unregelmäßigen Rechtsgeschäften" an Grundstücken.

16. Die Vorschrift des Art. 179 des Zivilgesetzbuches findet auch auf die vor seiner Einführung zustande gekommenen Rechtsgeschäfte Anwendung.

17. Mit der Einführung des Zivilgesetzbuches werden die Gesetze *ΓΥΛΓ'* vom 27./30. November 1909 „über kurzfristige Verjährungen", *ΓΧΞ'* vom 24./26. März 1910 „über Änderung und Ergänzung der Vorschriften des geltenden Rechts über Verjährung" und *ΓϡΜΓ'* vom 2./2. Dezember 1911 „über Verlängerung der Zeit der zweijährigen Verjährung des Art. 9 des Gesetzes *ΓΥΛΓ'* vom Jahre 1909 über kurzfristige Verjährungen" sowie jede andere allgemeine oder besondere bürgerlichrechtliche Vorschrift über Verjährung, welche zur Zeit der Einführung des Zivilgesetzbuches gilt, außer Kraft gesetzt. Es bleiben aber in Kraft Vorschriften über die Verjährung, welche besonders den Fiskus oder andere juristische Personen des öffentlichen Rechts betreffen, auf welche die Anwendung der den Fiskus betreffenden Vorschriften über Verjährung erstreckt wurde.

18. Die Vorschriften des Zivilgesetzbuches über Verjährung finden Anwendung auch auf die schon entstandenen, aber zur Zeit seiner Einführung noch nicht verjährten Ansprüche. Der Beginn, die Hemmung und die Unterbrechung der Verjährung wird jedoch in

Ansehung der vor der Einführung des Zivilgesetzbuches verstrichenen Zeit nach dem bisherigen Recht beurteilt.

Ist die Verjährungszeit des Zivilgesetzbuches kürzer als die des bisherigen Rechts, so kommt die kürzere Verjährungszeit zur Anwendung und beginnt mit seiner Einführung. In dem Falle aber, in dem die bisherige Verjährungszeit früher als die im Zivilgesetzbuch bestimmte kürzere vollendet wird, wird die Verjährung mit dem Ablauf der Zeit des bisherigen Rechtes vollendet.

19. Die Vorschrift des Art. 281 des Zivilgesetzbuches findet auch auf die vor seiner Einführung begründeten Tatbestände und Rechtsverhältnisse Anwendung.

20. Auch nach der Einführung des Zivilgesetzbuches bleiben in Kraft die Gesetze über Schulden oder Zahlungen in fremder Währung oder in Devisen und im allgemeinen die Gesetze, welche den Schutz der nationalen Währung betreffen.

21. Mit der Einführung des Zivilgesetzbuches werden außer Kraft gesetzt: 1. das Gesetz ϡΞΕ' vom 22./25. Mai 1882 „über Verzugszinsen", in seiner neuen Fassung; 2. die Verordnungen mit Gesetzeskraft vom 4./9. September 1925 und vom 11./17. August 1926 über Zinsen, welche durch das Gesetz 3849 vom 4./6. Februar 1929 ratifiziert wurden, sowie Art. 2 dieses Gesetzes; 3. das Gesetz 5108 vom 10. Januar/16. Juli 1931 „über Änderung der Vorschriften betreffend die gesetzlichen und die Verzugszinsen".

22. Von der Einführung des Zivilgesetzbuches ab wird der Art. 1 des Gesetzes ͵ΓΩΛΖ' vom 23./25. Juli 1911 „über vertragliche Zinsen, Wucher usw." außer Kraft gesetzt; an die Stelle des Art. 3 dieses Gesetzes tritt folgende Vorschrift:

„Wenn die Behauptung des Wuchers oder des übermäßigen Gewinnes nicht schriftlich oder durch einen statt jedes anderen Beweises zugeschobenen Eid bewiesen wird, kann das Gericht dieses Vorbringen auf eine besondere Verhandlung, unter entsprechender Anwendung des Art. 729 Abs. γ' der Zivilprozeßordnung in seiner geänderten Fassung, verweisen. Zum Beweis der Behauptung über Wucher oder übermäßigen Gewinn sind auch Zeugen zulässig."

Im übrigen bleiben auch nach der Einführung des Zivilgesetzbuches die Vorschriften dieses Gesetzes in ihrer neuen Fassung in Kraft.

23. Auch nach der Einführung des Zivilgesetzbuches bleibt in Kraft das Gesetz 677 von 1937 über landwirtschaftliche Schulden und besonders dessen Art. 14 über Zinsfuß, so wie es geändert oder authentisch ausgelegt wurde.

24. Schuldverhältnisse aus irgendeinem Grunde, deren begründende Tatsachen vor der Einführung des Zivilgesetzbuches vollendet sind, werden auch nach dessen Einführung nach dem bisherigen Recht beurteilt, insbesondere in Bezug auf die Entstehung, den Inhalt, den Umfang, die Wirkung und die Folgen, den Verzug des Schuldners oder des Gläubigers, das Rücktrittsrecht, die Einwirkung der unvorhergesehenen Änderung der Geschäftsgrundlagen auf den Vertrag, die Unmöglichkeit der Leistung und das Verschulden sowie die Beweismittel.

Diese Vorschrift findet Anwendung auch auf Schuldverhältnisse aus einem Rechtsgeschäft unter einer aufschiebenden Bedingung oder Frist, welche nach der Einführung des Zivilgesetzbuches eintritt bzw. abläuft.

25. Tatsachen, welche die im vorigen Artikel bezeichneten Schuldverhältnisse zum Erlöschen bringen, beurteilen sich, wenn sie unter Geltung des Zivilgesetzbuches vollendet sind, nach dessen Vorschriften. Das gleiche gilt auch in Bezug auf die Abtretung von solchen Schuldverhältnissen oder auf die Schuldübernahme aus solchen Schuldverhältnissen.

Ein Erlöschensgrund des Schuldverhältnisses, welcher im Rechtsgeschäft besonders bestimmt ist, wird nach dem bisherigen Recht beurteilt, auch wenn die ihn begründenden Tatsachen unter der Geltung des neuen Rechts entstanden sind.

26. Die Vorschrift des Art. 409 des Zivilgesetzbuches findet auch auf die vor seiner Einführung abgeschlossenen Verträge Anwendung.

27. Auch nach der Einführung des Zivilgesetzbuches bleiben in Kraft Vorschriften von neueren besonderen Gesetzen, welche die Abtretung von Forderungen, wobei die Gehälter, Löhne, Pensionen, Tantiemen oder Hilfsbeiträge jeder Art von öffentlichen, Stadt-, Gemeinde- oder Privat-Beamten eingeschlossen sind, verbieten, beschränken oder ausnahmsweise zulassen.

28. Die Vorschrift des Art. 464 des Zivilgesetzbuches findet auch auf die vor seiner Einführung erfolgten Abtretungen Anwendung.

29. In den Fällen, in denen in der geltenden Gesetzgebung oder in Rechtsgeschäften der Ausdruck Korreal- oder Solidarobligation vorkommt, wird von der Einführung des Zivilgesetzbuches an in den nach ihm zu beurteilenden Rechtsverhältnissen das Gesamtschuldverhältnis verstanden.

30. Mit der Einführung des Zivilgesetzbuches tritt in Ansehung der nach dem Gesetzbuch zu beurteilenden Rechtsverhältnisse der Art. 867 Nr. 5 der Zivilprozeßordnung außer Kraft.

31. Mit der Einführung des Zivilgesetzbuches tritt Art. 45 des Stempelsteuergesetzes außer Kraft.

32. Auch nach der Einführung des Zivilgesetzbuches bleiben in Kraft Vorschriften von neueren besonderen Gesetzen, welche die Schenkungen verbieten oder beschränken.

33. Auch nach der Einführung des Zivilgesetzbuches bleiben in Kraft neuere besondere Gesetze, welche eine eigene Form oder eigene Bedingungen und Beschränkungen in Bezug auf Verkauf von bestimmten Gegenständen vorschreiben.

34. Auch nach der Einführung des Zivilgesetzbuches bleiben Vorschriften von neueren besonderen Gesetzen über Miete von Sachen einer bestimmten Art oder zum bestimmten Gebrauch in Kraft.

35. Mit der Einführung des Zivilgesetzbuches treten außer Kraft: 1. die Abs. 4 und 6 des Art. 941 der Zivilprozeßordnung sowie auch der Abs. 2 ihres Art. 1034, soweit er sich auf jene bezieht; 2. der Abs. β' des Art. 381 der Kretischen Zivilprozeßordnung vom Jahre 1880 sowie auch der Abs. 2 des Art. 781 der Kretischen Zivilprozeßordnung, sofern er sich auf ihn bezieht.

36. Die nach der Einführung des Zivilgesetzbuches vorgenommene stillschweigende Erneuerung einer vorher bestehenden Miete einer Sache oder eines Dienstvertrags sowie die auf diese Weise erfolgte Verlängerung des Vertrags richten sich nach den Vorschriften des Zivilgesetzbuches.

37. Bei der Miete eines Grundstücks, welche vor der Einführung des Zivilgesetzbuches abgeschlossen wurde, richtet sich die Veräußerung der vermieteten Sache oder die Belastung mit einem dinglichen Recht nach dessen Einführung nach den Art. 614 bis 617 des Zivilgesetzbuches, unbeschadet der weiteren Rechte des Mieters nach dem bisher geltenden Recht.

38. Auch nach der Einführung des Zivilgesetzbuches bleiben in Kraft alle Gesetze und Verordnungen über Kollektivarbeitsverträge, über Kündigung von Arbeitsverträgen Privatangestellter, Arbeiter, Diener, Handwerker, über die Bezahlung oder die Abzüge von ihrem Lohn oder Tagelohn, über Zeit und Dauer der Arbeit, über Sonntagsruhe, über Arbeitsunfälle, über Sicherheit und gesundheitlichen Schutz der Arbeitenden, über ihre Stellung im Falle der Mobilmachung oder andere besondere Gesetze, welche den Arbeitsvertrag betreffen.

Die Vorschriften der Art. 588, 610, 660 bis 664, 670 des Zivilgesetzbuches finden auch auf die vor seiner Einführung abgeschlossenen Dienstverträge Anwendung.

39. Auch nach der Einführung des Zivilgesetzbuches bleiben die zur Zeit seiner Einführung geltenden Vorschriften über Ausführung von öffentlichen, Hafen-, Stadt- oder Gemeinde-Arbeiten in Kraft.

40. Auch nach der Einführung des Zivilgesetzbuches bleiben in Kraft die Gesetze 3505 vom 24. April/2. Mai 1928, 4487 vom 5./10. März 1930 und 5717 vom 21./29. September 1932 über Mäkler, so wie sie durch neuere Gesetze geändert wurden, ferner die besonderen Vorschriften über den Börsenmäklervertrag und das Gesetz 5227 vom 26. Juli/26. August 1931 „über Vermittelnde".

Die Vorschrift des Art. 707 des Zivilgesetzbuches findet auch auf die vor seiner Einführung abgeschlossenen Mäklerverträge Anwendung.

41. Mit der Einführung des Zivilgesetzbuches treten die Artikel 15, 16, 19 bis 24 und 69 bis 75 der Verordnung mit Gesetzeskraft vom 17. Juli/13. August 1923 „über besondere Vorschriften bei Aktiengesellschaften" außer Kraft; im übrigen bleibt diese Verordnung in Kraft.

Art. 1 der Verordnung mit Gesetzeskraft vom 28. April/7. Mai 1923 über Änderung von Vorschriften über Gesellschaften, so wie sie durch das Notgesetz 2612 von 1940 geändert wurde, tritt außer Kraft.

Die Geltung der Vorschriften über Inhaberaktien des Gesetzes über Aktiengesellschaften bleibt von der Einführung des Zivilgesetzbuches unberührt.

42. Die Vorschrift des Art. 766 des Zivilgesetzbuches findet auch auf die vor seiner Einführung gegründeten Gesellschaften Anwendung.

43. Auf eine Gemeinschaft nach ideellen Teilen, welche zur Zeit der Einführung des Zivilgesetzbuches besteht, finden von seiner Einführung an die Vorschriften des Zivilgesetzbuches Anwendung.

44. Mit der Einführung des Zivilgesetzbuches treten die Art. 1 bis 4 des Gesetzes 5205 vom 23./28. Juli 1931 „über Haftung und Schutz der Gastwirte" außer Kraft.

45. Mit der Einführung des Zivilgesetzbuches finden dessen Vorschriften der Art. 894 bis 896, 898 und 900 Abs. 1 auch auf Inhaberpapiere, welche vor seiner Einführung ausgestellt wurden, Anwendung. Die Verjährung der Ansprüche aus solchen Wertpapieren richtet sich jedoch nach dem bisher geltenden Recht.

46. Das Verfahren des Art. 895 des Zivilgesetzbuches wird durch besonderes Gesetz geregelt werden.

47. Auch nach der Einführung des Zivilgesetzbuches bleiben in Kraft neuere besondere Gesetze oder Vorschriften, welche eine Haftung auf Entschädigung wegen Tuns oder Unterlassens begründen oder eine eigene Art oder eigene Bedingungen der Entschädigung bestimmen.

48. Mit der Einführung des Zivilgesetzbuches treten die Art. 1 und 2 des Gesetzes 1699 vom 24. Dezember 1918/12. Januar 1919 „über Wiedergutmachung zugunsten des Verletzten usw." in Bezug auf die nach der Einführung des Zivilgesetzbuches begangenen strafbaren Handlungen außer Kraft.

49. Mit der Einführung des Zivilgesetzbuches tritt das Gesetz „über Unterscheidung von Sachen" vom 21. Juni/10. Juli 1837 sowie das Gesetz 1339 vom 18./28. April 1918 „über Fund verlorener Sachen" außer Kraft.

50. Der zur Zeit der Einführung des Zivilgesetzbuches bestehende Besitz oder Rechtsbesitz oder die Detention richtet sich von jetzt ab in Ansehung der späteren Rechtsfolgen oder der Verletzung und des Schutzes des Besitzes, des Rechtsbesitzes oder der Detention nach den Vorschriften des Zivilgesetzbuches.

51. Der vor der Einführung des Zivilgesetzbuches erfolgte Erwerb von Eigentum oder eines anderen dinglichen Rechtes wird nach dem Recht beurteilt, welches zu der Zeit galt, in der die zu seinem Erwerb erforderlichen Tatbestände entstanden sind.

52. Auch nach der Einführung des Zivilgesetzbuches bleiben in Kraft die zur Zeit seiner Einführung geltenden neueren besonderen Gesetze, betreffend die Art der Übertragung des Eigentums an beweglichen Sachen bestimmter Gattung.

53. Auch nach der Einführung des Zivilgesetzbuches bleiben in Kraft die zur Zeit seiner Einführung geltenden besonderen Gesetze über Verwaltung und Schutz der öffentlichen oder Kirchen- und Kloster-Grundstücke im allgemeinen.

54. Auch nach der Einführung des Zivilgesetzbuches bleibt in Kraft das Gesetz 3741 vom 4./9. Januar 1929 „über Stockwerkseigentum".

55. Ein zur Zeit der Einführung des Zivilgesetzbuches bestehendes Eigentumsrecht richtet sich in der Zukunft in Bezug auf seinen Umfang, seinen Inhalt, seine Übertragbarkeit, seinen Schutz und sein Erlöschen nach den Vorschriften des Zivilgesetzbuches. Das gleiche gilt auch in Bezug auf das Eigentum an einem Stockwerk oder an einer Abteilung desselben.

56. Auch nach der Einführung des Zivilgesetzbuches bleiben in Kraft die zur Zeit seiner Einführung geltenden Gesetze über Heilquellen, Bergwerke, Minen und Steinbrüche, die Gesetze über Zwangsenteignung sowie die auf Grund von besonderen Gesetzen oder Vorschriften bestehenden Eigentumsbeschränkungen. Unberührt bleibt auch die Geltung bürgerlichrechtlicher Vorschriften, welche im Gesetz über Planung von Städten und Dörfern, in der allgemeinen Bauordnung, in der landwirtschaftlichen und Forst-Gesetzgebung, in der Gesetzgebung über die Landverteilung und die Ansiedlung von Besitzlosen, Bauern oder Viehzüchtern enthalten sind.

Mit der Einführung des Zivilgesetzbuches wird Art. 1 der Verordnung mit Gesetzeskraft vom 17./20. Juli 1923 „über Ausbeutung der Kraft der fließenden Gewässer" außer Kraft gesetzt.

57. Die zur Zeit der Einführung des Zivilgesetzbuches bestehenden dinglichen Rechte an einer fremden Sache oder an einem fremden Recht bleiben auch für die Zukunft bestehen und richten sich in

Bezug auf ihren Umfang, den Inhalt, die Übertragbarkeit, den Schutz und das Erlöschen nach dem bis jetzt geltenden Recht. Die bestehenden Grunddienstbarkeiten aber richten sich von der Einführung des Zivilgesetzbuches an nach dessen Vorschriften.

58. Das zur Zeit der Einführung des Zivilgesetzbuches geltende dingliche Recht der Emphyteuse auf fremdem Grund bleibt für die Zukunft bestehen und richtet sich weiter nach dem bis jetzt geltenden Recht oder nach den bis jetzt darüber geltenden besonderen Vorschriften.

59. Erbbaurechte oder andere dingliche Rechte, die ein gesondertes Eigentum begründen und zur Zeit der Einführung des Zivilgesetzbuches an Pflanzungen oder Bäumen oder an einem Gebäude auf fremdem Grund bestehen, bleiben erhalten und richten sich weiter nach dem bisherigen Recht oder nach den bis jetzt über sie geltenden besonderen Vorschriften.

60. Wird in den Fällen der zwei vorangehenden Artikel auf Grund von besonderen Gesetzen dem Eigentümer des Grundes oder dem Inhaber des gesonderten Eigentums oder des dinglichen Rechtes an dem Grund ein Ablösungsrecht nicht oder nicht mehr gewährt, so ist jede dieser Parteien von der Einführung des Zivilgesetzbuches an berechtigt, die Ablösung der Rechte des anderen gegen Zahlung ihres Wertes zur Zeit der Ablösung zu verlangen. Die Ablösung wird als im öffentlichen Interesse liegend bezeichnet.

Bei mehreren ungeteilt Berechtigten kann der Ablösungsantrag, wenn die übrigen mit der Ablösung nicht einverstanden sind, auch von einem von diesen eingereicht werden, sofern er sich zu der Entrichtung des ganzen Ablösungspreises bereit erklärt. In diesem Fall wird durch die Entscheidung festgestellt, daß die Ablösung zugunsten aller Berechtigten ungeteilt erfolgt ist. Wer den Preis entrichtet hat, ist berechtigt, von jedem der übrigen den entsprechenden Anteil am Preis und an den Aufwendungen, verzinslich von der Entrichtung an, zu verlangen, wobei er kraft Gesetzes einen Titel zur Eintragung einer Hypothek an jedem Grundstück der Verpflichteten hat.

61. Über einen auf Grund des vorangehenden Artikels gestellten Ablösungsantrag wird endgültig vom Präsidenten des örtlich zuständigen Landgerichts entschieden, der auf Grund des vorgetragenen Sachverhaltes nach dem Verfahren der Art. 634 f. der Zivilprozeßordnung, wobei er auch die Zuziehung von Sachverständigen anordnen kann, eine Anordnung trifft, ob auf einen Antrag beider Beteiligten in der Ablösung der Eigentümer des Grundes oder derjenige, welchem die Pflanzung, die Bäume oder das Gebäude gehören, vorzuziehen ist; er entscheidet auch über die Höhe der Ablösung. Berufung gegen diese Entscheidungen ohne Rücksicht auf den Wert kann bei dem Präsidenten des örtlich zuständigen Oberlandesgerichts innerhalb von fünfzehn Tagen seit der Zustellung eingelegt werden. Der Präsident des Oberlandesgerichts entscheidet nach demselben Verfahren, wobei er auch neue Zeugen vernehmen kann.

62. Der Präsident des Landgerichts ordnet in der Entscheidung über den Preis eine nicht über sechs Monate währende Frist zu seiner Hinterlegung bei der Hinterlegungs- und Darlehenskasse an, die von dem Zeitpunkt an zu laufen beginnt, in dem die Entscheidung nach dem vorangehenden Artikel rechtskräftig wird.

Ist der Preis rechtzeitig hinterlegt, so erläßt der Präsident eine Entscheidung, welche dem Ablösungsantrag stattgibt und dem Ablösenden das volle Eigentum an dem Grund und an der auf ihm befindlichen Pflanzung oder an den Bäumen oder an dem Gebäude zuerkennt. Gegen diese Entscheidung ist ohne Rücksicht auf den Wert Berufung bei dem Präsidenten des Oberlandesgerichts des Ortes, zu dem das Grundstück gehört, innerhalb von dreißig Tagen seit der Zustellung zulässig. Der Präsident des Oberlandesgerichts entscheidet nach demselben Verfahren.

Das zuerkannte Eigentum wird mit der Transkription der Entscheidung, nachdem sie rechtskräftig geworden ist, erworben; die auf dem abgelösten Recht etwa bestehenden dinglichen Rechte Dritter mit Ausnahme der Hypothek bleiben bestehen. Die etwa bestehende Hypothek an dem abgelösten Recht erlischt und wandelt sich in einen persönlichen Anspruch auf den hinterlegten Preis um. Eine an dem Recht des Ablösenden bestehende Hypothek bleibt für die Zukunft auf dem ganzen neuen einheitlichen Grundstück bestehen.

Die Entscheidungen des Präsidenten des Oberlandesgerichts in dem Falle dieses und des vorangehenden Artikels unterliegen keinem ordentlichen oder außerordentlichen Rechtsmittel.

63. Ist der Preis nicht rechtzeitig hinterlegt, so verliert die Entscheidung des Präsidenten ihre Wirkung. Ein neuer Ablösungsantrag desjenigen, der den Preis nicht hinterlegt hat, oder seiner Erben kann nur nach Ablauf von zwei Jahren seit dem Ablauf der Hinterlegungsfrist des Preises eingereicht werden. Während dieser Zeit ist der andere Teil berechtigt, die Ablösung nach demselben Verfahren zu verlangen, und solange sein Antrag anhängig ist, wird der des ersteren über Ablösung nicht zugelassen.

64. Die Vorschriften des Zivilgesetzbuches über Ersitzung des Eigentums oder der Dienstbarkeiten finden mit seiner Einführung auch auf die bereits vorher begonnene und bei seinem Inkrafttreten nicht vollendete Ersitzung Anwendung. Der Beginn, die Hemmung und die Unterbrechung der Ersitzung wird jedoch in Bezug auf die vor der Einführung des Zivilgesetzbuches abgelaufene Zeit nach dem bisherigen Recht beurteilt.

65. Ist im Falle des vorangehenden Artikels die Zeit der Ersitzung des Zivilgesetzbuches kürzer als die des bisherigen Rechts, so wird von der Einführung des Zivilgesetzbuches an die kürzere Zeit berechnet, und sie beginnt mit der Einführung. Wenn aber die Ersitzungszeit des bisherigen Rechtes eher als die im Zivilgesetzbuch bestimmte kürzere Zeit vollendet wird, ist die Ersitzung mit dem Ablauf der Zeit des bisherigen Rechts vollzogen.

66. Mit der Einführung des Zivilgesetzbuches wird das Gesetz *Tϟ'* vom 29. Oktober/6. November 1856 „über Transkription des Eigentums und anderer dinglicher Rechte an Grundstücken" in seiner neuen Fassung außer Kraft gesetzt, desgleichen das Gesetz vom 11./12. August 1836 „über Hypotheken" in seiner neuen Fassung. Auch für die Zukunft bleiben jedoch in Kraft die zu ihrer Ausführung erlassenen Verordnungen als Ausführungsbestimmungen der entsprechenden Vorschriften des Zivilgesetzbuches, sofern sie diesen nicht widersprechen; diese Verordnungen können durch Verordnungen zur Ausführung der entsprechenden Vorschriften des Zivilgesetzbuches geändert und ergänzt werden.

Es bleiben in Kraft auch Gesetze und Verordnungen, betreffend Errichtung von Transkriptions- und Hypothekenbüchern sowie die Organisation, Tätigkeit und Führung von Transkriptions- und Hypothekenämtern, außerdem das Gesetz 2431 vom 29. Juni/13. Juli 1920 „über Erneuerung der Hypothekenbücher und über andere damit im Zusammenhang stehende Vorschriften", sofern sie den Vorschriften des Zivilgesetzbuches nicht widersprechen.

67. Auf Kreta und Samos bleiben in Kraft auch nach der Einführung des Zivilgesetzbuches als Ausführungsverordnungen der entsprechenden Vorschriften desselben die zur Ausführung der über Transkription und Hypotheken in der einheimischen Gesetzgebung erlassenen Verordnungen sowie die geltenden Gesetze oder Verordnungen betreffend die Einführung von Transkriptions- und Hypothekenbüchern, ferner die Organisation, Tätigkeit und Leitung von Transkriptions- und Hypothekenämtern, sofern sie den Vorschriften des Zivilgesetzbuches nicht widersprechen. Diese Verordnungen können zur Ausführung der Vorschriften des Zivilgesetzbuches durch Verordnungen geändert und ergänzt werden.

68. Auch nach der Einführung des Zivilgesetzbuches bleiben in Kraft besondere Gesetze oder besondere Vorschriften über Hypotheken oder über einen allgemeinen oder besonderen Hypothekentitel, insbesondere das Gesetz 4112 vom 20. März/1. April 1929 „über Begründung einer Hypothek an mechanischen oder sonstigen Einrichtungen", das Gesetz 3743 vom 4./9. Januar 1929 „über die Einräumung von Hypotheken in den neuen Gebieten an die Nationale Grundbank von Griechenland" und das Gesetz 4031 vom 2./5. März 1929 „über die Einräumung von Hypotheken an Grundstücken in

Peraxhora, Lutraki und Bisia an die Nationale Grundbank von Griechenland".

69. Es bleibt in Kraft auch nach der Einführung des Zivilgesetzbuches Art. 956 der Zivilprozeßordnung und Art. 373 der Kretischen Zivilprozeßordnung vom Jahre 1880, soweit sie den Art. 1294 und 1295 des Zivilgesetzbuches nicht widersprechen.

70. Mit der Einführung des Zivilgesetzbuches wird das Gesetz vom 1./6. Dezember 1836 „über Pfandrecht" in seiner geänderten Fassung außer Kraft gesetzt. In Kraft bleiben aber auch für die Zukunft besondere Gesetze oder Vorschriften über Pfandrechte, insbesondere über landwirtschaftliche Pfandbriefe, über Tabakpfand, über Pfandleihanstalten und über Lagerpfandbriefe nach dem Gesetz BYIH' vom 13. April 1896 über allgemeine Lager.

71. Durch Spezialgesetz wird die Einrichtung des besonderen öffentlichen Buches bestimmt, das Art. 1214 des Zivilgesetzbuches vorsieht.

72. Die Bekanntmachung durch die Tagespresse, die in Art. 1396 Abs. 2 des Zivilgesetzbuches vorgesehen ist, erfolgt in den Städten Athen, Piräus, Thessaloniki, Patras, Wolos, Chania und Kalamai sowie in anderen durch königliche Verordnung zu bestimmenden Städten.

73. Es bleibt in Kraft auch nach der Einführung des Zivilgesetzbuches Art. 9 des Gesetzes 2450 vom 24. Juli/12. August 1920 „über Maßnahmen zur Einschränkung des Aussatzes" und Art. 4 des Notgesetzes 651 vom 25./27. April 1937 „über Bekämpfung des Trachoms und der Erbsyphilis".

74. Die vor der Einführung des Zivilgesetzbuches eingegangenen Ehen werden in Bezug sowohl auf ihre Gültigkeit als auch auf die Wirkungen der Nichtigkeitserklärung nach dem bisherigen Recht beurteilt.

75. Mit der Einführung des Zivilgesetzbuches wird das Gesetz *XϟΣT'* vom 15./23. Oktober 1861 „über Mischehen" außer Kraft gesetzt.

Die bis zum Inkrafttreten des Zivilgesetzbuches von einem Priester der römisch-katholischen Kirche geschlossenen Mischehen werden als gültig betrachtet, sofern bis zur Verkündung des vorliegenden Gesetzes eine keinem Rechtsmittel mehr unterliegende Entscheidung über ihre Nichtigkeit nicht gefällt worden ist.

76. Von der Einführung des Zivilgesetzbuches an werden die persönlichen Rechtsbeziehungen der Ehegatten aus der Ehe auch bezüglich der vor der Einführung desselben eingegangenen Ehen nach den Vorschriften des Zivilgesetzbuches beurteilt.

77. Mit der Einführung des Zivilgesetzbuches werden außer Kraft gesetzt: 1. das Gesetz 1340 vom 18./27. April 1918 „über Veräußerung von Dotalgrundstücken usw." sowie das Gesetz 6345 vom 15./18. Oktober 1934 über Ergänzung desselben; 2. das Gesetz 3237 vom 8./10. Dezember 1924 „über den Anspruch auf Herausgabe von eingeschätzten Dotalgrundstücken nach der Auflösung der Ehe".

78. Bei einer vor der Einführung des Zivilgesetzbuches eingegangenen Ehe werden die vermögensrechtlichen Beziehungen der Ehegatten sowie die Mitgift nach dem bisherigen Recht beurteilt. Die nach der Einführung des Zivilgesetzbuches bestellte Mitgift ist jedoch dessen Vorschriften unterworfen.

Die Vorschrift des Art. 1399 des Zivilgesetzbuches findet auch auf eine vor seiner Einführung eingegangene Ehe Anwendung.

79. Von der Einführung des Zivilgesetzbuches an werden die Gründe und die Wirkungen der Ehescheidung auch bezüglich der vor der Einführung des Zivilgesetzbuches eingegangenen Ehen nach den Vorschriften desselben beurteilt.

80. Rechtshängige Ehescheidungsprozesse, über die zur Zeit der Einführung des Zivilgesetzbuches nicht eine keinem Rechtsmittel mehr unterliegende Entscheidung gefällt worden ist, werden bezüglich der Scheidungsgründe nach dem zur Zeit der Erhebung der Klage geltenden Recht und bezüglich der Folgen der Scheidung nach den Vorschriften des Zivilgesetzbuches beurteilt.

Die auf Kreta zur Zeit der Einführung des Zivilgesetzbuches rechtshängigen Ehescheidungsprozesse werden weiter bis zur Beendigung nach dem daselbst bis jetzt geltenden Recht auch in Bezug auf das Verfahren und die Zuständigkeit beurteilt. Das gleiche gilt auch in Bezug auf die auf Kreta rechtshängigen Ehescheidungsprozesse, in denen eine Entscheidung des Zivilgerichts ergangen ist, nach dem bisherigen Recht aber ein weiteres Verfahren vor dem Bischof erforderlich ist. Die Wirkungen der Ehescheidung richten sich jedoch nach den Vorschriften des Zivilgesetzbuches.

81. Die Ehescheidung kann auf Grund von Tatsachen verlangt werden, die sich vor der Einführung des Zivilgesetzbuches ereignet haben und die einen Scheidungsgrund nach seinen Vorschriften bilden. In den Fällen der Art. 1441, 1443, 1446 des Zivilgesetzbuches wird auch die vor seiner Einführung abgelaufene Zeit mitgerechnet und in dem Falle des Art. 1445 ist der Ablauf eines Jahres seit der Verkündung der Entscheidung, welche die Verschollenheit erklärt hat, nicht erforderlich.

82. Mit der Einführung des Zivilgesetzbuches werden das Gesetz 2228 vom 24. Juni/2. Juli 1920 „über Ehescheidung" und die Art. 51 und 53 bis 59 des auf Kreta geltenden Gesetzes 276 vom

20. Dezember 1900 „über die Verfassung der Orthodoxen Kirche auf Kreta“ außer Kraft gesetzt.

83. Mit der Einführung des Zivilgesetzbuches wird die Verwandtschaft nach seinen Vorschriften beurteilt. In den Fällen, in denen in der geltenden Gesetzgebung an die Verwandtschaft bestimmte Folgen geknüpft werden, finden die Vorschriften des Zivilgesetzbuches über Verwandtschaft Anwendung.

84. Die Ehelichkeit eines vor der Einführung des Zivilgesetzbuches geborenen Kindes wird nach dem zur Zeit seiner Geburt geltenden Recht beurteilt.

85. Bei Kindern, die vor der Einführung des Zivilgesetzbuches geboren wurden, werden die Rechtsbeziehungen zu den Eltern und die elterliche Gewalt sowie deren Wirkungen nach den Vorschriften des Zivilgesetzbuches beurteilt. Dies gilt insbesondere in Bezug auf die gegenseitige Unterhaltsverpflichtung, die Zustimmung des Elternteils zur Eheschließung oder zur Annahme des Kindes an Kindesstatt, die Verpflichtung des Elternteils zur Bestellung einer Mitgift für die Tochter, sofern ihre Verheiratung nach der Einführung des Zivilgesetzbuches erfolgt, die väterliche Verwaltung und den väterlichen Nießbrauch an dem Vermögen des Kindes, auch wenn das Vermögen vor der Einführung des Zivilgesetzbuches erworben wurde.

86. Ist bei der Einführung des Zivilgesetzbuches eine Entscheidung über eine Ehescheidung gefällt worden, gegen die kein Rechtsmittel mehr zulässig ist, so wird die Sorge für die Person der gemeinsamen Kinder der Geschiedenen nach dem bisherigen Recht beurteilt. Die Vorschrift des Art. 1524 des Zivilgesetzbuches findet jedoch auch in diesem Falle Anwendung.

87. Mit der Einführung des Zivilgesetzbuches tritt die Verordnung mit Gesetzeskraft vom 14./17. Juli 1926 „über die Stellung unehelicher Kinder“ außer Kraft.

Die vor der Einführung des Zivilgesetzbuches geborenen unehelichen Kinder werden in Bezug auf ihr Rechtsverhältnis zu der Mutter und dem Erzeuger, insbesondere hinsichtlich des Anspruchs auf Anerkennung der Vaterschaft und deren Wirkungen, nach dem bisherigen Recht beurteilt.

Bei diesen unehelichen Kindern richtet sich das Verhältnis der Mutter zu dem Erzeuger gleichfalls nach dem bisherigen Recht.

88. Die vor der Einführung des Zivilgesetzbuches erfolgte Anerkennung oder Legitimation eines Kindes und die Annahme an Kindesstatt werden in Bezug auf ihre Wirksamkeit und auf die Rechtswirkungen nach dem bisherigen Recht beurteilt.

Die nach der Einführung des Zivilgesetzbuches erfolgte gerichtliche Legitimation eines Kindes im Falle des Art. 1564 kann auch auf Grund eines Testaments oder einer öffentlichen Urkunde, die vor der Einführung des Zivilgesetzbuches errichtet wurde, erfolgen.

89. Mit der Einführung des Zivilgesetzbuches tritt das Gesetz *ΧΠΘ′* vom 17./23. August 1861 „über Minderjährige, ihre Vormundschaft, Emanzipation und Kuratel“, wie es geändert wurde, außer Kraft.

90. Die zur Zeit der Einführung des Zivilgesetzbuches bestehende Vormundschaft, Kuratel und gerichtliche Beistandschaft wird für die Zukunft nach den Vorschriften des Zivilgesetzbuches beurteilt und ist nach diesen zu führen. Ein bei der Einführung des Zivilgesetzbuches vorhandener Vormund, Gegenvormund oder Berater oder ein Kurator oder ein Beistand behält diese Eigenschaft.

91. Mit der Einführung des Zivilgesetzbuches treten Art. 23 Nr. 6 und 7 sowie Art. 25 und 26 des Strafgesetzbuches und Art. 25 des Gesetzes *ΓϡΜΔ′* vom 2. Dezember 1911/5. Januar 1912 „über Haftentziehung“ außer Kraft.

Es bleiben in Kraft auch nach der Einführung des Zivilgesetzbuches die Vorschriften des Gesetzes *ΨΜΒ′* vom Jahre 1862 über den vorläufigen Geschäftsführer.

92. Die erbrechtlichen Verhältnisse werden, sofern der Erblasser vor der Einführung des Zivilgesetzbuches gestorben ist, auch für die Zukunft nach dem bisherigen Recht beurteilt. Die Vorschriften des Zivilgesetzbuches über Pflegschaft einer ruhenden Erbschaft und über Testamentsvollstrecker finden jedoch nach seiner Einführung auch auf die vor seiner Einführung eingetretenen Sterbefälle Anwendung; die zur Zeit seiner Einführung vorhandenen Pfleger oder Testamentsvollstrecker führen ihr Amt fort.

93. Außer Kraft treten mit der Einführung des Zivilgesetzbuches auch in Bezug auf die Vergangenheit alle bis zu seinem Inkrafttreten aus dem römisch-byzantinischen Recht geltenden Privatstrafen oder Vermögensverluste und Entziehungen wegen der zweiten Ehe oder der Verletzung des Trauerjahres sowie die dadurch entstehenden Unfähigkeiten und Beschränkungen zum Erwerb oder zur Verfügung. Vermögensverluste aber, welche bei der Einführung des Zivilgesetzbuches infolge Eingehung einer zweiten Ehe oder Verletzung des Trauerjahres schon eingetreten waren, werden nicht aufgehoben.

94. Die vor der Einführung des Zivilgesetzbuches erfolgte Errichtung oder der Widerruf einer letztwilligen Verfügung richtet sich in Bezug auf die Form und auf die Fähigkeit des Erblassers nach dem bisherigen Recht, auch wenn er nach der Einführung des Zivilgesetzbuches gestorben ist.

95. Die Vorschriften der Art. 1923 Abs. 2 und 2099 des Zivilgesetzbuches finden auch auf ein Fideikommiß oder ein Vermächtnis, welches von einem vor der Einführung des Zivilgesetzbuches verstorbenen Erblasser angeordnet wurde, Anwendung. In jedem Fall aber bleiben gültig die Fideikommisse oder Vermächtnisse zugunsten eines gemeinnützigen Zwecks oder zugunsten von Personen, welche bei der Einführung des Zivilgesetzbuches geboren sind und noch leben.

Die Vorschriften der Art. 1929, 1930 und 2010 finden Anwendung auch auf ein Familienfideikommiß oder -vermächtnis, welches von einem vor der Einführung des Zivilgesetzbuches verstorbenen Erblasser angeordnet wurde. Außer den in diesen Artikeln erwähnten Personen der Familie bleibt ein solches Fideikommiß oder Vermächtnis gültig nur bis zu den in der Novelle 159 Kap. 3 von Justinian angeführten Personen, sofern solche Personen bei der Einführung des Zivilgesetzbuches geboren sind und noch leben.

96. Mit der Einführung des Zivilgesetzbuches tritt das Gesetz *ΓΨΠ'* vom 14./18. Mai 1911 „über Testamente" außer Kraft; die zu seiner Ausführung erlassenen Verordnungen bleiben auch für die Zukunft als Ausführungsverordnungen der entsprechenden Vorschriften des Zivilgesetzbuches in Kraft, soweit sie diesen nicht widersprechen; sie können zur Ausführung der entsprechenden Vorschriften des Zivilgesetzbuches durch Verordnungen geändert oder ergänzt werden.

Mit der Einführung des Zivilgesetzbuches treten auch außer Kraft das Gesetz 2310 vom 26. Juni/3. Juli 1920 „über die gesetzliche Erbfolge", das Gesetz 2230 vom 24./29. Juni 1920 „über Außerkraftsetzung des Falcidischen Gesetzes usw." und die dieses ändernden oder auslegenden Gesetze.

97. Mit der Einführung des Zivilgesetzbuches treten in Bezug auf die nach ihr eintretenden Sterbefälle außer Kraft Art. 358 des Strafgesetzbuches sowie die im Art. 281 des Strafgesetzbuches vorgeschriebene Erbunfähigkeit des schuldigen Elternteils.

98. Mit der Einführung des Zivilgesetzbuches treten in Bezug auf die nach ihr eintretenden Sterbefälle außer Kraft Art. 553 Abs. 5, 560, 582 Abs. 5, 756 Abs. 3, 791 Abs. 5, 817 Abs. 2 und 1074 bis 1079 der Zivilprozeßordnung sowie die entsprechenden Art. 475 Abs. 5, 479, 817 bis 820 der Kretischen Zivilprozeßordnung.

99. Es bleiben auch nach der Einführung des Zivilgesetzbuches die bei seiner Einführung geltenden Vorschriften über die Erbschaft von Geistlichen und Mönchen in Kraft.

100. Mit der Einführung des Zivilgesetzbuches treten das Gesetz 1337 vom 20. April/13. September 1918 „über das gesetzliche Erbrecht des Staates usw." und dessen königliche Ausführungsverordnung vom 7./19. September 1918 außer Kraft.

101. Auch nach der Einführung des Zivilgesetzbuches bleibt in Kraft das Notgesetz 2039 vom 19./24. Oktober 1939 „über Änderung, Ergänzung und Kodifizierung der Gesetze betr. die Liquidation und Verwaltung der dem Staat zugunsten gemeinnütziger Zwecke hinterlassenen Erbschaften, Vermächtnisse und Schenkungen".

102. Auch nach der Einführung des Zivilgesetzbuches bleiben in Kraft die zur Zeit seiner Einführung geltenden besonderen Vorschriften, welche die Mitglieder der königlichen Familie betreffen und sich auf die Materie des Zivilgesetzbuches beziehen.

Zweites Kapitel

Materielle Bestimmungen

103. Das Gesetz tritt zehn Tage nach seiner Veröffentlichung im Regierungsblatt in Kraft.

104. Für Handlungen oder Unterlassungen der Organe des Staates, welche sich auf privatrechtliche Rechtsverhältnisse beziehen oder in Bezug auf sein Privatvermögen, haftet der Staat nach den Vorschriften des Zivilgesetzbuches über juristische Personen.

105. Für rechtswidrige Handlungen oder Unterlassungen der Organe des Staates bei der Ausübung der ihnen übertragenen öffentlichen Gewalt haftet der Staat für Schadenersatz, es sei denn, daß die Handlung oder die Unterlassung unter Verletzung einer Vorschrift vorgenommen wurde, die zum Schutz des allgemeinen Interesses besteht. Mit dem Staat haftet als Gesamtschuldner auch die schuldige Person; die besonderen Vorschriften über Haftung der Minister bleiben unberührt.

106. Die Vorschriften der zwei vorangehenden Artikel finden Anwendung auch in Bezug auf die Haftung von Städten, Gemeinden oder anderen Personen des öffentlichen Rechts wegen Handlungen oder Unterlassungen der in ihrem Dienst befindlichen Personen.

107. Diejenigen Personen, welche Vereine verwalten, müssen griechische Staatsbürger sein.

Bei einem Verein, an dem wegen seines Zweckes notwendigerweise auch Ausländer teilnehmen, kann durch widerrufliche königliche Verordnung die Teilnahme von Ausländern am Vorstand in gleicher Zahl wie die der Inländer erlaubt werden.

108. Bei gewerblichen Vereinen oder solchen mit dem Zwecke gegenseitiger Hilfeleistung kann das Mitglied von dem Verein zur Zahlung seines Beitrages nach dem Verfahren des Gesetzes *ΓϡΟΔ'* vom 31. Dezember 1911/3. Januar 1912 „über das Verfahren bei Streitigkeiten zwischen Arbeitern und Arbeitgebern“ verklagt werden, wobei der Verein in diesem Verfahren die Stellung eines Arbeiters hat.

Nach demselben Verfahren kann derselbe Verein von einem Mitglied wegen eines Anspruches auf eine Geldleistung oder über eine andere Leistung verklagt werden, wobei der Verein die Stellung eines Arbeitgebers hat.

109. Durch königliche Verordnung wird jeweils auf Antrag des Justizministers, des Finanzministers und des Ministers für Wirtschaft die Höhe der gesetzlichen oder der Verzugszinsen bestimmt. Durch ähnliche Verordnung kann jeweils der Höchstbetrag der aus einem Rechtsgeschäft geschuldeten Zinsen bestimmt werden. Bei einer Schuld aus einem Rechtsgeschäft gelten die vereinbarten erlaubten Zinsen auch für den eingetretenen Verzug, wenn sie höher als die Verzugszinsen sind.

Es bleiben in Kraft besondere Vorschriften, welche den Zinsfuß oder den Beginn des Zinslaufes in Bezug auf die Schulden oder die Forderungen des Staates, der Städte, der Gemeinden oder anderer juristischen Personen des öffentlichen Rechts anders bestimmen.

110. Kreditanstalten, welche aus Kapitalien, die sie sich aus verzinslichen Anleihen unter Ausstellung von Obligationen verschaffen, Darlehen gewähren, ist erlaubt, von vornherein in Bezug auf die von ihnen gewährten Darlehen zu vereinbaren, daß die Zinsen nach einem Rückstand von sechs Monaten kraft Gesetzes Zinsen bringen.

111. Die Kaufleute sind untereinander berechtigt, wegen einer Forderung aus kaufmännischem Grunde für beide Teile von dem Tage an Zinsen zu verlangen, an dem die Schuld fällig geworden ist. Auf Grund dieser Vorschrift können nicht Zinseszinsen verlangt werden.

Bei einer im vorigen Absatze bezeichneten Forderung können für geschuldete Zinsen von mindestens sechs Monaten Zinsen vereinbart oder durch Klage verlangt werden.

112. Besteht ein Kontokorrentverhältnis zwischen Personen, von denen mindestens die eine Kaufmann ist, so bringt der Saldo vom Tage an, an dem das Kontokorrent geschlossen wurde, ohne weiteres Zinsen, auch wenn das Kontokorrent Posten aus geschuldeten Zinsen für eine Zeitdauer enthält, die unter einem Jahr liegt.

Das Kontokorrent wird periodisch alle sechs Monate abgeschlossen, es sei denn, daß ein anderes vereinbart wurde, jedoch nicht vor

Ablauf von drei Monaten. Jede der Parteien kann jederzeit durch Kündigung das Konto für endgültig abgeschlossen erklären; in diesem Fall ist der Saldoberechtigte befugt, den Saldo sofort zu verlangen.

113. Bei Verpachtung eines landwirtschaftlichen Grundstücks zur Bebauung mit Tabak kann die Dauer des Vertrags auch für eine Tabakbebauungsperiode vereinbart werden.

114. Die Gültigkeit des Gesetzes *Γ ϡ N'* vom 4./5. Dezember 1911 „über die Haftung für Fahrzeuge" in der neuen Fassung wird auf den ganzen Staat ausgedehnt.

115. Die Art. 653 und 659 des Handelsgesetzbuches werden wie folgt ersetzt:

„Im Falle, daß über das Vermögen des Mannes Konkurs eröffnet wird, übernimmt die Frau, unbeschadet der Vorschrift des Art. 1432 des Zivilgesetzbuches: 1. die Verwaltung und das Eigentum der gemäß Art. 1412 Abs. 1 und 1413 des Zivilgesetzbuches bei dem Manne befindlichen beweglichen oder unbeweglichen Sachen, welche in der Dotalurkunde bezeichnet sind. Das gleiche gilt auch für die Gegenstände, die auf Grund eines Tausches hinzugekommen sind, sofern durch Urkunde, deren Datum unanfechtbar ist, bewiesen werden kann, daß das von der Frau zum Tausch Gegebene nicht mit Geldern des Mannes erworben worden ist; 2. die Verwaltung der als Mitgift zugewendeten und bei dem Manne befindlichen unbeweglichen oder beweglichen Sachen, die in der Dotalurkunde bezeichnet werden, sofern nach Art. 1414 des Zivilgesetzbuches das Eigentum nicht an den Mann übertragen wurde. Das gleiche gilt auch für Gegenstände, die auf Grund eines Tausches hinzugekommen sind, sofern durch Urkunde, deren Datum unanfechtbar ist, bewiesen werden kann, daß das von der Frau zum Tausch Gegebene nicht mit Geldern des Mannes erworben wurde.

Unbeschadet der Vorschrift des Art. 1396 Abs. 2 des Zivilgesetzbuches gilt zugunsten der Gläubigermasse jedes andere Vermögen der Frau als mit Geldern des Mannes erworben und als ihm gehörend, sofern nicht durch Urkunde, die ein unanfechtbares, vor der fraglichen Zeit liegendes Datum trägt, bewiesen werden kann, daß dieses Vermögen der Frau gehört, indem es nicht mit Geldern des Mannes oder durch Schenkung von ihm an die Frau erworben wurde.

Die Bestimmung dieses Artikels findet auf die nach der Einführung des Zivilgesetzbuches stattfindenden Konkurseröffnungen Anwendung, sofern die Ehe nach seiner Einführung geschlossen wurde".

116. Der standesamtliche Todesakt, der nach dem Artikel 23 des Gesetzes 2430 von 29. Juni/14. Juli 1920 „über standesamtliche Akte" errichtet wird, muß außer den in ihm festgelegten Tatsachen den Namen und das Alter der etwa von dem Verstorbenen zurückgelassenen verwaisten minderjährigen Kinder enthalten.

117. Bei einer Geldanlage auf gemeinsamem Konto gemäß dem Gesetz 5638 vom 31. August/7. September 1932 „über Anlage auf gemeinsamem Konto" wird die Anlage, sofern durch sie eine Schenkung zustande gekommen ist, in Bezug auf das Pflichtteilsrecht als Schenkung betrachtet, wenn es sich um die Erbschaft eines Kontoinhabers handelt, der nach der Einführung des Zivilgesetzbuches stirbt.

118. Der Fiskus gilt immer als Inventarerbe; er ist zu einer Erklärung darüber oder zur Errichtung eines Inventars nicht verpflichtet und verwirkt nicht die Rechtswohltat des Inventars.

Die Bestätigung gemäß Art. 1868 des Zivilgesetzbuches verlangt der Finanzminister durch den Steuerinspektor, wobei die Art. 8 bis 24, 26, 27, 30 bis 34 und 140 bis 141 des Notgesetzes 2039 vom 24. Oktober 1939 entsprechend anzuwenden sind.

Durch königliche Verordnung werden auf Antrag des Justiz- und des Finanzministers die Verwaltungsaufsicht über die Pfleger von ruhenden Erbschaften, die Einzelheiten der Verwaltung und die Art ihrer Liquidation wie auch die Vergütung dieser Pfleger geregelt.

119. Das für einen gemeinnützigen Zweck durch Schenkung nach Einführung des Zivilgesetzbuches oder durch letztwillige Verfügung eines nach der Einführung des Zivilgesetzbuches Verstorbenen bestimmte Vermögen erwirbt juristische Persönlichkeit als selbständige Anstalt im Sinne des Artikels 95 des Notgesetzes 2039/1939 nur durch königliche Verordnung und nach den Vorschriften des Zivilgesetzbuches. Bis zum Erlaß einer solchen Verordnung erfolgt die Liquidation und Verwaltung des Vermögens nach den Vorschriften dieses Gesetzes.

120. Als Nachlaßgericht im Sinne der Bestimmungen des Zivilgesetzbuches gilt das für den letzten Wohnsitz des Erblassers örtlich zuständige Landgericht, und wenn ein Wohnsitz nicht nachgewiesen werden kann, das Landgericht des Ortes seines letzten Aufenthalts; wird auch ein Aufenthalt im Inland nicht nachgewiesen, so gilt als Nachlaßgericht das Gericht der Hauptstadt des Staates.

121. In den Fällen der Art. 42, 46, 79, 105, 111, 1352, 1417, 1504, 1508, 1511, 1512, 1515, 1524, 1550, 1560, 1564, 1576, 1591, Abs. 2, 1592, 1594, 1595, 1600 Abs. 2, 1614, 1628, 1629 Abs. 2, 1630, 1633, 1636, 1639, 1641, 1647, 1648, 1653, 1655, 1663, 1664, 1671, 1672, 1678, 1682 Abs. 2, 1697, 1708 Abs. 2, 1865, 1866, 1868, 1908, 1913, 1917 Abs. 2, 1919, 1920, 1956, 1965, 2021, 2024, 2027, 2028, 2031 des Zivilgesetzbuches sowie in den Fällen der Bestellung oder der Entlassung eines Vormundes oder Gegenvormundes oder im Falle der Entmündigung findet das in der Zivilprozeßordnung bestimmte Verfahren auf Bittschriften Anwendung.

Bei der Trennung der Mitgift wird das bis zur Einführung des Zivilgesetzbuches geltende Verfahren beibehalten.

Bei der Ehescheidung wird ebenfalls das bis zur Einführung des Zivilgesetzbuches geltende Verfahren beibehalten.

Auf Kreta findet auf die Ehescheidung das gewöhnliche Verfahren der daselbst geltenden Zivilprozeßordnung Anwendung. In Bezug auf die Gerichtsbarkeit des Bischofs zum Versöhnungsversuch findet auch auf Kreta die Vorschrift des Art. 72 des Gesetzes über die Verfassung der Kirche von Griechenland vom 31. Dezember 1923 Anwendung.

122. Die Art. 193 der Zivilprozeßordnung und 189 der Kretischen Zivilprozeßordnung werden in Bezug auf die nach der Einführung des Zivilgesetzbuches beginnenden Fristen beide wie folgt ersetzt:

„Die durch Gesetz oder vom Gericht bestimmten oder von den Parteien vereinbarten Fristen beginnen an dem auf die Zustellung folgenden Tag oder an dem Tage, der dem Eintritt derjenigen Tatsache folgt, die als Beginn der Frist anzusehen ist, und gelten nur zugunsten der zustellenden Partei und nicht gegen sie, mit Ausnahme der Fälle, in denen das Gegenteil besonders bestimmt ist."

123. Die Art. 194 der Zivilprozeßordnung und 190 der Kretischen Zivilprozeßordnung werden beide für die nach der Einführung des Zivilgesetzbuches eingetretenen Sterbefälle wie folgt ersetzt:

„Stirbt eine Partei während des Laufes der Frist, so läuft für ihre Erben eine neue Frist; es ist eine neue Zustellung an diese erforderlich, wenn die Frist mit Zustellung eines Schriftsatzes beginnt. Die neue Frist beginnt mit der Annahme der Erbschaft oder mit dem Ablauf der Frist zu ihrer Ausschlagung."

124. Der Art. 906 der Zivilprozeßordnung wird wie folgt ersetzt:

„Die Versteigerung kommt erst durch den Zuschlag zustande. Der Meistbietende bleibt bis zu einem höheren Gebot oder bis zum Schluß der Versteigerung ohne Erteilung des Zuschlages gebunden. Der Schuldner ist bis zum Zuschlag berechtigt, die gepfändeten Sachen durch Zahlung des Geschuldeten und der Vollstreckungskosten einzulösen, wozu er die Mittel durch Verpfändung dieser Sachen beibringen darf."

125. Der Art. 1087 der Zivilprozeßordnung wird wie folgt ersetzt:

„Durch Vereinbarung aller Teilhaber kann außergerichtliche Teilung des gemeinschaftlichen Vermögens oder des gemeinschaftlichen Gegenstandes erfolgen. Bei Geschäftsunfähigen oder bei Personen mit beschränkter Geschäftsfähigkeit ist zu einer solchen Teilung die Beachtung der gesetzlichen Formvorschriften erforderlich.

126. Die Ausländer sind der Gerichtsbarkeit der inländischen Gerichte unterworfen; sie können nach den geltenden Vorschriften über Gerichtsstände wie Inländer klagen und verklagt werden.

127. Wer ein rechtliches Interesse an der gerichtlichen Anerkennung des Bestehens oder Nichtbestehens eines Rechtsverhältnisses hat, kann darüber Klage erheben (Feststellungsklage), auch wenn der Anspruch aus einem solchen bestehenden Rechtsverhältnis noch nicht entstanden ist.

Schlußartikel

Das Einführungsgesetz tritt am 1. Juli 1941 in Kraft.

Athen, den 30. Januar 1941.

GEORG II

Der Ministerrat:

Der Ministerpräsident:
Alex. Korisis

Die Minister:

....

Gesehen und mit dem großen Staatssiegel versehen.

Athen, den 30. Januar 1941.

Der Justizminister:
Agis Tambakopulos

INHALTSVERZEICHNIS

Zivilgesetzbuch

Erstes Buch

Allgemeiner Teil

Erstes Kapitel

Die Rechtsnormen im allgemeinen

Zweites Kapitel

Internationales Privatrecht

Drittes Kapitel

Natürliche Person

Viertes Kapitel

Juristische Personen

Fünftes Kapitel

Rechtsgeschäfte

Sechstes Kapitel

Bedingungen und Fristen

Siebentes Kapitel

Vertretung und Vollmacht

Achtes Kapitel

Einwilligung und Genehmigung

Neuntes Kapitel

Fristen

Zehntes Kapitel

Verjährung und Ausschlußfrist

Elftes Kapitel

Ausübung der Rechte, Selbsthilfe, Selbstverteidigung und Notstand

Zweites Buch

Recht der Schuldverhältnisse

Erstes Kapitel

Verpflichtung zur Leistung im allgemeinen

Zweites Kapitel

Unmöglichkeit der Leistung und Verzug des Schuldners

Drittes Kapitel

Verzug des Gläubigers

Viertes Kapitel

Schuldverhältnisse aus Verträgen im allgemeinen

Fünftes Kapitel

Grundsätze bei gegenseitigen Verträgen

Sechstes Kapitel

Vertraglicher Rücktritt

Siebentes Kapitel

Draufgabe und Vertragsstrafe

Achtes Kapitel

Vertrag zu Gunsten und zu Lasten eines Dritten

Neuntes Kapitel

Erlöschen der Schuldverhältnisse

Zehntes Kapitel

Abtretung

Elftes Kapitel

Schuldübernahme

Zwölftes Kapitel

Gesamtschuldverhältnis

Dreizehntes Kapitel

Schenkung

Vierzehntes Kapitel

Kauf und Tausch

Fünfzehntes Kapitel

Miete einer Sache

Sechzehntes Kapitel

Pacht eines landwirtschaftlichen Grundstücks oder eines anderen ertragbringenden Gegenstandes

Siebzehntes Kapitel

Teilpacht

Achtzehntes Kapitel

Dienstvertrag

Neunzehntes Kapitel

Werkvertrag

Zwanzigstes Kapitel

Mäklervertrag

Einundzwanzigstes Kapitel

Auslobung

Zweiundzwanzigstes Kapitel

Auftrag

Dreiundzwanzigstes Kapitel

Besorgung fremder Angelegenheiten

Vierundzwanzigstes Kapitel

Gesellschaft

Fünfundzwanzigstes Kapitel

Gemeinschaft

Zweiunddreißigstes Kapitel

Bürgschaft

Dreiunddreißigstes Kapitel

Vergleich

Vierunddreißigstes Kapitel

Abstraktes Versprechen oder Schuldanerkenntnis

Fünfunddreißigstes Kapitel

Anweisung

Sechsunddreißigstes Kapitel

Schuldverschreibungen auf den Inhaber

Siebenunddreißigstes Kapitel

Vorlegung einer Sache

Achtunddreißigstes Kapitel

Ungerechtfertigte Bereicherung

Neununddreißigstes Kapitel

Unerlaubte Handlungen

Vierzigstes Kapitel

Benachteiligung der Gläubiger

Drittes Buch

Sachenrecht

Erstes Kapitel

Die Sachen und die Rechte an ihnen im allgemeinen

Zweites Kapitel

Besitz

Drittes Kapitel

Eigentum im allgemeinen und sein Inhalt

Viertes Kapitel

Eigentumserwerb

Fünftes Kapitel

Schutz des Eigentums

Neuntes Kapitel

Transkription

Zehntes Kapitel

Pfandrecht

Elftes Kapitel

Hypothek

Viertes Buch

Familienrecht

Erstes Kapitel

Verlöbnis

Zweites Kapitel

Ehe

Drittes Kapitel

Nichtige und anfechtbare Ehe

Viertes Kapitel

Persönliche Rechtsbeziehungen zwischen den Ehegatten

Fünftes Kapitel

Vermögensrechtliche Beziehungen der Ehegatten im allgemeinen

Sechstes Kapitel

Mitgift

Siebentes Kapitel

Ehescheidung

Achtes Kapitel

Verwandtschaft

Neuntes Kapitel

Eheliche Abstammung eines Kindes

Zehntes Kapitel

Gesetzlicher Unterhalt

Elftes Kapitel

Rechtsbeziehungen zwischen Eltern und Kindern, Väterliche Gewalt

Zwölftes Kapitel

Uneheliche Kinder

Dreizehntes Kapitel

Annahme an Kindesstatt

Vierzehntes Kapitel

Vormundschaft über Minderjährige

Fünfzehntes Kapitel

Kuratel über emanzipierte Minderjährige

Sechzehntes Kapitel

Vormundschaft über Entmündigte

Drittes Kapitel

Inhalt des Testaments

Viertes Kapitel

Gesetzliche Erbfolge

Fünftes Kapitel

Pflichtteil

Sechstes Kapitel

Annahme und Ausschlagung der Erbschaft

Zwölftes Kapitel

Inventarerbe

Dreizehntes Kapitel

Gerichtliche Liquidation der Erbschaft

Vierzehntes Kapitel

Fideikommiß

Fünfzehntes Kapitel

Erbschaftskauf

Sechzehntes Kapitel

Erbschein

Siebzehntes Kapitel

Vermächtnisse

Achtzehntes Kapitel

Auflage

Neunzehntes Kapitel

Testamentsvollstrecker

Zwanzigstes Kapitel

Schenkung von Todes wegen

Einführungsgesetz zum Zivilgesetzbuch

Erstes Kapitel

Übergangsvorschriften

Zweites Kapitel

Materielle Bestimmungen

FSC
www.fsc.org
MIX
Papier | Fördert
gute Waldnutzung
FSC® C083411

Kolibri 360 GmbH
Ferdinand-Jühlke-Straße 7
99095 Erfurt, Deutschland
produktsicherheit@kolibri360.de